# 蝶变：从金融风暴走向全球共治

方　明　著

中国财政经济出版社

**图书在版编目（CIP）数据**

蝶变：从金融风暴走向全球共治/方明著．—北京：中国财政经济出版社，2009.7

ISBN 978-7-5095-1658-4

Ⅰ．蝶…　Ⅱ．方…　Ⅲ．金融危机－研究－世界　Ⅳ．F831.0

中国版本图书馆CIP数据核字(2009)第098138号

责任编辑：赵　力　　　　责任校对：杨瑞琦
封面设计：天女来设计　　版式设计：汤广才

中国财政经济出版社出版

URL：http：//www.cfeph.cn
E-mail：cfeph@cfeph.cn

社址：北京市海淀区阜成路甲28号　邮政编码：100142
发行处电话：88190406　财经书店电话：64033436
北京富生印刷厂印刷　各地新华书店经销
787×1092毫米　16开　22.25印张　365 000字
2009年6月第1版　2009年6月北京第1次印刷
印数：1—3000　定价：40.00元
ISBN 978-7-5095-1658-4/F·1432
（图书出现印装问题，本社负责调换）
本社质量投诉电话：010-88190744

关于此次全球金融风暴的成因和影响，众说纷纭；对20世纪以来的全球金融危机，也有了不少的探索。方明先生《蝶变：从金融风暴走向全球共治》一书的特点，在于对这些重大问题作出了与众不同的深层次分析。他从分析美国次贷危机演化为全球金融风暴这一历史性事件入手，结合对20世纪以来全球金融危机理论和事实的研究，确认国际货币体系及中心国的汇率政策这一汇率利器产生的蝴蝶效应，是全球金融危机的根源。他的论据丰富，逻辑严密，为我们认识纷繁复杂的国际金融体系和金融危机，提供了独特的视角。

方明先生尝试以一种新的汇率论来解释全球金融危机和全球经济金融体系的运转。这种汇率论认为，汇率自身是一系列变量的组合，起决定作用的是既有的国际货币体系，尤其是国际货币体系中的中心国或关键国（如金本位制中的英国，金汇兑本位制中的美国、英国和法国等，布雷顿森林体系开始后的美国，以及欧洲汇率机制中的德国等）的汇率和利率等政策。这些要素往往具有自变量的特点。当然，作者也指出，发展中国家发展战略和自身汇率体制的选择，以及相应的汇率政策和其他政策，都具有自变量或因变量的特征。他据此认为，汇率利器产生的蝴蝶效应是全球经济金融体系的反应，金融危机便是其极端表现。

方明先生认为国际货币体系与全球经济战略空间紧密相关，而一国的内外经济战略空间的均衡既依赖于国际货币体系，也依赖于自身的发展战略（尤其是汇率机制和汇率战略的选择）。正如金本位制的缺陷导致了大萧条一样，他认为美元本位制既确立了各国货币政策的独立性，创造了较大的全球经济战略空间，同时不受约束的美元本位制也给全球经济战略空间带来了危害。他进而将一国汇率与购买力平价的比值定义为经济潜力空间比值，对全球主要国家的经济潜力空间比值与危机的关系、其他可能导致危机的要素与经济潜力空间比值的关系进行了实证分析，得出了具有启发性的政策建议。

方明先生多年在中国银行从事全球经济和金融市场分析，在报刊和电视中常能见到他对全球经济和金融市场的分析和评述，事实证明他的分析逻辑性强，判断也比较准确。通过对导致全球金融风暴的美国房地产市场、衍生品市场全面翔实的分析，他认为人们对于房地产市场和衍生品市场过于恐慌了，而恐慌产生的羊群效应加剧了金融危机，也加剧了金融危机对全球经济和金融市场的影响。他谨慎乐观地提出了一系列重要判断：全球经济不会出现第二次大萧条；全球通胀可控；全球金融风暴将在2009年6月前基本结束，美国经济可能在2009年6月前后触底；美国可能遵循非弱势美元政策；商品是泰坦尼克号，股市不会崩盘但仍难过度乐观；债市在信用风险下降和经济指标出现好转迹象时将从牛转熊，等等。他的这些观点，经历市场考验，逐步得到了证实。当然，全球金融风暴对全球经济和金融市场的影响尚难说已经结束或快要结束，经济和金融市场尚面临着诸多变数。但是，在不可知论、阴谋论和恐慌盛行的背景下，作者以独立的探索精神和严谨的分析逻辑而得出的观点值得人们重视。

作者对于市场的态度也值得我们注意：“市场是不能完全预测

的，即使我们掌握了所有的规律。这世界没有上帝，没有神，市场也没有神。任何人造的各种市场的‘神’，不管如何杰出，总有走下神坛的时候。问题在于，当我们心存迷信，当各种各样打着‘神’的名义为着各自的利益招摇撞骗时，金融市场就成为欺骗与被欺骗的游戏。我们要去神，自己要做人，有独立见解的人。分析师所做的工作，就是尽可能地穷尽各种可能，给读者提供我们所认同的可能，但亦仅供参考而已。”作为市场分析师的良知体现于此。这对广大投资者或许有一定的指导意义。

作者认为此次全球金融风暴强化了中国在全球格局中的地位。他从工业革命以来全球大格局的奠定与发展角度，分析了美国、欧盟、日本和中国等在全球格局演变中的地位，并从贸易格局、投资格局、国际资金流动格局和经济金融实力格局的变化突显了中国地位的不断上升。在作者严密的数量分析中，中国的长处和短处，体现得较为准确，这可作为中国应对全球金融危机和主动参与全球金融秩序调整时策略选择的依据。出于对全球经济和金融体系的理解，方明先生认为目前短期内要彻底改变美国独大的全球金融秩序时机并不成熟，而全球金融风暴中的国际协作会有一定的效果，但很难触及根本性的问题，中国应该步步为营积极参与国际金融体系的调整，首先的着力点在于全球金融监管体系的完善。这种谨慎的态度是基本符合当前国际金融体系格局的。当然，作者也并未否定应该创造条件更好地改善国际金融秩序。

我们知道，马克思对于经济危机的根本观点在于资本主义社会化大生产与生产资料私有制的根本矛盾导致相对于资本主义社会化大生产的供给而言有效需求的不足。其实，这一论断在今天的全球化和市场化的背景中仍然适用，但也表现出新的特点。那就是大规模生产的全球化与财富和消费的集中化的矛盾。大规模生产的全球化对非发达国家资源的过度开发和利用，产生了气候问题；而在美元本位制的货币体系支撑下的美国金融体系的过度发展、过度借贷消费形成了信用泡沫；而大部分发展中国家却没有太多的消费能力。因此，方明先生认为，解决这一问题的关键在于在货币区域化发展中出现更多的关键货币国，如欧盟和中国，对既有的关键货币国美国形成制约，建立全球共治的秩序。他认为，全球共治应以科学发展观为指导，核心在于扩大全球公共品和经济潜力空间，路径在于创造财富以消费有组织的商品与服务的供给，但不能过分依赖信贷创造有效需求。我想，这对于中国经济发展模式的调整，人民币国际化和内外部均衡战略的选择，应有一定的参考意义。

对于全球未来发展的理念，方明先生从理论史的角度对古典自由主义、国家资本主义、新自由主义和“华盛顿共识”、“北京共识”进行了回顾分析，认为中国的改革开放是“看得见的手”拥抱“看不见的手”，是自主地、可控地接纳全球化和市场化的结果，并提升为“中国共识”。从某种程度上说，“中国共识”的核心是对市场经济理论的深化，是对政府、企业、市场和社会关系认识的结果。可以说，作者提出“中国共识”这一论断并不是偶然的，对中国未来的发展或许也有一定的借鉴意义。

此书是方明先生多年从事全球经济和金融市场分析工作的结晶，体现出作者深厚的史学功底和全球视野，在理论上也有一定建树，加之全书有丰富的中外资料和数据，以及对这些数据资料所作的深入浅出的理论和实际相结合的解析和说明，对现实具有较强的解读和指导意义，我相信定会受到广大读者的欢迎和好评。

路还很长，作为方明先生博士研究生时的导师，我祝愿他能在未来探索中不断取得好成绩。

北京大学经济学院　晏智杰

2009年3月31日

# 前言

这是一个大变革、大动荡的年代，危机的频繁出现或许暗示着世界格局正在改变。分析20世纪以来的全球金融危机，尤其是当前由美国次贷危机引发的全球金融风暴，探析其内在的动因，既是对当前世界金融格局和金融秩序的把握，也是对未来世界金融格局和金融秩序的把握。

全书分上下两篇，上篇引用了混沌理论创始人洛伦兹的“蝴蝶效应”来说明由美国次贷危机引发的全球金融风暴，认为此次全球金融风暴是由美元过度贬值引发的房地产泡沫破裂的结果，是美国对美元本位制这一汇率利器的滥用而产生的蝴蝶效应，缺乏有效监管的金融创新是催化剂，人们对金融衍生品的过度恐慌和去杠杆化等羊群效应是金融风暴的助力器。在此基础上，作者以汇率要素（国际货币体系、中心国和次中心国汇率政策、外围国家汇率政策和汇率体制）结合三代货币危机理论和前人（包括伯南克、托马斯、麦金农、蒙代尔和德罗萨等）对20世纪以来的全球金融危机的研究，进行了回顾与分析，进一步证明了汇率利器在全球金融风暴中的核心作用，最终形成了汇率理论，并通过实证分析得出了有参考价值的经验指标，提供了相应的政策建议。

下篇冷静分析了全球经济和金融市场的走势，认为此次金融危机不会导致大萧条，美国可能保持非弱势美元政策，全球股市未来的走势取决于金融的稳定和经济的复苏迹象但不会崩盘，债市可能会再次面临转折。通过对贸易、直接投资、国际贷款和资金流动格局的变化，分析了全球经济和金融实力在汇率体制的转变中的巨大变化，认为全球格局从工业革命来发生了巨大的变革，全球化的进展使全球经济产生了新的活力，百年美国取得了全球霸权地位，50年欧盟正在兴起，60年的日本通过日元升值获得了重大福利，30年的中国通过改革开放再次腾飞，60年的拉美和东南亚因发展战略不同而收获各异。通过对当前美国独大的全球金融秩序的解剖，以及当前危机中的国际协作，说明全球金融秩序的彻底改变并非一日之功，结合全球发展理论的回顾，认为中国的改革开放是自主的和可控的全球化和市场化，并提升为中国共识。作者认为，随着中国和欧盟的逐步承担起国际关键货币国的角色，全球金融秩序的调整成为可能。随着美国霸权在今后20年左右的衰落，全球将进入共治时代，而全球共治应以科学发展观为指导，核心在于扩大全球公共品和经济潜力空间，路径在于创造财富以消费有组织的商品与服务的供给。要强调的是，不能过分依赖信贷创造有效需求。

滚落的石头还将滚落多深和多远？没有一个人告诉我们答案，因为人们被不可知的金融风暴和恐慌所笼罩。如果我们不去探索，不去充分利用我们有限的理性去分析事实，我们就无法面对世界，也无法面对自我，相应的恐慌将助长金融风暴的影响，可能影响到经济和经济政策，而另一些人可能就会在暗中得意地笑。

因此，对全球金融风暴理性的和实证的深入分析十分必要，因为这有助于恢复人们的信心。而正如温家宝总理所言，信心“比黄金和货币更重要”。

市场是不能完全预测的，即使我们掌握了所有的规律。这世界没有上帝，没有神，市场也没有神。任何人造的各种市场的“神”，不管如何杰出，总有走下神坛的时候。问题在于，当我们心存迷信，当各种各样打着“神”的名义为着各自的利益招摇撞骗时，金融市场就成为了欺骗与被欺骗的游戏。我们要去神，自己要做人，有独立见解的人。分析师所做的工作，就是尽可能穷尽各种可能，给读者提供我们所认同的可能，但亦仅供参考而已。

事实上，目前对经济和金融市场作出预测面临较大的风险。面对众多的不确定性，找到坚实的事实基础和合理的逻辑线索，作出目前认为可能的判断，是必要而且有帮助的。作者也认同有限理性的主张，理性的认识是存在局限的，或许作者的判断未必准确，甚至错误，但理性的分析是我们认识事物的前提，也是我们具有超前认识的前提。

我们深信，不管风云如何变化，尘埃终会落定。

需要说明的是，出于对事实的尊重，最近两个月金融形势的情况并未体现在本书之中，但也并未脱离我们的判断。尽管我们的一些判断已经成为事实，而另一些仍然有待时间的考验。

此书的写成有赖于中国银行提供的国际化平台，有赖于众多领导多年来的指导、关心和爱护，以及同事们的相互协作与支持，也有赖于我的导师晏智杰教授多年来的悉心培养，不辞辛劳审阅全书为之作序。而此书的出版实有赖于中国财政经济出版社赵力老师的大力支持和严谨要求，而编辑和校对同志对此书的严格把关，使作者避免了不少遗漏和错讹。在此一并致谢。但写作中存在的观点和其他问题，责任在己。

**方　明**

2009年3月1日

于北京兆丰园

# 目录 Contents

## 上篇　全球金融风暴：蝴蝶效应与汇率利器

# 上篇

## 全球金融风暴：蝴蝶效应与汇率利器

1963年12月，混沌理论的创始人洛伦兹（Lorenz）在华盛顿的美国科学促进会的一次讲演中提出“蝴蝶效应”，即“一只蝴蝶在巴西扇动翅膀，有可能会在美国的德克萨斯引起一场龙卷风”。

大萧条是金本位制产生的蝴蝶效应。20世纪以来的其他金融风暴是美元本位制和美国汇率政策产生的蝴蝶效应。

# 第一章

# 从次贷危机到全球金融风暴

由次贷危机引发的全球金融风暴，给人以极大的震撼，甚至恐慌，也有些误读。为了更好更全面地理解次贷危机和全球金融风暴，避免过度恐慌加深羊群效应，作者从美国房地产金融体系的发展情况出发，分析美国次贷和房地产市场的真实情况，看一看次贷危机的爆发与深化以及如何演化成全球金融风暴。对于全球金融衍生品市场的发展及相关产品，作者给予一个相对深入的说明，希望能给大家还原一个真实的全球金融风暴，中间会涉及金融衍生品市场的“妖魔化”和去“妖魔化”，全球金融机构的杠杆化和去杠杆化，高货币乘数和流动性过剩以及背后的美元本位制和美元霸权的滥用等问题。

美元本位制和相应的美元政策，实际上是美国支配世界同时支撑自身经济金融体系的利器。正是这一汇率利器运用不当而产生的蝴蝶效应，才导致了此次全球金融风暴。

## 第一节　茅屋为秋风所破：美国房地产泡沫的形成与破裂

唐代伟大的现实主义诗人、史称“诗圣”的杜甫在《茅屋为秋风所破歌》中写道，“安得广厦千万间，大庇天下寒士俱欢颜，风雨不动安如山！

呜呼！何时眼前突兀见此屋，吾庐独破受冻死亦足！”这是杜甫的理想和境界。

美国政府将“居者有其屋”写进法律，设定为政府要完成的法定目标。1998年的《居住质量和工作义务法》明确指出：“国家应推进如下目标：……为所有公民提供体面的、负担得起的住房。”美国政府为了解决低收入居民住房和贫民窟问题，先后通过了《住房法》、《城市重建法》、《国民住宅法》、《住房与城市发展法》等，对住房保障作了相应的规定：一是扩大房屋抵押贷款保险。除了少数富人家庭外，普通家庭大多很少能一次付清房款，通常按房价25%支付现款（即首付款），其余部分以房屋为抵押向银行和放款协会寻求贷款。二是提供较低租金住房。《住房法》规定。政府必须为低收入者提供较低租金住房，其租金一般不到私有住房租金的一半。三是提供低利息贷款建房。《国民住宅法》规定，政府提供低利息贷款，鼓励私人投资于低收入家庭公寓住宅，建成后的住房，优惠提供给受城市重建或政府公共计划丧失住所的家庭。四是提供房租补贴。家庭收入为居住地的中等收入80%以下者均可申请此项补贴。五是帮助低收入家庭获得房屋所有权。六是禁止住房中的种族和宗教歧视。

正是在这样的背景下，美国政府大力促进住房金融体系的发展，次级贷款市场的发展也是这样的背景下展开的。

## 一、美国住房金融体系发展的四个阶段和住房金融体系的结构

美国住房和城市发展部2006年4月就“美国住房金融体系的演变”作了较为全面的说明。[①] 该文将美国住房金融体系的发展分为四个阶段：一是20世纪30年代以前的探索发展期，二是20世纪30年代至60年代的制度化时期，三是20世纪70年代至80年代的证券化时期，四是20世纪90年代至今的自动化/计算机化时期。

### （一）第一阶段：探索发展期

从1775年始，美国第一类提供住房融资的是临时住房协会（TBS），它源于英国并且在19世纪中期以前发挥了支配性的作用。一个镇的小部分人存入存款并为别人建筑房屋提供资金，由成员控制信用和资金使用风险。当

① U.S. Department of Housing and Urban Development, “*Evolution of the U.S. Housing Finance System: A Historical Survey and Lessons for Emerging Mortgage Markets*”, April 2006.

所有成员都实现了借贷时，住房协会就停止运作了。此后，TBS 制度演变为更正式的贷款机构，如永久性的住房协会（19 世纪 50 年代）、建筑和贷款机构、储蓄和贷款机构（S&Ls）等。当时大部分贷款期限都是 6 ~ 10 年，每半年偿付一次（不带本金或带部分本金），利率是多变的，最大的贷款房屋价值比率是 50%。19 世纪 90 年代支票存款的出现使存款更多地进入贷款机构，改善了整个系统的流动性。

19 世纪 70 年代，抵押贷款银行组建并在美国中西部和西部一些州扩展开来。绝大多数抵押贷款银行是由东北部的保险公司和其他金融机构组建的。这些机构通过销售按揭抵押债券（MBBs）筹集资金来提供贷款，这一做法来自当时法国和德国的实践。在这一过程中，投资者承担债券发行者的信用风险但通过获得利率升水来弥补。通过 MBBs，投资者能够在地区间或全国分散，这有助于金融的稳定。最初，MBBs 发展非常迅速。债券的发行者和购买者都从贷款的产生、服务和融资的规模经济中获益。然而，在 19 世纪 90 年代的衰退中，出现了大量的 MBBs 违约，并也引申出了经典的委托—代理难题。最终，大量的抵押贷款银行死亡。这说明 19 世纪增加流动性的经验是以不成功而宣告结束的。

### （二）第二阶段：制度化时期

20 世纪 20 年代经济繁荣刺激了房地产市场和消费信贷市场的发展，保险公司加入到了住宅金融体系中。然而，1929 年从股票市场开始的大萧条导致经济活动全面下降，经济冲击对住房金融体系带来了两个特别的负面影响：一是失业率大幅上升导致大量借款者的流动性和破产，贷款无法偿还。二是严重的通缩导致住宅价格下降了近 50%，进而导致银行贷款抵押物价值不足，大型银行破产破坏了整个银行体系。面临着经济范围内的系统性风险，美国联邦政府对住房金融体系进行了改革，建立了四项保障措施：

1. 创立了房屋所有者贷款公司（HOLC）和重组金融公司（RFC）来增加银行投资组合中的不良贷款的流动性，取代那些已经破产的借贷机构。20 世纪 30 年代，HOLC 和 RFC 都购买违约的住房贷款，以及破产银行和储蓄机构的股票。这一方式是对系统性风险的成功反应，尽管早期存在着一些道德性风险难题。

2. 胡佛政府（1929 ~ 1933 年）的措施是通过创立联邦住房贷款银行（FHLBs）来强化已有的贷款机构和储蓄贷款机构，为其提供特别的流动性。国会授权给 FHLBs 监管和约束联邦储蓄贷款机构的资产和负债情况。储蓄贷款机构发放10~12年的住宅按揭贷款和吸收小储户（工人和中低收入家庭）的存款，借贷范围仅仅被限定在当地市场（距其办公室50英里的半径范围内）。

3. 罗斯福政府（1933~1945年）的战略与胡佛政府的战略完全不同，其注意力关注全国远多过关注地方。有三项政策被贯彻：一是创设联邦住房管理局（FHA）为放贷者按揭违约提供保险；二是引入新种类的贷款，如固定利率、低首付的自动分期按揭（房屋价格的20%）和更长期限（20年或更长）的贷款，三是1934年国家住宅法的部分内容赋予了私人按揭协会发行债券和从一级贷款市场购买按揭贷款的权力。当然，这一切只有在1938年房利美（联邦国家按揭协会，Fannie Mae）作为一个政府拥有的机构建立起来，并为联邦储户管理局保险的按揭贷款提供了二级市场后，才真正成为可能。

4. 建立了两个存款保险公司：为商业银行提供保险的联邦存款保险公司（FDIC）和为储蓄贷款机构提供保险的联邦储蓄贷款保险公司（FSLIC）。后者的建立是政府为创建FHA而与储蓄贷款机构政治妥协的结果，它于1934年由联邦住房贷款银行（也是联邦储蓄贷款机构的监管者）理事会成立。20世纪40年代至50年代，联邦住房管理局的运作是成功的。但随即受到来自两个方面的挑战：一是储蓄贷款机构发现做没有政府保险的长期自动分期的按揭贷款非常有利可图，结果使这种惯用的按揭工具在市场上得到了长足的扩展；二是私人公司在提供按揭贷款保险中占有了相当的比例。1957~1973年，每个州都通过了促进私人按揭保险公司成立的法案，结束了FHA在住房金融体系中按揭保险中的垄断地位，使它在20世纪60年代至70年代市场份额下降。

**（三）第三阶段：证券化时期**

20世纪60年代中期，住房金融体系面临着新的挑战：通胀和利率的上升。从20世纪60年代至80年代早期，受20世纪60年代卷入越南战争和70年代两次石油危机的影响，通胀率最高上升到15%，20世纪70年代中期和后期货币政策目标以货币供给总量替代了利率。不期而至的通胀率上升给储蓄贷款机构带来了几个难题：一是依赖短期存款为长期和固定利率贷款提供资金，但随着利率上升大大压缩了储蓄贷款机构借短贷长运作模式的利润空间。二是高利率伤害了住房需求，这反过来影响了储蓄贷款机构的新增贷款量。三是20世纪70年代早期货币市场共同基金（MMMFs）的出现，开辟了小储蓄者新的投资渠道，而 MMMF 的利率未受监管，而 Q 条例则限制了银行和储蓄贷款机构的定期存款的利率，这导致其存款量大幅下降（这就是所谓的“金融脱媒”现象）。在此期间，MMMF 资产从 1977 年的 35 亿美元上升至 1981 年的 1800 亿美元，在 4 年时间里上升了 50 多倍。而储蓄贷款机构在总的非农居民按揭贷款中的市场份额从 1979 年的 43% 收缩至 1986 年的 30%。20 世纪 80 年代中早期的不利市场环境，导致大量的储蓄贷款机构在 20 世纪 80 年代后期的破产，即储蓄贷款机构危机。1989 年联邦政府创造了重组信托公司（RTC）来处置问题贷款机构的资产。

联邦政府在那个年代发生的宏观经济危机中的三项弥补措施促进了住房金融体系的发展：第一，1981 ~ 1986 年期间取消了 Q 条例对利率的限制。第二，允许储蓄贷款机构发行资产和负债方面的新产品（如资产方面的可调节利率按揭贷款和负债方面的货币市场存款账户）以使其与 MMMF 有更强的竞争力。第三，1968 年政府通过私有化房利美重新安排和增加机构的流动性，并且允许房利美购买传统的（非政府保险的）按揭贷款。成立了吉利美（Ginnie Mae）来替代房利美证券化政府保险的贷款（即 FHA 和美国退伍军人事务部的贷款）。20 世纪 70 年代还成立了房地美（Freddie Mac），作为联邦住房贷款银行的一部分增强储蓄贷款机构的流动性。按揭贷款证券（MBS）市场形成于 20 世纪 70 年代早期，起飞于 20 世纪 80 年代。吉利美和房地美 20 世纪 70 年代早期都参与了 MBS 市场。房利美 20 世纪 70 年代是纯粹的组合借款机构，直到 1981 年才发行了第一只 MBS。大型商业银行（如美国银行）20 世纪 80 年代中期始也发行了 MBS，而且占比越来越大。MBS 发行量的扩张刺激了按揭市场和资本市场的整合，扩展了按揭融资的机构基础。1971 年，三分之二的吉利美发行的 MBS 销售给储蓄贷款机构；1979 年，一半的 MBS 销售给养老基金和信托基金。多层 MBS 的引入，即通常为大家所熟悉的抵押按揭债务（CMO）和房地产按揭投资工具（REMIC）进一步加快了整合进程。这些债券有着不同的偿付风险，这能更好地满足不同投资者资产负债管理的偏好，这也吸引了共同基金、养老基金和寿险公司和外国投资者进入房地产金融领域。1989 年巴塞尔协议 I 奠定了基于风险的资本管理规则，这也增加了银行投资 MBS 的动力。房利美和房地美的风险权重只有 20%，而个体居民贷款的风险权重是 50%，这使投资者可以 2 ~5 倍地增加其杠杆，这使得按揭贷款成为更具有盈利性的资产类型。而且，20 多年来利率的高度波动和高通胀还吸引了大量的对冲基金和机构（期货和期权交易所和清算公司）的进入，以期权和期货等工具更好地管理其现金流风险。新的按揭贷款产品，如浮动利率的按揭贷款、共同增值的按揭贷款和分阶段支付的按揭贷款等的引入能更好地管理通胀风险或增加贷款的偿付能力。这些按揭贷款产品不是美国住房金融体系的主要部分，但在高通胀和高利率环境中也许会再度出现。

**（四）第四阶段：自动化/计算机化时期**

20 世纪 90 年代以来，IT 方面的进步导致因特网和数据传输等方面的重大突破。对于美国住房金融体系而言，IT 系统方面最为显著的发展是自动决策系统（AUS）。房利美和房地美都有各自的系统，一些大型借贷者都有适合自己需要的系统。从这时起，自动决策系统在按揭贷款的发起和销售决策方面的使用非常广泛。房利美通过该类系统认购的资产占比从 1997 年的 10% 上升至 2002 年的 60%。

AUS 是基于贷款和借贷者具体的风险特征接受和分类贷款的自动决策工具，它在融资过程中具有自动判断特征。其核心是按揭贷款评分模型，是一种最初应用于汽车贷款和信用卡市场的统计技术。借贷者的信用基于他的历史上的违约信息和不良信息记录。此外，大多数 AUS 还利用自动的不动产价格模型来加快或者甚至放弃在按揭贷款承诺中的不动产评估要求，从而降低借贷者和放贷者的交易成本。

AUS 对于按揭贷款行业具有巨大的和日益增长的影响：

第一，最明显的影响是在进行按揭贷款时交易成本和中介成本显著下降，这也因此降低了新竞争者加入按揭贷款行业的障碍。关于借贷者、贷款和抵押物风险情况的信息成本更加便宜，对于贷款的接受或分类的文件请求和利率费用的相关决策更加快捷，从以前的数周降至数秒，对于一级市场和二级市场的借贷组织和服务组织人员的培训要求也显著降低。AUS 通过发布房地美和房利美的上千页的包含新旧贷款产品的各种细节和流程的文件替代了销售和服务指引。在 AUS 的世界里，这些冗长的规定都由计算机系统自动检测。

第二，AUS 使信用风险评价更为科学，主要是因为前面提到的评分技术。在这个以模型为基础的世界里，相关的风险因素能够在放贷和发展新产品时更容易评估和使用。一些关键性的风险驱动因素，如借贷者信用历史，未偿付率和支付与收入比率等，都能通过不同因素各自的风险权重测量其对违约和不良率的影响。这样，给定一项贷款产品，其整体风险在承诺和定价阶段能够更合理地测量。

第三，AUS 方便按揭贷款的发起和更专业化的服务，并获得规模经济。自动化的挑战是欺诈性贷款申请潜在增加，包括欺诈或不正常和无效的就业、财富、收入和抵押物文件等。这一问题为越来越多的行业参与者所关注，在线确认和认证工具正在日益发展并逐步应用到这一系统中。

事实上，该报告对美国住房金融市场体系发展的描述是基本准确的。不过，其中一些作为优点描述的事实，其实已经蕴藏着巨大的风险，如自动风险评价和决策系统，过于依赖计算机，尤其是竞争中放纵申请贷款的购房者等。次级按揭贷款市场的大力发展，也是在这样的评分系统支持下的结果。这也是我们理解为什么美国房地产金融体系会出现这么大问题的重要背景。

## 二、美国住房金融体系的结构与监管结构的调整

### (一) 美国住房金融体系的结构

图 1 – 1 以简单直接的方式说明了按揭贷款中介的运作过程，也在一定程度上体现了美国住房金融体系的基本结构。在这一框架中，至少五个不同的机构安排充分体现在美国经验里：第一，非正式的或者社会的中介（如临时建筑协会）；第二，没有特殊融资的地方中介（如 1930 年前的储蓄贷款机构）；第三，有着特殊资金来源或保险的地方中介（如储蓄贷款机构、联邦住房贷款银行、联邦储蓄贷款保险公司和私人按揭保险公司等）；第四，有着特殊资金或保险的地方或全国的中介机构（如商业银行或按揭贷款银行、联邦住房管理局、房利美或房地美、吉利美和联邦存款保险公司等）；第五，2008 年前的美国住房金融体系就是前面整合的模式。目前美国综合模式中大多数机构和产品在 20 世纪 30 年代已经存在，但这些机构采取不同的形式扩展了这些产品在市场中的影响力。图 1 – 1 还显示了在那个时代多个参与者之间的相互竞争（除了存款保险公司，以及现在已经并入了 FDIC 中的 FSLIC）。

政府发起的机构（GSE，包括房地美、房利美和联邦住房贷款银行）和私人按揭贷款证券（MBS）发起者在增加流动性方面存在着全方位的竞争。联邦住房管理局、私人按揭保险（PMI）和 GSE 与其他二级市场工具竞争违约保险。许多机构竞争存款、按揭贷款的发起和服务。这一整合模式为美国住房金融体系的发展带来了众多良好的结果。

应该说，美国住房按揭市场的发展是在这一住房金融体系支持的结果。

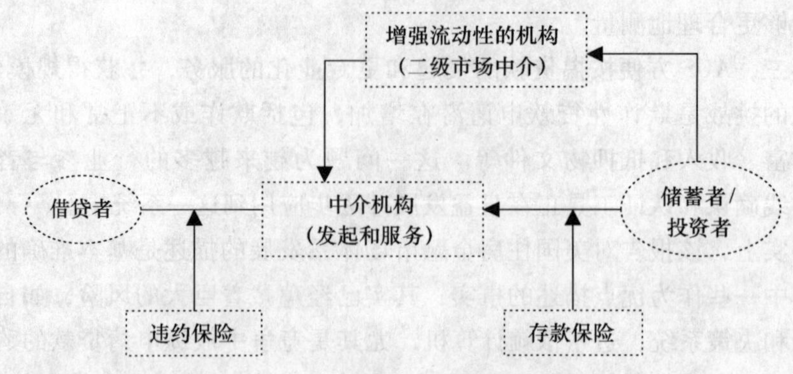


图 1－1　美国住房金融体系的结构

资料来源：美国住房和城市发展部 2006 年 4 月“美国住房金融体系的演变”一文。

当然，这里面不是不存在风险。而且，这种风险是巨大的，尤其是与更为复杂的金融创新产品和监管的放松结合在一起时，风险就更被放大了。

**（二）美国政府整合住房监管机构，联邦住房金融机构成立**

次贷危机爆发后，2008 年 7 月 30 日，联邦住房金融机构（FHFA）正式成立，它是由总统签署的法律《2008 年住房和经济恢复法案》中的一部分。该法案创造了全球第一个有权对所有美国第二级按揭贷款市场（包括房利美、房地美和联邦住房贷款银行等）所有重要的组成部分进行必要的全权监管的监管者。此外，该法案还合并了联邦住房企业监管机构（OFHEO）、联邦住房融资委员会（FHFB）和在住房和城市发展部（HUD）中的部分职责和员工。当美国面临着非常动荡的市场时，对于 14 个住房相关的政府发起机构的规范和监管这是十分紧迫和必要的。2008 年 6 月，这些机构合并的债务等共计 6.6 万亿美元，超过了美国所有公共债务 1.3 万亿美元。这些机构还购买或担保了 84% 的新的按揭贷款。考虑到这些机构对美国经济和按揭贷款市场的影响，强化对房利美、房地美和联邦住房贷款银行的监管是非常重要的。

## 三、美国住房金融体系对美国房地产市场发展的重要作用

正是在美国住房金融体系发展的支持下，美国房地产市场发展在许多方面取得了成果。

一方面，按揭贷款快速增长。从美联储的数据来看，美国按揭贷款余额从 1995 年的 4.55 万亿美元上升至 2008 年第二季度的 14.8 万亿美元。2008 年第二季度，1 ~4 户的住宅按揭贷款高达 11.25 万亿美元，5 户及以上住房

按揭贷款为8751亿美元，而商业地产按揭贷款达2.565万亿美元，三者分别占比76%、5.9%和17.3%。

另一方面，最主要的成果就是美国居民自有住房比率较高。2008年第三季度美国居民自有住房比率仍高达67.9%，1990年该比例为64%。

由于美国按揭贷款总额接近房地产价值的50%，美国居民的负担主要受房屋价格、利率走势和贷款结构的影响。美国家庭债务比率等指标较高，美国自有住房者面临着较大的由按揭贷款带来的债务压力。2008年第二季度，随着美联储大幅降息，美国家庭债务负担略有下降。从美国家庭债务比率（DSR）来看，已从1980年第一季度来的高点14.51%（2006年第三季度）下降至13.85%（2008年第二季度）。家庭金融负债比率（FOR）2006年第三季度达到了19.37%的高点，[①] 2008年第二季度为18.83%。自有住房者按揭贷款FOR的2008年第二季度仅为11.38%，较2007年第三、四季度11.83%有所下降。但是，主要的指标都处于1980年以来的相对高位。

如果一个住户的家庭住房支出收入比率超过20%，住房负担显然过重。据统计，随着住宅按揭贷款利率的下降，美国家庭支付收入比例已经从2006年的23.6%下降至2008年9月的18.5%。应该说，这基本上在美国家庭的承担能力之内。也就是说美国基本上实现了“负担得起的住房”的目标。不过，由于信贷危机爆发后未来收入的不确定性，加上目前失业率快速上升，预期并不太乐观。

## 四、美国次按和住宅贷款市场的发展

### （一）美国次级按揭贷款市场的发展

2007年5月17日，伯南克在关于“次级按揭贷款”的演讲中谈到了美国次级按揭贷款市场的发展。

次级按揭贷款是提供给那些被认为有较高信用风险的借款者的贷款，而这些人通常缺乏良好的信用记录或者具有违约率较高等特征。20世纪90年代中期（美国住房和城市发展部于1993年已经编制了专门从事次级按揭贷款者的名单，1998~2000年已经提供了70万户的次级按揭贷款），次级按揭贷款开始迅速扩张，主要通过创新降低了放贷者评估和定价的风险和成本。

---

① DSR（家庭债务占可支配收入比率）是家庭债务支付占可支配个人收入的比率。家庭债务包括估计的按揭贷款余额和消费债务需要偿付的金额。FOR（金融负债占可支配收入比率）在DSR上再加上汽车租赁支付、房屋租金支付、房屋保险和地产税收等。

特别地，技术进步为信用评分提供了方便，使放贷者更易收集和传播关于预期借款者有价值的信息。另外，放贷者开发了新的技术以利用这些信息来确定贷款标准、设定利率和管理风险。

次级按揭贷款持续的增长和二级按揭贷款市场的发展加强了这些创新。大多数放贷者曾经都将按揭贷款保留在其账户上直到贷款被偿还，但监管的变化和其他方面的发展允许放贷者更容易地向金融市场中介机构卖掉按揭贷款。这些金融中介机构组成按揭贷款资产池，并根据其现金流发行结构性债券。这些债券为满足各种各样投资者的投资策略而提供了多种风险组合和期限结构的产品。这样，二级市场的增长为按揭贷款的放贷者提供了涉及资本市场的途径，降低了其交易成本，使风险更加分散，由此为各种类型的居民提供的按揭贷款增加了。

在住房自有率不断提高过程中，少数民族居民和低收入居民获益颇多。不仅新的有房者获益，他们所在的社区也获益。有研究指出，各种各样的住房自有化有助于加强邻里关系。而且，自有住房还帮助许多家庭积累财富，他们把住房投资当作一种比其他信用方式成本更低的财务手段。

当然，越来越多的人应用按揭贷款信用并非没有负面影响。简单地说，由于明显较差的信用记录和财务状况，次级按揭贷款的借款者面临着更高的借款成本，也有着更高的违约率。对于贷款者而言，违约的后果是非常严重的，可能面临着购房合约的提前终止，即损失了房产以偿还贷款。他们邻居的房地产价值也可能会受损，尤其是在提前终止合约较为集中的区域。

现在拥有第一留置权的次级按揭贷款有750万户，占比达14%；好于次级按揭贷款但次于最优按揭贷款的约占8%~10%；最优按揭贷款约占76%~78%。所有按揭贷款共有约5357万户。20世纪90年代中期以来，次级按揭贷款提高了住房自有率，1995年为65%，2006年为69%。

**（二）美国次级按揭贷款市场的结构与问题**

据美联储的报告，[①] 次级按揭贷款中，固定利率占21%，没有完全浮动利率的贷款，长期混合贷款占比2%，其余都是短期混合贷款。而对于次优贷款而言，固定利率贷款、浮动利率贷款、短期混合利率贷款和长期混合利率贷款分别占比41%、21%、12%和26%。

此外，2003年至2007年上半年，美国次级按揭贷款和次优按揭贷款分

---

① 美联储报告，“The rise in mortgage default”. 2008 - 59.

别为635万户和331万户，两者合计为966万户。事实上，发生在2003年至2007年的次级按揭贷款中，75%的是"短期混合贷款"，结构就是开始两年或三年内用固定利率，然后采用根据市场利率调整的浮动利率，通常在开始的两年或三年后利率会上调两个以上的百分点。这种按揭贷款在利率上升时期面临较大的风险。事实上，选择浮动利率贷款的次级按揭贷款随着利率的上升，一段时间后，余额远远超出了其最初的贷款额。如2004年开始的贷款在52个月后其按揭贷款余额超出了其最初贷款额的80%以上，而其他年份开始的次按贷款在短期内该比例上升得更快，表明次级按揭贷款给购房者带来的债务负担问题因利率快速上升而变得十分严重。

一般而言，历史上的经验都表明，次级按揭贷款不可能在第一年就出现违约。但是，随着利率的快速上升，早期偿付的违约率出现了明显的上升。2000年至2004年开始的次级按揭贷款12个月后违约平均达到1.5%，2005年要更差一点，2007年始的贷款6个月后出现了2%的违约率，12个月出现了8%的违约率。

至2008年年中，可变利率次级按揭贷款的严重违约率（超过90天未还款）接近30%，远远超过了2001~2002年的高点。而2/28（头两年固定利率后28年浮动利率）可变利率次按贷款在2007年末的浮动利率贷款违约中占比约80%，2008年年中违约率也高达30%，远高于2001年晚期的高点10%。此外，固定利率次级按揭贷款违约率在2008年超过了9%，也高于2002年的高点。随着次贷危机及全球金融风暴的爆发，次级按揭贷款违约率还有可能继续上升。

## 五、美国房地产泡沫的积累与破裂

### （一）20世纪90年代以来美国房地产泡沫的积累

随着20世纪90年代以来低利率和按揭贷款创新工具的刺激，美国房地产泡沫不断积累。随着20世纪90年代以来联邦基金利率处于6.5%以下的较低水平，尤其是2001年美联储大幅降息至1%的低点，按揭贷款大幅增长。据美联储发布的《资金流动报告》的数据，从1992年至2005年，按揭贷款余额持续增长，从1992年的增长2.77%到2005年增长15.56%，而2007年增速下降至8.08%；相应余额从1992年的4.06万亿美元上升至2007年的14.73万亿美元。

据统计，2006年末共有10万亿美元左右的按揭贷款，其中80%是最优按揭贷款，15%是次级按揭贷款，5%是介于两者之间的次优按揭贷款，也就是说2006年末次级按揭贷款和次优按揭贷款之和达2万亿美元左右。不过，IMF2008年10月《全球金融稳定报告》统计的2008年3月末次级按揭贷款和次优按揭贷款余额分别为3000亿美元和6000亿美元，最优按揭贷款和商业地产按揭贷款分别为3.8万亿美元和2.4万亿美元。考虑到伯南克讲话中次级按揭贷款和次优按揭贷款在美国居民购房中的比例，和IMF统计数据可能存在着不完全的可能，作者采用了前者的数据。

据IMF2008年10月《全球金融稳定报告》中的数据，2008年3月末美国在次级按揭贷款和次优按揭贷款基础上的资产支持债券（ABS）即次级债达1.1万亿美元，以次级债为基础的债务抵押债券（ABS CDO）规模达4000亿美元，两者合计1.5万亿美元；而优质按揭贷款抵押债券为3.8万亿美元，商业地产按揭贷款抵押债券为9400亿美元。根据美联储《美国现金流报告》中的机构债券数据判断，IMF关于次级债、次优债和CDO等的数据是可靠的。

### （二）美国房地产泡沫的破裂

随着美联储将联邦基准利率由1%逐步提升至5.25%，次级按揭贷款坏账的不断出现，美国房价由上升趋缓转向大幅下跌，房地产泡沫开始破裂。而次级按揭贷款债券危机的出现，与房价和相关因素形成了恶性循环。

1. 美国房价大幅下跌。2008年10月，美国独家新屋均价从2007年3月的32.94万美元下降至27.23万美元。相应的，2008年10月，美国独家新屋均价年比下降了12.2%。2008年9月，美国OFHEO的HPI房价指数（以成屋为主）和标普/CS指数（20个大城市的房价为样本）分别下降了7%和18.55%。从1976年1月美国主要房地产价格指数的下跌情况来看，目前都远远超过了历史上最大下跌幅度（参见图1－2）。事实上，目前标普/CS指数下降幅度最大，最近几月中跌幅最大接近19%，说明美国房地产泡沫破裂来势凶猛。

2. 独家新屋销售和待售（库存）大幅下降。随着美国房地产泡沫的破裂，2008年10月，美国独家新屋销售从2005年6月138.9万户的高点下降至43.3万户，独家新屋待售从2006年10月份55.4万户的高点下降至38.1万户；独家新屋销售同比大幅下降40.11%，比1980年4月下降50.53%略低；独家新屋待售同比大幅下降25.73%，是1964年以来最大下降幅度。新屋待售下降，可能意味着新建新屋下降，同时意味着原来的库存开始下滑。

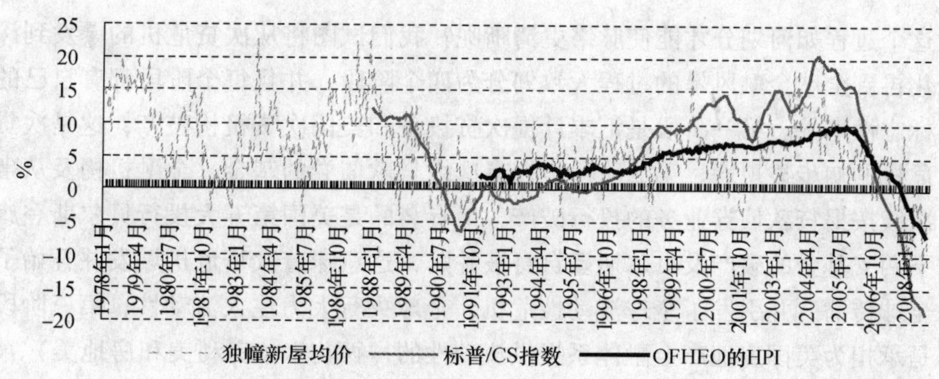


图 1-2　美国房价走势

资料来源：美国商务部调查局、标准普尔和 OFHEO 等。

3. 新屋开工和完工增长率大幅下降。2008 年 10 月，新屋开工从 2006 年 1 月的 227.3 万户下降至 79.1 万户，新屋完工从 2006 年 3 月的 191.1 万户下降至 104.3 万户；新屋开工和新屋完工年比分别下降了 37.96% 和 25.55%。

4. 住房空置率大幅上升。2008 年第三季度，美国住房从 1965 年第一季度的 6366.8 万户上升至 1.3 亿户，在 44 年里每年简单算术平均增长率为 2.44%。2008 年第三季度，美国住房空置率和全年空置率分别上升至 14.2% 和 10.6%，分别高于两者在 1989 年第三季度的高点 11.78% 和 11.56%。

5. 按揭贷款不良率大幅上升。随着次贷危机的出现，美国房地产按揭贷款的违约率和冲销率都在上升。根据美联储的数据，全国商业银行房地产按揭贷款大致在 3.5 万亿美元左右，其违约率和冲销率大致可以当作是整个房地产按揭贷款的情况。2008 年第三季度，其违约率达 4.84%，离 7.5% 的 1985 年来的最高水平还有一定距离；冲销率已经达到了甚至超过了 1991 年左右的最高水平，2008 年第三季度已经达到了 1.25%。预计美国按揭贷款的违约率和冲销率都还会继续上升。

## 第二节　风起云涌：从次贷危机到全球金融风暴

美国房地产泡沫的破裂为何导致了美国次贷危机乃至全球金融风暴呢？

这个过程如何划分才能使脉络更清晰呢？我们试图将从次贷危机的爆发到深化再到全球金融风暴的过程大致划分为四个阶段，并且每个阶段都有自己的标志性事件。第一阶段是汇丰计提次贷拨备和美国次贷机构破产，这是次贷危机的初步显现期；第二阶段是拥有次级贷款债券的基金、金融机构及从事次级按揭贷款债券业务的投行破产，最有名的是美国第五大投行贝尔斯登旗下两支基金的破产及贝尔斯登自身被并购，这意味着次贷危机爆发并开始了全球传播，并引发了全球流动性危机，全球央行大力注入流动性；第三阶段是承担为美国房地产金融体系提供流动性的“两房”（房利美和房地美）被美国政府接管，这意味着美国房地产金融体系的问题达到顶峰；第四阶段是美国第四大投资银行雷曼兄弟控股公司（Lehman Brothers Holdings Inc.，以下简称雷曼公司）的破产，将危机从美国次贷问题到次级债问题转移到了其他金融衍生工具上，并引发了全球恐慌，全球金融风暴爆发，并波及冰岛等主权国家，全球发达国家和新兴市场经济体都面临着系统性的风险，各国央行和政府接管金融机构。在这一过程中，中国的银行业在全球中的地位得到了显著的提升。

## 一、醒得最早的银行汇丰的巨额拨备：次贷危机初显端倪

房地产按揭贷款尤其是次级按揭贷款不良率的上升，给美国次级按揭债券市场带来了毁灭性的打击，2007年7月次贷危机由此爆发。不过，2007年1月，汇丰控股首次额外增加在美国次级房屋信贷的准备金额，并发出可能大幅增加拨备的警告。2007年3月，汇丰控股宣布业绩，并进一步增加在美国次级房屋信贷的准备金额70亿美元，合计105.73亿美元，升幅达33.6%；消息一出，令当日股市大跌，其中恒生指数下跌777点，跌幅4%。2007年4月2日，美国第二大次级房贷公司新世纪金融公司申请破产保护，次贷危机初显端倪。

我们可以看到，汇丰控股再次走在了所有金融机构的前面，其资产的超前处置或许使它能够避免后来花旗集团式的结局。2009年1月以来，两投资银行和一评级机构对其近期的经营情况做了大致的分析和预测，在他们悲观的预期中，尤其是对美国房地产市场悲观的预期中，认为汇丰融资公司（HSBC Finance，汇丰收购的一家美国公司）1300多亿美元的房地产贷款将拖累汇丰控股的整体业绩表现。在这一背景下，汇丰控股在香港交易所的股价大幅下跌，一度拖累恒生指数大跌。这是否意味着汇丰银行面临更大的问

题并引发第二波全球金融危机呢？

摩根士丹利将汇丰控股目标价由72港元再削至52港元，预期2009年核心收入/成本及纯利润显著下跌；维持减持的评级，并认为其派息将减一半，且需要大额集资，估计汇丰控股资本需求达200～300亿美元。该机构预期，汇丰控股2009年盈利跌幅更大，直至2011年初期亦难见复苏。就结构而言，汇丰控股盈利主要受债券收益率曲线下跌及持平，加上全球衰退周期及汇率变动冲击。资本充足率亦未如投资者预期那么强劲，估计2008年末核心资本比率为7.3%。同时，将汇丰控股每股盈利预测2008年调低17%至0.9美元，2009年和2010年分别调低39%和32%至0.55美元和0.5美元，主要因为英美汇率风险及亚洲区收入减少。

高盛发表的研究报告称，将汇丰控股评级由中性降至沽售，纳入“确信沽售”名单，并将其12个月目标价大幅调低36%，由77元降至49港元，即相当于2009年市净率至1倍。该报告指出，汇丰控股受汇丰融资1340亿美元次贷业务等拖累，估计汇丰控股2009年将亏损15亿美元（包括为美国汇丰融资作商誉拨备63亿美元），派息为零，2010年第四季度才会恢复。报告称，受预期美国楼价将由高峰期大跌40%，以及当地失业率攀升，至2010年汇丰控股子公司汇丰融资业务可能亏损198亿美元，以及就集团总值7880亿美元的美国证券投资组合账面亏损280亿美元。该报告也认为，汇丰控股不会出售汇丰融资业务或者交行及平安保险的股权，但集团可能需要集资170亿美元，以将其核心资本充足比率增加至7%的合理水平。

继先后遭摩根士丹利及高盛唱淡后，惠誉也调降汇丰控股的前景评级至“负面”。该机构称，由于环球市场及经济下滑，美国以外业务收入下跌及资产转坏压力增加，将难以产生足够资本抵消美国业务盈利下跌影响，故汇丰控股长期信贷评级“AA”有可能被调低。

不过，瑞士银行（UBS）仍为汇丰控股护航，其预期汇丰控股股息减半，但仍然维持汇丰控股目标股价87港元。

其实，位于全球金融海啸震中的欧美银行，股价早已在2007年达到高峰后巨幅下跌。法国巴黎银行股价由90欧元跌至29欧元，从高位下跌了三分之二。德国德意志银行股价跌了近九成，从115欧元的高位跌到20欧元以下。美国的花旗集团从55美元下滑到3.5美元，并曾经跌破1美元。苏格兰皇家银行（RBS）近期因发布了历史上最惨的亏损报告，股价下跌了60%。汇丰控股有三分之一的业务在亚洲新兴市场，但随着全球金融海啸的扩散，亚洲也深受波及，这是汇丰控股跟随欧美银行跌下来的主因。

如果我们充分考虑到美国经济未如预期的那么差，如在美联储大幅降息的背景下，成屋销售出现了明显的反弹，房价下跌幅度可能不及预期的下降40%；在美联储购买机构债券和鼓励信贷，奥巴马就任总统后对家庭和房地产市场采取的政策，估计汇丰控股在美国子公司的损失不会如两家投行预计的那么大。因此，汇丰控股的经营还是相对稳健的。如果必要，汇丰控股完全可以向英国政府求助。因此，汇丰控股出现倒闭的可能性较小，引发第二波金融风暴的可能性也不大。

## 二、贝尔斯登基金破产和自身被并购：次贷危机爆发与全球传播

美国财政部部长亨利·保尔森称："贝尔斯登的名字以后将会被作为一个案例记入金融教科书。"

为什么保尔森会这样说呢？我们先看一看贝尔斯登公司的辉煌历史和惊人的业绩表现。贝尔斯登公司（Bear Stearns Cos.）成立于1923年，总部位于纽约，是美国华尔街第五大投资银行，全球500强企业之一，在全球拥有约14500名员工。它或许不是资产规模最大的投行，但却是近几年华尔街最赚钱的投行。

贝尔斯登公司2005年第一财政季度盈利增长5%，主要是债券、结算及财富管理业务收入增长带动。2005年第一财季，贝尔斯登盈利3.79亿美元，每股盈利由2004年度同期的2.57美元上升至2.64美元，高于市场平均预测的2.36美元；营业收入上升6.5%至18.4亿美元。其中，结算业务收入增加20%，财富管理业务收入增加11%。

在2005年四季度的公告中，由于出售服装零售商纽约公司（New York & Co）带来特殊收益，截至11月底止第四季度多赚22%，纯利由2004年同期的2.88亿美元增加至3.52亿美元，或每股盈利为2.61美元，连续第三季创出新高，期内的营业额增长两成至18.3亿美元。分析员原本预期贝尔斯登第四季盈利只有2.91亿美元。贝尔斯登过去五季业绩平均高出分析员预测20%。

早在2003年，贝尔斯登就因占领抵押保证证券业务（collateralized mortgage obligations，CMO）的主要市场，它的税前利润超过高盛和摩根士丹利，成为全球盈利最高的投资银行。贝尔斯登于20世纪90年代开始从事这项业务，并成为该投行的主要业务之一。这使得近5年来它在同行中的排名一直

非常靠前。不过，正是由于贝尔斯登及其旗下的对冲基金过于依赖 CMO 业务，才使得在次贷危机爆发后陷入了万劫不复的困境。

2007 年 6 月 14 日，贝尔斯登发布季报，称受抵押贷款市场疲软影响，公司季度盈利比上年同期下跌 10%。8 月 1 日，贝尔斯登宣布旗下两只投资次级抵押贷款证券化产品的基金倒闭，投资人总共损失逾 15 亿美元。

贝尔斯登以及部分公司管理人士在这两只基金的投资不过 4000 万美元，但另外从公司外部筹集的基金份额则超过了 5 亿美元。利用财务杠杆，两只基金举债 90 亿美元，并控制了超过 200 亿美元的投资，大多为次级抵押贷款支持债券构成的复合证券。所谓的复合证券，是指主要非交易性衍生品组成的资产组合，与在交易所上市交易的股票或债券不同的是，这类低流动性的资产无法轻易买卖，因此很难确定它们的精确价格。基金经理往往自主地评估这类资产的价值，并且经常不对其交易的很多细节予以披露。

8 月 5 日，贝尔斯登公司联席总裁兼联席首席运营官沃伦·斯佩克特宣布辞职，艾伦·施瓦茨成为公司唯一总裁。9 月 20 日，贝尔斯登宣布季度盈利大跌 68%。5 月底至 8 月底间，公司账面资产缩水达 420 亿美元。12 月 20 日，贝尔斯登宣布 19 亿美元资产减记。

2008 年 1 月 7 日，贝尔斯登公司首席执行官凯恩迫于压力宣布离职，施瓦茨接任该职。3 月 2 日，施瓦茨在美国 CNBC 电视台发表讲话安抚投资者情绪，称公司目前流动性充足，并预计公司将在第一财季实现盈利。3 月 4 日，美联储决定通过摩根大通公司向贝尔斯登提供应急资金，以缓解该公司的流动性短缺危机。这是自 1929 年美国经济大萧条以来，美联储首次向非商业银行提供应急资金。

2008 年 3 月 16 日晚，摩根大通突然和贝尔斯登发布声明，双方已达成换股收购的协议，将以总价约 2.36 亿美元收购贝尔斯登。按照协议，摩根大通将用每 0.05473 股摩根大通普通股交换一股贝尔斯登股。基于 2008 年 3 月 15 日的收盘价，该交易合每股 2 美元左右。而即使在 3 月 14 日的暴跌之后，贝尔斯登的股价还在 30 美元以上，市值达到了 35.4 亿美元。然而，摩根大通的收购报价仅为 2.4 亿美元，即使算上将支付给员工的费用，其总花费不过 2.7 亿美元。贝尔斯登在纽约曼哈顿的总部办公楼高 45 层，市价高达 12 亿美元。不过，摩根大通首席财务官透露，贝尔斯登存在 160 亿美元与商业不动产抵押贷款支持证券（CMBS）资产相关的风险资产，同时此次收购也将包括约 60 亿美元的交易成本。当然，摩根大通必须承受和处理贝尔斯登留下的风险资产所隐藏的风险。

这家始建于1923年的美国第五大投行曾挺过了1929年美国历史上最严重的大萧条以及两次世界大战，但却倒在了次贷危机上。至此，贝尔斯登公司黯然退出了历史舞台。事实上，从贝尔斯登公司旗下的对冲基金破产到自身被并购，次贷危机爆发并开始了全球传播。

## 三、美国政府接管房利美和房地美：力阻系统性风险爆发①

美国政府2008年9月7日宣布接管房利美和房地美，以避免更大范围金融危机的发生。美国总统布什9月7日表示，政府史无前例地接管美国两大房屋贷款融资机构房利美和房地美，是防止这两家机构倒闭的应急必需之举，两家机构倒闭的风险是正经历住房和信贷市场危机的美国经济所“不能接受的”。

布什在当天午后发表的一份声明中说：“任由房利美和房地美破产或者情况继续恶化，或将损害我们的住房抵押贷款市场，并削弱和住房市场无直接关联的其他信贷市场。”他还表示：“美国人民应该相信，今天采取的行动将增强我们经受住房市场调整的能力，并且是使经济重回更快可持续增长轨道所必需的。”布什在声明中还提及，目前政府对房利美和房地美的应急举措将持续到这两家机构的角色被重新定位。他说：“它们必须被改革，以不再给我们的经济或者金融系统带来这样的风险。”

美国财政部部长亨利·保尔森当天说，房利美和房地美规模如此庞大，与金融系统关系又如此密切，以至于其中任何一家垮掉都会导致美国以及全球金融市场的大动荡。政府接管两家机构需要投入巨额资金，但让它们倒闭对金融市场造成的冲击将比这个代价更大。

但是，即使是美国政府接管了“两房”，在雷曼公司倒闭后，美国金融系统性风险还是演变为了全球金融的系统性风险，并向经济危机转化。

### （一）“两房”的地位和困境

房利美和房地美是美国最大的两家非银行住房抵押贷款公司，属于私人控股的政府发起企业（GSE），它们并不直接向购房者提供贷款，而是通过向抵押贷款二级市场提供流动性来帮助中低收入者更容易获得抵押贷款，是美国住房抵押贷款市场资金的主要提供者，其业务主要包括投资组合业务和

① 参见James R. Hagerty / Ruth Simon《华尔街日报》2008年9月8日的相关报道。

信贷担保业务。而房利美和房地美制订的贷款标准也成为抵押贷款市场的指导性意见。

2008 年 9 月时，房利美和房地美持有或担保的抵押贷款总计约 5.3 万亿美元，接近美国抵押贷款市场流通量的一半。在房地产市场景气时，房利美和房地美的作用被私营贷款机构所掩盖，但是次贷危机爆发以来，私营贷款公司纷纷倒闭或者被收购，大型银行也举步维艰，开始紧缩信贷，这时房利美和房地美表现出承担政府意图和社会职能的作用，再次扮演了最后贷款人的角色，成为稳定美国住房抵押贷款市场的基石。而且，房利美和房地美是上市公司，美国政府对其债务并未有明确的担保责任，但是市场一直认为它们背后有政府的隐性支持，这是房利美和房地美能维持 AAA 评级的重要原因。

随着次贷危机的爆发，房屋价格大幅下滑，美国经济疲弱，借款人信用质量恶化，即使优质抵押贷款也未能幸免，美国抵押银行家协会披露的 2008 年一季度优质抵押贷款迟付率上升到了 3.71%，而次贷危机爆发前是在 2.40%之下。从 2007 年下半年开始，房利美和房地美开始出现巨额亏损。进入 2008 年，市场基本面并未好转，房利美和房地美也难以看到扭亏的希望，甚至短期内还可能继续恶化，这对投资者信心造成了严重的打击，这也是房利美和房地美遭遇危机的根本原因。

从房利美和房地美的 CDS 走势来看，自 2008 年 4 月份回到 40bp 以下的水平之后，又开始逐渐走高，在两个月的时间里上升了一倍到达 80bp 的水平。两家公司的股价也基本同时开始再度下滑，反映出投资者缺乏信心，对于政府的隐含担保也不再放心。

房利美和房地美的信贷损失主要是由 2006 年和 2007 年发放的贷款引起的，因为当时贷款标准十分宽松。而向那些达不到传统贷款标准的借款人发放的抵押贷款，以及与加利福尼亚和佛罗里达等房价下跌幅度最大地区的贷款风险紧密关联，也是如今“两房”身陷困境的主要因素。据估测，2006 年和 2007 年期间发放的贷款分别占到房地美和房利美第二季度信贷损失的 65%和近 60%。早在 2005 年，房利美的管理人员就公开表达了对抵押市场风险增加的担忧。当年 5 月，房利美执行副总裁托马斯·兰德指出，假如向难以偿还住房的借款人发放了“前低后高”（前期还款较少而后期还款额大幅增加）的按揭贷款，放贷者应该保持警惕。

可是，“两房”通过传统的担保业务及购买抵押贷款支持的证券扩大了它们的高风险贷款敞口。在房利美和房地美第二季度的信贷损失中，Alt－A贷款（次优贷款，介于优质和次级之间的贷款）大约占到了50%，而这种贷款在两家公司的业务中只占10%左右。Alt－A抵押贷款包括那些向未提供全部收入或财产证明的借款人发放的贷款。向加州、佛州、亚利桑那州和内华达州的借款人提供的抵押贷款分别占房利美和房地美第二季度信贷损失的47%和65%。房利美表示，公司在加州和佛州开设了专门的办公室，以更好应对当地不断上升的拖欠状况以及处理越来越多的止赎资产。据房地美估计，17%的Alt－A借款人已经出现了资不抵债的情况。当借款人申请获得的贷款额超过房屋价值的80%时，“两房”均要求对这种按揭进行保险。不过，有些地区的房价实在是跌得过于厉害，以至于那些负债比例等于或少于80%房屋价值的贷款，仍然成了赔本买卖。

### （二）雷曼公司报告：压垮市场信心的最后一根稻草

2008年7月7日，雷曼公司的一篇报告成为了压垮市场信心的最后一根稻草。在报告中，雷曼指出由于会计准则的可能变化将会要求房利美和房地美将表外业务并表，从而大幅推高房利美和房地美的资本要求，使两家公司需要新增资本合计750亿美元，这相当于两家公司当日市值的一倍多。市场的恐慌情绪迅速蔓延，虽然房利美和房地美的监管机构——联邦住房企业监管办公室（OFHEO）表示会计准则变化不会改变监管上的资本要求，两家机构有充足的资本抵抗市场下跌的影响和满足会计准则的要求，美国财政部部长保尔森也站出来表示对两家公司的信心。但是，这些只是短暂地缓和了市场的紧张情绪，而无助于挽回已经崩溃的信心。一周之内，房利美的股价下跌了45%，房地美的股价下跌了47%。这显然将使他们的融资行动更加困难。

雷曼公司在7月7日发表的报告，出发点在于美国财务会计准则委员会（FASB）正在考虑修改SFAS 140，删除有关“合格的特殊目的实体”（QSPE，qualifying special purpose entity）的条款。按照当时的发展，雷曼认为政府发起机构（GSE）用来进行证券化的可变利益实体（VIE）在新准则下将不再满足表外项目的要求，从而必须并表。而按照现在的最低资本要求，GSE的表外资产需要45bp的资本，而表内资产需要250bp的资本，因此并表会显著增加GSE的资本要求。根据雷曼的估计，房利美需要增加460亿美元资本，而房地美需要增加290亿美元资本。即使OHFEO将两家公司的额外资本要求降低到0，合计的融资额仍将超过400亿美元。显然，仅仅是会计准则的变化并不会改变两家公司的经济实质。所以雷曼公司推测最可能的结果是 FASB 给予 GSE 豁免，或者监管机构修改最低资本要求。对于 GSE 的表外资产而言，从历史水平来看，GSE 收取 20bp 的担保费，每年发生的信用成本仅为 6bp，据此雷曼认为该类业务的资本要求确实应该低于表内资产。但是，市场反应表现出对此截然不同的理解，对于表外业务风险和公司偿付能力的担忧显著加剧。

7 月 11 日，市场盛传美国政府将会接管两家 GSE，而美联储也将允许房利美和房地美使用贴现窗。但随即保尔森就表示现阶段将会维持房利美和房地美现有的组织形式，暗示现在不会接管；美联储也表示尚未与 GSE 讨论使用贴现窗。另一方面参议院金融委员会主席多德称美联储和财政部正在讨论多种选择，包括使用贴现窗。消息面的影响使得当日房利美的 5 年期信用违约掉期（CDS）收窄了 18bp，房地美的 CDS 收窄了 20bp，两家公司的股价也在跌至最低点后大幅回升。

7 月 13 日，保尔森发表讲话，强调了房利美和房地美对于金融系统稳定的重要性，确认了两家公司将维持现在股东所有的组织形式，并提出了三点救援计划：一是暂时性的提高两家 GSE 可从财政部获得的信用额度；二是在必要时授权财政部购买两家公司的股票；三是通过立法，给予美联储在确定 GSE 的资本要求和其他标准时的咨询职能。同日，美联储也授权纽约联储银行在必要时向两家 GSE 开放贴现窗。这些措施的公布缓和了市场的紧张，但市场信心仍比较脆弱，使两家公司的股价在低位徘徊，波动仍然较大，CDS 也有所上升。

### （三）美国政府接管“两房”

2008 年 9 月 7 日，在财政部联合联邦住房金融机构以及美联储经过了详尽的研究之后，认为仅仅购买房利美和房地美的股票不能最好地保护纳税人的利益，因此决定接管房利美和房地美。财政部和联邦住房金融机构分别出台了具体措施。

为了配合联邦住房金融机构的接管行动，美国财政部出台了三项措施：第一，财政部和联邦住房金融机构签署优先股购买协议，由财政部和接管机构签订执行协议，财政部保证两家公司保持正的净市值（即必要时购买其高级优先股或权证）。这种方法比一次性注资更为有效和长久。根据相关方案，财政部将购买两家机构各 10 亿美元的优先股，还有占股份 79.9% 的权证。根据授权，财政部最多可购买这两家机构各 1000 亿美元的股票。作为政府出手救助的补偿，政府将获得每年10%的股权收益，但将从2009年底才开始。第二，财政部和房利美、房地美及联邦住房信贷银行之间建立一个新的信用借贷机制，作为优先股购买协议的补充，以满足一些短期的流动性需要。第三，财政部发起了一个临时性的购买政府发起企业（GSE）MBS的项目，并将持续到2009年12月，以支持美国居民购买房屋。

从9月8日起，联邦住房金融机构（FHFA）作为接管人接管房利美和房地美。接管后的相关政策有：第一，房利美和房地美的各项业务照常进行，其担保的MBS可以以每月200亿美元的规模增长，不受资本金限制。第二，联邦住房金融机构将接手董事会并负责管理，房利美和房地美现任首席执行官辞职，但在过渡期内将作为顾问，并新任命了两家公司的首席执行官。第三，每年超过20亿美元的普通股和优先股的股息将取消，但股票仍保持流通，并将继续支付次级债的利息和本金。第四，财政部推出的3项辅助性的措施将不仅适用于房利美和房地美，也适用于受联邦住房金融机构管辖的12家联邦住房贷款银行。

但是，美国政府接管和救助“两房”并非仅仅是单一的和例外的情况，接下来的事实证明，其背后隐藏着巨大的风险。

## 四、雷曼公司破产：次贷危机深化为全球金融风暴

### （一）美国第四大投行雷曼公司的破产

正当美国政府和人们为接管“两房”松了一口气时，没有想到更大的危机爆发在即。2008年9月15日，雷曼公司在宣布计划申请破产保护的当天就提交了破产文件，成为有史以来最大的破产。在第二季度大幅削减资产和增加融资之后，雷曼公司在第三季度仍然报出了创纪录的亏损，其宣布的一系列重组计划也没有被市场所认可，最终未能逃脱破产的命运。不过，雷曼公司称其申请破产之后，其子公司将继续经营，其组合管理、研究和运营职能也将继续。雷曼公司将继续寻求出售其经纪交易业务和投资管理部门。雷曼公司的经纪交易业务的零售客户账户将受到证券投资者保护公司（SIPC）的保护。

市值曾经位列美国第四的投资银行雷曼公司因投资次级抵押住房贷款产品不当蒙受巨大损失。2008年9月10日公布的财务报告显示，雷曼公司2008年第二季度损失39亿美元，这是它成立158年来单季度蒙受的最惨重损失。2007年，雷曼公司实现创纪录收入193亿美元，利润42亿美元。其

中，它在证券、债券交易等领域收入达60亿美元。以2008年为例，它提供咨询的全球兼并业务涉及总金额1050亿美元，位列全球第八。

雷曼公司宣布申请破产保护后，9月15日市场反应剧烈。美国股市在金融股带动下出现暴跌，道琼斯工业指数和标普500指数分别下跌了4.42%和4.71%，为“9·11”事件以来最大单日跌幅。在信用违约掉期（CDS）市场上，美联银行的5年期CDS上升了167bp到597bp，花旗集团CDS上升了80bp到268bp，其他主要商业银行5年期CDS也出现不同程度上升；券商方面，除了美林因被收购，CDS有较大幅度下降外，高盛和摩根士丹利的5年期CDS都上升了将近一倍，分别达到345bp和497bp；受到资本不足困扰的美国国际集团，CDS骤升超过1000bp，达到1908bp。美国国债出现大幅上涨，10年期国债收益率下降了33bp到3.39%；2年期国债收益率更是下降了50bp到1.71%，10年与2年收益率差上升到168bp。9月15日黄金价格也上涨了超过21美元，作为套利交易融资货币的日元和瑞郎涨幅较大，资金避险倾向十分明显。8月市场普遍预期美联储会在年底前加息，而此时市场普通预期美联储将降息。

9月14日，美联储宣布了三项增加市场流动性的措施：第一，将PDCF工具接受的抵押品范围从投资级证券扩大到股票；① 第二，将第二期定期证券借贷工具（Term Securities Lending Facility，简称“TSLF”）标售量增加250亿美元到1500亿美元，从每两周标售一次改为每周标售，接受的抵押品范围从国债、机构债、AAA级MBS和ABS扩大到所有投资级债券。第三，2009年1月30日前暂时性豁免，允许被保险的存款机构向其关联公司提供流动性。此外，包括摩根大通、高盛、花旗集团、美国银行、德意志银行、巴克莱银行、瑞士信贷、美林、摩根士丹利和瑞银集团在内的10家银行各出资70亿美元，组成了一项700亿美元的基金，以保持市场流动性，每个成员最多可以融资上述金额的三分之一。银团表示将通过巩固目前交易关系、遵守交易员信贷条款以及资本金规定，协力实现市场流动性的最大化，并将共同推动雷曼公司与交易对手关于场外交易衍生品敞口问题的有序解决。

如果说贝尔斯登破产仅仅是次贷危机开始了全球传播的话，那么，雷曼

---

① 2008年3月份开始实施的一级交易商信贷机制（Primary Dealer Credit Facility，简称“PDCF”）。

公司破产则是大规模的恐慌的开始，是次贷危机演化为全球金融风暴的开端，是全球金融风暴不断深化并最终影响到实体经济的开始。

（二）美林证券公司被美国银行收购

9月15日，在放弃收购雷曼公司后不久，美国银行宣布以总值500亿美元的换股交易收购美林公司。换股比例为0.8595:1，相当于美林公司有形权益账面价值的1.8倍，比其股票12日收盘价高出70%。交易预计在2009年第一季度完成，美国银行预计到2012年将实现70亿美元的税前费用减省。

此次收购交易也没有美联储或美国政府的支持，因此美国银行将独立承担美林可能发生的损失，尤其是2008年美国银行刚刚收购了全国金融公司（Countrywide Financial Corp），这令市场担忧美国银行是否承担了过多的风险。同日，美国银行股价也大幅下滑了21.3%。标准普尔公司（以下简称标普）也将美国银行的信用评级下调一档到AA-，并称可能继续调降。

（三）美国政府以“两房”方式接管美国国际集团

全球最大的保险公司美国国际集团（AIG）也面临资本压力和偿付能力不足的问题。美联储先是要求AIG尽快寻求私人资本支持。9月15日，AIG股价暴跌61%，CDS价格飙升。市场传闻高盛和摩根大通正在与AIG商谈提供700~750亿美元的融资。同日，标普将AIG长期交易对手评级降低三档到A-，穆迪也将AIG信用评级从Aa3降低到A2。根据AIG的披露，信用评级目前的下调将导致其最多需要追加超过100亿美元的抵押。由于AIG担保了4410亿美元的固定收益债券，包括578亿美元次贷相关债券，AIG如果破产可能导致更为严重的问题。

9月16日，美联储宣布遵照《联邦储备法》第13条第3款授权纽约联邦储备银行向AIG提供不超过850亿美元的有担保贷款，贷款窗口的有效期为24个月，利率为3个月Libor加上850个基点。为保障纳税人的利益不受损害，贷款将以AIG的全部资产为抵押。作为提供贷款的条件，美国政府将持有AIG 79.9%的股份，并有权否决普通股和优先股股东的派息决定。美国政府的有担保贷款具有过渡性质，AIG的公司债违约风险将被降低，经过一段时间后，期望债务评级可以得到稳定或者提高，对债券持有人有益。这也意味着美国政府以接管“两房”模式接管了该集团。

（四）两大投资银行高盛和摩根士丹利转为银行控股公司

美国联邦储备委员会2008年9月21日晚宣布，该委员会已经批准了美国金融危机发生后至今幸存的最后两大投资银行高盛和摩根士丹利提出的转为银行控股公司的请求。美联储同时表示，根据法律，该决定要在5天的等候期后才能最终生效。转变身份后，高盛和摩根士丹利不仅能够设立商业银行分支机构吸收存款，还可以与其他商业银行一样永久享受从美联储获得紧急贷款的权利。

2008年3月美国第五大投行贝尔斯登因濒临破产而被摩根大通收购后，美联储授予投资银行从美联储获得紧急贷款的权利，但这一授权只是暂时的。高盛和摩根士丹利作出寻求美联储批准转变身份的决定，反映出美国金融危机中的又一个剧烈的变化。继雷曼公司宣布破产、美林公司被美国银行收购之后，美国五大投行仅剩的高盛和摩根士丹利都已不复存在。次贷危机成为美国纯粹的投资银行的终结者。作为华尔街标志的美国曾经辉煌和盛极一时的独立的投资银行已不复存在，这也可能意味着华尔街的衰落。

### （五）华盛顿互惠银行倒闭部分被摩根大通收购

成立于1889年的华盛顿互惠银行，2008年《财富》全球500强排名中，华盛顿互惠银行排名第318位，营业收入为255.31亿美元，是美国最大的储蓄银行。[①] 因不堪次贷危机的重负，终于在其成立119周年纪念日这天成为美国历史上最大规模储蓄银行倒闭案的主角，9月25日被美国联邦储蓄保险公司（FDIC）接管。

美国联邦储蓄保险公司25日宣布，摩根大通公司以19亿美元收购美国最大的储蓄银行华盛顿互惠银行的部分资产。摩根大通公司发表声明说，该公司计划将华盛顿互惠银行的贷款组合减记大约310亿美元。声明说，通过收购，该公司将获得华盛顿互惠银行分布在美国23个州的5400家分支机构。这是摩根大通公司半年来第二次购买深受次贷危机困扰的金融机构。

摩根大通与华盛顿互惠银行的交易预计不会对FDIC的存款保险基金造成影响。华盛顿互惠银行过去一个月一直在极力寻求解决方案，甚至此前提出拍卖自身。花旗集团、富国银行和Banco Santander SA等多家银行仔细研究了该行的财务状况，但没有一家提出收购。

### （六）美国政府推出7000亿美元的金融救助计划

2008年9月20日，美国政府向国会提交了7000亿美元的金融救助计划

---

① 储蓄银行是指通过吸收储蓄存款获取资金从事金融业务的金融机构。储蓄银行是一种较为古老的金融机构，大多是由互助性质的合作金融组织演变而来。互阻性的储蓄银行就是存款人将资金存入银行，银行以优惠的形式向存款人提供贷款，这种组织形式在美国较为普遍。

（简称 TARP）。2008 年 9 月 22 日，与西方七国集团财政部长和中央银行行长电话磋商后表示，西方七国集团其他成员国拒绝参与美国金融救援计划。2008 年 9 月 29 日，美国众议院否决 7000 亿美元的救市方案。2008 年 10 月 2 日，美国参议院 74 票对 25 票通过了布什政府提出的 7000 亿美元新版救市方案，增加了延长减税计划和将银行存款保险上限由目前的 10 万美元提高到 25 万美元的条款，目的是安抚紧张的美国公众及支持经济增长。2008 年 10 月 3 日，美国国会众议院通过 7000 亿美元的救市计划并经小布什总统签署后生效。

## 五、拯救花旗集团：美国政府最后的赌博？

### （一）花旗集团的困境

花旗集团（书中除非特别说明，等同于花旗银行）在其资产负债表上虽然只登记了 2 万亿美元资产，但实际上花旗集团实际掌握的资产超过 3 万亿美元。由于花旗集团对美联银行的并购失败，花旗集团的表外问题资产大白于天下：花旗集团利用一定的会计方法将大量房地产按揭贷款“合理”地处理成了表外资产。其中包括 6670 亿美元的按揭贷款相关资产和其他高风险资产。10 月初以来，花旗集团的问题资产有增无减，其股价也从并购美联银行失败第二天的 23 美元一路下跌到 11 月 21 日的 3.05 美元。就在花旗集团离破产只有一步之遥的时候，联邦政府伸出了援手。

### （二）美国政府拯救花旗集团

为援助花旗集团所处的困境，美联储决定在 TARP 计划下以购买优先股方式注资 200 亿美元，担保 3060 亿美元住房和商业地产支持贷款和证券，以及政府同意担保的其他类似资产，以此额外换取 70 亿美元优先股。其中，住房相关资产担保 10 年，非住房类担保 5 年。花旗集团在现有准备之外承担最初的 290 亿美元损失，超额损失花旗集团与政府按 10% 和 90% 比例分配，财政部通过 TARP 承担第二损失 50 亿美元，FDIC 承担第三损失最多 100 亿美元。美联储通过无追索权贷款为剩余资产提供资金，利率为隔夜拆借掉期利率（OIS）加 300bp，[①] 利息有追索权。花旗集团将继续保留被担保资产的收益，风险权重降为 20%。3 年内没有财政部、FDIC 和美联储同意，普通股季度股利不能超过每股 1 美分；高管薪酬计划需要美国政府批准；向

① 这是美元 3 个月 LIBOR 与美联储联邦基金利率之间的掉期利率。

财政部和 FDIC 发行行权价值 27 亿美元的权证。据花旗集团计算，政府援助总共带来约 400 亿美元的资本效应，9 月底核心资本比率将上升至 14.3%。

担保方案更接近于对贝尔斯登的救援。美联储无追索权贷款的方式承担超额损失，规模扩大数倍，利率更高。损失分配安排不需要财政部立刻提供资金，间接说明了财政部资金不足，原先 TARP 下收购问题资产的计划显得更不现实（救援贝尔斯登时财政部还没有救援资金）。美国政府承担了很大的风险，并未要求超额的补偿，过于激进的救援单一机构将加剧市场的失序状态。美国政府寄希望于挽救市场信心，但如果未能奏效，将产生负面效果。政府将被迫提供更多的资金，条件将越来越苛刻，可能延长衰退时间和增加通胀风险。

### （三）下一个：美国银行？

美国银行已经于 2008 年 1 月份收购了美国最大的独立抵押贷款商国家金融公司，后来在雷曼公司倒闭的同一时间，又以 500 亿美元的价格收购了美林公司。11 月 26 日，美联储宣布批准该交易。美联储在随后的解释中表示，"在认真考虑过该收购计划后，认为该交易不太可能对任何相关银行市场或任何相关市场的竞争产生重大不利影响。"国家金融公司的风险敞口已经从上半年的数十亿美元扩大到上百亿美元。而美林公司在被收购前就遭受了 240 亿美元的损失，雷曼公司倒闭以后，美林公司作为曾经的房地产抵押证券以及相关衍生品的最大交易商，实际拥有多大规模的这些金融产品外界不得而知，市场人士估计会达到数千亿美元之多。随着这些产品的价值下降，美国银行面临着与花旗集团类似的境遇。

但是，美国银行是否真的会出现重大问题，对冲基金的倒闭潮是否真的会到来，除了麦道夫似的庞氏困境外，还会有什么不可知的呢？这一切都还需要时间来证明，情况或许没有想象的那么糟糕。尘埃终会落定。

## 六、不会有不可遏止的第二波全球金融风暴

### （一）保尔森离职前不愿动用第二笔救助基金

美国财政部部长保尔森 2008 年 12 月 16 日说，他预计不会再有主要金融机构在目前的信贷危机中倒闭，他也不打算在总统布什卸任前要求国会发放 7000 亿美元救市计划的第二笔 3500 亿美元资金。不过，保尔森说，如有必要，政府已准备好快速利用这笔资源稳定市场，包括尽快拨款拯救美国汽车业。

保尔森说，他相信政府目前拥有"许多弹药"可以使用，包括救市计划、联邦储备局及联邦存款保险公司（FDIC）的上百亿美元借贷计划。联邦存款保险公司是为美国国内几乎所有储蓄客户提供保险的公司。截至2007年年底，它已拥有524亿美元的国家储蓄保险基金。保尔森因此相信他已无须向国会寻求批准使用第二笔资金。

保尔森在访谈中宣布，财政部将再拨款24.5亿美元，直接收购28家银行的股份。这使得获政府入股的银行增至116家。7000亿美元救市计划原本用来收购银行的"有毒"资产，但财政部在10月中宣布，对国内银行直接注资，以换取股权。保尔森也提到，政府目前正在寻找对策解决抵押贷款危机。对策之一是通过收购公债和调低抵押贷款利率至4.5%，来刺激房地产市场，但政府还没决定是否实施这个方案。这名即将卸任的财长说，在接下来的几个星期里，他的首要任务是确保权力顺利移交到奥巴马政府手中。

（二）奥巴马对获得救助的金融机构高管限薪

奥巴马就任总统后，对美国获得救助的金融机构的高管进行了限制，即不超过50万美元的年薪，但对于以前获得救助的金融机构没有追溯权。不过，对于像高盛和摩根士丹利等机构限薪令并不发挥作用，因为它们预计无须申请额外的政府援助。相反，它们都希望偿还此前获得的财政部各100亿美元资金的援助。高盛和摩根士丹利此举尽管有投机取巧之嫌，但从另一个侧面表明美国主要金融机构的危机正在有序地被消化。而且，美国新任财长最近推出新的银行不良资产计划，最终总额可能达1万亿美元；财政部和美联储将8000亿美元的资产支持债券贷款计划扩大到1万亿美元。这些都将有利于金融的稳定和问题的有序解决。

客观地说，全球金融机构的动荡并没有完全结束，但已经出现了明显的边际效应递减现象。在全球政府积极应对金融风暴过程中，出现不可遏止的第二波全球金融风暴的可能性不大。

## 七、全球银行业市值排名大变化：独占鳌头的中国银行业

法国《论坛报》2008年12月26日援引相关数据报道，全球上市银行股价指数从一年前的180点锐减至2008年的80点左右，许多大型银行的市值都缩水过半。金融危机对股市的冲击，在银行类个股上表现最充分。报道选取美国、英国、法国、西班牙和中国的11家大型上市银行进行了统计。2007年年底，11家大型上市银行的总市值超过1.17万亿欧元，而截至2008

年12月24日其总市值降至6284亿欧元，一年内缩水近半。在11家大银行中，只有美国富国银行市值略有增长，其他银行市值均有不同程度下降。美国银行以一年内近63%的市值降幅登上跌幅榜榜首位置。巴黎银行市值减少近60%，法国兴业银行和农业信贷银行市值缩水也都接近54%。

按11家银行2007年年底的市值计算，中国工商银行、中国建设银行和中国银行位列前三甲。英国汇丰银行、美国银行、摩根大通列四至六位。前六家银行的市值都超过1000亿欧元。2008年的情况则发生巨大变化。市值超过1000亿欧元的只剩下中国工商银行和中国建设银行，而列三至六位的银行市值均未突破800亿欧元。摩根大通、汇丰分列三、四位，表现出色的富国银行跃升至第五，中国银行的名次跌至第六位。其他银行市值排名的变化情况是：美国银行由去年第五跌至第八位，西班牙国际银行保持第七名的地位，最后三家法国银行的排名未发生变化。中国银行业中三大银行进入前十名，除了人民币升值的因素外，中国经济的稳定发展也是重要的推动因素，加上受全球金融风暴的影响较小，股价相对于欧美发达国家金融机构下跌幅度小得多。

另据2009年2月7日新华网转引德国《法兰克福汇报》报道，金融危机严重打乱了世界大银行的市值排名，花旗银行、美国银行和瑞士银行等从前占据主导地位的银行排名纷纷下滑，而中国银行业的领头羊则进一步提升了它们的榜上位置。在全球银行市值排行榜上，前10名银行依次是：中国工商银行、中国建设银行、中国银行、英国汇丰银行、美国摩根大通银行、美国富国银行、西班牙国际银行、日本三菱UFJ银行、美国高盛公司、中国交通银行。报道说，尽管从危机爆发开始，所有大银行的市值都下降了，但最大限度地脱离了投资银行业务而储蓄和信贷业务又有所扩大的银行则取得了最好的成绩。这类银行主要包括英国的汇丰银行、西班牙国际银行和对外银行，以及意大利的联合圣保罗银行。

在美国各大银行中，摩根大通银行显然未受收购贝尔斯登公司的影响，它和富国银行的位次保持得最好。相反，过去领先的花旗银行和美国银行则远远落后。花旗银行受到了金融危机的严重冲击，以至于集团的拆分行动目前已被提上日程。美国银行曾凭借储蓄业务而被视为美国最稳定的大银行，但去年秋天收购美林公司却让该行遭受重创。在传统投资银行中，只有沃伦·巴菲特注资的高盛公司保持了相对良好的状态。

事实上，全球金融风暴给中国的银行业带来了机会，但市值的长期保值，需要切实的业绩支持，严谨的风险控制能力。这也可以说是中国银行业必须面对的一个挑战。

## 第三节　全球金融风暴的根源：汇率利器的蝴蝶效应

全球金融风暴发生后，对于引发全球金融风暴的原因有各种各样的说法。有从美国房地产金融体系和房地产泡沫破裂角度谈的，有从金融创新过度和监管缺失角度谈的，有从金融机构过度杠杆化经营角度谈的。但是，如果结合历史的经验，我们会发现，全球金融风暴是美元霸权和美国汇率政策产生的蝴蝶效应。从美国的霸权史中，我们发现汇率是其利器，美元霸权和美国汇率政策正是产生全球金融风暴这一蝴蝶效应的那只蝴蝶。其他要素借助这一基础发挥了作用。

### 一、美元策略是美国政府主导的重大战略：美元霸权的滥用

全球金融风暴是美国的美元策略的副产品，是美国在利用美元策略获取国际利益的副产品，是美国对美元霸权的滥用，美国政府应该未预计到会有如此大的负面影响。

美国的美元策略包括四个方面的内容：一是确立美元霸权即美元本位制，二是充分利用美元的升值和贬值，三是不断增强美国金融资产和金融市场的吸引力；四是不断壮大美国金融机构。同时，与美元策略相配合的还有货币政策和其他策略。总之，美国试图通过一切手段使其在国际资金流动和金融市场的投机中获取最大收益，并使其经济不断增长，房地产和金融资产不断增值。

#### （一）美元走势直接影响美国国际收支平衡，也是促进经济发展的工具

自布雷顿森林体系建立以来，美元霸权逐步确立，并在1971年与黄金脱钩，牙买加协议确立了浮动汇率体制，也确立了其他货币直接与美元挂钩，美元取代了黄金的世界货币地位。不包括促成牙买加协议的美元相对黄金的贬值和与黄金脱钩策略。牙买加协议后，美国有三次使用了贬值策略，三次使用了升值策略。

为了应对1973年10月爆发的第一次石油危机，美元从1973年10月至

1976 年 12 月升值了 10.5%，应该说在一定程度上改善了经常账户状况（1974 年美国经常账户盈余为 19.6 亿美元，1975 年经常账户盈余达到了 181 亿美元，1976 年尚有 43 亿美元的盈余），但加剧了金融账户的恶化（1974 年金融账户盈余 4.8 亿美元，1975 年和 1976 年分别为 228 亿美元和 134 亿美元的赤字）。

为改善美国经济状况，第一次石油危机后美国推行了美元贬值的策略。从 1976 年末至 1980 年 9 月，美元贬值了 13.5%，美国金融账户情况有所好转（由 1976 年的 134 亿美元的赤字转化为盈余：1977 年和 1978 年分别为 180 亿美元和 51 亿美元），但经常账户情况却恶化了（其由 1976 年的 43 亿美元的盈余转化为赤字：1977 年和 1978 年分别为 143 亿和 151 亿美元）。

1979 年至 1980 年爆发的第二次石油危机，降低了美元贬值的效果，加上经济滞胀局面的形成，经常账户局面有所好转，但金融账户却不断恶化，出现了连续两年 250 亿美元左右的赤字。面对这种压力，美国政府又尝试着于 1980 年底开始让美元升值，至 1985 年 3 月，美元大幅升值了 54.5%，美国金融账户持续改善（至 1985 年，其盈余已高达 995 亿美元，1987 年达到了 1678 亿美元），但经常账户却不断恶化（1985 年经常账户赤字上升至 1182 亿美元，1987 年更是高达 1607 亿美元）。

第二次世界大战以来，在美国的扶持下，以前的战败国德国和日本经济快速发展，给美国带来了巨大压力，与它们的贸易赤字也在不断上升，美国大力实施了美元贬值计划，其标志就是 1985 年 9 月广场协议的签订，美元获得了大幅贬值的可能，而且贬值的时间持续至 1995 年 4 月，长达 11 年。此间，美元贬值了 44%，美元兑日元贬值了 67%，美国经常账户于 1991 年转为盈余，但随后两次转为赤字，1995 年经常账户赤字达到了 1136 亿美元，金融账户盈余逐步下降至 1991 年的 438 亿美元后再度上升至 1994 年的 1242 亿美元。

随着苏联和东欧剧变，1991 年海湾战争后，美国在全球的霸权地位日益巩固，美元也是如此。1996 年美国推出强势美元政策，开始了 5 年多的升值历程，至 2002 年 1 月升值了 34.8%。强势美元政策导致了资金从亚洲新兴市场经济体流出，推动了美国经济和金融市场的繁荣，也催生了科技股泡沫和房地产泡沫的膨胀。

在美国经济 2001 年限入衰退后，美国在快速而且大幅降低利率的同时，再一次使用了美元贬值的策略。至 2008 年 3 月，美元主要货币贸易加权指数贬值了36%。美国经济有所反弹，股市大幅上升，商品期货价格大幅上涨，但房价下跌，房地产泡沫终于破裂，次贷危机爆发，美国经济陷入下滑之中，股市也大幅下跌。

尽管美元贬值，但由于其霸权地位，流入美国的资金并没有减少，而是进一步增加。2006年经常账户赤字高达7881亿美元，但金融账户的盈余高达8094亿美元，而2007年经常账户赤字和金融账户盈余分别为7312亿美元和7678亿美元，两者都有所下降。事实上，随着美国经济实力和金融实力的上升，美元霸权地位的确立，使美国根据需要使用美元的贬值和升值策略来谋求自身利益的最大化。

**（二）最近一波的美元贬值策略带给美国的收益高达1.3万亿美元**

2008年第一季度，全球外汇储备高达6.87万亿美元，在能分清楚币种的4.32万亿美元中，美元资产占比高达63%，即2.7万亿美元的美元资产。名义美元主要货币指数从2002年4月的110下降至2008年3月的70左右，大致下降了36%。表面上看，如果外国政府和机构不在此阶段内卖出美元资产，将来美元反转，则美元资产基本上不受损失。但是，如果美国政府发行更多的债券和美钞，形成金融资产的数量膨胀，进而产生对原有美元金融资产的替代性，使原有的美元资产贬值。这种贬值可能体现在通胀上，体现在低收益率上，体现在经济下滑产生的资产价格大幅下降上。2001年以来的美元资产其实已经经历了这种走势。即使是在美国利率大幅上升的阶段，美元公债10年期收益率与2年期收益率在一定时间内仍然倒挂，债券收益率处于极低的水平。

计算美元贬值给外国持有的美元资产所带来的福利损失不是一件容易的事。这里不计算美元贬值可能给提高美国的竞争力或者对美国经常账户的影响，仅仅考虑金融资产的情况。

我们可以简单地进行历史数据比较。假设美元资产收益率平均较其公允值低了2.5%，则2.7万亿美元的外汇储备资产收益率的损失达到607.5亿美元。根据美元贬值的幅度，2.7万亿美元资产的汇率账面损失高达9720亿美元。单就目前中国1.8万亿美元的外汇资产而言，假定70%投资于美元资产，1.26万亿美元资产中，因人民币升值17.8%，账面损失高达2242.8亿美元。如果再考虑2.5%左右的收益率损失，则损失多增加315亿美元。这里还没有考虑次级债的损失，以及投资美国股权和股票的损失。除了美元贬值美国政府获得了债务总额下降的收益、发行公债的收益率不高外，美国金融机构也从卖空美元买多商品期货中获益。美国政府完全可以通过金融市场的操作、债券与货币供应量的操作来保证自身获取最大化的利益。

美国金融机构通过看空美元和看多商品期货的波段性操作中的获利可能超过3000亿美元。根据BIS的统计，2007年末，场外交易市场（OTC）中外汇衍生品交易合约的名义余额高达56.24万亿美元，市值为1.81万亿美元，而美元外汇交易合约的名义余额与市值分别为46.95万亿美元和1.47万亿美元；OTC市场中单一货币的利率衍生品交易合约的名义余额和市值分别为393万亿美元和7.2万亿美元，与美元利率相关的交易合约的名义余额和市值分别为130万亿美元和3.2万亿美元；OTC市场中与股票相关的衍生品交易合约的名义余额和市值分别为8.5万亿美元和1.1万亿美元，与美元相关的交易合约的名义余额和市值分别为1.8万亿美元和2326亿美元；OTC市场中与商品衍生品相关的交易合约的名义余额和市值分别为9万亿美元和7529亿美元。BIS外汇交易的合约金额是双向的，再假设看多看空各占一半，则与美元汇率和利率相关的交易合约看多的市值分别为3700亿元和1.6万亿美元。如果股票相关的衍生品合约交易看对看错各占一半，则与美元股票相关的衍生品看对的市值为1163亿美元。假设商品衍生品合约看对看错各一半，美国投资机构在其中占60%，则商品衍生品看对的市值为2259亿美元。因为美元变动率为36%，利率变动盈利率为2.5%，股票变动率为21%，2007年以来CRB商品指数从低点到高点上升了61%（2005年以来主要商品期货价格基本上都上升了1倍到3倍，这里未考虑金融机构通过商品期货交易的杠杆操作的放大效应对盈利的影响），则美国金融机构从外汇交易、利率交易、股票期货交易和商品期货交易的获利分别为1332亿美元、400亿美元、244亿美元和1378亿美元，总共盈利高达3354亿美元。

因此，美国政府和美国金融机构从美元贬值、商品期货价格大幅上涨和利率等变动中收益超过了1.3万亿美元。当然，作者这里计算中还有一些偏差，如计算OTC衍生品交易量和市值时用的是2007年末的数据，而其余数据基本上都用到了2008年7月左右，但这并不影响我们的整体估计，因为交易量和市值都是被低估的。

## 二、美元升值策略形成了1996年以来的流动性过剩局面

正如前面所作分析，在美元霸权的基础上，在美国金融市场体系不断完善的过程中，美国金融资产和房地产成为众多外国资金追逐的目标。自1996

年强势美元政策推出开始，大量外国资金流入美国金融市场，助长了美国的网络股泡沫，也推动了房地产泡沫的进一步形成。自2000年美国网络股泡沫破裂后，即使在美联储大幅降息至1%的情况下，外国资金对美国债券市场和房地产市场的兴趣仍然不减。事实上，美元升值或贬值策略除依赖于美元的霸权地位外，也依赖于外国资金大规模流入美国。这可以从以下三个方面来看：

1. 美国对外部资金的依赖度在上升。美国金融账户资金流入与流出倍数从1982年的1.33倍始，只有个别年份低于1.33倍（1987年为1.27倍，1995年为1.24倍，1998年为1.19倍）。美国对外部商品劳务和直接投资收益的依赖也在上升，因为经常账户中资金流出即购买商品劳务和在美国投资收益的汇出，流入即外国购买美国的商品和劳务以及美国在外国投资收益的汇回。经常账户中资金流入与流出倍数从1977年始基本上都低于1倍，仅1979~1982年在1.02~1.05倍波动，2000年以来已连续八年等于或低于0.8倍。美国金融账户的情况意味着美国对外部资金的依赖在上升，即出现了金融账户盈余，而经常账户的情况则意味着美国对外国商品和劳务的依赖在上升，即出现了经常账户赤字。两者基本上形成一种动态的均衡。

2. 美国是全球资金流入地（包括直接投资、组合投资和其他投资等）。2006年和2007年，全球流入美国的资金分别占总流入额的59.6%和49.4%，而资金主要从中国、俄罗斯和沙特等一些新兴市场经济体，以及日本、德国、瑞士、荷兰和挪威等发达经济体流出。2006年和2007年，以上新兴市场经济体和发达经济体分别占资金总流出量的64.8%和66.3%。1996年和2007年，流入美国的资金总额分别为5510亿美元和1.86万亿美元，流出美国的资金分别为4134亿美元和1.06万亿美元。美国整体体现出净流入，而且净流入的资金量大幅上升。

3. 全球高额的外汇储备以美元资产为主。根据IMF的统计，全球官方外汇储备资产从1995年的1.39万亿美元上升至2007年底的6.4万亿美元，其中能分辨清楚货币来源的官方外汇储备资产从1.03万亿美元上升至了4.07万亿美元，其中官方外汇储备资产中美元资产从6103亿美元上升至2.6万亿美元，占比从59%上升至64%（占比最高的是2001年第二季度的72.7%）。

### 三、美元贬值策略创造了低利率环境并推动了房地产泡沫的膨胀

#### （一）流动性过剩是美元利率尤其是美国债券收益率不高的原因

1. 美国联邦基金有效利率跟随美元汇率走势变化。美元升值往往多在经

济表现较好的时候，为防止通胀的上升，美联储多加息；美元贬值往往多在经济表现较差的时候，尤其是有巨额经常账户赤字和财政赤字的时候，为刺激经济的增长，美联储往往降息。

但是，美联储往往更为灵活地利用利率工具有效地操控经济形势，而美元策略的启动往往要滞后一些。利率调整产生的效应较为直接，而美元策略产生的效应则存在着一定的时滞。有时即使是美元仍在升值过程，只要美国经济有陷入衰退的风险，美联储也会立即降息，如 2001 年始的美联储快速大幅降息，将联邦基金利率从 6. 5% 下调至 1%，而美元于 2002 年初才开始贬值。又如美国次贷危机爆发后美联储也是不断大幅降息，将联邦基金利率在一年的时间里从 5. 25% 下调至 2%，本已有技术支撑的美元汇率继续大幅下跌。有时美元仍在贬值过程中，只要美国经济存在着通胀压力或者资产价格泡沫，美联储也会毫不犹豫地加息，如 2004 年 6 月始美国经济逐步反弹时美联储两年左右将联邦基金利率从 1% 提高到 5. 25%，而美元继续其贬值历程。

2. 美元贬值情况下的流动性过剩是有关债券收益率处于低位的重要原因。按理，美元升值才会导致资金流入美国进而产生流动性过剩。但是，即使在美元贬值的情况下，在科技股泡沫破裂的情况下，在美国经济陷入衰退的情况下，在联邦基金利率大幅下调的情况下，资金仍然流入“安全的”美国债市和房地产市场，其流动性过剩导致资产泡沫，而货币乘数过大，使这些泡沫极易破裂。美国联邦基金利率在 20 世纪 70 年代末和 80 年代初经济滞胀时期曾经接近 20%，当时的通胀也在两位数，而进入 90 年代后，相关利率一直处在 6. 5% 以下，通胀处于 5% 以下的水平。

2000 年以来，不管美联储下调或上调联邦基金利率，尽管短期国债收益率随之变动，但 10 年期国债的收益率却相对稳定，人们称之为美国国债收益率之谜。其实，这就是资金持续流向美国中长期国债市场的结果。

### （二）美国利率下调加大了房地产泡沫和次级债券市场泡沫

从 1996 年始的强势美元政策使流入亚太新兴市场经济体的资金迅速流向美国，导致亚洲金融风暴，进而推动了美国股市的上涨，以及通胀的上升，美联储不得不加息以对，最终网络泡沫破裂，美国经济陷入衰退，美联储大幅降息，美国从强势美元政策过渡到实质性的弱势美元政策。在强势美元政策的刺激下，流入美国的资金追逐股票和房地产，以及与房地产相关的资产抵押债券（包括按揭贷款抵押债券）。尽管美联储加息，但美国利率整体处于较 20 世纪 80 年代两位数的利率低得多的水平，房价上涨的预期，加上移民和婴儿潮住房需求的推动，美国按揭贷款及相关债券上升较快。在弱势美元政策下，受美联储进一步降低利率的影响，按揭贷款和 MBS 仍然快速增长。2008 年第三季度，美国按揭贷款余额高达 17.3 万亿美元，而 MBS 债券余额在 2007 年第一季度时达到 6 万亿美元。

### （三）美元持续贬值策略推动了美国房地产泡沫的破裂

尽管经济陷入衰退，但随着美联储大幅降低利率，房地产价格也继续上涨，按揭贷款不断上升，次按规模不断扩大，次级债的发行推动了金融机构的房地产按揭贷款规模。但是，房地产价格的上涨是有一定限度的。当利率逐步升高，房地产需求下降，房屋的滞销与房价的下跌，导致许多家庭违约，次贷出现问题，次级债也陷入风险之中。

次级债市场新的次级债卖不出去，而发现问题的机构不但不会购买新的次级债，还试图抛售拥有的次级债，这导致市场没有接盘者，市场流动性短期内突然消失了。许多金融机构以 MBS 和 ABS 发行获得的资金投入再贷款中，如此提高了资金的使用效率，但也会产生相应的乘数效应或泡沫。当房地产按揭贷款不能如约偿还时，贷款机构的流动性就会面临着较大的问题。许多金融机构甚至将 MBS 和 ABS 或票据抵押证券当作流动性资产来看待，但当泡沫破裂时不能变现或折价变现时，就出现了较为严重的流动性危机。

而欧美银行资金的管理追求高效率，当次按债券流动性消失时，维持银行运转的流动性资产受到了极大的影响，部分金融机构的破产也引发了信用危机。

## 四、美元本位制是高货币乘数的基础，而高货币乘数的消失是流动性危机扩散的重要原因

当美国处在 Q 条例对利率的管制时，欧洲金融市场尤其是伦敦金融市场的高利率吸引了大量美元流入，欧洲美元市场逐步形成，规模日益扩大。随着美元本位制的日益巩固，以及金融市场的电子化趋势，加上欧美银行间的互相并购，以及欧洲金融机构对美国金融市场和金融产品的青睐，欧美金融一体化趋势有所增加。日本在日元升值导致的资产泡沫积累到破裂，20 世纪 90 年代以来经济一直低迷，但日本通过巨额的海外投资和海外美元贷款，以及低利率甚至零利率政策和定量宽松的货币政策，使得日元成为了廉价的套利工具，和美元一样成为全球流动性的主要提供者。

自 20 世纪 90 年代以来，美元升值导致资金流入美国，使外部资金对美

元资产形成了路径依赖，在美元霸权基础上的美元贬值对资金流入美国的影响相对减弱。而美国财政部利用增加公债发行量，美联储通过推动金融衍生工具发展，金融机构利用金融衍生工具和提高杠杆倍数，大大提高了货币乘数。

目前美国的货币供给量的统计已经不真实，而美联储已在2006年3月23日中止了M3的发布工作。经过分析发现，美联储公布的M2数据与M3数据（1959年1月至2006年2月）相关性高达0.98965，作者利用M2的年增长率计算2006年3月始的M3数据，最终获得了假设的完整的M3数据。进一步地，作者计算出了M2、M3与基础货币的比值，即货币乘数。以M2计算的美国货币乘数从1959年1月到2008年12月简单算术平均值为9.81倍，M3计算的美国货币乘数从1959年1月到2008年10月简单算术平均值为12.13倍。当然，美国M2货币乘数超过10倍是从1971年8月至1992年9月，美国M3货币乘数超过10倍是从1970年7月至2008年10月。2008年11月和12月，美国M3货币乘数分别为8.45倍和7.53倍，出现了大幅下降。

美国M2货币乘数美国M2货币乘数70年代以来1999年12月达到7.8倍的次低水平后反弹，这是美联储不断加息的紧缩货币政策以防范网络股泡沫不断积累的风险所致。2000年始货币乘数缓步上升。随着次贷危机的爆发，美联储不断向市场注入流动性，其货币乘数出现了明显的上升趋势，但在2008年4月达到9.25的高点后下降，10月时只有6.96，11月和12月分别为5.56和4.94，而基础货币增幅高达10月增长37%，11月和12月分别增长74%和101%，这反映了市场气氛较为紧张（参见图1－3）。

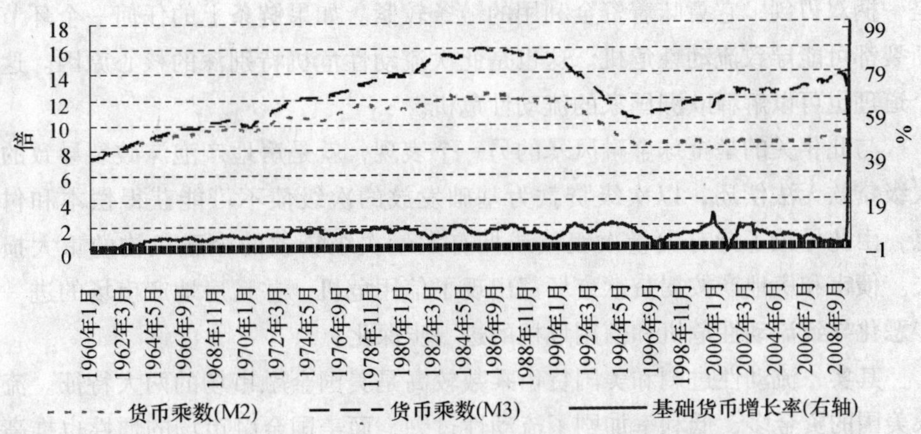


图1－3　美国货币乘数与基础货币供给趋势

资料来源：美联储。

日本货币乘数也处于较高水平。从已有的数据来看，M2 + CD 计算的货币乘数 2000 年前基本上高于 10 倍，随着 2001 年全球经济陷入衰退，到 2006 年 7 月以前在 6 ~ 8 倍的水平波动，此后一直维持在 8 倍以上的水平。而以 M3 + CD 计算的货币乘数在 2002 年 11 月之前基本上都在 12 ~ 20 倍以上的水平，到 2006 年 4 月以前则维持在 10 ~ 12 倍的水平，此后则维持在 12 ~ 14 倍的水平（参见图 1 – 4）。

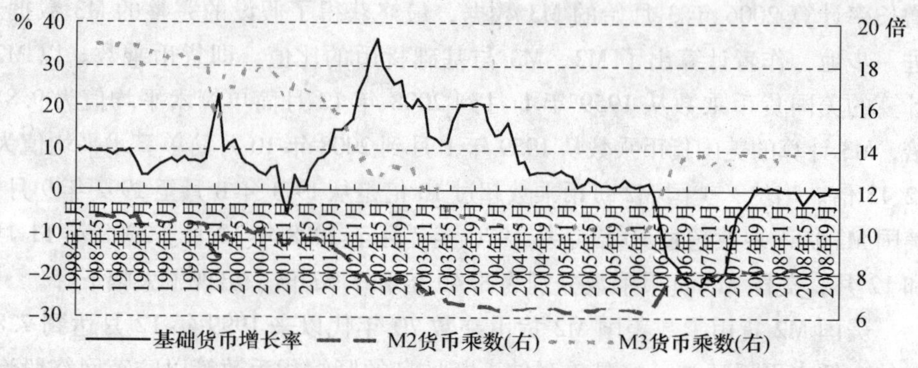


图 1 – 4　日本货币乘数与基础货币增长率

资料来源：日本央行。

总体可以看出，美国和日本的货币乘数比较高，是全球流动性过剩的重要根源。货币乘数高，表明金融的效率高，资金使用的周转速度快，也表明经济中可能存在着流动性过剩和资产价格泡沫的可能。不过，高货币乘数也是一柄双刃剑，它意味着资金利用的链条较紧。如果链条上的任何一个环节断裂都可能导致流动性危机。这也是此次流动性危机特别深的核心原因。这个道理也可以解释欧洲国家的流动性危机。

与此相关的是全球金融风暴的另一个表现，就是房地产泡沫破裂导致的次级贷款无法偿还，以次级贷款为基础发放的次级债不可能获得偿本和付息，由此导致了持有大量次级债或拥有大量次级贷款的金融机构的重大损失。债市和房地产按揭贷款市场都出现了信用危机，并且房地产市场的进一步恶化导致流动性危机和信用危机的进一步深化。

其实，流动性过剩和美国货币乘数较高是美国金融市场的两大特征。流入美国的资金多，低利率加剧了流动性过剩，而美国金融市场的惯性也推高了货币乘数。此三者推高了金融市场（尤其是按揭债券市场）的泡沫和房地产市场的泡沫。房地产市场泡沫的破裂直接导致了按揭债券市场泡沫的破裂，金融市场的流动性立即出现了重大缺失，货币乘数迅速降低，流动性危机迅速出现。资金还是那些资金，但由于突然有一部分金融资产不能进行市场交易或变现了，这一相当规模的中间环节出了问题，流动性当然就紧张了。而且，流动性危机还与次贷危机导致市场出现的紧张气氛有关。这也就不难理解为什么正在说着全球流动性过剩，次贷危机一出现，就马上出现了流动性危机。从次贷危机演化为全球金融风暴后，恐慌心理更加剧了流动性危机。

美国政府试图从弱势美元策略和相应的低利率策略中获益，事实上他们也做到了。但是，未尝料到会出现大规模的次贷危机，或者说未料到美国房地产市场下跌会给次级债市场和整个金融市场带来如此大的影响，也未曾料到会给欧美金融机构带来如此大的损失。次贷危机和全球金融风暴给我们最大的启示，任何一个看似完美的策略和政策，其实都是一柄双刃剑，如果只看到其有利的一面，并且无限制地使用下去，其不利一面也会随之上升。一旦某一个环节出现问题，其不利一面爆发产生的影响具有极强的破坏性。这正所谓天下没有免费的午餐。

## 第四节　全球金融风暴的催化剂：缺乏有效监管的金融创新

要使美国金融市场和资产具有吸引力，并壮大美国金融机构，那么，金融创新和金融机构的高杠杆经营是必不可少的工具。事实上，金融创新和高杠杆经营在一定程度上大大提高了美国的货币乘数，创造了房地产和金融资产泡沫。可以说，缺乏有效监管的金融创新和金融机构的高杠杆经营是次贷危机和全球金融风暴的催化剂。

### 一、金融创新与此次风险集中爆发的衍生品

全球金融衍生品市场非常大，产品无非分为外汇交易、利率交易、股票相关交易、商品交易和信用等类产品，而与次贷危机相关的衍生品，以按揭贷款证券（MBS）、债务抵押债券（CDO）和信用违约掉期（CDS）等为主。事实上，在所有种类的金融衍生品中，与系统性风险直接相关的就是信用衍生品，而其他类金融衍生品主要与市场风险相关。所谓市场风险就是市场日

常波动中产生的风险，所谓系统性风险就是整个金融体系产生的风险。市场风险可以通过金融衍生工具或其组合进行有效规避，金融衍生工具或其组合的不断创新正是为规避市场风险应运而生的。而系统性风险是不能通过金融衍生工具完全规避的风险，并且会体现为一种短期内迅速放大的风险，使小概率不可能事件成为小概率真实事件，原有的关于市场风险的假设完全失效，从而导致信用类金融衍生品风险迅速放大。

### （一）债务抵押债券

从表面上看，债务抵押债券（Collateralized Debt Obligation，CDO）是一种固定收益证券，现金流量可预测性较高，不仅给投资人提供了多元的投资渠道以及增加投资收益，更强化了金融机构之资金运用效率，转移不确定风险。凡具有现金流量的资产，都可以作为证券化的标的。

通常创始银行将拥有现金流量的资产汇集起来，然后将资产包装及分割后，转给特殊目的公司（SPV），以私募或公开发行方式卖出固定收益证券或受益凭证。传统的资产质押债券（ABS）其资产池可能为信用卡应收账款、现金卡应收账款、租赁租金、汽车贷款债权等，属于 ABS 的按揭贷款抵押债券（MBS）的资产池是住房按揭贷款，而 CDO 背后的支撑则是一些债务工具，如高收益的债券（即垃圾债券）、新兴市场公司债或国家债券，亦可包含传统的 ABS、住宅抵押贷款证券化（Residential Mortgage - Backed Securities，RMBS）及商用不动产抵押贷款证券化（Commercial Mortgage - Backed Securities，CMBS）等资产证券化商品。

CDO 的发行是以不同信用质量区分几个系列证券，通常分为高级（Senior）、夹层（Mezzanine）和低级/次顺位（Junior /Subordinated）三个系列；另外尚有一个不公开发行的系列，多为发行者自行买回，相当于用此部分的信用支撑其他系列的信用，具有权益性质，故又称为权益性证券（Equity Tranche），亦称股本系列。当有损失发生时，由股本系列首先吸收，然后依次由低级、中级（通常信评为 B 水平）和高级系列（常信评为 A 水平）承担。换言之，CDO 对信用加强是借助证券结构设计达成，不像一般 ABS 较常利用外部信用加强机制增加证券的安全性。次顺位、中级及高级系列亦可再依利率分割为小系列，例如，固定利率与浮动利率之别、零息与附息之分等，以适合不同投资人的需求。

各系列金额的决定需视所要达到的评级及最小筹资成本两大因素决定。通常，高级系列占整体最大的比率，中级系列约为 5%～15%，股本系列占

2%~15%。根据国际清算银行的统计，2007 年第一季度发行了 2500 亿美元的 CDO，2005 年全年发行 2490 亿美元，2004 年全年发行 1570 亿美元。

当然，CDO 产品存在系列风险，如信用违约风险、主权风险、利率与汇率波动风险、法律风险、加速成立风险和流动性风险等。

从美国的 ABS 市场来看，CDO 的交易量自 1995 年以来即不断增加，比例亦从原来的不到 0.5% 增加到接近 15%，在整体的 ABS 市场当中占有极重要的地位，亦显示出 CDO 在美国快速发展的趋势。

CDO 资产池可以拥有各类的债权与贷款，根据摩根士丹利的统计，2003 年所发行的 CDO 中，构成 CDO 的各类债权以及债券的比例，以结构融资（structured finance）最高，占 32.07%；杠杆贷款（leverage loan）次之，占 22.36%；甚至还包括避险基金等商品，虽然比例较低，但亦可看出 CDO 走向复杂化的程度。

另外，根据惠誉评级公司（Fitch Ratings）对在 1995 年至 2003 年美国境内通过其评级的 CDO 研究发现，各评级等级的 CDO 停留在原评级等级的概率较高，其中尤以最高等级（AAA）和最低等级为最，两者均达到约 95%。而评级等级上升的比例相对于评级下降低的比例则偏低。显见大多数的 CDO 评级仅会维持原评级抑或下降，上升的可能性则较低。而其中 A+级以上评级的 CDO 过去 9 年来未发生过违约的情事。但事实上，当系统性风险来临时，这种经验统计没有任何意义。2007 年 6 月，美国爆发高等级借款人违约引起的次贷危机，低评级 CDO 全军尽墨；高等级 CDO 也出现大规模违约，投资者损失惨重。

当然，在 CDO 基础上还有更为复杂的衍生品，但整体规模有限，对市场影响有限，这里就不赘述了。

### （二）信用违约掉期

信用违约掉期（Credit Default Swap，简称 CDS）是 1995 年由摩根大通首创的一种金融衍生品，它可以被看作是一种金融资产的违约保险。作为一种高度标准化的合约，信用违约掉期使持有金融资产的机构能够找到愿意为这些资产承担违约风险的担保人。其中，购买信用违约保险的一方被称为买家，承担相应风险的一方被称为卖家。双方约定如果金融资产没有出现违约情况，则买家向卖家定期支付“保险费”，而一旦发生违约，则卖方承担买方的资产损失。承担损失的方法一般有两种，一是“实物交割”，一旦违约事件发生，卖保险的一方承诺按票面价值全额购买买家的违约金融资产。第二种方式是“现金交割”，违约发生时，卖保险的一方以现金补齐买家的资产损失。信用违约事件是双方均事先认可的事件，其中包括：金融资产的债务方破产清偿、债务方无法按期支付利息、债务方违规招致的债权方要求召回债务本金和要求提前还款、债务重组。一般而言，买保险的主要是大量持有金融资产的银行或其他金融机构，而卖信用违约保险的是保险公司、对冲基金，也包括商业银行和投资银行。当然，合约持有双方都可以自由转让这种保险合约。

有报告称，从表面上看，信用违约掉期这种信用衍生品满足了持有金融资产方对违约风险的担心，同时也为愿意和有能力承担这种风险的保险公司或对冲基金提供了一个新的利润来源。因此，信用违约掉期一经问世，就引起了国际金融市场的热烈追捧，其规模从2000年的1万亿美元，暴涨到2008年3月的62万亿美元。其中，这一数字只包括了商业银行向美联储报告的数据，并未涵盖投资银行和对冲基金的数据。据统计，仅对冲基金就发行了31%的信用违约掉期合约。

该报告认为CDS产品存在着致命的缺陷：第一，最大的风险就是信用违约掉期完全是柜台交易，没有任何政府监管。格林斯潘曾反复称赞信用违约掉期是一项重大的金融创新，在全球范围分散了美国的信用风险，并增加了整个金融系统的抗风险韧性，认为银行比政府更有动力和能力来自我监管信用违约掉期的风险，从而坚决反对政府对金融衍生品市场的监管。第二，信用违约掉期的没有中央清算系统，没有集中交易的报价系统，没有准备金保证要求，没有风险对家的监控追踪，一切都是在一个不透明的圈子里，以一种信息不对称的形式在运作，目的就是为了交易商们获得最高的收益。第三，信用违约掉期早已不再是金融资产持有方为违约风险购买保险的保守范畴，它实际上已经异化为了信用保险合约买卖双方的对赌行为。双方其实都可以与需要信用保险的金融资产毫无关系，他们赌的就是信用违约事件是否出现。这种对赌的行为和规模早已远远超出信用违约掉期设计的初衷。进而，该报告认为信用违约掉期已经发展成为一枚正在嘀嗒作响的“金融核弹”，随时威胁着整个世界金融市场的安全。①

不过，也有报道引用11月4日美国存放信托和清算公司（The Deposito-

① 宋鸿兵，“信用违约掉期的惊险梦游”，2008年9月16日，http://www.caogen.com/blog/index.aspx?ID=21。

ry Trust and Clearing Corporation，DTCC）发布的报告，[①] 认为全球 CDS 相关金融衍生品市场总规模估计为 33.55 万亿美元。其中做市商和交易商持有总量为 30.77 万亿美元，合约 219.4 万手；非交易商和客户持有总量约为 2.8 万亿美元，合约 25.49 万张。进一步细分不同交易产品——其中 CDS 市场规模 15.38 万亿美元。CDS 的衍生品 CDX（信用违约掉期指数产品）市场规模为 14.76 万亿美元。在 CDS 市场中，金融机构在不同行业上所对赌的交易量也差别很大，最受次贷和房地产影响的核心金融产品，出人预料地仅占了 CDS 市场的一小部分。银行贷款产品上 CDS 交易量仅为 458 亿美元，住宅按揭贷款 CDS 交易量为 924 亿美元和 108 亿美元。另一些交易品种则交易量巨大——深受金融机构钟爱的企业金融信用违约产品，整体市场交易量高达 3.5 万亿美元，为市场上最大的交易品种。主权基金/主权国家信用违约掉期也有近 1.6684 万亿美元交易量。DTCC 的统计还揭示一个异常重要的市场数据——在交易最活跃的一千个交易产品上的估算交易头寸高达 15 万亿美元。但是，净交易头寸——也就是真正投入在交易最活跃的一千个交易产品的真实资金总量，仅为 1.7 万亿美元，仅为估算交易头寸的 10%。因此，该报告认为黑洞或被夸大 CDS 真实交易量不足 2 万亿美元。[②]

孰是孰非？应该说，前一份报告所说的风险的确存在，但在一些数据方面存在着不太准确的地方，结论也有点骇人听闻。作者将在第五节加以详细说明。

## 二、双刃剑为何成了达摩克利斯剑：金融创新与金融监管

### （一）自由放任的金融创新是金融危机催化剂

1. 被忽略的葛兰里奇警告。早在 2000 年，美国经济学家、前美国联邦储备委员会委员爱德华·葛兰里奇（Edward M. Gramlich，2007 年 9 月去世）就已经向当时的美联储主席格林斯潘指出了快速增长的次贷可能造成的风险，希望美国有关监管当局能够“加强这方面的监督和管理”。2002 年，葛兰里奇再次拉响警报，认为“一些次级房屋贷款机构没有受到任何监管，他们的贷款行为最终会危及美国人实现拥有住房和积累财富的两个美国梦

---

① DTCC 也称美国福禄克网络公司，号称是世界最大的证券清算和结算组织，由美国证券结算公司（NSCC）和存管信托公司（DTC）1999 年 9 月合并而成的控股公司。

② 王康：“黑洞似被夸大，CDS 真实交易量不足 2 万亿美元”，21 世纪经济报道，2008 年 11 月 8 日。

想。”到2004年5月，他明确指出，“快速增长的次贷已经引发贷款违约增加、房屋赎回增多以及不规范的贷款行为涌现。”在他去世前不久发表的文章里，他揭示美国的金融监管存在严重的空白和失控问题，“次级房贷市场就像是狂野的美国西部，超过一半以上的这类贷款由没有任何联邦监管的独立房贷机构来发放”。遗憾的是，他的多次警告没有获得美国主要监管当局高层的重视。其原因可能很多，非常重要的一点是，他的绝大多数同事过度相信市场的自我调节作用，相信任何从事放贷的金融机构都有能力控制风险。

2. 自由放任的金融创新是此次全球金融风暴的催化剂。全球著名经济学家大卫·哈罗（David Hale）认为，由次贷危机逐渐演变到美国金融危机有一种催化剂，这种催化剂就是自由放任的金融创新。也就是说，虚拟经济和金融制度在发展过程中存在严重的不足和三大漏洞，被极度贪婪的投机势力钻了空子。第一个漏洞是次贷总额过大，增速过高，潜在的高风险资产增加过快。第二个漏洞是金融衍生品的飞速发展和日益复杂化和全球化。尤其是资产证券化发展过快，投机性过强（高负债经营导致灾难性后果发生后容易向社会转嫁），品种过滥，产品链过长，导致次贷衍生品市场容量急速放大。而且场外交易和表内业务表外化快速发展，导致信息缺失，从而在微观上分散风险的同时，在宏观上迅速形成了系统性风险和完成了信用风险的相对集中化，成了次贷风险的放大器和扩散器。第三个漏洞是缺少对某些金融产品市场和大型金融公司及大型基金的监管，存在监管盲区和法律真空。

危机发生后，三位美国现任和前任金融监管机构领导人在美国众议院监管委员会2007年10月23日举行的听证会上，对于金融监管发表了自己的看法。其中，美国证券交易委员会主席克里斯托弗－考克斯一语中的：“我们的教训是，依赖金融机构自律是行不通的。”他说，“没有授权任何机构和人员监督投资银行控股公司，让他们放任自流是一个致命的错误。”

监管委员会主席、加州民主党议员亨利·瓦克斯曼则呼吁，“应从现有的不同委员会成员中挑选人员组成一个特别委员会，赋予这个委员会监督金融机构和市场的权力，让它创建‘一个新型、全面的法律体系’，以便弥补现有金融监管体系中的漏洞。”他表示，他在国会17年的经历使他看到，国会议员的派系之争使得金融监管体系像个“大杂烩”一样凌乱不堪。

美联储前主席格林斯潘也不得不承认：“我原来想当然地认为银行和金融机构的自利性（交易的另一方为自身利益将严格把关，形成金融业内互相监管的机制），能够在最大限度上保护股东利益和公司资产安全。现在看来错了，必须加强政府对金融体系的统一监管力度。”众议院监管委员会主席韦克斯曼对格林斯潘说：“若说你没有预见到问题，这个说法我不能接受。”他认为决策者过分依赖市场的反应，过分相信市场的调控能力。

格林斯潘从 1987 年 8 月到 2006 年 1 月担任美联储主席，他一向反对政府加强金融监管，认为监管人员难以预料市场的走势并作出完美的决定。他在听证会上说，美国信贷市场的崩溃使他“惊讶”。他承认，他反对金融衍生品受监管的想法有点失误。他说，自己过分相信银行等机构有能力维护股东的权益以及资产净值；他拒绝管制某些证券，确实“有点”失误。

3. 监管者的极端市场原旨主义倾向。正如格林斯潘在他的《动荡年代》（The Age of Turbulence）一书中阐述的那样，“政府干预往往会带来问题，而不能成为解决问题的手段”，“只有在市场自我纠正机制威胁了太多无辜的旁观者的那些危机时期里，监管才是必要的”。他认为，监管往往可能会妨碍市场的发展和创新。不过，危机的到来并没有提前向这位美联储前主席打招呼。

美国当前金融监管的最大特点就是，存在多种类型和多种层次的金融监管机构。在美国这个崇尚自由的国家里，美国人政治和文化上都崇尚权力的分散和制约，反对权力的过度集中，这些都是美国金融监管体制形成的深层次原因。

格林斯潘在《动荡年代》里阐述道：“几个监管者比一个好。”他相信，各个监管机构同时存在，可以保证金融市场享有金融创新必备的充分的民主与自由，同时，可以使得每一个监管者形成专业化的比较优势，他们之间的竞争可以形成权力的制衡。从这个意义上来说，以格林斯潘为代表的一代美国金融家们信奉的是“最少的监管就是最好的监管”的自由市场经济哲学，确实存在着索罗斯所称的极端市场原旨主义（Market Fundamentalism）的倾向。

倡导金融创新的监管者认为，金融创新能带动金融的发展，有效地规避市场风险，但或许他们忘记了，金融创新在有效规避当前风险的同时，却可能在逐步积聚系统性风险。不管是明星金融机构和投资明星，还是美国的金融系统，都栽在了美元本位制下的金融创新产生的系统性风险之下，两者重合之下产生的系统性风险又远高于单纯某一方面产生的系统性风险，因为它们都是无约束和监管的。

### （二）美国金融监管体系的缺失是金融危机爆发的原因

美国金融市场的运作和监管体制曾被视为全球的典范。美国金融监管体制极其庞大和复杂，正如政治上奉行政府、议会、法院三权分立一样，美国的金融监管是伞形金融监管体制，同样奉行权力分散和相互制约。正如格林斯潘在《动荡年代》里写到的，“几个监管者比一个好。”这种监管体制的最大特点是“双重多头”监管。“双重”是指联邦和各州均有金融监管的权力；“多头”是指有多个部门负有监管职责。美国的银行业就存在着美联储（FED）、财政部下属的货币监理署（OCC，管理非 FED 会员银行）、联邦存款保险公司（FDIC），及储蓄机构监管署和国家信用合作社办公室（OTS）等。证券业和基金业的监管由美国证券监督委员会（SEC）负责，但 SEC 对投行只监管证券经纪业务，不监管其投资银行业务。保险业的监管由联邦保险署（SIC）和各级州政府负责。期货业务的管理由美国期货交易委员会（CFTC）负责。各类监管又存在中央和地方政府的不同权力分配，如大的商业银行主要由 FED 和 FDIC 等联邦机构监管，地区性小银行则主要受地方监管。

美国金融监管的缺失有两个较大的背景。一方面，金融危机美国现有的金融监管体系基本上是在 20 世纪 30 年代“大萧条”后逐步形成的，其中针对存款类金融机构有 5 家联邦监管机构和各州监管机构，但对保险公司则缺乏全国统一的监管机构，对于那些不吸收公众存款的专业贷款公司以及大量的金融衍生品则没有任何机构进行监管，相应的信息披露要求也不够完善。1999 年通过的《金融服务现代化法案》（Gramm - Leach - Bliley Act of 1999），虽提出了功能监管的概念，亦授权美联储对金融控股公司实行伞形监管，但实践中仍保持了由各监管机构对证券、期货、保险和银行业分别监管的格局，特别是对于次级按揭贷款抵押证券这类跨市场、跨行业的交叉性金融工具如何监管并没有任何要求。这显然不适应金融机构综合经营的现实，相应的管辖冲突和监管空白更成为本次危机酿成灾难的重要原因。

另一方面，综合经营等方面的金融创新使美国信用创造体系被大大改变，由此也带来了一定程度的货币调控失灵问题。传统的信用创造基本由银行体系完成，中央银行可以通过贴现窗口、存款准备金制度和利率政策等工具对全社会信用创造实施有效调控，同时还有风险资本管理等手段约束银行的信用创造行为。但综合经营和资产证券化等技术的发展，使贷款的“发放—销售”（originate to distribute）模式极大地改变了传统的信用创造模式，即银行先可发放信贷资产，再通过卖出这些风险资产给其他投资者创造新的贷款空间。通过贷款的发放—销售模式、证券化和再证券化以及杠杆交易等复杂行为，大量金融资产在各种金融机构和投资者之间转移，随之发生的则是金融风险的多次定价、重组和分配。这种模式使交易环节中的各类机构完全依赖于上家提供的产品结构信息。不幸的是，面临产品信息的不完美和极端市场条件的出现，这种链条式结构如一字长蛇阵一样显得不堪一击。

因此，美国财政部把现行监管体系的缺陷归纳为三个方面：第一，缺乏统一、协调、全面和权威的监管机构。没有任何单一金融监管机构拥有监控市场系统性风险所必备的信息与权威，现有金融监管部门之间在应对威胁金融市场稳定的重大问题时缺乏必要的协调机制。第二，随着金融混业经营和金融产品的一体化，监管重叠成为金融创新的阻碍，监管机构间的管辖权之争还可能导致金融服务和产品向更有竞争力的国外金融市场转移。第三，对证券、银行和保险实施重复的分类监管，缺乏针对金融活动和金融消费者的统一监管和保护。

**（二）保尔森提供的金融监管改革计划：现代金融监管体制蓝图**

从2007年年底开始，美国总统金融市场工作小组、美联储、美国财政部以及一些国际组织等权威机构和专家开始对危机的成因进行了初步的系统性反思，从不同角度对次贷危机发生的机理进行了较深入的研究，也从不同角度对加强金融监管工作提出了建议。

经过一段时间酝酿，在吸收总统工作小组等各方意见的基础上，美国财政部部长保尔森2008年3月31日向国会提交了一份名为“现代金融监管体制蓝图”的金融监管改革计划，提出重建美国金融监管体制。该计划提出建立以目标为基础、而不是以金融机构类别为基础的监管模式，并认为这种监管模式能够鼓励和支持金融创新，促进金融体系有效竞争，同时更好地管理金融风险。

改革计划中，短期的建议主要集中在针对目前的信贷和房屋抵押市场。具体内容包括：第一，成立总统金融市场工作小组，监管范围在原来的基础上增加货币监理署、联邦存款保险公司和储蓄机构监管办公室为新的成员；第二，成立一个新的联邦委员会，加强对房屋抵押贷款发起的监管；第三，通过现场检查和联储规定的其他方式给联储提供充分的信息。

中期的建议主要集中在消除美国监管制度中的重叠，提高监管的有效性。更重要的是，在现有监管框架下，使得某些金融服务行业，如银行、保险、证券和期货的监管体制更加现代化。具体包括：第一，废除联邦储蓄章程，将其纳入国民银行章程，这个过程应该在两年内完成；第二，研究联邦储备银行角色的变化，要求其提出对于州注册银行的适当的和明确的建议；第三，联储应当承担支付清算系统的主要监督责任，有权设计对于金融系统非常重要的支付清算系统，全权负责制订监管标准；第四，在财政部下成立国民保险办公室，负责监管按照联邦保险章程从事保险业的公司；第五，美国商品期货交易委员会和证券交易委员会合并，对期货和证券行业提供统一的监管和监督。

长期的建议是，向着以目的为导向的监管方式转变，设立三个不同的监管当局：第一，负责市场稳定的监管当局。美国财政部建议由美联储担任该职，并有责任和权利获得适当信息，披露信息，在监管法规的制订方面与其他监管当局合作，为了整体金融市场的稳定而采取必要的纠正措施和行动。第二，负责与政府担保有关的安全稳健的审慎金融监管当局。新审慎金融监管当局可以承担目前联邦审慎监管当局，如货币监理署和储蓄机构监管局的责任，并负责金融控股公司监管职责。第三，负责商业行为的监管当局。商业行为监管当局应当为金融公司进入金融服务领域，为其出售其产品和服务方面提供和制订适当的标准。这样的监管方法可以在增强监管的同时，更好地应对市场的发展步伐，鼓励创新和企业家精神。在这个监管框架下，除了以上三个监管者，还有另外两个监管者：一是联邦保险公司，一是公司财务监管当局。

尽管这一改革方案最终能否得以实施，或在多大程度上能够得以实施尚不可知，但因其对美国长期以来形成的金融监管体系提出了一系列重大改革措施，一旦实施，不仅会触及到众多相关机构的利益，也将对美国金融体系产生巨大影响，因而被称为20世纪30年代“罗斯福新政”以来美国对金融监管体制进行的力度最大的改革。

## 三、评级机构的缺失及信息披露不充分

### （一）评级机构的缺失

在探讨金融危机形成的关键因素时，人们总不会忘了评级机构，尤其是世界上三大公认的权威评级机构：穆迪公司、标普公司和惠誉公司。作者在中国银行全球金融市场部接待三大评级机构中一家来访研究人员时表达过疑问，时间大致在2007年3～5月间：“为什么此次次贷问题评级机构还未调

降评级？而如果发生在新兴市场的话，早就调降评级了？”该评级机构的人员回答道：“如果我们调降评级，市场可能还会更糟糕。美国毕竟与新兴市场国家不同。”

在这场全球金融危机之前的很多年里，信用评级机构在金融领域里有类似宗教的地位，操控着结构化金融衍生品的定价大权。人们也普遍不愿意对复杂的金融衍生品进行一番独立分析，而愿意相信评级机构的评级。当AAA级的金融产品也出现大幅损失的时候，人们便失去了对评级机构的信任，从而大规模离开结构化金融衍生品市场。这直接导致银行的相关资产卖不出去，表内资产循环过程无法再继续。

英国《金融时报》指出，虽然2007年已有银行警告次按市场存在危机，但标准普尔及穆迪投资等评级机构至2008年春天才大幅调低抵押担保证券的评级。欧盟认为这些机构反应太慢，未能及时警告投资者有关次按问题的风险。报道引述欧盟官员的话，指评级机构一再错估形势，给予高风险的次按资产极高信贷评级，出事后才调低，这是次按危机迅速扩散的主因。欧盟内部市场委员迈克里维曾会见标准普尔高层，并对次按发展状况及部分机构反应迟缓表示忧虑。美国国会也将三大信用评级机构穆迪、标准普尔和惠普的总裁“请”到了国会，要求他们回答怎么把那些次级债券评上AAA的最优级别的。

这些评级机构为什么明明知道次级债券是垃圾债券，风险极大，却违背自己的职业准则和职业良心，为它们打开了进入市场的通道？原因很简单，次级债券的发行机构聘请债券评级机构进行评级，并向其支付高额评估费。在这条路径中，似乎发行机构对评级机构有所求，如果后者对发行债券评级过低，前者的债券发行就会产生困难。但是，真正的现实却是，评级机构对发行机构更有所求，如果没有后者的聘请，前者的生存就会发生困难。这种路径决定了评级机构只能被发行机构左右，而且评级越高，他们得到的报酬也越高。本来是对发行机构握有生杀大权的评级机构，与发行机构坐到了一条板凳上，组成了一个利益共同体，评级机构不再是金融市场的“看门狗”，倒成了发行机构进行市场欺诈的帮凶。美国政府把市场监管的责任“委托”给了会计师事务所，同时把信用评级的责任“委托”给了评级机构和投资银行，后来都无一例外地发现，在利益共同化的情况下，这种监管方式可以说是允许他们“合谋”欺骗市场和投资者。

奥巴马接受全国广播公司访问时透露，将引入新的金融监管规例，令银行、评级机构和房贷经纪机构的行为更负责任。

### （二）金融创新的过度与不充足的信息披露

在流动性泛滥的大背景下，金融机构过度地使用金融衍生品来转移信用风险。通过证券化和其他结构化金融产品的使用，银行得以循环其资产以便进行更多的贷款，运营的杠杆倍数也随之增加。传统的贷款需要银行对客户的严格把关，而 MBS 与 CDO 等资产支持证券产品的出现让贷款银行卖出结构化的贷款产品后不再保留风险，贷款银行也就在这样周而复始的过程中逐渐放松了风险控制，不再对贷前审查与贷后跟踪尽职尽责。而 CDS 这种违约保险的出现更是让银行的主动风险控制意识越放越松，风险越积越大。

信息披露问题也受到广泛的诟病。首先就是对次级债借款人的信息披露十分不充分，其次是涉及复杂定价公式的结构化金融产品十分不透明、相关风险被掩盖，最后是金融机构对表内、表外的风险敞口披露不充足。信息披露的不充分以及非标准化的衍生品使得对风险的衡量与产品定价十分困难。这也就增加了金融动荡时期市场的不稳定性。

由于有缺陷的监管体制鼓励银行进行证券化，加上银行只能购买投资级资产的限制，一旦评级发生变化，必然引爆一场争相抛售的狂潮，让市场充满恐慌情绪。

事实上，金融创新和金融风险是一对孪生兄弟，如果没有金融监管这一父母的有效约束，金融创新就可能导致或大或小的金融风险。而且，只要有共同的利益存在而监管缺失的地方，一定会有合谋行为存在。美国会计丑闻中的会计事务所和次贷危机中的评级机构，以及出具法律意见书的律师事务所，都在有意无意地为自身的利益而合谋欺骗监管者和公众。

## 四、欧美主要金融机构的表外资产和高杠杆经营

### （一）欧美主要金融机构的影子银行系统崩溃

最近 20 多年金融创新的重要方面是银行业表外业务高速扩张，非银行金融机构依附于银行业信用资产发展衍生业务，在银行体系之外形成了庞大的影子银行或虚拟银行系统。这一系统的过度发展以及整个金融体系在次贷危机发生后的迅速去杠杆化，是导致次贷危机发展成全面金融危机和经济衰退的重要原因之一。

影子银行系统形成的驱动因素主要有：第一，银行需要通过证券化和信用衍生交易转移表内资产风险、获得再融资并减少监管资本要求；第二，非

银行金融机构需要利用银行信用资产开发投资产品，获得更多高利润来源。

影子银行系统参与者包括商业银行和投资银行、对冲基金等非银行金融机构，其运作模式是：借入期限短、流动性高的资金，然后从事期限长、流动性低的贷款或投资。

最典型的影子银行运作是结构性投资工具（SIV），它是一种 SPE（特殊目的实体，即 Special Purpose Entity）。SPE 在 2001 年安然、世通等企业会计丑闻中已经声名狼藉，但在这次金融危机中卷土重来。SIV 和发起银行之间具有破产隔离的法律形式，不纳入发起银行的资产负债表，因此又被称为"虚拟银行"或"影子银行"。SIV 是专门投资于结构化产品的工具，它通过发行 ABCP（资产支持商业票据，即 Asset – Backed Commercial Paper）获得资金投资于 CDO 等证券，赚取利差（大约 25 个基点），它的发起银行则收取一定比例的管理费。

SIV 经营获利的关键在于三个方面：一是发行的商业票据获得并维持 AAA 评级，以保证融资成本仅仅略高于 LIBOR；二是不断滚动融资，通过发行新的 ABCP 偿还到期的 ABCP；三是保证所投资的 CDO 高层级维持 AAA/Aaa 评级，以满足发行 ABCP 募集资金用途的规定。20 世纪末，在花旗银行等金融机构的反复游说下，格拉斯—斯蒂格尔法案终告废止。从此商业银行摆脱了经营贷款的单一角色，它们一手创造大量的 MBS、CDO 产品，一手创设 SIV 来投资这些产品。根据穆迪评级的一份统计（2007 年 9 月 5 日），全球大约有 30 家 SIV，管理的证券面值达 4000 亿美元。

这些机构对金融市场稳定及实体经济具有极大的潜在风险：第一，它们具有和商业银行同样的信用风险、市场风险、利率风险，但这些风险未得到充分披露，没有严格的监管资本要求，资金也没有联邦存款保险。第二，它们具有比商业银行更高的资金流动性风险和市场流动性风险。因为它们的资产具有长期性和低流动性，而资金来源具有短期性，这种资产负债表风险全靠在市场上出售短期融资工具控制，而对个别机构合理的融资计划对整个系统则可能是灾难。因为在系统性风险上升时，所有机构同时抛售会造成市场流动性短缺，从而加剧系统性风险。这也正是次贷危机导致全面金融危机的原因之一。

在市场平衡发展时，风险被掩盖，一旦市场动荡，投资者信心损失，这些机构的风险则会更迅速地转化为损失。次贷危机中，证券化资产减值，投资者无法确定那些机构具备偿付能力，使这些影子银行普遍遭到证券挤兑，并很快导致整个影子银行系统崩溃。并且其中损失最大、最先倒闭的不是那些小型机构，而是美国全部大型投资银行。

由于ABCP市场的投资者多为风险承受程度较低的货币市场基金、养老金等机构，规避风险的意愿极强。2007年下半年，由于房价下滑、次级贷款出现问题，2007年8月ABCP的收益率差扩大到100个基点。SIV发行短期商业票据维持长期投资的业务模式难以为继，2007年10月美国政府宣布发起设立超级SIV，但考虑到道德风险等问题，于12月放弃，转而由发起银行担当营救SIV的任务。2007年12月28日，汇丰银行率先将450亿美元总资产纳入其报表，渣打银行、花旗银行等紧随其后。2007年第四季度，美国银行宣布由于SIV投资导致盈利下降95%，2007年8月英国北岩银行成为英国第一家由于SIV问题引发挤提风潮的银行，并于2008年2月被国有化。

由于这些SIV在当初设立和运行时设立了破产隔离的法律形式，被隐藏于银行资产负债表之外，在财务报告中没有充分披露有关风险，现在这些亏损累累、资不抵债的SIV重新返回银行的资产负债表，使投资者信心备受打击。更糟糕的是，投资者无法分清那些商业票据品种包含次级抵押贷款，那些与次级抵押贷款无关，整个商业票据市场发行量锐减，企业和金融机构丧失了日常融资的重要渠道。

### （二）欧美金融机构的巨额表外资产和高杠杆经营

在经济繁荣年代，高杠杆经营为投行带来丰厚利润。但高杠杆经营使得投资银行对流动性和维持自身高级别评级的要求很高。一旦市场环境恶化或自身财务状况不佳，就可能会被评级公司降低评级，导致融资成本上升，继而出现流动性问题等连锁反应，这是导致贝尔斯登和雷曼公司难以为继的重要原因。

一般企业的财务杠杆比率是负债比权益的倍数，而在金融衍生市场中，杠杆比率是期货或期权仓位所代表的实际价值与建立仓位所付出的现金额的比率。而对于商业银行而言，资本充足率的倒数可以看成是财务杠杆倍数。一般而言，核心资本充足率等于股本与总资产的比率，资本充足率等于资本与总加权风险资产的比率。事实上，如果考虑《新巴塞尔资本协议》对商业银行核心资本充足率和一般资本充足率4%和8%的最低要求，被允许的最大杠杆倍数为25倍。

但是，从表1-1可知，即使是在2006年底，不算风险资产，美国商业银行负债或资产与股本的比值是12~13倍，美国投资银行达26~27倍，欧洲银行则高达34～35倍，美国零售银行仅有9～10倍，而欧洲零售银行是22～23倍。而且，美国投资银行和欧洲银行（包括零售银行）对衍生品的依赖比较高，美国投资银行资产负债表中衍生品资产与股本的比值是1.42倍，而欧洲银行高达5.14倍，欧洲零售银行也高达1.02倍，美国商业银行和零售银行比值较低，分别为0.35倍和0.12倍。

**表1－1　欧美主要金融机构资产负债表市场公允值计算的一些比例及倍数**

（2006年12月31日）

| | 美国商业银行 | 美国投资银行 | 欧洲银行 | 美国零售银行 | 欧洲零售银行 |
|---|---|---|---|---|---|
| 股本占比（%） | 7.65 | 3.71 | 2.86 | 9.75 | 4.36 |
| 按揭贷款占比（%） | 16.51 | | 6.54 | 37.44 | 26.43 |
| 衍生品占比（%） | 2.67 | 5.28 | 14.71 | 1.19 | 4.44 |
| 总资产占比（%） | 100 | 100 | 100 | 100 | 100 |
| 负债占比（%） | 92.35 | 96.29 | 97.14 | 90.25 | 95.64 |
| 负债/股本倍数 | 12.07 | 25.95 | 33.97 | 9.26 | 21.94 |
| 资产/股本倍数 | 13.07 | 26.95 | 34.97 | 10.26 | 22.94 |
| 衍生品/股本倍数 | 0.35 | 1.42 | 5.14 | 0.12 | 1.02 |

注：表中前五行的比值是与总资产的百分比，后三行是相关要素与股本的倍数。

资料来源：IMF《全球金融稳定报告》2008年9月。

因此，美国投资银行和欧洲商业银行在此次次贷危机引发的全球金融风暴损失最大，美国独立投行不复存在，要么破产关门，要么被并购，要么改为银行控股公司，而欧洲银行则有破产和倒闭的压力，如英国北岩银行、比利时和卢森堡的富国银行等。尽管美国的商业银行和零售银行衍生品占比不大，但在按揭贷款违约率上升的双重影响下，也受到较大的冲击。经营抵押贷款及发行相关债券的“两房”对金融杠杆的发挥尤甚，例如房地美2008年第二季度报告显示，总资产（8790亿美元）是其净资产（130亿美元）的68倍。这一比例甚至超过了长期资本管理公司（LTCM）1998年破产时的杠杆比率。属于固定收益套利型对冲基金的LTCM，利用从投资者筹得的22亿美元资本作抵押，买入价值1250亿美元证券，杠杆比率高达约60倍。

因此，正如沃伦·巴菲特所言：“杠杆是一个聪明的家伙唯一能够破产的途径。你做聪明的事情，你最终变得非常富有。如果你做聪明的事情而使用杠杆，只要做错一件事情，你就可能出局，因为任何时候零就是零。但是，当你周围的一些人利用杠杆做得非常成功，你也一样成功，就像舞会上的灰姑娘。大家看起来都很好，音乐也非常动听，事情变得越来越有趣。你想，‘为什么我应该在11点45分离开地狱呢？我在11点58分离开就可以了’。但是问题是，墙上并没有钟，每个人都想在11点58分离开。”

## 第五节　全球金融风暴的助力器：羊群效应

一位石油大亨到天堂参加会议，一进会议室发现已经座无虚席，没有地方落座，于是他灵机一动，喊了一声：“地狱里发现石油了！”这一喊不要紧，天堂里的石油大亨们纷纷向地狱跑去。很快，天堂里就只剩下那位后来的了。这时，这位大亨心想，大家都跑了过去，莫非地狱里真的发现石油了？于是，他也急匆匆地向地狱跑去。这个故事就是典型的羊群效应。羊群是一种很散乱的组织，平时在一起也是盲目地左冲右撞，但一旦有一只头羊动起来，其他的羊也会不假思索地一哄而上，全然不顾前面可能有狼或者不远处有更好的草。因此，“羊群效应”就是比喻人都有一种从众心理，从众心理很容易导致盲从，而盲从往往会陷入骗局或遭到失败。

在第三代货币危机理论中，解释亚洲金融风暴全球传播的核心理论之一是信息的不对称性产生的“羊群效应”。信息的不对称性是指，由于筹资者往往不向投资者提供全部信息和现实中信息披露及信息传播等方面的困难，投资者掌握的信息通常是不完全、不充分的，在有关资金的使用和其他投资信息方面，投资者与筹资者往往处于不对称状态。这会使投资者对自己掌握的信息缺乏信心，使其行为具有盲目随从的性质，迫使他们去效仿另外一些可能掌握更多信息的投资者的做法，于是便形成“羊群效应”。例如，当泰铢发生危机后，人们便担心韩元可能也会出问题；当日本银行开始停止对韩国提供贷款并收回贷款时，欧美银行便纷纷效仿，因为后者认为日本人可能更了解韩国的实际情况；既然银行已开始行动，其他投资者也会纷纷效仿，于是“羊群效应”形成了。

此次次贷危机最终深化为全球金融风暴，除了前面谈到的因素外，产生于金融市场的恐慌、误解和从众行为，以及相应资金的流动，此即羊群效应。这包括欧美金融机构集体的去杠杆化进程，包括对衍生品的风险和损失的夸大，产生了迅速膨胀的恐慌心理，加剧了金融危机。事实上，羊群效应是蝴蝶效应某种情况下的一个特例，而市场“无形的手”产生的效果和政府

“有形的手”产生的效果，都具有广泛影响，当这种影响达到一定程度时，即发生了我们看到的蝴蝶效应。

这里，我们试图结合相对权威而且多方面的数据加以说明，以图理清相关衍生品的真实风险，也试图强调不要“妖魔化”信用衍生品，也不要因为“妖魔化”信用衍生品而“妖魔化”所有金融衍生品，因为这样只会导致停滞不前。

## 一、银行的顺周期经营与主要金融机构的去杠杆化

### （一）银行的顺周期经营

中国银行纽约分行陆晓明博士发表在《国际金融》杂志“金融前沿”栏目中的文章“透过次贷危机看后危机时代的美国银行业”（2009 年第 1 期）指出：“次贷危机集中暴露出银行业务发展模式周期性和结构性方面的缺陷。”就美国银行业在这次危机以及既往实践中暴露出来的业务发展模式的周期性问题，该文指出：“银行所处的经济环境具有明显的周期性，银行可持续增长的最大威胁正是这种经济周期波动带来的系统性风险。而银行业经营模式由来已久的最大局限以及次贷危机发生的重要原因，都在于银行普遍采用顺周期发展模式，扭曲了长期资产周期发展和经济周期的关系，从而不仅强化了经济周期波动性及其对银行业的影响，也增加了银行业在系统性风险中的脆弱性。”该文提及“危机后的银行房贷业务逆向周期发展模式”，此时正在中国的银行业中上演。但这一逆向周期经营模式实际上是政府和央行需要的模式，在中国这一国家控股银行业的金融环境中，以及中国经济稳定长远可持续发展的预期下，风险是相对可控的。但是，在相对自由竞争的市场环境中，在高管的薪酬或晋升直接与股票市值挂钩的情况下，顺周期经营是必然的选择模式。事实上，如果要规避系统性风险，在常规的经济周期中，应该在经济上升的中前期要实行顺周期经营，而在后期实行逆周期经营，在经济下降的前期则要实行顺周期经营，而在中后期实行逆周期经营。

### （二）欧美主要金融机构的去杠杆化加剧了危机的自我恶化

自次贷危机爆发以来，主要金融机构资产负债表的“去杠杆化”非常急迫，这也是一个顺周期经营方式。全球对冲基金平均现金余额占总资产比重从一年前的 14% 上升至 22%。而且，金融机构从资产和负债两端加强了去杠杆化进程。据 IMF 的有关统计数据，所有对冲基金的杠杆比率从 2007 年的 1.7 倍下降到 2008 年的 1.4 倍；股权多头或空头和并购套利战略基金杠杆

比率较低，仅1.5~2倍其股权资本；战术性/宏观基金杠杆比率是4倍；可转换的套利交易基金的杠杆比率是5~9倍；相对价值和固定收入套利基金的杠杆比率超过10倍，因为其依赖于规模效应。

去杠杆化是一个非常凶险的循环。当所有的金融机构都害怕资产因为市场估值下降资本充足率不够而且会遭到评级机构调降评级时，都在同一时刻开始了夺路而逃，结果资产价格大幅下跌，有的甚至无人问津。各金融机构受到的影响不一，但由于相互之间难以信任，资金的拆借非常困难，伦敦同业拆借利率大幅上升，即使是利用高利率也难以拆借到必要的流动性资金。于是，全球流动性骤然紧张，各主要央行不得不大量向市场注入流动性。

金融机构去杠杆化的资产包括衍生品、股票和新兴市场的债券、股票与房地产等。当去杠杆化进程不约而同地展开时，必然导致全球金融市场的动荡，资本市场大幅下跌。全球资金出现了再分配，明显的特征是流出风险较高的新兴市场经济体和发展中经济体，进而导致这些经济体股市泡沫破裂，外汇储备大幅下降，汇率大幅贬值，导致金融危机或金融动荡。资金纷纷流入发达国家，尤其是美国的国债市场。于是，美元走强，短期内曾经上升了近30%。而作为套利交易工具的日元，在全球央行大幅降低利率和全球资本市场大幅下跌，金融产品风险大幅上升而收益大幅下降的情况下，套利交易平仓推动日元大幅上涨，一度升破了90。

应该说，在过去几年里，美国政府的债务并不比20世纪90年代早期和50年代早期高，即使在过去几年里大幅增加后也是如此。但是，随着过去几年金融机构更愿意扩展其信贷以满足消费者、投资者和金融机构自己的不稳定性支出和投机性的偏好，这样的美好时光现在正以美国政府作为最终的消费者、美联储作为最终的放贷者而结束。不仅美国如此，全球都卷入其中。大规模流入的资本促进了美国GDP的增长，21世纪以来，美国国民收入增长很少，而更多地来源于借未来的钱消费。换句话说，美国越来越依赖于债务刺激美国增长。1981年以来，GDP增长了11万亿美元，而私人部门的债务增长了其两倍，达22万亿美元。这显然是不可持续的。在过去十年里，经济平均每年增长2.7%，而美国债务负担增长得快得多。相应的的问题就是实质工资的下降（即工资除去通胀）。在实际工资下降的环境里，银行应该收紧其按揭贷款和消费信贷，但银行所做的恰恰相反。

不过，金融体系中的杠杆化和去杠杆化并不是现在才存在的。一个国家的借贷存在着一个杠杆周期，而这个杠杆周期往往取决于经济周期，金融危机也会影响到杠杆周期（参见图 1－5）。国际借贷也是如此。一国的货币乘数取决于该国的货币发行量和资金的运转效率，银行的杠杆化程度也直接与该国货币乘数相关。

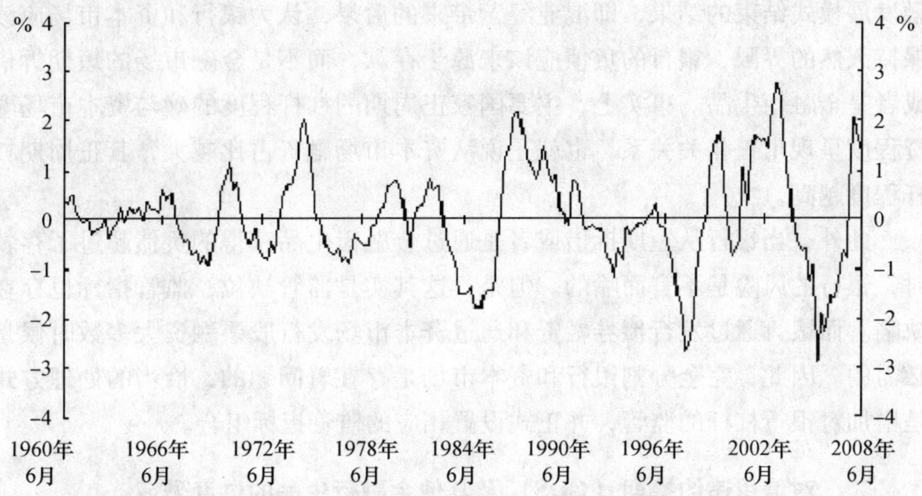


图 1－5 美国金融体系的杠杆周期（信贷与 GDP 的比率与趋势偏离度）

资料来源：托马斯路透社和美国现金流账户。

去杠杆化进程也导致了金融机构放贷的下降，因为要保持足够的资本充足率应对未来不确定的风险。在这样的情况下，金融机构的去杠杆化会直接影响到实体经济，制约经济的成长。当然，信贷的下降不仅仅是因为金融机构不愿放贷，也有居民和企业降低财务杠杆增加储蓄和现金流的影响。在这种情况下，政府和央行只好增加自身的杠杆，政府多发国债刺激经济，保障就业，增加收入；央行购买资产，维护市场，从而使相应资产的价格回到合理的水平，从而提升资产价值，促进信贷，进而促进企业的投资和居民的消费。货币政策显著的放松能够直接地增强银行的资产负债表，其重要的方式包括降低银行在短期债务余额的利息成本，使其收益率曲线陡峭化，从而为银行创造出借短贷长的利润空间；由于利率下降与资产价值的上升直接相关，进而增加了银行资产的价值。相似地，银行通过销售其非核心资产收缩其资产负债更具有决定性的效果，因为这改变了负资本冲击的后果。当投资者为银行投入新资本时会大大增加银行的商誉，从而允许银行更多的资产保留至到期前，这也限制了信贷拨备增加的相关影响。直接将公共资本流入困境中的银行，也能够降低银行通过削减贷款而维持资本带来的相关压力。

应该说，去杠杆化是一个自然的正常反应，但当演变成为一种恐慌时，对金融市场和经济的影响是非常剧烈的，全球金融市场的动荡也是必然的。有人认为20世纪以来全球金融体系的杠杆化进程是分业经营分业监管的金融发展模式结束的结果，即混业经营带来的后果，认为银行和资本市场应该保持天然的界限，银行的负债应该来源于存款，而不是金融市场的短期拆借或者是金融衍生品。事实上，主要国家正周期的杠杆程度的确与资本市场融资程度呈现出正相关关系，也就是说从资本市场融资占比越大，其正周期杠杆程度越高。

此外，当银行从短期拆借或者是通过金融衍生品获得的负债超过了存款时，银行的风险是不言而喻的。但是，这其实是监管缺位，监管指标也存在缺陷。而银行通过发行债券融资和通过资本市场发行股票融资大多数时候是必需的。因此，完全分割银行和资本市场是存在着问题的，恰当的处理方式是增加对银行杠杆的监管，并正式设置相应的监管指标组合。

## 二、对信用违约掉期（CDS）及其他金融衍生品的过度恐慌

如果说次贷危机的爆发是缘于房地产泡沫破裂对次级按揭贷款及相关次级债产生影响的话，那么，雷曼公司破产导致的对金融衍生品的恐慌是全球金融风暴爆发的助力器。当政府任由大规模从事金融衍生品设计、交易和投资的金融机构破产时，衍生品交易对手违约风险被无限放大，这时的恐慌是必然的，也在情理之中。但是，当政府全面接管大型金融机构限制了衍生品交易对手违约风险时，这时的恐慌继续扩大则既源于对衍生品的误解，也源于对政府接管能力估计不足。

### （一）国际清算银行统计的全球衍生品的结构与衍生品的损失估计

2007年全球以市场汇率计算的GDP高达54.5万亿美元，除去黄金的储备资产高达6.45万亿美元，公债余额28.6万亿美元，公司债券51.2万亿美元，银行资产84.8万亿美元，股票、债券和银行资产总和为230亿美元，占GDP比重达421%。

根据国际清算银行（BIS）统计的数据，全球场外交易的金融衍生品合约总名义余额从1998年6月的72万亿美元上升至2008年6月的684万亿美元。在场外交易的金融衍生品中，从1998年6月到2008年6月，外汇衍生品从18.7万亿美元上升至63万亿美元，利率衍生品从42万亿美元上升于458亿美元，股票相关衍生品合约从1.3万亿美元上升至10.2万亿美元，商

品衍生品合约从 4430 亿美元上升至 13 万亿美元，未区分的衍生品合约从 9. 3 万亿美元上升至 82 万亿美元左右，而信用违约掉期合约从 2004 年 12 月的 6. 4 万亿美元上升至 2008 年 6 月的 57. 3 万亿美元。

有人认为这 684 万亿美元代表着全球金融衍生品过度发展了，是泡沫，是金融核弹，因为金融衍生品的名义余额是 GDP 的 12 倍，是全球金融资产的 3 倍左右。从相关数量的比较来看，这并没有错。但是，这一比值却并不能说明金融衍生品就是金融核弹，只能说明有的学者并没有真正理解衍生品名义总额代表的含义。

事实上，衍生品合约的名义余额并不代表其市场价值，仅仅是合约的涉及金额，而真正体现金融衍生品市场发展并且可用以比较的指标是衍生品的总市值和总信用敞口。从 1998 年 6 月至 2008 年 6 月，全球场外交易金融衍生品合约的总市值从 2. 6 万亿美元上升至 20. 4 万亿美元。其中，外汇衍生品合约从 8000 亿美元上升至 2. 3 万亿美元，利率衍生品合约从 1. 2 万亿美元上升至 9. 3 万亿美元，股票相关衍生品合约从 1900 亿美元上升至 1. 1 万亿美元，商品衍生品合约从 381 亿美元上升至 2. 2 万亿美元，未区分衍生品合约从 3928 亿美元上升至 2. 3 万亿美元，CDS 总市值从 2004 年 12 月的 1335 亿美元上升至 2008 年 6 月末的 3. 2 万亿美元（参见图 1 – 6）。

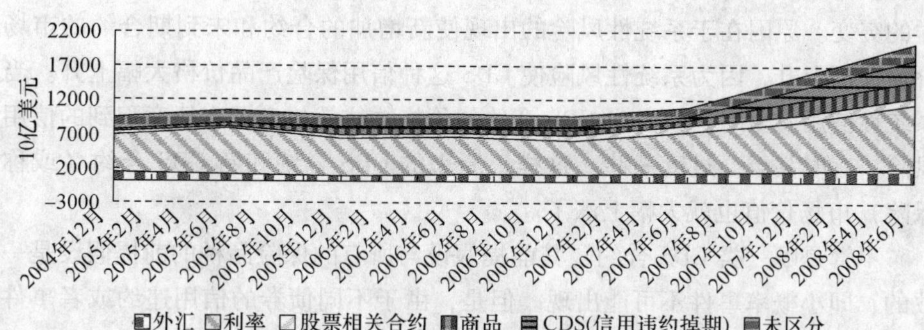


图 1 – 6　衍生品分类及总市值

资料来源：BIS。

从 1998 年 6 月至 2008 年 6 月，全球场外交易的衍生品合约的总信用敞口从 1. 2 万亿美元上升至 3. 86 万亿美元。事实上，由于衍生品合约的总信用敞口是总市值除去法律强制规定的双边合约对冲后的净值，基本上可以当成是所有衍生品合约面临的风险。因此，这种风险不能被过分夸大，尤其是当交易对手违约风险可控时。

此外，信用违约掉期（CDS）实际上就是一种保险。它基本上可分为两类：一类是标的为债券等产品的保险，另一类是标的为事件的保险。前者是债券等投资者为了避免持有该债券可能带来的信用违约风险，而购买 CDS 合约以规避这一风险。购买 CDS 合约的投资者按照合约每期（季度或半年）向卖出相应 CDS 合约的机构交保险金，而合约期内如果该债券没有出现信用风险，则卖出 CDS 合约的机构或持有卖出 CDS 合约的机构就收取了所有的保险金而无须付出任何代价。但是，合约期内该债券如果出现信用风险，则卖出 CDS 合约的机构或持有卖出 CDS 合约的机构，因为收取了所有的保险金，因此必须按合约约定支付买入 CDS 合约的投资者信用风险损失。后者是一种对赌合约，该类 CDS 约定就一家公司、一家金融机构或一个国家出现信用违约或破产事件为标的（范围非常广泛），当该事件没有出现时，买入相关事件 CDS 合约的投资者只能如约按期支付保险金，而卖出相关事件 CDS 合约或持有相关事件 CDS 合约的机构则收获保险金；当 CDS 合约的事件真的发生了，卖出或当时持有该 CDS 事件合约的机构或投资者必须偿付买入该事件 CDS 合约的投资者。

令人惊奇的是，CDS 市值在 2007 年 12 月时较 2007 年 6 月有显著的上升，从 7210 亿美元上升至 2 万亿美元，而同期 CDS 名义余额则没有出现这样的突变。原因在于系统性风险的出现使新增加的合约和未到期合约的市场价值大幅上升，因为系统性风险使 CDS 这种信用保险产品价格大幅上升。当系统性信用发生时，新卖出 CDS 合约的价格往往就包含了市场意识到的信用风险，有时甚至会过度一些。这样，原来的 CDS 合约和新 CDS 合约（或称保险）市场价值也就大幅上涨了。

不管是哪一类 CDS 合约，其前提假设与所有的保险品种的前提假设是一致的，即小概率事件不可能出现。但是，由于不同债券的信用违约或者事件的出现存在着不同的概率，出现的概率越高，该 CDS 合约的定价就越高，反之亦然。因此，信用评级对于 CDS 合约的定价就非常关键。同样，合约期限的长短也会在一定程度影响到该 CDS 合约的定价。

从 BIS 统计数据中的两个指标的数量关系来看，CDS 合约的名义总额是所有 CDS 合约涉及的金额，而 CDS 合约的总市值就是所有 CDS 合约在不同时间点以市场价格与数量计算而得的总值。从数量关系来看，合约总市值应该等于合约的名义总额乘以违约概率减去定期支付的保险金的现值。真正的违约损失应该等于名义总额乘以违约概率。

因此，2008 年6 月末 BIS 统计的 CDS 合约的名义总额高达57 万亿美元，其总市值为3.17 万亿美元，如果参考美国所有商业银行贷款违约率和其与冲销率之和分别作为市场的违约概率，作者得出两组非常有意思的数据：第一，2008 年6 月末 CDS 未来可能的赔付额分别为1.9 万亿美元和2.6 万亿美元，小于 CDS 的总市值3.17 万亿美元，因此，作者预计 CDS 合约的最大赔付额损失将小于其总市值；第二，2008 年 6 月末 CDS 保险金的现值分别为 -5580 亿美元和 -1.3 万亿美元，主要是因为 CDS 合约因系统性信用违约风险而使保险金大幅上升，保险金体现了当前系统性风险情况下对未来违约的过度反应，而原来的合约因为其保险金低而现值折算更低。因此，其未来保险金的现值必然出现亏损，也就是说目前买 CDS 做债券或者事件风险的对冲已经失去了意义，以前卖出 CDS 合约的机构面临着亏损。一般而言，如果市场是充分有效的，市场对信用风险的判断是对等的，机构的可能赔付额应该等于或接近其未来的保险金收入总和。当市场相对比较平稳时，或者不存在系统性风险时，机构的可能赔付额要远低于其未来保险金收入总和；当市场出现系统性风险时，机构的可能赔付额要远远高于其未来保险金收入。目前就是第三种情况。

由于 CDS 合约存在着买卖双方，许多做市商或其他金融机构拥有一些 CDS 卖出合约时，同时又拥有相应的买入合约，正常的情况下是可以相互冲销风险的。但当系统性信用风险出现时，任何信用债券的价格都可能大幅度下跌，当卖出 CDS 机构破产而不能无限度地偿付合约所约定的金额时，买入 CDS 的机构损失也就放大了。结果，既买入 CDS 合约又卖出 CDS 合约的机构，多是 CDS 的做市商，其风险成倍放大。

CDS 合约的创造者可能是 CDS 市场的做市商，做市商可能留部分这样的卖出 CDS 合约，或者买入别的做市商卖出的 CDS 卖出合约。CDS 合约的起始风险主要集中在卖出方，当卖出方破产时，买入 CDS 保险的投资者交纳的保险金可能无法收回，同时手里持有的债券价值大幅下滑，因为实际上等于是暴露的风险头寸，也会出现大幅度的亏损。在这种情况下，卖出方和买入方都受到系统性信用风险的影响而出现重大损失，这种损失都有可能导致投资机构破产。欧美许多对冲基金、投资银行或者商业银行都是这些卖出 CDS 合约的买入者或者就是 CDS 合约的买入者，并且多将这些合约转移至资产负债表外，成为表外资产或负债。这也是为什么许多投资银行、对冲基金和商业银行一夜破产的重要原因，因为他们持有过多的 CDS 头寸，不管是买入

CDS或者卖出CDS，等于将自己彻底暴露在系统性信用风险之下，毫无防备。

不过，由于全球主要政府基本都接管了问题金融机构（如对美国国际集团的资助和接管，其实降低了CDS衍生品违约的概率），只有少数几家破产，尽管破产的金融机构带来了一定的衍生品损失，但都在可控范围之内。因此，初步来看，衍生品市场交易对手违约风险尚在控制之中。

**（二）DTCC数据计算的美国CDS违约情况**

据美国存放信托和清算公司（DTCC）的报告，美国市场上CDS分为两类：一类是单一实体CDS，另一类是指数CDS。截止到2008年11月28日，美国市场上按保护购买者分类的单一实体的CDS名义总额高达14.8万亿美元，合约数高达205万张。其中，与居民MBS和商业MBS相关的CDS合约名义总值分别为9306亿美元和1102亿美元，占总量的0.7%。但是，与金融公司违约相关的CDS合约的名义总额高达3.43万亿美元，占总量的23.2%。

根据DTCC的提示，其提供的数据表中的名义总额不反映合约的市场价格，也与合约的市场估值无关。此外，任何单一实体的名义净值是指净购买者（等于净卖出者）购买的净保护，而总的名义净值是基于交易对象的整个谱系进行的，它是所有交易对象全部谱系的总和，它通常代表了当特别规定的信用事件出现时所要求保护的净购买者和净销售者之间最大可能转移的净资金。实际的净资金的转移依赖于相关的债券或其他债务工具的残值比率（Recovery rate）。据DTCC的数据，截止到2008年11月28日，按保护购买者分类的单一实体的名义净值为1.53万亿美元。

另据DTCC的数据，截止到2008年11月28日，美国市场上按指数及指数分层的CDS的名义总值高达16.2万亿美元，名义净值为1.37万亿美元①。其中，TRAXX欧洲信贷风险标准指数系列名义总值和名义净值分别为7.47万亿美元和5400亿美元，分别占总额的46%和39%；居于第二位的是追踪北美和新兴市场信用指数CDX，名义总值和名义净值分别为4.98万亿美元和3831亿美元，分别占总额的31%和28%；道琼斯CDX居于第三位，名义总值和名义净值分别为2.76万亿美元和2970亿美元，分别占总额的17%和

① 目前市场上最常见的CDS指数可分为Dow Jones CDX指数家族以及iTraxx指数家族。CDX指数由CDS指数公司（CDS Index Co）管理。iTraxx包含了欧洲、日本及亚洲其他地区，由国际指数公司（IIC）管理。

22%；ABX 和 CMBX 名义总值都占总额的 2%，[①] 名义市值都占总额的 3%。

因此，美国 CDS 可能产生的最大损失是单一实体和指数名义净值之和，即 2.9 万亿美元，但事实上可能达不到这个数。

### （三）OCC 商业银行和信托公司的衍生品季度报告揭示了相关风险

美国财政部货币监理署（OCC）的衍生品季度报告对于 CDS 等衍生品的风险作了更为准确的说明。

1. 第三季度衍生品交易收益大幅反弹。美国商业银行报告，2008 年第三季度资金和衍生品交易收入达 60 亿美元，而第一季度和第二季度仅分别为 7.21 亿美元和 16 亿美元，而第三季度之前的八个季度平均收益为 22 亿美元。从结构来看，2008 年第三季度，信用衍生品的交易收益已经从负转正，达 25.44 亿美元，占总收益的 42.4%；外汇交易收益达 30.9 亿美元，占总收益的 50% 左右；而利率交易收益大幅下降，仅 9.8 亿美元；股票交易收益在股市大幅下跌的情况下为 -9.54 亿美元，商品及其他交易收益为 3.42 亿美元。

2. 美国商业银行衍生品交易中信用风险非常显著。衍生品合约的名义总额（相当于 BIS 统计中的衍生品名义总额）是衍生品履约的合同约定金额，但通常名义总额不是风险总额。衍生品信用风险是一系列变量的函数，包括交易对手的名义本金、相关支持市场要素的波动性（如利率、汇率、商品、股票或个别公司）、合约的久期和流动性、交易对手的信用情况等。衍生品的信用风险与贷款的信用风险不同，主要由于其潜在信用敞口更加不确定。就已经提供的信贷而言，其最大的信用风险就是借贷者的贷款额。然而，在大多数衍生品交易中，如在银行交易中占有大量份额的掉期交易的信用敞口是双边的。合约的每一方在合约存在期限内任何一个时点都存在着相对于另一方的当前信用敞口。而且，由于信用敞口是市场利率和汇率等波动的函数，银行并不确切知道而仅能估计在未来某个时点相关衍生品合约的价值。

确定银行衍生品合约的信用敞口情况的第一步是假设当天某合约交易对手违约可能会导致的损失。银行所有合约的正的价值（衍生品的应收账款）即总的正公允值（GPFV），是对信用敞口的初步测量；银行所有合约的负的价值（衍生品应付账款）即总的负公允值（GNFV），代表了银行给其交易

---

① ABX 指数以 20 只次级按揭抵押贷款债务为源头，衍生出 CDS 合约，再由一系列 CDS 合约衍生出 ABX 指数。ABX 可以衡量次级债券的保险成本。CMBX 指数记录了商业抵押担保债券的信用违约掉期交换。

对手带来的信用敞口。而衍生品合约的正的公允值与负的公允值之差就是净当前信用敞口（NCCE）。一个银行所有对手的净当前信用敞口是那些不符合法律明文规定的双边轧差协议（这也许是由于非标准化合约或司法上的考虑）与那些符合法律明文规定的强制轧差协议双边轧差后当前信用敞口总的正的公允值之合。

净当前信用敞口是 OCC 对银行衍生品交易信用风险的初步测算。对信用敞口更加敏感的测量要考虑到防范交易对手风险的抵押物价值，大型银行对于衍生品合约倾向于抵押物占其净当前信用敞口的 30%～40%。评估信用风险的第二步就是估计一个给定衍生品合约在剩余期限里其价值的变动，这即是潜在未来信用敞口（PFE）。而总的信用敞口就是净当前信用敞口和潜在未来信用敞口之和。

2008 年第三季度，美国商业银行净当前信用敞口增加了 300 亿美元即 7%，总正的公允值（衍生品应收账款）仅温和增加了 190 亿美元。衍生品应收方的增加本来应该更多，但是利率敞口的应收账款下降了 1.91 亿美元，主要是 JP 摩根大通收购了投行贝尔斯登。当两个大型衍生品市场参与者合并时，它们已有的合约和头寸不再存在。随着第三季度信用利差巨幅上升，总信用敞口的应收账款增加了 1750 亿美元。外汇、商品和股票衍生品合约的应收账款净增加了 350 亿美元。法律强制轧差协议允许银行将其总信用敞口 2.8 万亿美元调降 84.3% 至净当前信用敞口 4350 亿美元。净当前信用敞口比 2007 年第三季度的 2520 亿美元上升了 73%。潜在远期信用敞口第三季度上升了 6% 至 8840 亿美元，总信用敞口（TCE）从第二季度的 1.2 万亿美元上升至第三季度的 1.3 万亿美元（参见表 1－2）。

**表 1－2　2008 年前三个季度美国银行业衍生品情况**

| | Q1/08 | Q2/08 | Q3/08 | Q2～Q1 变化率 | Q3～Q2 变化率 |
|---|---|---|---|---|---|
| GPFV | 3237 | 2753 | 2772 | －14.95% | 0.69% |
| 轧差收益 | 2772 | 2347 | 2337 | －15.33% | －0.43% |
| 轧差收益比率 | 85.60% | 85.30% | 84.30% | －0.30% | －1.00% |
| NCCE | 465 | 406 | 435 | －12.69% | 7.14% |
| PFE | 849 | 833 | 884 | －1.88% | 6.12% |
| TCE | 1313 | 1239 | 1319 | －5.64% | 6.46% |
| 三年期掉期率 | 2.77% | 3.89% | 3.64% | 1.12% | －0.25% |

资料来源：OCC 报告。

逾期30天及以上的衍生品合约的公允值达6100万美元，较第二季度下降了1.36亿美元，仅占净当前信用敞口的0.01%。2008年第二季度和第三季度美国商业银行分别冲销了1.2亿美元和0.92亿美元，仅占衍生品当前净信用敞口的0.03%和0.02%。而第三季度工商业企业贷款冲销了30亿美元，第二季度为29亿美元，占总工商业贷款的0.2%。导致衍生品敞口冲销率大幅下降的原因主要在于：一是衍生品的典型交易对手的信用质量比典型的工商业贷款者要高；二是大多数衍生品大额的信用敞口或者来自其他做市商，或者大型的非做市商银行或者对冲基金，它们都是以日为基础进行抵押的。

3. 商业银行市场风险有时不能用VaR值而只能用压力测试法来测试。银行控制交易活动中的风险，首要的是要建立起针对潜在损失的防线。风险价值（VaR）是银行用来衡量在指定的范围内一定的置信区间水平可能发生的最大损失的数量指标。不过，VaR并不是最大可能的潜在损失指标。举例说，在某个交易日99%的置信区间内5000万的VaR值意味着该组合在通常的情况下下一个交易日超过5000万美元的损失在每一百个交易日里仅仅会发生一次。

拥有大的交易头寸的银行往往在其公布的财务报告中披露其平均的VaR值。因此，为了评估交易活动的市场风险，比较一段时间内的VaR的变化，尤其是其相对于股本和净收入的变化十分必要。2008年第三季度JP摩根大通、花旗集团和美国银行的平均VaR值比2007年第三季度要高出许多，但占其股本的比值分别为0.15%、0.19%和0.06%，与2007年净收入的比值分别为1.43%、6.64%和0.63%。不过，当市场受到系统性风险的干扰，或者没有市场价格可供参考时，不能用VaR值而只能用压力测试法来测试可能面临的最大风险损失。

4. 美国衍生品和信用衍生品相关指标表明CDS合约风险没有想象得那么大。尽管衍生品名义总额不能提供市场风险或信用风险的有效测试，但对其总量和构成的把握仍然十分重要。2008年第三季度，美国商业银行持有的衍生品合约的名义总额下降了6.3万亿美元或3%至175.8万亿美元，同比上升了1%。其中，利率合约占比达78%，外汇合约占比达10.5%，股票合约占比为1.6%，商品及其他合约占比为0.6%，信用衍生品占比达9.2%。

随着日益增加的做市商使用结构性证券帮助投资者获得更高的收益，美国衍生品在过去几年里获得了快速的增长。在2008年第三季度，报告的信用衍生品名义总额上升了4%或者6800亿美元至16.1万亿美元，尽管该行业改善运作效率的努力已经剔除了许多较奇特的交易。在信用衍生品中，CDS占比高达98.82%，而总收益回报掉期（total return swaps）占比0.95%，信用期权占比0.1%，其他信用衍生品占比0.14%。

2008年第三季度，美国商业银行发行的衍生品名义总额分类157.1万亿美元，[①] 尽管未包括外汇现货交易和信用衍生品交易，但其揭示的名义总额中做市商名义总额和最终用户名义总额的结构仍然具有指示意义，因为它表明了从事双边报价服务的做市商在衍生品名义总额中具有绝对支配的地位，而最终用户持有的名义总额仅为2.6万亿美元（参见图1-7）。

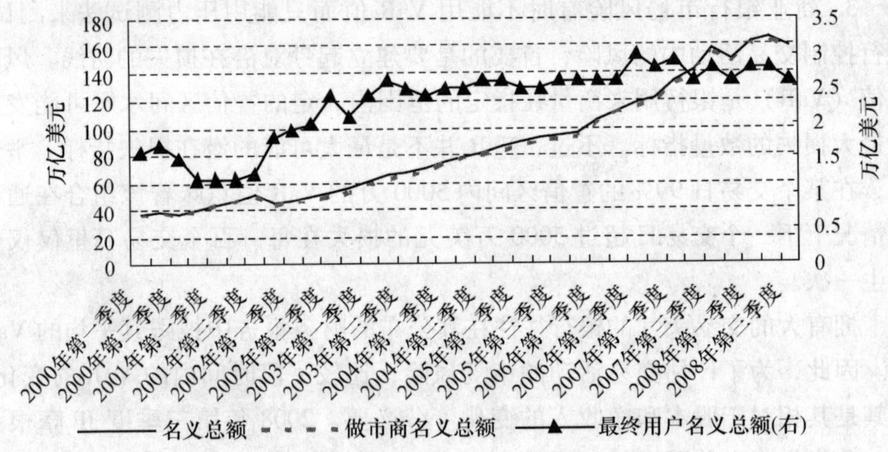


图1-7 美国商业银行发行的衍生品名义总额的分类变化

资料来源：OCC。

注：图中相关数据不包括外汇现货交易和信用衍生品的名义总额。

相应的，商业银行衍生品交易中轧差收益与总的正的公允值（GPFV）之比就是轧差收益比率。该比率显示，美国所有商业银行轧差收益之比从1996年以来大幅上升，目前高达84.3%（2005年第二季度为86.9%）。

这说明做市商在衍生品交易中占有支配性的地位，也说明大多数衍生品都可以通过轧差来规避风险，或者说交易商本身并没有持有过多的单边合约。因此，如果做市商不出大的问题，或者说出现倒闭的情况，加上有较高额度的信用担保，衍生品市场的风险应该是可控的。因此，在各国政府注资

① 此为美国全国性商业银行和信托公司的衍生品名义总额，前文仅指美国商业银行衍生品名义总额，两者在数量上存在着一定的差距。

或接管大型金融机构后，交易对手违约的风险在下降，衍生品市场的风险也在下降。

5. 美国衍生品合约名义总额及相应信用风险敞口集中于五家大银行。2008年第三季度，美国全国性商业银行和信托公司总资产为10.55万亿美元，相应的衍生品名义总额为175.8万亿美元，总信用敞口为1.32万亿美元，资本总额为2.42万亿美元，衍生品信用敞口与资本的比率为54.5%；前5家大型商业银行的总资产为5.18万亿美元，相应的衍生品名义总额高达170.36万亿美元（占比92.8%），总信用敞口为1.23万亿美元，资本总额为4450亿美元，衍生品信用敞口与资本的比率为275.2%；前25家大型商业银行和信托公司的总资产为7.85万亿美元，相应的衍生品名义总额为175.4万亿美元（占比95.3%），总信用敞口为1.31万亿美元，资本总额为1.44万亿美元，衍生品信用敞口与资本的比率为90.9%。

应该说OCC报告的美国全国商业银行与信托公司参与衍生品交易主要集中于五家大的商业银行，在美国国会通过的7000亿美元的金融援助方案的支持，尤其是对大型金融机构有效接管的基础上，衍生品违约情况并不高，可能第四季度会有所加剧，但总体尚在控制之中。尽管美国衍生品还存在于大型投行，但由于目前美国大型投资银行要么已经破产，要么被并购，要么已经转型为银行控股公司。破产的雷曼公司衍生品敞口比想象的要小得多，总的看衍生品敞口会越来越清晰，风险总体在控制之中。

### 三、衍生品市场的恰当发展不会停止

综合对BIS、DTCC和OCC相关数据和报告的研究，从衍生品市场总规模及信用敞口来看，信用衍生品尤其是CDS的风险是相对可控的，不能把衍生品名义总额等同于实际可能损失，因为存在着违约概率大小的差异，不是所有的衍生品都会完全违约。全球衍生品市场和金融市场仍然存在着健康的因素。

当然，场外交易市场（OTC）的衍生品的确存在着风险，这种风险来自两个方面：一是合约本身可能是一个赌局，而不是一个锁定风险的合约；二是对合约本身信息披露不充分，或者交易者本身并没有充分了解其风险，或者将其放在表外进行会计处理。

事实上，金融风险与金融创新是一对孪生兄弟，如果没有金融监管这一父母的有效约束，金融创新就可能导致或大或小的金融风险。我们不能走入

意识上的误区，既然是发展，衍生品市场就应该越复杂越好，越少约束越好。在不同的国家或地区，在不同的发展阶段，金融衍生品的发展必然有其阶段，并应以监管能力的大小和监管机制的完善程度为基础。我们呼吁有效的金融监管，尤其要限制衍生品过度复杂化和杠杆化的发展。但是，我们也应该清醒地认识到，衍生品市场的恰当发展不应也不会停止。

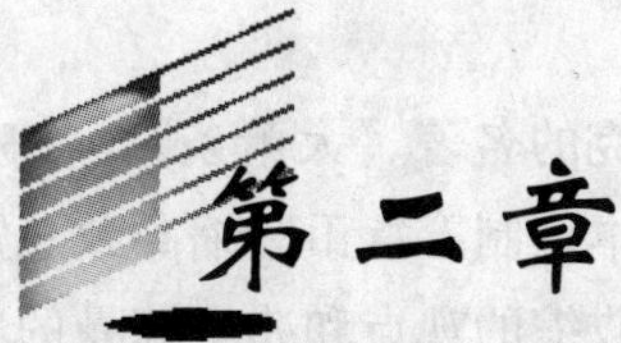

# 第二章

## 全球金融风暴史

金融风暴是指某个区域或全球发生的金融体系的剧变，导致金融市场大幅动荡、金融机构大量倒闭、实体经济深受影响。以此为标准，20 世纪以来全球金融风暴基本上包括 1929～1933 年的大萧条、20 世纪 80 年代初的拉美债务危机、20 世纪 80 年代中叶开始的日元大幅升值引发的日本泡沫膨胀以至最终破裂、1992～1993 年的欧洲货币危机和 1997～1999 年的亚洲金融风暴。尽管 2000 年网络股泡沫导致全球股市大幅下跌，美国等发达经济体短期内陷入衰退，但金融机构受影响的程度和广度都比较小，因此不列入金融风暴之中。但日元升值引起的日本金融泡沫大幅上升最终破裂导致经济长期不振并进而影响到美国 1991 年的信贷危机，作者将其归入全球金融风暴之中。同样，美国储蓄银行危机和俄罗斯债务危机等，由于涉及的区域和影响的程度都相对较小，亦不列入金融风暴之中。而 1994 年墨西哥金融危机和 2001 年阿根廷金融危机属于拉美债务危机的继续，和 20 世纪 80 年代的拉美危机一起列入金融风暴之中，但作者没有单独描述。由于新兴市场的债务危机最终都会导致其货币贬值和汇率机制的变革，许多人也称债务危机为货币危机。2007 年 9 月开始的美国次贷危机最终演变成全球金融风暴，是当前世界各国面临的巨大问题。回顾以前的金融风暴历史，尤其是现代社会金融风暴的历史，对理解当今全球金融风暴的演变，应该说不无裨益。美国从历次金融风暴中既获益，也遭受过损失，也有搬起石头砸自己的脚的时候。

# 第一节　大萧条与金本位制

现任美联储主席伯南克的名著《大萧条》一书,[①] 从全球金本位制的角度分析了大萧条是由于金本位制下货币紧缩导致总需求收缩引起的观点，反驳了凯恩斯的总需求自己收缩的观点和弗里德曼的美联储导致货币紧缩的观点，或者将后两者结合起来的观点。就作者所看到的文献资料，伯南克第一次将汇率体制作为一个自变量，认为金本位制是全球大萧条的起因。回顾大萧条的一些史实和伯南克的分析，可以让我们再次审视那个时代，可以反省全球当前面临的困境。

## 一、货币紧缩通过金本位制传递到全世界

伯南克该书的第 1 章“大萧条的宏观经济学：一个比较分析”中首先将影响总需求和总供给的因素分开，认为 20 世纪 30 年代抑制全世界总需求的因素并没有很好地理解。尤其引人注目的是，有证据表明，货币冲击在大紧缩中起了重要作用，并且这些冲击主要通过金本位制的运行传递到全世界。不过，在此书的第 3 章，伯南克已经认为，金本位制既是发生货币冲击的原因，也是将货币冲击传递到全世界的因素。

多年以来，美国学者们对于大萧条成因的讨论有货币主义者的解释，如弗里德曼和舒瓦茨（1963）指出因果关系的主线是从货币收缩到价格和产出下跌，其中货币紧缩是当局决策不当和银行体系持续存在危机的结果，而反货币主义者泰明（1976）则认为大部分的货币紧缩实际上反映了货币对产出的被动反应，大萧条的主要根源来自实体经济方面（例如 1930 年那次著名的消费自发性下降）。货币主义者强调货币因素在大收缩末期（从 1930 年年底或 1931 年年初到 1933 年）的重要作用，而反货币主义者则强调非货币因素在最初的低迷时期的重要性。而很多经济学家则折中认为货币因素和非货币因素在不同阶段都起了作用。

不过，这些讨论都以美国的情况为核心。20 世纪 80 年代以来对于大萧

---

① （美）伯南克著，宋芳秀等译，《大萧条》，东北财经大学出版社 2007 年版。以下对伯南克观点的引述，皆来自此书。

条的研究关注的焦点是两次大战之间国际金本位制度的运行，正是这些研究使伯南克得出了结论：无论全球价格和货币价值的下跌，还是最后的复苏，货币因素都是重要的原因。

伯南克在总需求的分析中从两个方面支持这一结论：一方面，对两次大战之间的金本位制的运行的透彻分析表明，20 世纪 30 年代早期世界范围的货币紧缩，大部分不是对产出下滑的被动反应，而是设计糟糕的制度、短视的政策决策和不利的政治经济条件相互作用产生的结果（很大程度上未被预料到）。因此，最合理的解释是：在几乎每个国家观察到的货币、价格下跌与产出下滑之间的相互关系，主要反映了货币对实际经济的影响，而不是相反。

另一方面，因为一些在很大程度上是历史的、政治的、哲学的，而不纯粹是经济的原因，在 20 世纪 30 年代早期的危机中，一些国家的反应是迅速放弃金本位制，而另一些国家则选择不惜代价地固守金本位制。放弃金本位制的国家可以增加货币供给并提高价格水平，而坚持金本位制的国家被迫陷入更严重的通货紧缩。有非常充分的证据表明，那些放弃了金本位制的国家比坚持金本位制的国家从大萧条中复苏得更快。事实上，没有一个坚持金本位制国家表现出明显的复苏。复苏对汇率制度选择的高度依赖，进一步有力地证明了货币因素的重要性。

伯南克指出，两次大战之间短命的金本位制产生的后果是，坚持金本位制的国家内部货币存量急剧下降。伯南克为了说明这一点，把金本位制下一国的内在货币存量（称为 M1）与其货币黄金储备联系在一起，即 M1 =（货币供给 M1/基础货币）×（基础货币/央行的国际储备资产）×（央行的国际储备资产/央行的黄金储备资产）× 黄金官方本币价格 × 黄金储备的物理数量。其中，货币供给即流通中的货币加票据和商业银行存款，基础货币即流通中的货币加票据和商业银行准备金；央行的国际储备即以本币计值的国外资产加黄金储备资产。“因为内在货币/基础货币比率（货币乘数）、基础货币/储备比率和储备/货币性黄金比率通常都大于 1，所以金本位国家的货币供给根本不像有些人天真地认为的那样等于货币性黄金的价值，而常常是黄金储备的价值的好几倍。整个 20 世纪 30 年代，货币性黄金的总存量持续增长，因而我们观察到的内在货币供给的急剧下降，一定完全是因为平均的货币/黄金比率的下降造成的。”

为什么全世界的货币/黄金比率会下降呢？伯南克从大萧条早期（1931

年前）和1931年后两个阶段分析了原因。他认为，1931年前，一些主要的中央银行有意识地选择的政策起了主要作用。如1928年美联储为了抑制股票市场上的投机，转向了紧缩政策，美国的基础货币与储备之比从1928年6月的1.871下降到1929年6月的1.759，以及1930年6月的1.626，反映了美联储在有意识地收紧货币和冲销黄金流入的影响。尽管从1928年6月到1930年6月，美国的黄金储备量上升了10%以上，而同期的基础货币还是下降了约6%。黄金流向美国，在法国庞加莱总理在1926~1928年间推行的稳定法国经济和法郎汇率的政策后，黄金也大量流入法国，吸干了其他金本位国家的黄金储备，迫使它们采取紧缩货币政策。

但是，伯南克认为，1931年及以后，全世界范围内的货币/黄金比率的大幅下降不再是任何刻意的政策选择的结果，而是1931年5月奥地利最大的银行——信贷银行倒闭之后出现的银行恐慌和汇率危机风暴引起的：首先，银行恐慌引起了总的现金/存款比率和银行的准备金/存款比率上升，从而导致货币乘数大幅下降；其次，汇率危机和随之而来的对货币贬值的担忧，导致中央银行把外汇储备兑换成黄金，降低了总储备对黄金的比率；最后，在危机的带动下，央行试图增加黄金储备，提高覆盖比率，以对抗在未来存在的对本国货币的冲击，这场黄金争夺战导致很多国家的基础货币/储备比率持续下降。

伯南克还认识到，在这个过程中，对银行稳健性的担忧和对汇率贬值的预期相互助长的趋势特别不利于稳定。这两种危机的一个共同之处是所谓的“热钱”，也就是外国人在本国银行的短期存款。一方面，预期本身贬值导致热钱流出（本国储备者也会减少存款），这有可能触发大范围的银行挤兑；另一方面，对本国银行体系失去信心（例如由一些大银行破产引起的）通常会导致短期资本外逃，从而减少国际储备，并给本币的可兑换性带来困难。面临着银行业和汇率的双重危机，央行除了放弃平价外别无选择，因为前者要求宽松的货币政策，而后者要求货币紧缩。

伯南克认为，从理论的角度来看，20世纪30年代早期货币/黄金比率的大幅下降有着引人注目的意义，对银行体系有信心将使货币供给/基础货币比率维持在较高水平，而对汇率稳定有信心将使央行愿意持有外汇储备，并保持相对较低的覆盖率。相反，当投资者和社会公众变得悲观，预期会发生银行挤兑和货币贬值的时候，这种预期将在某种程度上自我确认，从而导致“低”水平的货币/黄金比率和货币存量。就金本位制在这种自我证实的预期面前的脆弱性而言，它很像没有存款保险的、采用部分准备金的银行体系。

伯南克通过对1929～1936年六个国家的货币供给的决定因素分析，发现了两个值得注意的现象：第一，一个引人注目的国家是比利时，尽管它是大萧条早期黄金流入的受益者，但是其货币供给/基础货币比率的下降（反映了银行业恐慌）、储备/黄金比率的下降（反映外汇储备的清偿能力下降），以及基础货币与储备的下降（这是央行在早期故意冲销黄金以及后期试图抵御对汇率的投机冲击的结果）一起引起了货币存量的急剧下降。与此类似，法国由于货币供给/基础货币比率和储备/黄金比率下降，在1930年到1934年，尽管黄金储备增加了50%以上，但名义货币供给几乎没有增长。波兰则主要因为黄金储备外流而发生了通货紧缩。第二，那些使本币贬值或放弃金本位的国家，趋向于从坚持金本位制的国家吸引黄金。从1933年始，英国、瑞典和美国都发生了黄金大量流入的现象。这看似不正当的行为，反映了投机者对已经贬值的货币比对金本位国家被高估的货币更有信心。这种黄金从主要的金本位集团国家流出的情况，给了金本位制度最后一击。

放弃金本位即允许本币贬值，而坚持金本位即允许本币稳定，相对其他货币的贬值即本币升值，伯南克已经证明了放弃和坚守金本位的国家不同的经济效应，并进而得出结论："在20世纪20年代末30年代初，那些坚持国际金本位制的国家的内在货币存量遭受了突如其来的大幅下降。内在货币存量的这种下降（尤其是1931年及以后的下降）自然受到了宏观经济条件的影响，但很难说这种下降是货币存量对产出变动的连续的、被动的反应。事实上，货币供给对金融危机与汇率危机的反应是不连续的变动，而这些危机则主要是由20世纪20年代的政治与经济条件，以及第一次世界大战后重建的制度结构造成的。因而，我们有理由近似地认为，货币存量冲击相对于同期的产出而言是一个外生变量，这意味着货币力量是世界萧条的重要原因。"

在探讨汇率制度对宏观经济的影响时，伯南克通过26个国家的样本总结了宏观经济与汇率政策之间的联系，并得出三点结论：第一，在所有的国家，货币紧缩都是大萧条的一个重要根源；第二，1931年或1932年后，坚持金本位的国家和放弃金本位的国家之间存在着显著的差别；第三，放弃金本位的国家可以更自由地采取扩张性的货币政策，故造成了这种差别。

进一步地，伯南克通过对1930～1936年金本位国家与非金本位国家的某些选定的宏观经济变量的平均变动行为，以及1931～1935年已选定的宏观经济变量对金本位虚拟变量和银行业恐慌虚拟变量的回归，在货币供给的变动、价格的变动都体现出坚持金本位的国家与放弃金本位国家的明显差异，而产出和就业的下降与货币和价格的下跌之间有很强的相关关系，而且两类汇率制度存在差异的国家差异十分明显，名义和实际工资在两类国家里的表现也显著不同，但股指的表现差异没有那么大。

伯南克认为，在标准的蒙代尔—弗莱明分析中，对于实行金本位制的小国而言，外国货币收缩将提高本国的实际利率，从而抑制国内总需求，此外还会造成本币实际汇率（出口价格）相对于非金本位制国家上升，从而导致实际出口的下降。不过，金本位国家和非金本位国家进口增长速度没有明显的差异。

明确关于汇率制度的选择，即决定是否放弃金本位制是否是内生的，具有十分重要的意义。伯南克认为：第一，像许多学者归纳的那样，对多数国家而言，是否坚持金本位制受到国内外政治因素、主流的经济信条和哲学信仰的极大影响。例如，法国坚持金本位制是因为法国希望不惜代价地努力保全庞加莱稳定带来的利益，以及维护国内各集团的利益分配，也因为当时有种盛极一时的经济学观点，即稳定的货币和节俭的财政是根治大萧条的良药，还因为法国的民族自豪感和坚持金本位紧密相连。而且，在 1931 年放弃和没有放弃金本位制的国家，其经济形势在 1929 ~ 1930 年间平均来说是很相似的。因此，很难认为这种对汇率制度的选择仅仅是由宏观经济的不同差异决定的。第二，如果是否放弃金本位制的选择是内生的，那么这种内生性产生的任何偏误都无法解释如下事实，即一般假定那些经济实力较弱或者在大萧条中损失最惨重的国家会最先贬值或者放弃金本位，然而事实是那些较早放弃金本位的国家比坚持金本位的国家经济恢复得更快、更强劲。所以，对汇率制度选择中的内生性偏误的任何修正都应该趋向于加强放弃金本位制和经济扩张之间的联系。

伯南克认为，既然现有的货币非中性理论通常预言货币冲击的实际影响只是暂时的，因此如何解释这种持久的非中性的对总供给的名义调整的失效是非常重要的，他讨论了货币冲击之所以具有长期效应的两个方面，即引致性金融危机和名义工资黏性。伯南克和吉姆斯利用金本位制研究的比较方法，用一个包括 24 个国家的数据，对金融危机的宏观经济影响做了研究，由于缺乏有关债务和财务危机的数据，他们集中在银行业恐慌的影响上。

分析的结果表明，银行在危机面前表现出来的脆弱性的国际横向差异，与制度和政策差异之间的关系强一些，而与宏观经济条件之间的关系则弱一些，这一结论强化了“银行恐慌对宏观经济有独立的影响（而不是对经济普遍衰退的单纯的被动反应）”这一认识。

这种影响不但独立于金本位的影响，在实际经济方面对制造业产值和就业量影响显著，而且还会造成名义和实际工资下降，损害出口商品的竞争力和出口数量，提高事后计算出的实际利率，并造成股价下跌。

在经济的名义方面，银行业恐慌显著地降低了货币乘数，也使货币存量显著下降，这和利用简单的蒙代尔—弗莱明模型分析金本位制下开放的小国得出的结论不一致。在该模型中，在世界经济条件保持不变的情况下，小国的货币存量由国内货币需求决定，货币乘数的下降应该由黄金储备的内生的流入来抵消。伯南克认为银行业恐慌降低了国内货币需求，或者提高了汇率贬值的可能性，这两者任何一种情况都可能引起储备外流，由此调和上述经验结论和理论模型的差异。银行业恐慌引起实际利率上升就和汇率将要贬值这个可能性相一致。而且，伯南克发现，银行业恐慌对产出和其他实际宏观变量的影响在很大程度上是通过非货币渠道，例如信贷支持的中断发挥作用的。

就大萧条总供给方面的分析而言，伯南克认为名义工资黏性（即名义工资的不完全调整）是导致货币非中性的因素，因为如果名义工资调整得不充分，那么当价格水平下降时，实际工资就会上升，雇主就会裁减自己雇用的劳动力的数量，而在发生货币再度膨胀的国家，实际工资会下降，就业会增加。伯南克认为，就解释总供给而言，除了考虑经济因素外，还需要考虑政治因素。

## 二、非货币因素对金融部门和总产出的影响

伯南克在第 2 章中专门讨论了金融部门与总产出的关系，尤其是非货币因素的重要作用。1930 年到 1933 年是美国历史上金融系统最困难和最混乱的时期。1933 年 3 月，在瘫痪的银行体系（还有许多其他的中介机构和市场）中，银行破产风潮达到顶峰。相应的，违约和破产比例很高，影响了除联邦政府之外的所有借款者。

不过，有趣的是，金融危机（主要是银行破产）和宏观经济不景气在时间上同步发生。1930 年 11 月到 12 月第一次银行危机的爆发使得美国从 1929 ~ 1930 年衰退中实现复苏的努力付诸东流；1931 年年中的金融恐慌使初露端倪的经济复苏退化成一场新的衰退。在 1933 年 3 月实行银行“休假”

时，整个经济和金融体系分别陷入谷底。随着1933～1935年新政策重建金融系统，经济才从大萧条中缓慢地恢复过来。弗里德曼和舒瓦茨着眼于银行面临的困境，指出它通过减少股东财富和引起货币的急剧下降途径加重了整体经济收缩，但这并不能完全解释20世纪30年代金融部门与总产出之间的联系，因为，一方面没有能够解释长期非中性的、关于货币对真实经济影响的理论；另一方面，当时货币供给的下降在数量上似乎不足以解释随后的产出下滑。

伯南克考察了金融危机影响产出的第三种可能途径，即由于金融债权市场的不完善，为了把借款人和贷款人联系起来，需要提供重要的做市和信息收集服务，而1930年的混乱降低了整个金融部门提供这些服务的效率。随着中介行为实际成本的提高，一些借款者（特别是家庭、农民和小公司）发现信贷变得昂贵而难以获得。尽管1929～1930年的衰退比较严重，但还不算是前所未有的，然而这种信贷紧缩对总需求的影响使其最终变成了一次长期的萧条。

30年代金融崩溃主要表现是公众对金融机构、特别是对商业银行信心的丧失以及债务人普遍破产。首先，就美国金融机构的倒闭而言，主要受两个方面的影响：一是受公众对大银行和"托拉斯"担心的监管环境下，美国银行系统主要由很多独立的小银行构成，特别脆弱，缺乏生存能力；二是更受金融恐慌的影响，对银行破产的预期通过挤兑机制自我实现了，因为银行持有的负债主要是价格固定的、可随时支取的债务（即活期存款），而银行持有的很多资产却是高度非流动性的，这极可能导致对银行的"挤兑"，即对银行倒闭的担忧促使存款人提前支取存款，反过来迫使银行变现资产，匆忙变现资产和与其他银行同时变现资产，导致银行损失惨重，从而导致银行倒闭。

但是，当其他可供选择的工具可能会降低或防范挤兑风险时，银行为何还要依赖固定价格的活期存款？弗里德曼和舒瓦茨指出，1913年建立联邦储备体系之前，通常是采用暂停将银行存款兑换成货币的办法来抑制恐慌的。这种措施一般是由城市银行组成的较为松散的票据交换所发起的，它使银行不需要草率地变现资产，从而缓解挤兑带来的风险。但是，随着联邦储备体系的建立，这种基本稳定的制度安排被破坏了。尽管联邦储备体系并没有制订专门的规定暂停兑换，票据交换所却认为这一新设机构减轻了它们对防止挤兑所负的责任。不幸的是，事实证明联邦储备系统不能够也不愿意承担这种责任。从第一次世界大战直到1930年都没有发生严重的银行挤兑，但在1930～1932年间世界各地的银行挤兑非常频繁，银行破产在很短的时间内爆发，而不是以渐进的方式进行。直到1932年年底和1933年年初，政府的介入作用开始变得明显的时候，问题才得到遏制。

另一方面，债务人普遍破产。由于债务合同都是以名义价格签订的，价格和货币收入的长期下降极大地提高了债务负担，由此产生的高违约率使借款人和贷款人都陷入了困境。“债务危机”影响了所有的经济部门：住宅房主、农民和商业部门（尤其是较小的公司破产率居高不下）。

弗里德曼和舒瓦茨强调了金融危机对货币供给的影响，以此试图说明金融部门和经济部门之间的关系，但伯南克则研究了金融危机可能发挥作用的非货币渠道，即危机对信贷中介成本的影响。

伯南克从银行危机和银行破产两个角度考察了这个问题。1930～1933年的银行问题给信贷流动渠道造成了大量意外的变动，从而扰乱了信贷配置的过程。对挤兑的担忧导致存款人大规模地提前支取存款，这使政府预防性地提高了准备金/存款比率，同时银行也增加了对流动性高或者可再贴现资产的需求。这些因素与实际出现的银行破产现象共同导致了银行系统的信贷中介作用的萎缩。银行系统的一些信贷业务逐渐被其他信贷渠道所取代。然而，由于银行多年来积累了大量的经验、信息和客户关系，这种迅速脱离银行系统的借贷行为无疑会损害金融效率，并提高信贷中介成本。人们可以将1930～1933年的债务危机看成是借款人的抵押品价值相对其债务负担而言逐步减少的过程。债务人破产必然会提高银行的信贷中介成本，银行进行调整从而适应更高的信贷中介成本的一种方法是提高向借款人收取的利率。资金对一些安全的借款人来说是宽松的，而对所有其他人来说则是可望而不可即的。在存在大量破产的情况下，即便是优良借款人也可能发现信贷更加难以获得，或变得更加昂贵。除了银行危机之外，债务危机可能也是造成信贷系统混乱的一个根源。

伯南克进而分析了信贷市场和宏观经济表现的关系，尤其是对总供给的影响。信贷流动受到控制，经济中潜在借款人就可能得不到资金去完成那些有利可图的项目或投资；同时储蓄者也可能不得不将资金用于效率低下的投资。运行失常的信贷市场还会降低有效分担风险的可能性，以及造成大型的、不可分项目融资的困难。其中任一种情况都可能会限制经济的生产能力。

而且，在萧条期间，即便是那些现金充裕的公司也不愿扩张生产，这说明从总需求角度来考察信贷市场对产出的影响可能更加显著。20 世纪 30 年代，虽然很多美国公司的确缺乏营运资本和投资资金，但是多数大公司在危机时都拥有足够的现金和流动性资产来支持经营活动和任何意愿的业务拓展。除非我们认为大公司的产品和小公司的产品之间不是潜在的替代品关系，否则就必须承认总供给受到的影响不是非常明显。

伯南克还通过研究金融危机对宏观经济的短期冲击得出“金融危机的非货币影响至少是大萧条传播机制的一个组成部分”，“金融危机包含了大量的外生因素（银行恐慌的存在为此提供了例证）”等结论。事实上，伯南克用回归方程进行的模拟表明，金融危机的货币和非货币影响相结合，能够解释大部分的产出下降。

伯南克认为，从理论上说，信贷影响的持续时间取决于两种行为所需要的时间：一是在信贷混乱后建立新的或疏通旧的信贷流动渠道，二是使破产债务人恢复正常经营。鉴于这些过程可能十分缓慢和困难，金融危机的非货币影响的持久性似乎具有了合理的基础（与此相反，纯货币影响的持久性则依赖于信息的缓慢扩散或者难以解释的工资和价格黏性）。为此，伯南克列举了许多金融恢复速度缓慢的证据并进行了相应的说明，证明了金融危机持久性对宏观经济持久性的影响。

最后，伯南克还从国际角度对大萧条给出了一些观测性判断：

第一，不同国家的情况迥然不同，它们面对的萧条的成因也千差万别。例如，因为英镑高估，英国的失业率在整个 20 世纪 20 年初一直居高不下。1931 年放弃金本位之后，英国是复苏最早的国家之一。食物和原材料出口商面临的最大问题是日益下降的价格和逐渐萎缩的海外市场，因此不能在所有情况下都将国内金融系统看作是造成衰退的一个重要的原因。

第二，发生银行危机的国家（美国、德国、奥地利和匈牙利等国）也是受萧条影响最严重的国家，并且它们在世界贸易和产出中都占有很大份额。单单美国就几乎占了 1925 ~ 1929 年世界工业产值的一半，同时它在 1927 ~ 1928 年进口的原材料和食物占到了这些商品贸易总额的 40%。随着这些国家的经济被削弱，其进口的下降也给贸易伙伴带来了不利的影响。

第三，国内金融系统与国际金融系统的问题之间存在着并行关系。20 世纪 20 年代，联邦储备系统最引以为傲的一项成就就是建立了国际金汇兑本位。不幸的是，如同国内银行一样，金汇兑本位和部分准备金银行体系一样不稳定。国际储备不仅仅包括黄金，还包括外国货币，特别是美元和英镑。对于除了美国和英国之外的国家来说，外国货币占到了总储备的35%。1931年，国际金融系统将会崩溃的预期成为了现实。各国普遍试图将货币兑换成黄金，促使各种货币接二连三地脱离金汇兑本位，资本和黄金的流动被普遍予以限制。到1932年，只有美国和少数几个国家仍然维持金（汇兑）本位。由于金本位的崩溃与国内银行的破产几乎同时发生，国内的无力偿付问题在国际上也有类似的表现形式。主要由于实行固定汇率制，世界范围内都出现了通货紧缩；拥有大量名义债务的国家，尤其是农业出口国（如加拿大）无力偿债；在美国的外国债券价值急剧下降。和国内经济问题一样，这些国际问题也扰乱了世界范围的信贷机制。国际资本流动的规模变得非常小，这对许多国家来说都是一个严重的问题。

### 三、金本位制与通货紧缩、金融危机与大萧条

伯南克在第3章中认为，基于金本位制对大萧条的解释在很多方面都是令人信服的。20世纪20年代后期至30年代早期有通货紧缩的持久性和深度表明了大萧条的货币根源，通货紧缩与国家坚持金本位制（在时间和空间上）的紧密联系，显示了这一体系在传递紧缩性货币冲击中的威力。在通货紧缩（价格下跌）和萧条（产出下滑）的数据之间也存在着高度的相关性。但这种观点发展迄今尚有一个薄弱环节，即它必须解释金本位制失灵引发的通货紧缩是如何引发大萧条的，即这次大规模的货币非中性的根源是什么。伯南克考虑到了通过实际工资和通过利率发挥作用的效应，但尤其关注通货紧缩对金融体系的瓦解效应。他认为，通货紧缩（以及金本位制对央行政策的约束）是20世纪30年代早期很多国家发生的银行业恐慌的重要诱因。

伯南克重叙了金本位制自第一次世界大战始的历史。在第一次世界大战爆发时，金本位制被中止了（那时人们一般认为它是19世纪后期和20世纪早期经济相对繁荣的根本原因）。战时搁置金本位制以及战后尽快地以战前的平价重返金本位制，都应该被视为金本位制正常运转的一部分。有专家指出，以战前的平价重返金本位，并因而使价格水平在某些程度上接近战前水平，可以使政府更容易销售名义债券，并增加可以得到的铸币税。而且，作出坚持金本位制的承诺，有利于政府以较低的总成本为战时开支融资。

20世纪20年代重返金本位制的愿望非常强烈，然而，许多人认识到，即便没有通货膨胀，也缺乏足够的黄金去满足世界货币需求。1922年热那亚

经济与货币会议推荐采用金汇兑本位制来解决这个问题，即使用可兑换的外汇储备（主要是美元与英镑）以及黄金来支持国内货币供给，以“节约”黄金。虽然战前就有国家使用“关键货币”作为储备，但热那亚会议的倡议使之得到了更广泛的、经官方批准的实施。20 世纪 20 年代，大多数主要国家都成功地重返金本位制。

第一次世界大战前，古典的金本经位制运行相当平稳，30 多年没有发生大的兑换危机。相反，1925 年至 1928 年间建立的两次大战之间的金本位制，实际上于 1931 开始崩溃，并到 1936 年彻底消失。很多文献分析了古典金本位制与两次大战之前的贸易和货币调整复杂化的基本经济问题，以及金本位制的技术问题。就基本经济问题而言，泰明（Temin）强调了大战的影响，认为战争本身是引发大萧条的终极因素。除了能相对较快恢复的物质破坏之外，战争的结果还包括：明显缺乏经济更新的新划国界，相对于长期均衡而言，某些部门的生产能力大大过剩（例如农业和重工业），另一些部门则生产能力不足；引起财政负担和财政不确定性的战争赔款和国际战争债务。一些学者指出（尤其是查尔斯·金德伯格）指出，战前的金本位制是以英国为中心的霸权体系。相反，在两次大战之间，英国的相对衰落，新的潜在霸主（美国）的经验不足与狭隘僵化，以及央行之间缺乏有效合作，使得这一体系处于群龙无首的状态。

两次大战之间金本位的技术问题包括以下三点：第一，盈余国与赤字国对黄金流动的货币反应不对称，这是金本位制最重要的结构缺陷。从理论上说，在金本位制的“游戏规则”下，发生黄金流入国家的央行应通过扩张国内货币供给和通货膨胀来协助价格—铸币流动机制发挥作用，而赤字国则应该削减货币供给，引起通货紧缩。在实践中，为了避免储备完全损失和可兑换性的终结，赤字国被迫服从这一规则，相反却没有法律能禁止盈余国冲销黄金流入，并无限地积累储备（只要政府为实现国内目标而愿意这样做）。因此在金本位制的运行中存在潜在的通货紧缩倾向。

盈余国与赤字国之间的这种不对称在战前也存在，但和战后有很大不同，因为战前的金本位制是以英格兰银行的运作为中心的。英格兰银行当然必须持有足够的黄金以确保可兑换性，但是作为一个营利机构，它又有很强的动机不去持有大量不能生息的黄金（和付息资产相反）。因此，在其他央行的协助下，英格兰央行管理金本位制以避免黄金持续流入和流出，并且以少得惊人的黄金储备保证了持续的可兑换性。

相反，两次大战之间两个主要的黄金盈余国家（美国与法国）的央行很少有或没有动机去避免积累黄金。金本位制所要求的调整不对称性带来的通货紧缩倾向，在战后被许多央行，尤其是新成立的央行制订的法定部分准备金制度放大了。虽然英国、挪威、芬兰和瑞典采用信用发行，但大多数国家要求黄金最低持有量等于央行负债的一个固定比例（通常接近美联储规定的40%）。

这些规则有两个潜在的危害：一方面，正如现代商业银行所要求的“准备金”实际上不像真正的准备金那样可以拿来使用，央行持有的黄金中大部分受准备金的要求不能动用，不能用来解决暂时性的国际收支失衡。根据国际联盟的数据，1929 年 41 个国家的总黄金储备为 93.78 亿美元，其中只有 21.78 亿美元是“盈余”储备，其余则用作准备金。这夸大了真实的自由储备的数目，因为当储备降到其最小值的 10% 以内时，市场和央行都会非常担忧。结果是赤字国在被迫削减其国内的货币供给前会损失的黄金非常少。但由于不存在任何最大储备限制，盈余国家可以接受黄金流入而不引起通货膨胀。另一方面，在部分准备金要求下，黄金流出与货币供给收缩之间的关系不是一对一的。如准备金要求是 40%，则黄金流出对货币供给的影响是外部损失的 2.5 倍。所以黄金流失会立刻引起严重的通货紧缩冲击，却没有其他因素引起通货膨胀来平衡。

第二，储备的上涨。在两次世界大战之间的金汇兑本位下，非储备货币国被鼓励持有可兑换的外汇储备以部分（或有时几乎完全）代替黄金，但这些可兑换的储备通常只是部分地受黄金支持。因此，正如公众从由部分准备金支持的存款转向通货会降低总货币供给一样，金汇兑本位也提供了一种可能：央行从外汇储备转向黄金会减少世界货币供给，这给金本位制又增加了一个通货紧缩倾向。20 世纪 30 年代，当贬值的威胁使外汇资产风险增大时，各央行确实曾经一同放弃了外汇储备。不管央行抛售外汇是只降低了覆盖率，还是将外汇转换成了黄金，都会产生紧缩性的预期和效果。前一种做法对货币供给没有直接影响，后一种做法则是紧缩性的。然而，即使央行只降低了覆盖率，这种做法也会增加其货币供给对此后任何储备流出的敏感度。

第三，央行权力不够。对于欧洲大陆的绝大部分央行而言，公开市场操作都是不被允许的或受严重限制的。这种限制是 20 世纪 20 年代早期和中期的稳定化计划的结果。通过禁止央行大量持有或交易政府证券并借此限制赤字的货币化，以图阻止通货膨胀。这迫使央行把贴现政策（即央行向商业银行贷款）作为影响国内货币供给的主要工具。然而，在很多国家，主要的商业银行很少从央行借款，这意味着除了在危机时期，央行对货币供给的控制力可能是非常弱的。1932年之前接受了大量黄金流入的法兰西银行也是被禁止进行公开市场操作的银行之一，这严重限制了它按照金本位的游戏规则将黄金流入转换为货币扩张的能力。法国未能产生通货膨胀意味着它将继续吸引黄金流入，因而导致世界其他国家发生通货紧缩。

由于国际经济存在着若干基本经济问题，金本位体系又有结构性缺陷，因此即使是相对微小的通货紧缩冲击，都可能会产生显著的影响。历史事实正是如此，当时两个主要的黄金盈余国家（美国和法国共占世界性货币性黄金的近60%，美国持有40%多一点）在1928～1929年走上了通货紧缩之路。由于成功的稳定计划（伴随着高实际利率）、可能被低估的法郎、外汇管制加强，以及法国是资本的“安全港”的观念，1928年初黄金开始涌入法国，而且一直持续到1932年。黄金流入法国意味着德国、日本和英国等国家黄金的大量流失。但法国央行公开市场操作受到限制，流入的黄金对法国价格的影响很小，也就是没有成比例地转化为通货。

美国1928年收紧货币的动机部分是为了避免黄金流入法国，但更可能是因为联储决定减缓股市投机。法国和美国最初的货币收缩很大程度上是自我伤害的，因为不存在外在约束。泰明认为，在央行承诺维持金本位制的前提下，一旦采用了这些破坏稳定的政策，就无法再扭转通货紧缩和萧条的状况。一旦通货紧缩过程开始，央行就陷入了竞争性的通货紧缩和黄金的争夺中，并希望通过提高覆盖率来保护它们的货币抵御投机性冲击。任何单个央行进行通货再膨胀的努力都会使黄金立即流出，这迫使央行提高贴现率并再次开始通货紧缩，即便拥有大量黄金储备的美国也面临着这种约束。因此，从美国和法国开始了一场货币紧缩竞赛，并通过国际货币体系传播到全世界。

就通货紧缩与萧条之间的联系，伯南克认为，除实际工资和实际利率两个主渠道外，就是引致性金融危机。两次大战之间的银行业与金融危机，银行恐慌除了通货紧缩和金本位制外，还受银行结构（以美国为主的单一银行体系，拥有大量规模小而且相对单一的银行的国家遭受了较严重的银行恐慌，银行主要持有债务工具；以德国或比利时的模式建立的“全能的”或者“混合的”银行体系在通货紧缩时似乎更加脆弱，主要是因为在客户企业中有长期的有时占主导地位的股权头寸，资产包括长期证券和股权投资。长期债券在危机中缺乏流动性，而后者则使全能银行暴露在股市崩盘的影响下）、银行对短期外国债务的依赖、20 世纪 20 年代的金融和经济的不佳表现都加剧了银行恐慌。

### 四、伯南克开创了从国际货币体制角度解释金融风暴的先河

伯南克从金本位制和资本主义世界大萧条的联系分析出发，认为大萧条产生的原因在于金本位制下通货紧缩，以及通货紧缩引起的金融恐慌和工资黏性等非货币因素，从而批驳了弗里德曼的货币政策失误论和凯恩斯的总需求消失理论。这个观点应该说综合了对大萧条所作的理论分析，同时也综合了由大萧条产生的一些理论分析，如后来通称的货币危机的第三代模型中的金融恐慌模型、金融系统不稳定模型、危机传染模型和羊群行为模型等。托宾的银行体系关键论、欧文·费雪的债务—通缩理论和沃尔芬森的资产价格下降论，其实与伯南克金融恐慌和债务危机导致银行放贷收缩分析也具有内在一致性。

对事实从合理角度进行描述和解释是伯南克对大萧条分析的基本特征，而从金本位制这个特殊角度进行分析，尤其是世界范围内大萧条的分析，似乎比其他对大萧条的分析更为合理。而两次世界大战之间的金本位制（也称金汇兑本位制）的重新建立和破产，尤其是美元金本位制的确立，实际上是国际货币体系的重大事件，而布雷顿森林体系无非是事后确认这一事实，新建立的国际货币基金组织也其实事实上维护了这一体系。因此，伯南克可以说从汇率体制角度开创了对金融风暴解释的先河。

## 第二节　拉美债务危机与美元政策

频繁使用汇率政策来实现内外均衡，并非美国或发达国家的特权，拉美国家也主动或被动地进行了大量的实验。但毋庸置疑的是，拉美国家的汇率制度对美元具有严重的依赖性，正如其经济对美国具有严重的依赖性一样。美国的美元策略、货币政策和财政政策都对拉美国家带来了直接的影响，最直接的表现是拉美国家在外债不断积累的情况下多次陷入金融危机，不少国家选择了美元化或者钉住美元的汇率制度。

因此，换个角度说，美元本位、美国货币政策、财政政策和汇率政策对拉美国家产生了直接的影响，拉美国家的汇率制度、汇率策略被动性大于主

动性，其货币政策和财政政策也具有被动性，政策的选择空间随着政策配置不当和经济发展的策略失误最终导致了内外失衡，最终频繁爆发了债务危机。与基于内部政策和发展策略失误的第一代货币危机模型解释不一样，作者遵循托马斯等人的分析考察了几个汇率变量对内外政策的主动性和被动性，以及它们如何导致了拉美货币危机。

## 一、第一代货币危机模型：赤字财政政策与固定汇率政策的矛盾

1979 年克鲁格曼（Krugman）论文深受 1978 年沙朗特和汉德森（Salant and Herderson）对国际商品价格的稳定计划研究的启发，提出了货币危机的早期模型。在克鲁格曼的开创性理论框架下，许多学者从不同的方面改进、修正了这一模型，形成了第一代货币危机模型。第一代货币危机模型的产生源于墨西哥（1973～1982 年）和阿根廷（1978～1981 年）等国发生的货币危机，强调外汇市场上的投机攻击与宏观经济基础变量之间的联系，阐明了固定汇率政策和国内经济的过度扩张之间的矛盾，以及力图从这种政策矛盾中获利的私人部门是如何将整个汇率体系推向危机的。

在克鲁格曼的完全预见能力模型中，货币危机的根源在于政府的宏观经济政策（主要是过度扩张的货币政策与财政政策——财政赤字的货币政策）与稳定汇率政策（如固定汇率制）之间的不协调。当政府所追求的宏观经济政策与稳定汇率政策不协调时，理性的投机攻击就会发生。在政府存在大量财政赤字的情况下，中央银行必然增发货币为财政赤字融资。随着货币供应量的增加，外币的影子价格会逐步上升（本币贬值）。由于本外币的收益率出现差异，公众会调整资产结构，增加对外币的购买。随着政府持续地为财政赤字融资，在理性的投机攻击之下，不管初始的外汇储备有多大，终有一天会耗竭外汇储备，固定汇率迟早要崩溃。

在克鲁格曼模型的基础上，1984 年弗拉德和加贝尔（Flood and Garber）放弃了克鲁格曼的完全预见能力假设，认为国内信贷过程是随机的，投机攻击的时间是不确定的，并在此基础上构建了简单的线性模型。1984 年加纳利和泰勒（Connolly and Taylor）分析了爬行钉住汇率体制与投机攻击，强调汇率崩溃前贸易商品的相对价格行为，指出汇率崩溃前存在实际汇率升值和经常项目的恶化。1998 年爱德华兹（Edwards）也强调了贬值前货币升值与经常项目恶化的模式。1991 年，克鲁格曼和罗特伯格（Rotemberg）将原来的模型拓展到投机者冲击的目标区域问题。墨西哥 1994 年货币危机后，1996

年弗拉德、加贝尔和克拉梅（Flood、Garber and Kramer），1997 年拉希利和维达尔（Lahiri and Vedl）考虑了中和干预政策和利率政策的影响。

## 二、1982～1983 年拉美货币危机及其后的发展战略和汇率制度选择

英国维克托·布尔默—托马斯所著的《独立以来的拉丁美洲的经济发展》一书，① 对 1982～1983 年拉美货币危机前后拉美的情况作了系统的说明，也是从汇率角度说明拉美货币危机的重要典范之一。

### （一）战略转变增加了政府举借外债的压力

20 世纪 30 年代以前，拉美经济发展的推动力量是私人部门。虽然国内资产阶级有时从属于外国投资者，但私人部门无疑在生产、投资甚至分配领域的决策中居主导地位。国家的作用是次要的，仅提供有利于出口导向增长的调控框架，但私人部门仍为争取由国家调控而产生的租金份额激烈竞争。从传统的出口导向增长到进口替代工业化的转变，使公共政策管理的任务复杂化了。除了分发优惠权利和提供新的包含国民收入再分配内容的调控框架以外，国家还要进行大规模公共投资，以确保新模式的效用。任务的复杂性以及争夺国家权力的新社会集团的崛起导致了私人部门与公共部门的矛盾，这种矛盾有时会破坏政治和经济稳定。但是，国家很少例外地仍以支持私人企业作为一般职能，但已不再可能同时支持所有私人部门。在国家非常敌视私人部门或严格限制私人企业活动范围的少数几个案例中，不可避免的反叛通常会取得胜利。总体而言，公私部门间的关系是和谐的。私人部门指望公共部门提供优惠、保护以及补充性投资，而随着发展模式的每一次波动，国家干预的范围就更加广泛而复杂。然而，国家行使这些职能所需要的资源却十分有限。

按国际标准衡量，拉美国家政府收入与国内生产总值的比率是比较低的，同样中央政府支出与国内生产总值的比率也较低。除了税收的低效外，拉美国内资本市场存在弱点。70 年代以前，外部信贷来源有限，在不引起通货膨胀的情况下缩小赤字规模十分困难。整个战后时期大多数国家中央政府可用资金的极端有限与私人部门对国家越来越高的要求之间产生了冲突，这种冲突主要通过国有企业的扩张来解决。虽然国家干预的间接办法包括省甚至市级政府的扩

---

① 英国维克托·布尔默—托马斯著，张凡等译：《独立以来的拉丁美洲的经济发展》，中国经济出版社 2000 年版。

大并没有被忽略，但国有企业的扩张被视为提高资本积累率的关键。

实际上，1970年以后当国有企业开支与其他政府分支机构（中央、省和市）开支合并到一起时，公共开支占国内生产总值的份额（除新保守主义的智利以外）大幅度上升（参见表2-1）。尽管有时国有企业的建立会与私人部门利益相左，但在20世纪80年代之前，私人部门对拉美公有制程度的不满还是十分有限的。虽然国有企业的数目很大，但其对实际国内生产总值的贡献却并不很大。不过，国有企业在资本积累过程中却发挥了十分重要的作用。国有企业对总固定投资的贡献一般大于其净产出的贡献。实际上，拉美国有企业占资本支出中的份额远高于欠发达国家甚至高于发达国家。70年代末，拉美国家国有企业占国内总投资的份额为29%，美国为4%，日本为11%，英国为17%。

**表2-1　拉美主要国家1970~1980年公共部门开支**

| 国别 | 非金融公共部门开支总和占GDP的比重（%） | | | 国有企业经常开支和投资占GDP的比重（%） | | |
|---|---|---|---|---|---|---|
| | 1970年 | 1975年 | 1980年 | 1970~1973年 | 1974~1978年 | 1979~1981年 |
| 阿根廷 | 38.6 | 46.4 | 49.1 | 12.5 | 17 | 19.5 |
| 巴西 | 35.9 | 42.7 | 52.7 | 10.4 | 18.6 | 25.6 |
| 智利 | 41.3 | 40.4 | 31.6 | 21.8 | 31.3 | 26.1 |
| 墨西哥 | 22.3 | 31.9 | 35 | 11.9 | 16.4 | 20.7 |
| 秘鲁 | 24.5 | 46.1 | 60.1 | 10.1 | 24.3 | 32.1 |
| 委内瑞拉 | 28.7 | 38.9 | 53.3 | 19.3 | 21.1 | 28.2 |

资料来源：英国维克托·布尔默—托马斯著，张凡等译：《独立以来的拉丁美洲的经济发展》，中国经济出版社2000年版，第411页。

但是，公共部门资本积累最初受到了资金短缺的限制。公共部门经常账户的微薄盈余远不足以支撑不同的公共管理部门雄心勃勃的投资计划。国有企业的利润常常由于价格管制，有时由于不断上升的成本而减少，甚至利润再投资也由于向中央政府转移的法令而受阻。70年代国际银行借贷的扩大使融资限制得到了缓解。结果，70年代拉美总固定资本形成率令人瞩目。虽然50年代只有委内瑞拉的投资率（投资占GDP的比例）超过20%，但70年代拉美平均投资率从未低于21%，而且1974~1981年，每年都超过23%。

**（二）不断增加的国际银行贷款使拉美外债处于危险境地**

然而，基于国际银行贷款的流沙之上的投资率是无法维持的而且极为脆弱，终于在20世纪80年代土崩瓦解。此外，银行借贷的减少不仅缩小了公共投资的范围，而且破坏了拉美发展所依靠的整个资本积累模式。

30年代的拖欠割断了拉美与其外部融资的主要来源——国际私人证券市场的联系。战后一些私人资本来到拉美，其主要形式是按商业利率发放短期贸易信贷。作为一个资本缺乏的地区，拉美希望通过从国外借款来补充资本积累所需的内部储蓄。只要有自动自愿流入的资本，国际收支经常账户赤字就被认为是“正常”状态。第二次世界大战后的头20年里，拉美严重依赖向外借款的官方渠道，1968年来自官方渠道的资本占该地区公共外债的60%。布雷顿森林会议建立了国际货币基金和世界银行以后，多边资金来源的重要性提高了。

60年代末及以后，国际金融体系的变化对外国银行向拉美放贷极具吸引力。一是因为欧洲美元市场的形成，国际银行界控制了巨额资本，需要找到新的借款者。最初由于美国的贸易赤字，后来则由于越南战争导致的美国巨额预算赤字，欧洲美元存款迅速扩大，从1964年底的120亿美元上升到1970年底的570亿美元。二是国际银行在拉美市场普遍建立各种分支和代表机构。由美国金融机构（特别是花旗集团）带头，银行界久别后又回到拉美。三是由于60年代末借贷实践的两种变化导致银行界向拉美放贷的心理阻力消失了。一种变化是联合贷款（即银团贷款，作者注），即银行通过众多机构（有时高达500家）向外国贷款以分散风险；另一种是采纳灵活的利率（如纽约最优惠利率）之上付一笔固定的保险费，这些因素使向主权国家的贷款利润丰厚。1976年，花旗集团仅向巴西贷款业务的利润就占其当年总利润的13%。银行借贷占拉美公共外债的比重从1966年的10.5%上升到1972年的26.1%，债务增加值的一半是外国银行的贷款。第一次石油危机导致由石油进口国向石油输出国转移的大量石油美元，至1974年年底已使欧洲美元存款高达2050亿美元，第二次石油危机促进了这一趋势，1981年年底已使欧洲美元存款达到6610亿美元。1973年后的10年间，各个银行必须迅速找到新的有利可图的贷款途径。

拉美对银行贷款的需求也有多种原因：一是60年代末期对外商直接投资的不满达到了顶峰，拉美需要新的资金来源，官方资本流动因争取进步联盟不复存在而有所下降；二是银行贷款比证券资本更具优越性，它们实际上没有附加条件，银行并不清楚它们大部分贷款的用途，70年代美国银行贷款约60%用于“一般目的”、“未知目的”或者“再融资”；三是两次石油危机给拉美带来了较大的外部冲击，对于石油进口国（如巴西）而言，不附加条件的银行贷款提供了一种手段用以弥补石油涨价产生的国际收支赤字，同时却无须采取痛苦的稳定和调整措施，也无须牺牲国内生产总值较高的增长率；对于石油输出国而言，石油涨价的机会可以用贷款来扩大石油生产（如厄瓜多尔和墨西哥），或者通过向非石油产业大规模投资降低经济对石油的依赖，使经济实现多样化（如委内瑞拉）。虽然国有企业是银行贷款的主要接受者，但中央政府也是受益者，政府接受的贷款用于弥补预算赤字或国际收支赤字，或两者兼而有之。此外，70 年代官方资本流动从世界流动性扩大中受益匪浅，同时银行贷款也流向非公共部门（尤其是较大国家的），所有类型的债务都迅速增加。1982 年底阿根廷和巴西债务的 1/4 属于私人的、无担保的长期贷款。不过，银行对拉美放贷的热情主要针对大国，而对小国的兴趣十分有限。

因此，从 60 年代末期开始，拉美国家债务增长十分迅速（参见表 2－2)。但是，至少在 1978～1979 年第二次石油危机之前，因为债务名义利率低于名义出口增长率，局面尚可以维持。较高的国际流动性以及第一次石油冲击后发达国家的衰退使名义利率低于世界通货膨胀率。拉美出口收入由于初级产品价格上涨而迅速增加。因此，拉美国家能够在国际上借到所需资金，偿付利息，而无须冒不适当增加债务的风险。只有秘鲁由于财政和货币政策的失误，在 70 年代陷入债务困境。但是，国际货币基金和银行界的抢救计划正值 70 年代末商品价格上升的时期，所以国际债权人想当然地以为问题已经解决。

**表 2－2　　1960～1982 年拉美外债指标**

| 年份 | 公共、私人和短期外债总额（10 亿美元） | 银行占公共外债的份额（%） | 还本付息（利息和分期偿还）与出口的比率（%） | 付息与出口的比率（%） |
|---|---|---|---|---|
| 1960 | 7. 2a | 16. 4 | 17. 7a | 3. 6a |
| 1970 | 20. 8a | 19. 5 | 17. 6a | 5. 6a |
| 1975 | 75. 4 | 42. 9 | 26. 6 | 13 |
| 1980 | 229. 1 | 56. 6 | 38. 3 | 21. 2 |
| 1981 | 279. 7 | 57. 6 | 43. 8 | 26. 4 |
| 1982 | 314. 4 | 57. 6 | 59 | 34. 3 |

资料来源：同表 2－1，第 422 页。

注：a 仅指公共外债。

### （三）外债不断累积遭遇了经常账户赤字和资本外逃的双重影响

第二次石油危机是全球经济管理的一个分水岭。发达国家陷入衰退，导致商品价格下降，并使拉美石油进口国贸易条件急剧恶化。但这一次发达国家通过紧缩的货币政策调整其结构失衡使世界利率上升到天文数字的水平。1981 年伦敦和纽约基本利率高于 16%，使银行债务利率升至 20%，甚至美国的实际利率也接近了 10%。1980 年以后，随着拉美出口收入的急剧下降，同时随着 1981 年石油出口国和非石油出口国出口收入达到顶峰，负债增长无法继续维持下去了。然而令人惊奇的是，第二次石油危机以后银行和其他债权人继续放款。1979 年年底至 1982 年，拉美债务总额从 1840 亿美元猛增至 3140 亿美元。偿债率（出口收入中用于还本付息的比率）从 1975 年尚可维持的 26.6% 上升到 1982 年无法维持的 59%（参见表 2－2）。

第二次石油危机以后，对拉美继续放贷带来了进口的前所未有的增长，短短几年间进口翻了一番，经常账户赤字（尽管石油出口额上升）1981 年已达 400 亿美元。令人更加不安的是资本外逃的加速（大多属非法），因为许多拉美国家的私营机构对公共政策失去了信心，并预期将会发生货币贬值。到 1982 年年底，估计阿根廷、墨西哥和委内瑞拉私人部门在外财产至少相当于各国公共外债的一半。

1980 年哥斯达黎加和尼加拉瓜已陷入债务困境，但其他拉美国家都以为与自己无关。1982 年，当拉美出口从前一年的峰值开始下降，借贷步伐才开始放慢。世界性衰退导致商品价格下跌，非石油出口国贸易条件急剧恶化。然而，具有讽刺意味的是，灾难最先发生在一个石油输出国家。当墨西哥无力偿付利息，于 8 月份宣布不履行债务合同时，债务危机终于开始了。

1982 年年底，美国和加拿大 18 家主要国际银行向拉美发放的贷款近 700 亿美元（仅花旗集团一家就提供了 100 多亿美元），其中有 16 家在拉美的贷款与资产的比率超过 100%。主要国际银行的巨额贷款使发达国家政府十分关注拉美债务危机。美国政府率先采取行动，部分原因是因为国际金融体系的稳定受到了威胁，另一方面则是因为担心墨西哥经济崩溃的严重后果，即向美移民的增加以及美墨边境政治局势的动荡。为重新安排债务和提供新贷款附加条件使国际货币基金和世界银行获得了关键地位，他们与债权国政府的合作达到了新的高度，从对拉美国家以往经济政策的不满开始，一步步地形成了债权人认为适合该地区的想法（“华盛顿共识”）。在这两大国际机构监督下实施了许多稳定和调整计划，以试图创造宏观和微观经济条件，保证债务的还本付息。

**（四）美元坚挺是经常账户恶化的重要原因，债务危机带来了巨大压力**

随着美元的坚挺，初级产品价格下降，使出口量的增加未带来收入的增加，因为大部分初级产品以美元计价，世界需求受美元升值的不利影响。1985年，该地区出口额尚不及1981年的水平，石油价格下跌一年以后，出口额下降近20%，偿债率未能改善。1982～1988年每年偿债率均超过40%，1989年以后才降到30%以下，资金流动危机仍然严重。而且，债权人愿意重新安排债务，但新的贷款却没有保证。官方债权人特别是国际金融机构最初增加了向拉美的贷款，但私人来源却开始枯竭。来自官方债权人的新贷款必须偿还，所以到1987年，甚至3个主要的国际金融机构都成为从拉美国家流出资本的净接受者。银行债务的二级市场开始出现，使得小银行能够甩掉难以收回的债权，并减少债务重新安排参加谈判的债权人的数量。债权人和债务国都欢迎发行“抽身债券”，债权人通过减少其贷款票面值而摆脱困境。一些国家则通过二级市场进行债权股权转换，将对外公共债务转换成实际资产的占有权，而债务转换则以同样的方式将外债转换成可以当地货币偿付的内债。

由于没有大量新的信贷流入，拉丁美洲向世界其他地区流出的利润、利息就会远远超过流入的资本。这种资金转移在1979～1981年间的情况是平均每年净流入130亿美元，1982年情况突然逆转成为净流出，整个80年代未见改观。80年代中期资金流出已达300亿美元，相当于拉美GDP的4%，出口值的30%。资本外逃使资金转移净流出的局面进一步恶化，而且许多外逃资本无法反映在官方统计之中。甚至在债务危机爆发以前，许多拉美国家的私人部门出于利率差别、汇率风险和政治动荡等方面的考虑，已经在国外（主要是美国）积聚了大量金融资产。外汇管制不严或缺乏管制的国家情况尤其严重，但即使对资本外流严加控制（如巴西）也无法避免资本外逃。在阿根廷、墨西哥和委内瑞拉，众多的小储户利用外国银行账户来规避政治和经济不稳局面。1982年，墨西哥实行银行系统国有化，随后墨西哥政府决定将美元面值账户转换成比索，多年来第一次面对高通货膨胀率的中产阶级对此十分不满。仅1983年一年，估计阿根廷、巴西、智利、墨西哥和委内瑞拉外逃资本就达121亿美元。80年代中期，阿根廷、墨西哥和委内瑞拉私人部门拥有的外国金融资产（主要为美元）几乎等于公共部门欠商业银行的债务。预期的银行借贷自动恢复从未实现，官方债权人的顽强努力成效递减。

### （五）美国和国际组织对拉美债务危机的拯救

1985 年年中，作为主要债权国的美国提出了新的计划，即以美国财长贝克的名字命名的“贝克计划”，该计划提出向 15 个负债最多的国家（主要是拉美国家）新增贷款 300 亿美元，其中 200 亿美元由商业银行提供，100 亿美元由国际金融机构提供。贝克计划所需资金比最初设想的要大得多，因为还要避免经济衰退和恢复增长。贝克也无法使预计的新增贷款到位，包括官方和私人债权人的贷款，因此，1985 年以后，资金转移仍维持在净流出的状态。但大多数国家公共债务在二级市场上的价值均维持在 50% 以上。1987 年 2 月，巴西单方面宣布延期偿付债务，这一鲁莽的行为导致短期贷款（包括十分重要的贸易信贷）减少了，次年该国又回到正统的轨道，然而损害业已形成，而且影响到其他国家。到 1987 年 12 月，二级市场价格急剧下跌，只有哥伦比亚的债券还保持在 60% 以上。巴西的行动迫使该国的债权银行重新估价其拉美资产的价值。1987 年 5 月，花旗集团宣布其贷款损失被抵升至其拉美债务的 30%，这一举措促成了债权人卡特尔的最终解体。在发达国家，各国政府已不计较财政影响，对放贷损失拨备实施税收减让。其他银行开始效仿花旗，超过 30% 的放款损失拨备越来越普遍。放款损失拨备粉碎了债务票面价值与市场价值相等的幻想。

唯一能够减轻债务负担的办法就是累积债务余额。当拉美各国纷纷采取这种办法的时候，老布什政府再次感到有必要采取新的行动。1989 年 3 月，以美国新任财长尼古拉斯·布雷迪名字命名的“布雷迪计划”出台了，该计划允许债务国根据不同条件利用其债务市场价格走低的机会，包括取消债务余额和实行华盛顿可以接受的政策改革。每个国家都必须作出明确选择：或者继续累积债务余额，同时面临被排斥在国际资本市场之外的风险，或者接受“布雷迪计划”的条件，参与二级市场上打折处理拉美债务的活动。

在该计划实施的两年内，哥斯达黎加、墨西哥、乌拉圭和委内瑞拉等国已按有利条件完成了商业债务的重新安排，智利和哥伦比亚能够在无须取消债务的情况下，重返国际市场。哥斯达黎加甚至还使用国际金融机构的资金在二级市场上以 16 美分对 1 美元的价格购回了其所欠的债务。由于按“布雷迪计划”达成的债务协议使政府宏观经济政策具备了可信性。墨西哥达成协议后，国内利率大幅度下降。所有参与“布雷迪计划”的国家都开始出现外逃资本的回流。从 1982 年到 1990 年资金转移的净流出局面终于在 1991 年转变为净流入。资本净流入减去利润和利息偿付净值即资金转移净额，1991

年为净流入83亿美元。到1992年，即债务危机爆发以后的10年后，债务已明显不再是一个突出的问题。所有国家债务负担仍十分沉重，但这已不是债务危机了。最终找到的解决办法使得债权人和债务国能够分担调整的代价，分享二级市场折扣的利益。

20世纪80年代以来，由于美元升值和1985年后初级产品价格大跌，贸易条件的恶化使创造贸易盈余的压力倍增，由于许多拉美国家有歧视出口的历史，压缩进口就成为唯一创造贸易盈余的政策选择。而拉美国家商业借贷的膨胀导致的非必需品进口品的激增实际上也使压缩进口有较大的空间。墨西哥1975年进口额为63亿美元，1981年上升至240亿美元。拉美国家为压缩进口采用了所有的传统办法，如提高进口关税，强化配额和许可证措施，巴西还推出了进口替代计划，以减少对进口能源的依赖。但是，尽管存在着困难，没有一个国家忽视促进出口的作用，所以必须采取措施在不伤害出口的情况下压缩进口。

在许多国家，经常被高估的汇率成为对外部门调整计划的一种重要手段，名义汇率大幅贬值保证了实际有效汇率贬值，因而成为一种限制进口同时鼓励出口的措施。80年代中期，实际汇率升值的国家是那些仍维持固定名义汇率的国家（萨尔瓦多、海地、洪都拉斯和巴拿马）和高通货膨胀国家（玻利维亚和尼加拉瓜）（参见表2－3）。

**表2－3　1980～1991年拉美主要国家实际有效汇率（1980年＝100）**

| | 1981年 | 1982年 | 1983年 | 1984年 | 1985年 | 1986年 | 1987年 | 1988年 | 1989年 | 1990年 | 1991年 |
|---|---|---|---|---|---|---|---|---|---|---|---|
| 阿根廷 | 112.2 | 121.6 | 202.6 | 174.7 | 193.5 | 216.5 | 239.4 | 237 | 317.3 | 231.8 | 172.6 |
| 玻利维亚 | 74.9 | 69 | 75.1 | 57.9 | 33.8 | 114.7 | 119 | 125.5 | 130.8 | 155.2 | 150.1 |
| 巴　西 | 115.2 | 109.1 | 130.1 | 134.6 | 138.6 | 147.8 | 147.7 | 136.9 | 109.7 | 93.5 | 115.4 |
| 智　利 | 82.3 | 91 | 111.8 | 113.9 | 141.1 | 167 | 180 | 192.2 | 188.1 | 193.6 | 187.6 |
| 哥伦比亚 | 90.5 | 84.9 | 85.2 | 93.1 | 106.7 | 143.2 | 160.5 | 166.5 | 172.7 | 195.8 | 189.5 |
| 哥斯达黎加 | 155.7 | 136.2 | 118.4 | 120.5 | 122.2 | 135.9 | 149.9 | 163.6 | 157.7 | 160.8 | 176.3 |
| 多米尼加 | 97 | 95.7 | 101.1 | 138.6 | 126.7 | 135.4 | 162.2 | 193.7 | 155.1 | 150.3 | 140.6 |
| 厄瓜多尔 | 87.9 | 89.7 | 94.3 | 114.2 | 110 | 136.7 | 177.7 | 236.6 | 204.5 | 222.2 | 212 |
| 萨尔瓦多 | 88 | 81.5 | 76.7 | 71 | 66 | 80.5 | 71.7 | 62.9 | 63.8 | 68.5 | 67.5 |
| 危地马拉 | 91.2 | 88.3 | 83.8 | 83.6 | 114.7 | 117.7 | 122.2 | 132.1 | 142.8 | 170.5 | 145.6 |
| 墨西哥 | 84.2 | 115.2 | 125.5 | 102.9 | 99.1 | 144.7 | 157.5 | 130.2 | 118.3 | 114.4 | 109.9 |
| 尼加拉瓜 | 78.9 | 77.8 | 63.9 | 55.7 | 39.3 | 33.1 | 22.7 | 22.7 | 37.9 | 30.8 | 27.7 |

续表

| | 1981 年 | 1982 年 | 1983 年 | 1984 年 | 1985 年 | 1986 年 | 1987 年 | 1988 年 | 1989 年 | 1990 年 | 1991 年 |
|---|---|---|---|---|---|---|---|---|---|---|---|
| 巴拿马 | 97. 1 | 95. 2 | 93. 5 | 92. 6 | 91. 7 | 101 | 108. 7 | 116. 3 | 125 | 131. 6 | 135. 1 |
| 巴拉圭 | 81. 5 | 92. 4 | 99. 1 | 105. 4 | 121. 9 | 121. 1 | 150. 5 | 145. 3 | 190. 8 | 196. 3 | 169. 8 |
| 秘　鲁 | 84. 1 | 81. 6 | 86. 9 | 86. 9 | 106 | 95. 5 | 84. 1 | 92. 2 | 50. 5 | 36 | 28. 8 |
| 乌拉圭 | 83. 9 | 80. 2 | 130. 4 | 136. 1 | 141 | 143 | 146. 6 | 155. 5 | 148. 7 | 164. 9 | 144. 9 |
| 委内瑞拉 | 88. 3 | 81. 6 | 89. 6 | 105. 6 | 110 | 131. 7 | 183. 6 | 164. 7 | 193. 7 | 215. 2 | 201. 8 |

资料来源：同表 2－1，第 442 页，转引自美洲开发银行（1992 年），表 3，第 12 页。

该措施发挥了巨大作用。1982 年以前的贸易逆差状况到了 1983 年发生了转变，1983 年和 1984 年贸易顺差分别为 300 亿美元和 400 亿美元。虽然促进出口措施有一定成效，1982 年后出口量有所增加，但由于以实物交换净值计算的贸易条件的恶化，出口值实际未发生变化。因此，调整计划所要求的贸易盈余最初完全依靠压缩进口，使进口额从 1981 年的 1000 亿美元的峰值跌至 1983 年的 600 亿美元，其后 3 年仍维持在这一水平上。进口的削减既包括区域外进口也包括区域内进口，而区域内进口比区域外进口下降更为迅速，其占贸易总额的比重 1990 年已降至 13. 3%。1982 年后，所有拉美主要国家都出现了大量贸易盈余，但最初只有巴西能够解决压缩进口和促进出口的问题。80 年代初期出现的许多大型进口替代项目使巴西比其邻国更容易削减进口。巴西自 60 年代末期以来一起致力于促进出口。1982～1985 年巴西出口额增加了几乎 50%，足以抵消贸易条件恶化带来的损失。同时，几乎所有拉美国家随后都采纳了新的贸易政策。自 60 年代末期以来，实行进口替代与促进出口结合政策的巴西和哥伦比亚于 90 年代初期也实施了更正统的贸易自由化政策。阿根廷、委内瑞拉和古巴等 70 年代也加入了对外开放队列。新贸易政策的意义远远超过了各国国界范围，贸易自由化趋势更加明显，区域内贸易也有所加强。

债务危机爆发 10 年后，新的政策开始结出硕果，出口量稳步增长，1991 年比 1980 年增长 78%。但是，其出口商品的结构仍然欠佳，大多是传统出口品或非传统自然资源，制成品出口只有少数几个国家取得了成效，如巴西和墨西哥。不过，与 90 年代初资本回流有关的货币升值无法对出口部门提供坚实的支持。许多国家政府将货币升值视为在债务危机最困难的岁月中缓解不断攀升的通货膨胀压力的一种办法。许多国家的政府在两条战线作战，促进出口和治理通胀目标间的冲突像过去经常发生的那样，导致了政策的不协调和矛盾。

贸易盈余构成了向发达国家债权人资金转移的外汇来源。但是，贸易盈余主要在私人部门手里，而大多数外债却集中于公共部门。因此便出现了内部资金转移的问题，即公共部门必须能够得到私人部门赚取的外汇。仅仅在那些国有企业出口收入份额较高的国家，如智利、墨西哥和委内瑞拉，内部资金转移较为顺利。因此内部调整是一个复杂的进程，其中包括降低总需求水平，供给的转移，以及内部资金从私人部门向公共部门的转移。内部调整难题与对外部门调整和治理通货膨胀密不可分。与此同时，大多数拉美国家陷入债务危机时都伴随着内部不稳定，包括高通货膨胀率。

在债务危机爆发前最后一年，即1981年，仅有5个国家（智利、多米尼加共和国、危地马拉、洪都拉斯以及巴拿马）年通货膨胀率低于10%，而且每个国家名义汇率都钉住美元。在其他国家中，有5国年通货膨胀率在20%~50%之间，有3国为50%~100%，有1国超过100%（阿根廷）。

债务危机爆发前，中央政府预算赤字也开始增加，1981年有半数国家该项赤字超过国内生产总值的5%，仅智利和委内瑞拉有预算盈余。公共部门赤字包括国有企业亏损以及市政当局和各州政府赤字，甚至比中央政府赤字还要庞大。由于许多国家国内资本市场不愿意或不能吸收大量政府债券，即使不太大的预算赤字所造成的通货膨胀后果也十分严重。许多应付债务危机支持对外部门调整的措施进一步加剧了内部的不稳定局面。虽然实际有效汇率急剧贬值对创造贸易盈余发挥了很大作用，但同时也加剧了通货膨胀压力。到90年代初，几乎所有国家都放弃了固定名义汇率，仅有海地和巴拿马两国例外，它们的通货膨胀率保持在10%以下。在一些小国，随着通货膨胀的加剧，黑市或平行汇率的变化造成整个经济价格上涨的信号，迫使当局采取幅度越来越大的名义贬值措施以达到特定的实际贬值水平。

对外部门调整导致进口急剧下降和国内衰退，对政府收入产生了严重影响，危机最初几年大多数国家中央政府收入占GDP的份额都有所下降。债务危机后增加收入的困难意味着很少国家能够获得足够的盈余从私人部门购买外汇以履行债务还本付息义务。许多国家实行多重汇率制度，公共部门能够以特殊价格“购买”外汇，这意味着中央银行的巨额汇率损失。哥斯达黎加是一个明显的例子，该国官方汇率（用于政府还债）1982年以后维持在20科朗比1美元的水平上，但银行间和自由市场汇率不断贬值。

许多国家为购买外汇还本付息简单地采取印钞票的方法，但是大国（阿根廷、巴西和墨西哥）能够以向私人部门发行债券或其他金融工具的方式来进行内部资金转移。虽然理论上这不会导致通货膨胀，但实践中则产生了通货膨胀后果。首先，必须大幅度提高国内名义和实际利率以说服国内私人部门吸收政府债务；第二，债务本身流动性很高（尤其在巴西），所以几乎等同于货币；第三，内债迅速增加，以至于名义利息支付开始吸收越来越多的政府收入并破坏了公共部门的财政平衡。阿根廷和巴西最终宣布无法履行偿还一部分内债的义务，一度破坏了私人部门对国内资产市场的信心，并提高了政府未来举债的成本。随着1982年后拉美债务二级市场的出现，公共和私人部门都设法利用经常可以得到的大幅度折扣，但预算赤字的增加造成了通胀大幅度上升。一些国家应付债务危机的稳定和调整计划的失败导致了恶性通货膨胀（通常定义为月通货膨胀率超过50%）。到1984年底，玻利维亚税收收入仅占政府开支的2%，1985年该国通货膨胀率已超过8000%。1988年尼加拉瓜的通胀率甚至超过了玻利维亚的超常数字，33000%，这是拉美历史上最高的通货膨胀率之一。秘鲁1990年国内货币和巨额财政赤字将通胀率推过了7000%。阿根廷和巴西各级政府的账目中已无从认清财政赤字的实际规模，恶性通货膨胀纷纷降临。

内部调整要求拉美各国都采纳稳定计划，国际货币基金组织密切参与稳定计划的制订意味着最初实施的是正统政策，但是到了90年代初期，将正统财政措施（包括私有化）与非正统政策结合起来的必要性最终得到了承认。阿根廷取得了巨大的成效，到1991年底，该国月通货膨胀率已降到很低的水平上。至此整个拉美开始出现关于稳定计划的一种共识，这种共识强调税收改革，公共部门服务的“现实”价格作为价格稳定的必要条件。实际上，1993年底，只有巴西月通胀率仍超过5%，而有6个国家年通胀率低于10%。

### 三、90年代后的拉美货币危机与美元政策的关系

拉丁美洲各国在90年代果断地推行了经济自由化政策，但对外经济开放导致了国际收支的急剧恶化。出口贸易额与进口贸易额均有急剧的增长，但进口贸易额的增长率却高于出口贸易额的增长率，整个拉丁美洲地区的贸易收支逆差额从1994年的250亿美元左右增大到1998年的超过900亿美元，国际经常收支也出现有同样的动向。贸易自由化的效果很快表现为进口贸易额的扩大，但如果未能伴随有国际竞争能力的提高，那么出口贸易的扩大就肯定地要有时间上的滞后。毋庸置疑，这种贸易收支与国际收支的失衡就得靠引进海外资金来填补。1991年拉丁美洲的净资金流入额为300亿美元，其

后急剧增大，1997年达到峰值1100亿美元以上。以墨西哥为例，在1991年货币危机以前证券投资便有了急剧的增加，1994年以后民间部门到海外借款和外资直接资本投资便不断趋于增大。用这种巨额的资金流入来弥补对外收支的失衡和维持高经济增长当然是不可能持久的。这里仅以墨西哥货币危机为例说明美国利率政策和汇率政策90年代对拉美地区的影响。

### （一）1994~1995年墨西哥货币危机

萨利纳斯担任总统后，为了应对以美国为首的债权国的债务压力，墨西哥政府根据“华盛顿共识”的要求进行改革，开始实施空前的私有化工程。首先，借助外国资本实行国营企业私有化，单方面降低贸易壁垒，实现资金和贸易的自由流动，使墨西哥成为美国制成品的第二大销售市场。其次，墨西哥与美国签署《北美自由贸易协定》，并在1993年加以实施。但是，“华盛顿共识”并没有改善墨西哥吸引外国资本投资的环境，反而导致在美国众多企业和产品涌入后，墨西哥大批民族企业垮台，改革引发了国内大量的社会问题，如高失业率、贫困化、两极分化和社会不公正等结构性问题。

正如亚历山大·兰姆弗赖斯在其《新兴市场国家的金融危机》[①] 中所称，1994年至1995年的墨西哥危机与1982年至1983年拉美危机有两点惊人的相似之处：一是它们都是由大规模持续的经常项目逆差诱发的（参见表2-4），二是相似的潜在误导作用：到1994年，私人资本流入不仅充分“弥补”了经常项目逆差，再加上额外的官方资本流入，还形成了外汇储备。1990年至1993年，墨西哥的净外汇储备累计增加了180亿美元。兰姆弗赖斯认为经常项目逆差积聚到不堪重负的境地，背后的主要推动力是私人资本流入。1990年至1993年4年间，私人资本流入的大约一半（360亿美元）是以证券投资的形式出现的，银行贷款的作用也很显著（约222亿美元），但没有像1982~1983年危机时那样起决定作用。国外直接投资也起了一定的作用（162亿美元）。这些资本是被墨西哥80年代末期付诸实施的经济改革的成果和氛围吸引进来的：管制解除和私有化、财政赤字消失、实际利率为正，以及通货膨胀率的稳步下降都在其中发挥了作用。大量的证券投资进入到普通股票市场。到1993年底，以美元表示的股票价格已达到1985年至1989年平均股价水平的10倍，增长率大大超过了其他新兴市场国家。与15年前发生的情况相比，当时已不存在政

---

① 亚历山大·兰姆弗赖斯著，周凯等译：《新兴市场国家的金融危机》，西南财经大学出版社2002年版。

府刻意为弥补经常项目赤字而对外借款的情况。

表 2-4 墨西哥国际收支平衡 单位：10 亿美元

| | 1990 年 | 1991 年 | 1992 年 | 1993 年 | 1994 年 | 1995 年 |
|---|---|---|---|---|---|---|
| 经常项目收支 | -7.4 | -14.6 | -24.4 | -23.4 | -29.7 | -1.6 |
| 私人资本净流入 | 5.8 | 19.9 | 23.5 | 30.2 | 10.3 | -13.3 |
| 外商直接投资 | 2.6 | 4.8 | 4.4 | 4.4 | 11 | 9.5 |
| 证券投资之股票 | 2 | 6.3 | 4.8 | 10.7 | 4.1 | 0.5 |
| 证券投资之债券 | 1.1 | 1.3 | 3.6 | 6.3 | 2.8 | -0.5 |
| 银行贷款 | 9.1 | 7.9 | 1.6 | 3.6 | -0.3 | -4.3 |
| 官方资本净流入 | 5 | 2.4 | 2 | -0.9 | 0.9 | 24.5 |
| 外汇储备变化净值 | 3.4 | 7.7 | 1 | 5.9 | -18.4 | 9.6 |

资料来源：IMF 国际收支统计和各国的数据。

兰姆弗赖斯分析认为，大规模的资本流入维持了墨西哥货币对美元的名义价值，使得其实际有效汇率自 1990 年起稳定上涨，至 1993 年底，上涨超过了 30%。20 世纪 90 年代初，比索的价值可能在一定程度上被低估了，然而如此快速的实际升值肯定会对经常项目的状况产生影响。自由化为银行的借贷扩张赋予了必要的自由，政府贷款减少对银行起了激励作用。起初，这些对资本的形成是有利的，但从 1990 年至 1992 年，却导致了私人储蓄率的急剧下降，从 14.3% 下降到了不足 9.6%。国民储蓄率从 20 世纪 80 年代后半期平均超过 20% 下降到了 1994 年的不足 15%（参见表 2-5）。基础货币以高于维持货币均衡所需要的比率扩张，使得银行体系面向私人部门的信贷快速增长。墨西哥货币当局尽最大努力采取措施将比索的利率维持在一个相对较高的水平上，而这个相对较高的利率不足以阻止国内过度借贷比索，却足以让公司多借美元，这一切使事情变得更糟。

表 2-5 经常项目收支与国内收支的对应（占 GDP 的百分比）

| | 1990 年 | 1991 年 | 1992 年 | 1993 年 | 1994 年 | 1995 年 |
|---|---|---|---|---|---|---|
| 形成固定资本的总额 | 17.9 | 18.6 | 19.6 | 18.6 | 19.4 | 16.2 |
| 存量变化 | 5.3 | 4.7 | 3.7 | 2.4 | 2.4 | 3.7 |
| 对总资本形成的融资 | 23.2 | 23.3 | 23.3 | 21 | 21.8 | 19.9 |
| 经常项目差额 | -2.8 | -4.7 | -6.7 | -5.9 | -6.9 | -0.5 |
| 国内总储蓄 | 20.4 | 18.6 | 16.6 | 15.2 | 14.7 | 19.4 |
| 公共部门 | 6.1 | 8.5 | 7 | 5.1 | 4.4 | 4.8 |
| 私人部门 | 14.3 | 10.1 | 9.6 | 10.1 | 10.4 | 14.6 |

资料来源：National Accounts of Mexico（INEGI）.

兰姆弗赖斯发现，1994 年初春，经常项目逆差和资本流入之间的关系发生了戏剧性的变化。整个 1 月和 2 月，自发的证券资本流入仍然主导着整个局势。资本流入量太大使墨西哥货币当局越来越面临着协调不可能事务的尴尬：既要防止比索升值，又要消除资本流入对国内货币的影响。从 1994 年 3 月起，自发的资本流入枯竭了，汇率又开始面临向下的压力。此事直接的诱因是革命组织党的总统候选人遇刺，这一事件使人们对墨西哥政局的稳定性产生了怀疑。面对外汇储备的潜在流失，墨西哥当局用发行 Tesobonos 来应对，它是一种以美元为面值但以比索支付收益的短期国库券，到 1994 年 12 月底，国外投资者已经持有 170 亿美元，这是由政府发起的对外借款，与早期的证券资本流入已经完全不同。同时，国内投资者也购买了大量的 Tesobonos。从 7 月始，由 Tesobonos 构成的外汇储备净额成了负数。1994 年的最后几个月，资本外逃加速，进一步发行 Tesobonos 也不能弥补，最终导致整个外汇储备耗尽，显而易见的危机开始了。到 12 月底，汇率也撑不住了，于是，墨西哥当局决定让其浮动。汇率急剧下挫的同时，墨西哥的股票市场也崩溃了。

兰姆弗赖斯认为，资本流入的性质和规模在很大程度上造成了经常项目逆差不堪重负，并在最后阶段为弥补逆差提供了资金，这造成了某种脆弱性，使国家暴露于外部危机之中。他还认为，钉住汇率制是经常项目逆差出现以及资本流入爆炸性增长的罪魁祸首之一（对公司外债和 1994 年的 Tesobonos 来说都是如此）。

德罗萨在其《20 世纪 90 年代金融危机真相》一书中对墨西哥 1994 ~ 1995 年的危机从两个角度提供了新的说明：一是墨西哥的"爬行钉住"汇率机制；二是美联储急剧提高利率。他描述了墨西哥的"爬行钉住"汇率制的运行机制。从 1991 年 11 月 11 日开始，墨西哥银行将比索对美元的价值固定在一个官方干预的区间内，并且允许每天有一定幅度的日常变化。尽管实施了比索稳定计划（要求政府随时按照钉住汇率购买比索），但是，墨西哥利率和美国的利率之间存在巨大的差异。1994 年 1 月，由墨西哥政府发行的以比索标价的短期国库券 Cetes 年利率和可比的美元年利率之间的差额为 6.22%，到 7 月扩展到了 9.94%，而在危机爆发前的 12 月初，这一差额为 7%。只要外国投资者认为墨西哥的固定汇率制度可以维持，他们就会有强大的动机持有比索。比索理论上最大年均贬值率为 4.8%。这是资金流入墨西哥的重要原因。

加剧墨西哥问题恶化的一个外部因素，就是美联储货币政策在1994年早期转向了紧缩。1994年2月4日，由于担心通货膨胀压力在迅速扩张的美国经济中进一步加剧，美联储将联邦基金目标利率提高了25个基点，在之后的9个月里，美联储六次提高了利率，全年共计提高了300个基点（即3%）。11月15日的最后一次，美联储提高了75个基点。由于比索是钉住美元的，所以美联储急剧提高利率会给比索带来更大压力。

### （二）门罗主义和第二次石油危机的紧缩性货币政策和强势美元政策

1823年12月2日，门罗总统在致国会咨文中宣称：美国将不干涉欧洲列强的内部事务或它们之间的战争；美国承认并且不干涉欧洲列强在拉丁美洲的殖民地和保护国；欧洲列强不得再在南、北美洲开拓殖民地；欧洲任何列强控制或压迫南北美洲国家的任何企图都将被视为对美国的敌对行为，提出“美洲是美洲人的美洲”。实际上就是宣布拉丁美洲属于美国的势力范围。从某种意义上讲，门罗主义在客观上起到了防止已独立的拉美国家再度沦为欧洲列强殖民地的作用。1904年T. 罗斯福提出“罗斯福推论”，进一步补充了门罗主义。他指出，某个拉美国家一旦“闹事”，美国可以干涉其内部事务。在罗斯福、T. W. 威尔逊总统任内，美国经常干涉拉丁美洲（尤其是加勒比地区）的内部事务。

事实上，门罗主义在货币领域就是推行占领国家的美元化，拉美许多国家实行固定汇率机制，也是以钉住美元为主。为了应对第二次石油危机，美国实行了紧缩性的货币政策和强势美元政策，其名义利率大幅上升加重了拉美国家外债偿本付息的负担，美元大幅升值导致国际商品价格大幅下跌，使拉美国家经常账户出现赤字，难以偿还巨额外债及高息造成的利息和本金，因而陷入严重的债务危机之中。因此，拉美80年代的货币危机，其实与美元本位制，20世纪80年代初美联储紧缩性货币政策和美元走强紧密相关，也与拉美国家自身设定的汇率机制不当有关，还与拉美国家利用汇率的贬值和升值策略来实现内外平衡的意图有关。

对拉美货币危机的解释的第一代模型虽然认识到了固定汇率机制与财政赤字和货币政策之间的不协调会导致矛盾，引发货币危机，他们提出的政策建议是，必须保证政策间的一致性，不断强化宏观经济基础变量。在第一代货币危机模型中，汇率机制是一个因变量。

但是，作者发现，美元本位制和美元汇率的变动是决定性的因素，是拉美危机中的一个自变量。当然，拉美钉住美元的固定汇率体制既有因变量的特征，也有自变量的特征，拉美国家相关政府的其他政策其实受外部美元本位制和美元政策与内部固定汇率制度的支配。同样，1998 年的巴西货币危机和 2001 年的阿根廷金融危机也是如此，既与 1996 年始强势美元政策推动美元升值导致资金流出这些国家流向美国有关，也与其钉住美元的汇率制度有关。

## 第三节　欧洲货币危机与美元的贬值

1992～1993 年的欧洲货币危机是大萧条后爆发在发达国家的金融危机，投机在其中起到了重要作用，尽管它使欧洲固定汇率机制在一定程度上崩溃，但也激发了欧洲汇率机制的更进一步完善，那就是欧元区的形成和欧元的推出。

### 一、欧洲货币危机的理论解释：第二代货币危机理论

1992～1993 年爆发的欧洲货币体系危机中诸多现象无法由第一代货币危机模型给予满意的解释。当金融危机发生时，部分国家拥有大量外汇储备，宏观经济政策并没有表现出与稳定的汇率政策之间的不协调。1994 年和 1996 年奥布斯菲尔特（Obstfeld）和 1996 年萨克斯、托梅尔和维拉斯科（Sachs、Tomell and Velasco）等为了解释 20 世纪 90 年代发生的欧洲货币体系危机，提出了第二代货币危机模型。第二代货币危机模型强调多重均衡和危机的自我促成（self－fulfilling）性质——投机者的信念和预期最终可能导致政府捍卫或放弃固定汇率。

第二代货币危机模型认为政府维护汇率的过程是一个复杂的政策选择过程，维护汇率稳定是一个政策目标抉择的成本收益权衡过程。政府维护汇率的收益体现在三个方面：一是政府相信维护汇率稳定有助于促进贸易和投资；二是该国可能有严重的通货膨胀历史，因而把固定汇率看作是控制国内信用的一个手段；三是汇率的稳定也可能被看成是维护该国荣誉的象征或者是存在着国际经济合作的承诺。

政府最终放弃固定汇率的原因在于某些因素使得维护固定汇率成本的代价十分高昂：一种可能是政府存在严重的财政赤字，希望通过通货膨胀税来减轻这一负担；另一种可能是国内存在严重的需求不足，经济萧条要求政府采取扩张性政策，而扩张性政策和固定汇率制度相抵触。政府是否捍卫固定

汇率取决于政府对维护汇率所产生的成本收益的权衡，当市场预期汇率贬值时，捍卫固定汇率的成本将大大增加，最终将促使政府放弃固定汇率制度。

奥布斯菲尔特实质上是1983年巴罗和戈登（Barro and Gordon）的规范性政策选择模型在开放经济中货币政策选择方面的一种扩展。在Barro－Gordon的原始模型中，封闭经济中的政府进行政策选择时面对的是理性的代理人，政府对成本收益的权衡是由通货膨胀和失业的真实变化所决定的，较高的通货膨胀率可由经济的结构变化或代理人的非理性预期来解释。第二代货币危机模型强调的依然是政府的政策选择，在经济中代理人是理性的假设下，政府货币政策的选择仍然由维护汇率的成本收益来决定。

第二代货币危机模型强调危机的自促成性质。当政府内外政策不协调时，投机者预期汇率最终会贬值，就会提前抢购外汇，结果是国内的经济状况提前恶化，政府维护汇率的成本增加，货币危机提前到来，因而预期的作用使货币危机具有自促成的性质。

2003年德塞和亨利（Desai and Henry）认为，第二代货币危机模型忽视了危机与宏观经济基础变量之间的联系，以至于无法很好地解释金融危机，根本原因在于第二代货币危机模型中的理性预期假设。有两种方法可以对第二代货币危机模型进行扩展：一种是像2003年比拜、霍尔、亨利和马萨特（Beeby、Hall、Henry and Marcet）那样，将第二代货币危机模型中的理性预期假设用“适应性学习”来替代；另一种是按照1998年和2000年莫里斯和谢因（Morris and Shin）那样考虑基础变量的不确定性，用“有差异的私人信息”来代替“有关经济基础变量的公共信息”，消除由预期驱动的第二代货币危机模型均衡的不确定性。但2002年普拉提和斯布拉塞（Prati and Sbracia）认为，用莫里斯和谢因的方法所得到的唯一均衡仍具有“协调失败”的性质，因为均衡时是否有投机攻击发生是由信仰的结构和经济基础变量的行为共同决定的。

## 二、蒙代尔：欧洲货币危机根源在于德国不当的货币政策

蒙代尔在《国际货币：过去、现在和未来》一书第三章中“21世纪国际货币体系：黄金会卷土重来吗?”中解释了欧洲货币危机的根源在于德国不当的货币政策，[①] 而不在于欧洲汇率机制这一固定汇率机制的缺陷。

① 参见向松祚译：《蒙代尔经济学文集》第六卷，中国金融出版社2003年版。

欧洲货币体系被认为是货币统一的前奏："欧洲货币体系的目的是实现欧共体更高程度的货币稳定。欧共体制订了一个更综合的战略规划，欧洲货币体系是其中重要的基本组成部分。战略规划的目的是实现稳定的持续增长，逐步恢复充分就业，减少欧共体内部的发展不平衡，消除各成员国生活水准的差距。货币体系将促进经济发展的趋同，为欧洲统一提供崭新的动力。"这是1978年12月4日欧洲理事会主席声明的结论。

欧洲货币体系超越了爬形汇率波动机制，因为它创建了一个机构，即欧洲货币合作基金，创立了一个"前货币"单位，即欧洲货币单位（ECU），它被定义为欧共体成员国货币构成的一个货币篮子，权重的计算考虑了贸易额和国内生产总值。欧洲货币单位将成为欧洲系汇率机制的基准，显示各成员国经济指标趋同的基础，央行政策操作的基准，以及欧共体成员货币当局相互清算的工具。欧洲货币基金为成员国央行交易提供清算所必需的欧洲货币单位资源，成员国央行必须缴付20%的黄金和20%的外汇储备作为保证金。

在理论上，欧洲货币体系的欧洲汇率机制（ERM）相对各成员国是对称的，但实际上德国马克是体系中"通货膨胀的锚或枢纽"。德国联邦银行能够根据国内均衡的要求（德国宪法就是这样规定的），自主制订和实施货币政策。当货币体系出现冲突时，比如伴随通货膨胀压力的马克升值（或德国国际收支顺差），德国选择的政策是紧缩货币以防止通货膨胀，而不是放松货币以缓解它自身或其他欧洲货币体系成员国的外部压力。相反，欧洲汇率机制其他成员国优先考虑的是外部平衡，它们根据各自货币汇率是否触及上限或下限来决定紧缩或放松货币。简言之，欧洲汇率机制具有一个货币区的所有特征，该货币钉住马克和德国的货币政策。

欧洲汇率机制与美元本位制的类似显而易见，但不能夸大两者的相似。美元本位制是全球性的，马克本位制是区域性的。当一个国家或区域的整体货币体系面临各种外部冲击时，经济货币交易规模是决定其抵御能力的主要因素。国际调节负担的分摊比例与国家规模成反比。德国的经济规模只有美国的1/3，所以它作为一个货币体系的锚或枢纽，稳定性也只有美国的1/3。德国统一的巨大财政负担让德国经常账户从顺差460亿美元美元变成逆差207亿美元，变化量高达667亿美元，相当于德国国内生产总值的4.4%，同样数量的冲击只相当于美国国内生产总值的1.1%。

德国内部大规模转移支付（或外部世界对德国的转移支付）造成巨大的价格上升压力，迫使德国联邦银行在好几年内维持利率和有利于马克资产的高额利差（相对美国而言）。马克不会理会所谓中性的货币政策（比如固定的货币扩张速度），它在即期外汇市场上，将相对所有货币暂时强烈升值，但远期外汇市场上的马克必然反映马克利差和未来马克弱势，从而出现马克汇率相当大的折扣。因此，需要相当大幅度的汇率重新调整才能维持均衡，包括马克暂时的升值或德国欧洲汇率机制伙伴国货币汇率的向下调整。然而，必须强调，德国是一个大国，所需的实际汇率调整幅度相应较小。

绝大多数重大经济事件的影响都超越国界。德国统一是独特事件，它造成自20世纪70年代石油价格危机以来空前的经济金融冲击，但只集中在一个国家。对付冲击的办法之一是德国相对美元和欧洲汇率机制伙伴国货币升值，但如此一来，德国马克的枢纽作用就遭到削弱，其长期劳动成本将被高估（尤其是东部地区）。无论如何，法国当时也会反对马克普遍升值，因为它不愿意法郎相应升值。

在给定欧洲汇率机制下，对付德国统一冲击的最佳办法是：德国联邦银行实施对整个欧洲而言是中性的货币政策。撇开正常的经济增长不谈，所谓“中性货币政策”有两个候选方案。第一个是全欧洲货币供应量的增长保持不变。如果实施这个政策，那么德国政府开支的大规模增长（通过债务来融资）将导致欧洲整体利率的些许上升和欧洲货币单位的些许升值。德国国内商品价格将稍微上升，其他欧洲国家国内商品价格稍微下降，而国际商品价格不变。第二个是实施面向整个欧洲的货币政策，德国统一的冲击就由欧洲汇率机制整个区域共同承担。如此一来，通货膨胀可能比德国联邦银行期望的要高一点，通货紧缩可能比欧洲汇率机制其他成员国所期望的要严重一点，但对整个固定汇率体系而言，均衡更加平稳。这种均衡就好象是欧洲央行理事会统一实施货币政策的结果，理事会成员的权力按照成员国经济规模来分配。

1992年9月欧洲汇率机制危机暴露了欧洲货币体系的基本缺陷。只有经济金融冲击不大和来自德国以外时，马克作为体系的枢纽才能有效运转。要中和或对付德国内部产生的巨大冲击，德国就必须实施面向整个欧洲的货币政策，而不是单独面向德国的货币政策。领导者的责任是面对集团全体的责任，不是只对自己的责任。领导者自我中心的行为必然削弱或摧毁整个体系。

欧洲货币联盟将消除欧洲货币体系的大多数缺陷。然而，批评者可以提出如下论点：面临德国统一那样的冲击，浮动汇率本来是比较好的解决办法。根据同样的推理，浮动汇率鼓吹者还说，20世纪70年代和80年代发生石油危机时，要是美国西北地区和东南地区之间实行浮动汇率，就能有效地应对石油危机的冲击。类似地，70 年代中期，纽约市爆发债务危机时，要是纽约市有自己单独的货币，它就可以用贬值的货币来清偿债务。但是，这些论点从本质上都只考虑了短期效应。浮动汇率体系有一个基本缺陷：它触发公众对未来汇率变化的预期，这种预期将完全抵消浮动汇率调节机制的效果。德国马克相对美元急剧升值，这是一个非常重要的信号，说明德国应当采取的最佳政策是实行更具扩张性的货币政策。

### 三、德罗萨：欧洲货币危机源于欧洲汇率机制的缺陷

德罗萨在《20 世纪 90 年代金融危机真相》一书中分析了 1992 年和 1993 年欧洲货币危机。他认为欧洲汇率机制根本没有起到稳定汇率的作用，而实际上导致了欧洲汇率不稳定创下了历史最高水平，“从 1979 年 3 月开始直到 1999 年初欧元的诞生，欧洲汇率机制总共遭受了 18 次的调整，影响了 56 次中心汇率。它也酿成了两场惊人的货币危机”，当然也难以实现欧洲汇率机制的预期目的，“在欧元诞生之前的时期抑制欧洲汇率的不稳定性”。“利率完全等同被看作是单一货币出现的一个必要条件。从逻辑上说，如果汇率能够被固定在狭窄的交易区间内，那么，各个货币单位国家的利率就会很自然地集中在一个通常的水平上。”他认为：“如果不是欧洲货币体系坚持限制欧洲内部汇率的波动幅度，两次汇率机制危机都不会发生。整个事件本该使公众充分认识到制订汇率机制的欧洲部长们对经济的无知。然而相反，在公众眼里，这成了外汇市场有罪的证据。”货币投机冲击对货币危机而言是一个放大和实现效应，真正的原因并不在货币投机。他认为：“与 1992 年 9 月欧洲汇率机制危机最相关的事就是，它起源于一种固定汇率制度形式……所有可能导致潜在的爆炸性汇率制度的条件都具备了。而在这些条件下，即使不出现超级货币投机者，危机也会爆发。”

第一个条件是 1992 年 9 月的前几年里一个大规模的名为“趋同交易”的利差交易的形成。欧洲汇率机制造成了欧洲资本市场的严重扭曲，因为尽管汇率看起来是稳定的，但是欧洲各国货币的利率却普遍不同。交易者和投资管理者们可以自由地投资于具有最高收益的欧洲汇率机制国家的货币，而不用担心汇率风险，因为在欧洲内部货币的汇率是固定的。

国际货币基金组织对由此导致的资本流入欧洲汇率机制国家的现象写道：促进资本流入的重要因素之一，就是国际投资者越来越认为，欧洲汇率

机制成员国都处在不断向欧洲货币单位靠拢的过程中，在这种情况下，有利于高收益欧洲汇率机制货币的利率差异，将日益高估汇率贬值的实际风险。正如一位证券投资组合管理者回忆的当时的流行观点："既然能够从比塞塔或里拉政府债券中获取更高的收益，且不用承担补偿性风险，何必要盯着德国马克政府债券中的收益不放呢?"……然而，关于固定汇率假设的另一种观点认为，针对非欧洲汇率机制货币的头寸交易风险，通常是通过"替代对冲"来规避。例如，当获得里拉证券时，就会做一次德国马克头寸对美元的对冲。人们对趋同交易的青睐几乎随处可见。一位证券投资组合经理声称，在人们眼里它就相当于"政府资助的对冲交易"。欧洲汇率机制推动了一种新等级的货币市场共同基金以惊人的速度流行起来，这种共同基金专门交易高利率的外国政府的短期证券。据晨星公司估计，1989～1992年间，这些基金吸纳了投资者200多亿美元的资金。而这些基金的主要证券投资行为就是趋同交易。至于市场头寸的整体规模，国际货币基金组织报道："大致估算，趋同交易的总规模可能达到3000亿美元。"不管这是否就是真正的水平，1992年9月提前解约的与趋同交易相关的头寸，无论是和英格兰银行还是索罗斯打算在市场上交易的规模相比，都要多出好几倍。

导致1992年9月欧洲汇率机制危机的第二个因素，是德国中央银行即德国联邦银行在危机之前所实施的出人意料的、蓄意的紧缩货币政策。当然，欧洲汇率机制的设计者不可能会预见到，在苏联临近解体的混乱中，民主德国将会从东方集团中脱离。这个过程开始于1989年11月9日柏林墙的倒塌。德国总理赫尔姆特·科尔抓住了这一历史时机，要求在1990年7月1日以全民公决的方式对两德统一进行投票。在1990年10月3日，德国实现了统一。还未等庆贺平息下来，德国政府就已认识到统一耗费的巨大成本。随着政府花费剧增，一度自豪的德国财政部发现自己背负着一个巨大的并不断增加的预算赤字，至少按照它通常的标准看是如此。德国的中央银行是欧洲（如果不是世界）最保守的。正如所预料的那样，德国联邦银行的对策就是不断大幅提高短期利率。从柏林墙倒塌到1992年7月16日的18个月期间，联邦银行4次提高贴现率，贴现率从6%升到8.75%。德国联邦银行被看作欧洲汇率机制各成员国中央银行之锚，但在其他欧洲汇率机制成员国的中央银行正努力将国内利率降到一个共同的较低水平时，德国联邦银行却在提高利率。它的这一行为明显是把德国的经济利益放在了欧洲共同体国家的前面。

导致危机的第三个因素是危机发生前23个月英镑加入欧洲汇率机制，但丹麦关于单一货币的全民公决失败意味着欧洲汇率机制结构可能出现了重大问题，以索罗斯为首的投机者针对英镑进行投机。1992年6月3日，继丹麦关于《马斯特里赫特条约》全民公决失败后出现的欧洲货币市场和欧洲债券市场的恐慌，首次显示欧洲汇率机制结构可能出了重大问题。投资者非常担心单一货币体制将会崩溃。《马斯特里赫特条约》包含了一系列界定新欧盟的公共条款。这个条约的目的就是要把欧洲共同市场转变成货币联盟，为此，它制订了起动新单一货币——欧元的时间表。1992年9月16日开始的投机攻击使英国政府败下阵来，英镑不得不连续贬值。相应的，大规模的“趋同交易”参与者也在危机中被终结。

### 四、美元大幅贬值导致德国马克走强是危机的重要根源

蒙代尔对欧洲货币危机的分析目的在于为固定汇率机制辩护，而德罗萨对欧洲货币危机的分析目的在于为浮动汇率机制辩护，但他对欧洲汇率机制的缺陷及欧洲金融市场上存在的“趋同交易”的分析极具深度。蒙代尔和德罗萨共同指出，德国不当的货币政策是欧洲货币危机爆发的重要根源。

不过，让我们来进一步看看欧洲货币危机之前，世界到底发生了什么。为解决美国巨额的经常账户赤字，七大工业国1985年9月达成了广场协议，美元贬值，有着巨额对美贸易顺差的日本和德国，其货币日元和德国马克对美元升值。美元主要货币贸易加权指数从1985年9月到1991年大幅贬值了44%。这使得德国马克大幅走强，欧洲汇率机制中各国汇率的小幅调整根本消化不了这一变动，因为欧洲汇率机制是以德国马克为中心的固定汇率机制，各成员国的货币汇率与马克挂钩并固定，德国央行的利率政策对整个欧洲汇率机制具有重大的影响作用。按道理欧洲汇率机制应该根据外在的情况适时调整相应的汇率比价，但是，事实上并没有出现这样的情况。在德国货币政策不恰当的调整之际，国际投资大鳄索罗斯等人获得了千载难逢的投机机会。

而且，在美元大幅贬值背后，其实是美元本位制在发挥作用。欧洲汇率机制本身有点类似德国马克本位制，但由于德国与美国的地位难以全面抗衡，欧洲汇率机制本身也未能使欧洲强大，从而使欧洲汇率机制仍然以美元本位制为背景。于是，即使在欧元诞生后这种双重汇率机制仍然存在。

因此，第二代货币危机理论其实忽略了欧洲汇率危机中汇率机制内在矛

盾和美元策略的重要影响，也忽略了全球美元本位制这样的大背景，而仅关注了危机的自促成性质和政府的政策在区域内外的不协调性。

## 第四节　日元升值引发的日本金融风暴和美国信贷危机

从某种意义上说，很少有人会认为日元升值引发的日本资产泡沫膨胀和破裂，进而导致长期经济衰退是国际性的金融危机。但是，如果考虑到日元升值的背景和日元泡沫破裂的时机在欧洲货币危机之前，以及后来因为日本对美国信贷大幅减少导致的美国信贷危机，以及日元大幅升值给日本和世界带来的巨大影响，日元升值引发的日本金融风暴和美国信贷危机应该当作一个国际性的金融风暴来看待。

1985 年，日本主动和被动地通过“广场协议”引发了日元的快速、巨幅的升值。日元升值导致日本资产泡沫迅速膨胀，最终泡沫破裂，导致了一个国家的金融风暴，使日本经济长期不振。日本经济的困难，尤其是日元升值给日本经济带来的困难大家都看到了。但是，日本通过日元升值获得的福利，恐怕大家往往看得并不清楚。也有学者认为日本接受“广场协议”也是自身经济发展过程中自信心膨胀和错估形势的结果。[①] 麦金农则认为日元升值是美国商业压力的结果，在美国干预下的不恰当政策选择促使泡沫过度膨胀，并给日本带来了两次衰退（即日元升值综合症），最终导致了美国信贷危机。

### 一、麦金农从美元与日元汇率的角度来看日本的衰退

《麦金农经济学文集》第五卷《美元与日元：化解美日两国的经济冲突》解释了日元升值的综合症。[②]

#### （一）麦金农研究问题的提出与特点

20 世纪 50 年代中期，日本从战争废墟中站了起来，直到整个 80 年代，其经济扩张速度超过其他任何一个主要工业国家。在很大程度上，日本取代

① 姜长斌：“‘广场协议’与日本错估形势”，《学习时报》2003 年 10 月 10 日。

② 王信等译：《麦金农经济学文集》，中国金融出版社 2006 年版。

了美国在世界制造业市场的霸主地位——首先是纺织、消费品等轻工业，然后是诸多需要一流工程技能的领域，如汽车和电机等。即使在 1992 ~ 1995 年，日本经济持续衰退（这是日元升值综合症的部分特征），日本高科技产品的贸易顺差仍强劲增长。

在 20 世纪七八十年代，许多研究者把美国在世界经济中的地位下降、贸易逆差居高不下等情况，与日本的“不公平”做法联系在一起，他们指责日本利用工业、商业、汇率及国内金融等手段，阻止各类外国商品进入日本市场。麦金农研究了 20 世纪 50 年代至 90 年代中期，美日两国宏观经济与金融领域的相互作用，而不是按照逐个产业回顾国际贸易的发展变迁。他关心的问题是，日本出现工业生产率与出口相对高增长等“问题”后，两国的工资、物价总水平、利率如何相互进行调整？五六十年代日元兑美元汇率固定时，这些变量的调整与 1973 年开始实行的浮动汇率制后的调整是否有显著区别？

为了寻找答案，麦金农等考察了美国储蓄短缺、80 年代初日本资本市场自由化并向外国投资者开放，过去 20 年日本资本大量流入美国等现象。同时，他们还探讨了 1985 年开始出现的宏观经济不稳定，其中包括 80 年代末日本的资产泡沫，1991 ~ 1992 年美国的信用紧缩，以及 1992 ~ 1995 年日本严重的通货紧缩。他研究始终贯穿的主题是汇率机制和汇率水平的改变产生的影响：在布雷顿森林体系下，从 1949 ~ 1971 年初，日元一起平稳地保持在 1 美元兑 360 日元（上下波动 1%）的水平。从 1971 年到 1995 年中，日元对美元不断攀升，时有波动。到 1997 年初，1 美元兑换 120 日元。

麦金农等研究的第一个突出特征是，将日元兑美元和其他主要货币的劲升与美国的贸易压力联系起来。他认为之所以产生这种压力，是因为两国爆发商业争端，贸易关系紧张。相应的，1995 年中至 1997 年初，日元贬值与美国放松贸易压力密切相关。经济学家的传统做法是将国际金融研究（即研究货币政策、财政政策对汇率决定有何影响）与贸易流动、商业政策及贸易争端的研究相分离。这种简单的二分法在大多数时候适用于大多数国家。然而，麦金农等认为传统的二分法无助于理解 1971 年来美日宏观经济关系的特殊性。至少到 1995 年 4 月，商业冲突，时不时还以贸易战相威胁，是推动日元升值的一股重要力量。而当 1995 年夏天警报解除时，日元便贬值了。

麦金农等研究的第二个突出的特征是，将日元汇率的变化视作决定日本货币政策的一个重要变量，而过去认为货币政策独立地决定汇率水平。这一点在20世纪五六十年代十分突出，当时日本银行因为必须维持日元兑美元的固定汇率而将其国内信贷扩张政策置于从属地位。但不为人所知的是，70年代日本银行收紧银根，实在是受到日元升值的制约。该书许多分析都贯穿着两个重要的、但尚未为人所熟悉的因果关系链条，即从贸易压力到日元汇率，再从汇率到日本货币政策。

大多数研究汇率及国际收支调整的学者都把名义汇率视为调整变量（因变量）而不是决定变量（自变量）。这些研究者认为，自主的货币（及财政）政策造成了各国通货膨胀率之间的差异，汇率应据此进行调整；大幅度调整实际汇率可有效地调节国与国之间的贸易失衡，即能确保资本从A国净流入B国，因此他们不愿意再回到固定的名义汇率上去。在许多重要情形下，我们不能否认传统理论是有效的，对那些软通货国家来说更是如此。这些国家的政府依靠通货膨胀税来增加收入，必须让货币继续贬值下去。传统理论也适用于未遭受长期通货膨胀之苦但经济十分封闭（指贸易及资本流动未能与外部世界完全融合）的国家。当然，汇率调整有助于管理国际收支。

但是，麦金农等相信，对那些商品和资本流动向国际市场高度开放的硬通货国家来说，名义汇率的不断变动是有害的，这说明各国的货币政策缺乏协调。在微观经济层面上，汇率波动会干扰商品的相对价格，从而降低投资效率。在更为宏观的层面上，两个紧密相连的经济体之间名义汇率的波动不利于两国相对工资增长、利率及价格水平的长期平稳调整。1970年后的25年间，日元震荡上行就是一个活生生的例子。从中期看，汇率高估可以引起严重的经济衰退。如果未来汇率不确定，那么资本更不容易从一国平稳流到另一国。通过麦金农对日本和美国的案例研究获得的经验证据，说明相对货币价值的过度变动代价会何等高昂。

### （二）日元升值综合症引发日本两次衰退

所谓日元升值综合症就是1971年以来美日两国政府在执行商业政策、汇率政策和货币政策过程中相互影响而产生的结果。除了在政治上的磕磕碰碰外，日元震荡上行降低了两国贸易的微观经济效率，并导致日本宏观经济严重不稳定。

在该书第三章“汇率波动及其后果：价格差异和日元升值引发的衰退”中，麦金农等认为，一个成功的国际货币体系应该包含有利于资源重新配置的机制，而且不会过分扭曲微观经济和引起宏观经济不稳定。战后日本生产率增长较快，加上几十年一直存在诱发储蓄流向美国的动因，最终必然导致大幅度调整的问题。在不同汇率制度下估测相对价格的变动，关键是将真实经济信号与噪音区别开来。技术、资源、品位的变化会产生真实合理的信号，这些信号是逐步演变的，但也有个别商品的供给或需求可能会受到突如其来的冲击。

事实上，货币与金融动荡则可能会产生噪音，它们混杂起来可能很尖锐，也可能突然消失。如果真实信号占优，就有助于市场经济的平稳运行；而大量噪音，即金融剧烈波动，会掩盖真实信号并影响资源的有效配置。麦金农认为浮动汇率机制不一定有利于价格机制发挥作用，实际上常常起到破坏作用。麦金农将汇率的不稳定类别区分为汇率短期波动、汇率中期错位和汇率长期偏移等三种。他认为在实行浮动汇率制的开放经济体中，价格压力（汇率变动对国内价格的影响）和价格差异（由价格压力造成的国内价格结构扭曲）现象十分常见。他通过实证研究表明，价格压力是由双边汇率变动引起的，与全球价格趋势无关，因此汇率是非中性的。

麦金农引入相关的“购买力平价变动”概念，认为由于价格随着汇率进行调整，反映两国相对价格水平的购买力平价也在变动，直到一价定律重新成立为止。当日元持续高估时，日元兑美元的购买力平价汇率便下降，似乎在追逐现实汇率，并逐渐消除最初的价格偏离。货币高估国家制成品的价格上涨率低于货币低估国家的价格上涨率。他还指出，购买力平价变动背后的主要因素关系与“购买力平价之父”卡塞尔（Cassel，1922）假定的正相反，应该是相对价格追赶汇率，而不是卡塞尔最早认为的那样是汇率根据各国通货膨胀率的差异进行调整。因此，汇率变动不但有巨大的现实作用，而且还是微观经济和宏观经济不稳定的主要根源。汇率并非被动地调整以理顺国内价格关系，而常常成为推动国内价格水平向一个方向或另一个方向变动的决定性变量。

对于美国经济而言，汇率传导作用（指汇率变动对国内价格的影响程度）较温和，至少在短期内美国经济比日本经济更不容易受汇率不稳定的影响，这种传导作用的不对称非常有助于解释为什么美联储和日本银行会对汇率波动作出不同的货币政策反应。美国价格较少受汇率的影响，过去认为原因在于美国经济比日本经济规模更大，更加封闭，但由于日元持续升值和国际贸易在美国经济中的重要性日益提高，上述说法已很难成立。1994 年，日本的经济规模相当于美国的68%，美国比日本更加开放。开放度以进出口总值占国内生产总值的比重来衡量，1994 年美国这一比率为 0. 228，日本为

0.168。然而，两国经济的其他方面仍存在一些失衡。几乎所有的美国贸易是用美元结算的，大部分日本贸易却用外币结算（假设绝大多数是美元）；到20世纪90年代中期，日本只有40%的出口和20%的进口用日元结算。这就造成汇率在日本的即时传导效应比在美国大得多。另外，资源贫乏的日本进口大量的食品能源和工业原材料，这些商品都是在全球市场上用美元定价的，其价格变动更容易影响日本国内市场。

价格反应不对称有两个后果：第一，当日元兑美元汇率偏离其合理水平时，主要将由日本进行价格调整以抵消两国的价格差异。第二，美国的决策者在制订国内货币政策时不如日本那么关注汇率因素，这是因为美元不稳定的恶果不会马上反映出来。然而，中心国家这种自利倾向使世界经济在20世纪七八十年代付出了高昂的代价，而且它是造成日元升值综合症的关键因素。因为到目前为止，日本还不能像美国那样自主制订货币政策。

在工业国家中，日本尤其容易受到日元兑美元汇率波动的影响，这是因为四方面的原因：一是日本绝大多数进出口都以美元结算；二是美国这个贸易伙伴的地位十分重要；三是缺乏类似欧洲货币体系的区域性汇率安排；四是许多亚洲国家和地区的货币与美元同向变动，其他新兴工业化经济体和东盟国家的货币也倾向于跟随美元变动。如果在日本经济衰退时期日元还对美元升值，必然会产生灾难性的后果。

麦金农认为，日本的衰退就是由日元升值引起的。最近10年内（1986~1995年），日本受到1986~1987年和1991~1995年两次衰退的打击。第一次来势凶猛但相对短暂，第二次历时更长、打击更重，经济到1996年才开始缓慢复苏。第一次衰退是日元剧烈升值破坏了制造业部门的贸易条件引发的，之所以没有持续很长时间，部分原因是资产价格不断膨胀对经济起到刺激作用——资产泡沫消除了汇率高估的通货紧缩影响。但第二次日元升值引发的衰退时，由于资产泡沫破裂，情况要严重得多，几乎所有产业（包括服务业）都受到不利影响，经济复苏极其缓慢、乏力，许多企业和金融机构资本损失惨重，不良贷款急剧上升，举步维艰。

麦金农在第五章“转移问题和宏观经济波动：日元升值引发的衰退、泡沫和信贷危机”中，介绍了导致资本大量转移的金融机制，尤其是20世纪80年代初期日本金融市场上国内和国际业务的自由化，并着重说明了日元升值综合症如何给资本转移机制带来不稳定因素，1985年又是如何加剧美日两国经济波动的。

从1986~1987年开始，日本股票和土地价格中的泡沫也与日元升值综合症有关。较低的名义利率从一开始就为日本的货币政策设置了流动性陷阱，只有借助昙花一现的泡沫经济才能顺利跨过去。虽然日元在20世纪80年代的衰退之后仍然高企，但资产价格上升带来的财富效应刺激了国内消费和投资，足以使经济在20世纪80年代末复苏。

1990~1991年泡沫经济崩溃，不但打击了日本经济，而且阻碍了长期资本流向美国。1991~1992年美国出现信贷危机，经济陷入周期性衰退，是因为日本资产泡沫破裂，加之德国统一，也使来自欧洲的资本流入减少。1993~1997年克林顿执政时期，经济重现繁荣景象，部分原因是日本恢复了对美国的“正常”贷款。在对付1993~1995年日元升值引发的衰退时，日本货币当局碰到的困难尤为突出。

1993年和1995年初，日元急剧升值，远高于购买力平价的水平，使日本私人部门的投资几乎无利可图，因而1993~1995年，私人部门的投资急剧下降。同时，日元升值预期使名义利率降到零左右，产生了流动性陷阱，使日本银行在日元定值过高的情况下无法采取措施重新启动经济。与1986年的衰退相比，1995年的情况更为复杂，一方面是因为股票和房地产市场暴跌，银行等主要贷款机构的资金实力受到削弱；另一方面是因为日本银行担心银根过于松动，泡沫经济会死灰复燃。由于过去10年宏观经济不稳定，日本长期资本的正常外流遇到障碍，加剧了日元升值综合症。

日本金融市场存在流动性陷阱，加上资产泡沫破裂之后银行和其他金融机构资本严重不足，限制了民间资本外流。这解释了为什么日本大量经常项目顺差是如何从1992~1995年初推动日元不断攀升——直到1995年年中以后，日元才开始下滑。

**（三）随着日本开放资本市场，资金转移出现了较大的改变**

1981年前，日本经常项目顺差较小，持续时间也不长。实际上，经常项目交替出现逆差和顺差。这反映了一个事实，20世纪整个60年代和70年代，日本没有对外开放长期资本市场，而且国内金融交易几乎没有自由化。不管在什么情况下，调整短期贸易信贷（大部分是美元贷款）和官方外汇储备就足以应付经常项目的小幅波动。日本政府担心外国人大量持有日元，可能削弱当局控制货币供给的能力，并且可能加大汇率波动，国际资本流动大起大落可能不利于国内稳定。然而，对国内金融市场仍然实行严格的封闭式监管，不符合20世纪80年代到90年代日本作为世界主要债权国之一的地位。

为了使国内金融市场自由化，政府采取了第一项引人注目的措施，授权银团卖出国债。这就为20世纪70年代末迅速增加的国债创造了一个二级市场。随后，债券一级市场和二级市场迅速扩大，一级市场的收益率升至二级市场的水平。在很短的时间内，债券回购市场（以国债回购协议为基础）也得到迅猛发展，其后大额存单利率实现自由化。但直到20世纪80年代末，非金融公司才开始发行商业票据，政府也才开始发行短期国债，这直接给银行存款造成竞争压力。1980年通过的《外汇和贸易管制法》规定，除特别限制外，国际资本流动应该自由化。但法律明确要求对以下业务进行事前审批：非居民日元债券发行、欧洲日元债券和存单发行以及非居民日元存款的利息支付。

但在20世纪整个80年代，政府逐渐放宽对不同类型债券发行主体的限制。实际上，管制已经比较松动，因而1986年东京离岸市场得以发展。银行可吸收非居民机构（不包括个人）的存款，无须像在国内市场吸收日本居民的存款那样，必须遵守准备金要求和其他限制。东京离岸市场1986年对非居民的头寸仅为887亿美元（日元为192亿美元），1990年高达4950亿美元（日元头寸为2150亿美元）。

到20世纪80年代中期，虽然日本的民间金融市场尚未完全摆脱政府干预，但事实上已经对外界的套利资金开放了。甚至有资料表明，早在1981年，日本金融市场上日元短期利率与美元占主导地位的国际市场上日元短期利率的大部分抛补利差已经消失了。随着日元的升值和金融市场的开放，即使日元债券和美元债券的实际收益率（用国内物价上涨率—批发物价指数对名义利率进行调整）不分伯仲，持有美元债券的日本投资者面临巨大风险。在10年里，日本金融、非金融业的海外投资损失惨重。如果没有始自1985年、持续了10年的日元强劲升值，它们应该有较好的业绩。

随着日元的升值和金融市场的开放，日本日益成为美元资产的国际债权人。但是，日本作为世界最大的国际债权人，比20世纪50年代到60年代的美国，或1914年前30年的英国面临更大的风险。当时美英两国都有巨额经常账目顺差，在国际信贷市场上占据主导地位。美国在美元本位制下，英国在英镑本位制下，都是用本国货币放贷（由于英国承诺完全执行金本位制，国内贷款人将黄金债券视同英镑债券）。因此，国内贷款人，无论是机构还是个人，没有任何直接的外汇风险。由于固定汇率制安全系数较大（直到其走入末路），在很大程度上，美英两国也避免了间接汇率风险，即债务国货币意料不到的贬值后，该国借款人丧失部分债务偿付能力的风险。

在历史上，日本的情况非常特殊，它是主要的债权国，但奇怪的是，无论是经常项目下还是资本项目下的交易几乎都不用日元结算。1990年，日本40%以下的出口和15%以下的进口是用日元结算的。在资本项目下，日本是强大的净债权国，就更少用日元了，可能因为国内金融体系的自由化进程一再被拖延。另一方面，美国在很大程度上仍扮演“国际性银行”的角色，尽管它已从债权国沦为净债务国。因此，美国及北美、南美“美元区”国家初级产品和工业制成品的进出口仍广泛使用美元进行结算。相当部分“价格粘性”的美国工业制成品对日贸易是用美元结算的，这意味着美国的价格水平不会像日本那样，迅速对日元兑美元汇率的变动作出反应。在资本项目下，日本相当大一部分对世界其他国家的贷款是美元贷款，对美国几乎全是美元贷款。在即期和远期外汇市场上，美元仍是最重要的货币工具。只是在一些时候，日本才向发展中国家提供日元贷款。因此，日本发放的大多数外汇贷款直接面临外汇风险。

1993年初到1995年初，日元大幅升值，拥有大量日元借款的中国和印尼不得不申请减免日元债务。就日本的资本流动而言，资本流通的目的是为经常项目顺差融通资金。1981～1990年，长期资本外流累计大于日本巨额的经常项目顺差，基本余额（包括误差和遗漏项）的逆差通过短期资本的大量流入来弥补。而这些短期资本主要是日本各家银行的外币（美元）存款，1986～1989年泡沫经济时期短期资本增长特别迅速。由于日本愿意借入短期资金发放大于经常项目顺差的长期贷款，1990年日本的金融体系好像一个巨大的“国际金融中介”，正如20世纪五六十年代的美国和1914年以前的英国那样。

唯一的区别是，日本的资产负债是用外国货币而不是用本国货币计值的。但是从1991～1994年泡沫经济走下坡路时，这一模式失灵了，日本不再是一个国际金融中介。1991年长期资本回流，形成巨额基本余额顺差，到1995年仍是正值。与长期资本回流相对照，日本对外净短期贷款增加，1991年达到创纪录的1190亿美元。20世纪90年代初，大量短期资本外流，是因为80年代末泡沫经济时期日本各家银行吸收的欧洲美元存款被提走了。

总之，过去十年中，由于对日本持有的净国外资产没有进行套期保值，因而造成巨大损失。另外，日本经常项目顺差的资金融通渠道有很大的变化。如果外国人不急于借用长期日元贷款，日元在国际经济中的作用不大，因而他们不愿将日元存入日本银行，那么，日本就无法走国际金融中介的道路。日本自身由于日元升值综合症和国内通货紧缩，妨碍了日本成为能以日元放贷和借款的“国际性银行”。即使不放松长期以来对某些金融工具的过度管制，由于日元升值过快，波动过大，也不具有国际性货币的吸引力。

**（四）日元升值引发的衰退、流动性陷阱和日本的资产泡沫**

当日元升值超过了购买力平价，就会导致出现相对价格攀升和国内投资萎缩。1986～1989年和1991～1995年日元升值不断大幅度超过其购买力平价。在第一阶段日元升值引发的衰退中，日元从1985年初的1美元兑260日元开始上升，1987年全年都是1美元兑150日元。1年内，产出增长急剧下降。过去国内生产总值每年增长5%，1986财年（1986年4月到1987年3月）降至2.7%，但由于日元升值引起的资产的泡沫化带动了国内需求的显著增长，1987～1989财年又回升到5%左右。衰退的第二阶段，1990年底日元在145的价位接近购买力平价，1991和1992年日元略微超过了购买力平价，平均为1美元兑125日元，但1993年底升至112，1994年底为99，1995年6月底为85。日元又累计升值超过40%。1992～1995年初，每年实际国内生产总值增长率低于1%，有几个季度还出现负增长。

一国货币大幅度升值，高于购买力平价水平，不但降低了出口产品的吸引力，而且本国公司和跨国公司都会认为，在该国投资成本增加了。即使未来汇率的预期是稳定的，不存在日元升值综合症一类的病症，但由于企业进行低成本的海外投资，本国私人部门的投资也将下降。1981～1984年美元处于高价位时，美国企业蜂拥到海外投资，国内投资急剧下滑。20世纪80年代末至今，日本国内投资成本上升，投资外流，国内大受影响；日本企业遍布亚洲，而且远征北美，就是不在国内投资。在衰退第一阶段的1986年，总量庞大的日本私人部门投资的增长率从10%降至只有3%，随后恢复到很高水平。而在第二阶段，私人投资大幅下降，变为负增长。即使迅速扩张的公共投资也不足以挽回总投资下滑的颓势，这是经济衰退的一个重要原因。日本在第一阶段因资产的泡沫化产生的财富效应增加了消费和投资，使日本经济得以很快脱离衰退。但资产价格泡沫最终下跌不可避免，对第二阶段的衰退只能是雪上加霜。

日元升值综合症怎么可能一方面造成凯恩斯所说的流动性陷阱，而与此同时另一方面又加大了资产泡沫产生的可能性？麦金农所指的流动性陷阱是指，虽然名义利率很低（只有0.1%或0.2%），但实际利率仍较高，使投资受到抑制。就日本而言，有两个重要方面与日元升值综合症相关。一方面，1986～1987年以及1993～1995年日元急剧升值，高于购买力平价，抑制了投资和银行信贷需求。另一方面，人们预期日元在遥远的将来可能还会进一步升值，这种预期不会出现逆转。即使日元大幅度升值，人们也会预期它将以长期平均速度——例如每年4%——继续攀升。

由于日元升值预期不会根据当前日元兑美元汇率的变动进行调整，国际投资者还会要求从美元债券中得到比日元债券更高的名义收益率，以抵消预期的美元贬值。20世纪八九十年代，日元资产名义收益率平均低于相应美元资产收益率4个百分点。只要美国的名义利率居高不下，例如9%或更高，而短期内日元像1985年前十年那样，没有出现定值过高的现象，日本银行就还有灵活操作的余地，它以适度控制M2加存单的增长率，反周期调整贴现率水平，从而影响短期利率，保持经济的平稳运行。

然而，如果美国的名义利率降到7%或更低，并且日元急剧升值高于购买力平价，则日本可能无法进一步降低国内实际利率以避免经济陷入严重衰退。虽然日元资产和美元资产的利差通常约有4个百分点，但如果日元资产名义收益率必须控制在零以上时，利差就缩小了。到1995年年中（5月份），日本的利率已经降到很低水平。当时贴现率为1%，隔夜拆借利率为1.26%，基准贷款利率为3.6%，3月期债券回购利率为1.4%，10年期国债利率为2.73%。1995年中，美国利率虽然较前两年有变化，但各种期限金融工具的利率都比日本相应的高4～5个百分点。由于衰退期间（不存在资产泡沫）银行贷款需求减少，以及还存在日元升值预期，流动性陷阱是存在的。

教科书对凯恩斯流动性陷阱模型的解释是，中央银行通过购买债券大幅度扩大货币供给，使利率降至一定程度，货币需求（流动性偏好）曲线成为一条水平线。此时货币总量将急剧增加，因为人们以不变的低利率将债券卖给中央银行，转而持有现金。然而，由于日元升值综合症的影响和美国利率水平较低，虽然日本银行几乎没有或只是少量增加货币供给，但日本的名义利率很可能也降到零左右的水平。这就是实质意义上的流动性陷阱。设想日本银行试图扩大货币供给，例如在国内进行公开市场操作，购买本国债券，吐出基础货币。如果资产不含有泡沫，日本银行就无法将国内利率降到较低水平，使私人投资决策发生显著变化。

1986～1987年日元升值引发衰退后，大藏省和日本银行不得不考虑如何刺激经济增长。由于日元戏剧性升值和经济增长减速，它们不得不把利率降到历史上相当低的水平，同时调低官方贴现率（1987年2月降至2.5%的历史最低点），使货币供给迅速扩张。然而，仅1986年一年，国内批发物价指数骤降10%，导致实际利率仍然很高。有关部门意识到，仅靠进一步放松银根并不能达到预期目的；而且由于20世纪70年代末、80年代初出现严重的财政赤字，政府只能下工夫强化财政预算管理，大藏省不可能采取凯恩斯式的财政扩张政策。因此，似乎有一条出路，让资产价格、特别是房地产价格持续上升。

1988年初，一位不愿意透露姓名的日本银行高级官员说："一开始，我们想同时刺激股票和房地产市场。只要有市场繁荣这一安全网的支持庇护，出口导向型产业就可能进行自身调整，适应内需型经济的需要。这一措施将给每个经济部门带来资产增值，接着财富效应将带动个人消费和住宅投资，以及厂房和设备投资增加。最终，放松银根政策将刺激实物经济增长。"

这位经济学家进一步说明，由于20世纪80年代初放松金融管制，银行间的竞争更加激烈，大型蓝筹工业公司更易于直接融资，银行盈利下降，于是转向小企业和房地产公司发放贷款。由于有巨大的税收优惠，银行和房地产公司更有可能进行投机交易。银行贷款以价值不断膨胀的房地产做抵押，大部分用于购买更多的土地和股票，股市上涨使银行不那么受资本金的限制，可以大量发放海内外贷款。因为在日本，银行是普通股的主要持有者，部分股票市值可当作银行的"自有"资本。

资产价格飞涨一直持续到1989年，在此期间，大藏省起劲扮演"拉拉队队长"的角色，甚至当股价在螺旋式上升过程中出现正常回调，它还要求金融机构联手吃进，防止股市下跌。1989年12月，东京日经指数创下39000点的最高纪录，到1992年6月跌到6年来的谷底16000点。1992年土地价格开始下滑，到1996年仍跌势不止。日本第二阶段的衰退直接原因是日本银行在1989年末和1990年初拼命收紧银根（当时利率直线上升），1991～1995年货币供应量增长缓慢。

**（五）日本资产泡沫破裂导致流出资金减少是1991年美国信贷危机的原因**

日本1991～1992年资产泡沫破裂，影响了世界主要债权国的日本，但严重危机也涉及到了世界最大的债务国美国。

美国从20世纪80年代初开始，高度依靠外国储蓄来维持正常的、约占国内生产总值16%的总投资水平。1990～1992年美国经常项目逆差大幅度减少，但财政赤字仍居高不下，导致国内爆发信贷危机，总投资随之下滑。

1991 年达到最低点，占国内生产总值的比重只有 12.7%，致使 1991 年美国实际国内生产总值下降，老布什总统因而失去了连任的机会。

麦金农认为，1990～1992 年信贷危机的原因是美国的资本净流入大幅度减少。但通常的解释是，过分热心的监管机构对美国商业银行的贷款管得过死。由于刚签订的巴塞尔协议要求提高银行资本充足率，加上 20 世纪 80 年代多家商业银行和储蓄机构倒闭，美国的银行监管机构痛定思痛，因而人们自然认为 90 年代初银行的监管过于严厉。这种解释在政治上很有说服力，促使布什政府要求银行稽核机构放松对贷款质量的审慎监管，把很大希望寄托在它们身上。

麦金农认为，1991 年投资滑坡的最根本原因是美国经济突然受到外部限制，难以获得外国资本。至少有两个导致美国资本流入突然的外部因素：一个是由于重新统一后财政负担沉重，德国几乎一夜之间发生了根本变化，直到 1990 年还财大气粗的净债权国，1991 年却变成了净债务国。德国经常项目顺差突然急剧下降，从 1991 年前每年约 500 亿美元的顺差变为 1991 年每年约 200 亿美元的逆差。这对国际金融体系是一个突然打击。另一个是 1990～1991 年直至 1992 年日本泡沫经济崩溃，日本长期资本外流突然减少，其中包括流向美国的资本。日本股票和房地产市场的崩溃极大地削弱了银行、保险公司、信托基金等重要金融机构的资金实力，它们不得不收缩国际长期贷款业务。

到 1991 年，美国每年发行约 2700 亿美元的国债。1991 年美国债券收益曲线大幅度上扬，年初长期利率只高于短期利率约 1 个百分点，到年底，利差超过 3 个百分点。这是由于美国国债和其他长期债券缺乏国外买家，必须提高债券收益率，吸引本国金融机构和个人购买。到 1991 年年中，尽管联邦储备委员会采取松动银根的政策，美国平均利率有所降低，但商业银行的正常贷款仍急剧减少。商业银行不是去满足美国企业运营资本的需要，而是购买国债和其他债券，从收益颇丰的债券市场上盈利。

此外，美国银行也出现了金融脱媒现象：不少人提取银行短期存款转而购买期限较长、收益较高的债券。如此，银行正常的工商业贷款大幅度下降，这就是人们所说的“信贷危机”。

1991 年，这场危机引发了美国经济的周期性衰退，并导致 1992 年经济增长乏力。1993～1996 年克林顿执政期间，经济重现繁荣，部分原因是随着日本经常项目顺差的扩大，日本长期信贷又有所增加。相应的，美国经常项目逆差在1991年减少后又扩大了。美国又能够向世界其他国家（主要是日本）借款，帮助经济克服信贷危机，走向复苏。到1994年，美国国内总投资占国内生产总值的比重恢复到15.3%，1995年和1996年回到“正常的”16%的水平。

在性质上，1981～1983年美国经济的周期性衰退与1990～1992年的衰退有很大差异。前者是“土生土长”，因20世纪70年代严重的通货膨胀之后需要紧缩通货引起的；而后者是由于美国经济可利用的外资数量、条件及期限突然都发生了戏剧性变化。将来，美国经济可利用外资的减少对经济可能会有不同影响，但1991年的信贷危机表明，美国经济对外资的依赖有多么大。

## 二、日元升值综合症的美元本位制和美元贬值根源

麦金农在分析日元升值综合症时分析了日元升值过程中日本内部货币政策与资产泡沫膨胀的关系，同时对日本海外借贷和投资进行了分析，认为由于缺乏套期保值手段，加上日元升值，日本海外投资损失较大，而日本的海外借贷以美元借贷为主，使日本不具有一个国际银行的特征，日本在日元升值初期宽松的货币政策推动了资产泡沫的膨胀，但后期紧缩的货币政策导致资产泡沫破裂，而美国对日本的商业压力是日元升值的根本推动力。

同时，麦金农还表明，日本泡沫破裂导致国际借贷减少，是美国1991年信贷危机发生的重要外部原因。事实上，麦金农对日元升值导致的日本经济衰退和泡沫的形成与破裂和国际资金往来及对内对外的影响进行了综合分析，作者认为其分析的出发点是日元兑美元的汇率变动，是以汇率变动为自变量的一种分析方式，与伯南克分析金本位制下大萧条的发生和世界传播具有异曲同工之妙，但两者的差异在于麦金农的汇率自变量是汇率的大幅波动。

麦金农文中引用了购买力平价和其变动，试图以此为标准来说明日元兑美元汇率变动是恰当的还是不恰当的，但这一判断标准其实并不恰当。一是因为购买力平价本身是变动的，也会因汇率的相对调整而变化；二是因为购买力平价并不代表一国经济潜力出清的水平。但这一引用使作者在后面利用市场汇率与购买力平价汇率的比值来衡量一国的经济潜力空间非常具有启发意义。

事实上，日元升值的根本压力正是源于美日政治经济在战后的依附与被依附的关系。以此为基础，美国充分利用了美元本位制和弱势美元政策来达

到促进自己经济发展的目的。在美元大幅贬值过程中，日元大幅升值导致日本泡沫破裂，使日本流入美国的资金减少，加上德国统一使德国流出的资金减少，共同导致了1991年美国的信贷危机和经济衰退。这也可以说是美国搬起石头砸自己的脚。

## 第五节　亚洲金融风暴与强势美元政策

亚洲金融风暴的起因是一个争论较多的问题，而解释亚洲金融风暴的第三代金融危机模式也莫衷一是，麦金农从日元贬值导致东亚各国商品竞争力下降进行了分析，而德罗萨则认为美元升值和日元贬值对东亚形成了钳形攻势并导致了金融风暴。作者分析发现，东亚奇迹是全球经济金融格局变化的结果，亚洲金融风暴是强势美元政策的结果，当然其背景是美元本位制和亚洲钉住美元的固定汇率政策。

### 一、对亚洲金融风暴的理论探讨：第三代金融危机模型

由于第一、二代货币危机模型不能很好地解释以1997～1998年亚洲金融危机为代表的许多金融危机，许多学者提出了第三金融危机模型。1999年克鲁格曼将一些进一步发展的理论称之为金融危机理论的第三代模型，1998年张和维拉斯科（Chang and Velasco），1998年佩任提（Pesenti），1998年和1999年卡维罗（Cavlo），1998年加波拉罗（Cabolaro）和1999年门多扎（Mendoza）等发表的一系列研究也的确是在不同的角度上发展了早期的各种理论观点。例如，佩任提1998年的论文实际上是在一个一般均衡的框架里重新表述了道德风险的金融危机理论；张和维拉斯科1998年论文对金融的不稳定性理论做了修正，银行业中出现的恐慌成为了汇率崩溃的主要诱因；克鲁格曼1999年的模型第一次把企业的资产负债结构置于金融危机的分析框架中；门多扎1999年的论文更具新义，他把墨西哥的金融危机与其将名义汇率作为名义锚的宏观经济稳定化政策有机地联系了起来。

亚洲金融危机表明，金融自由化、大规模的外资流入与波动、金融中介信用过度扩张、过度风险投资与资产泡沫化、金融中介资本充足率低与缺乏谨慎监管等，是与金融危机相伴发生的经济现象，由此可见，金融机构尤其是银行中介在金融危机的形成过程中起着重要作用。

第三代金融危机理论逐步脱离汇率机制、货币政策、财政政策、公共政策等宏观经济分析范围，着眼于金融中介、资产价格变化方面，强调金融中介在金融危机发生过程中的作用。不过，这种分析也不见得就找到了正确的方向。

从总体上讲，第三代模型还不存在一个统一的分析范式，但在发展倾向上存在一些共性：这些研究大多首先对政府行为规则进行了一系列的设定，而后讨论市场反应的逻辑过程。由此把金融危机置于一个完整的宏观经济周期框架中来理解，其中包括经济自由化改革和国际资本的大量流入，宏观经济的过热，泡沫经济的产生，财务结构的脆弱性提高，银行信贷资产风险的上升，以及因某种触发因素而导致的金融崩溃等。

## 二、麦金农从东亚美元本位角度来看亚洲金融风暴

### （一）高储蓄的东亚软钉住美元：东亚美元本位

《麦金农经济学文集》第六卷《美元本位下的汇率：东亚高储蓄两难》从东亚区域的美元本位制这一汇率角度解释了东亚金融危机的根源，他认为亚洲金融风暴是1996～1998年日元兑美元的贬值和过度借债导致的。东亚五个发生危机的经济体（印尼、马来西亚、韩国、泰国和菲律宾）受到货币攻击的原因“并不是未控制的通货膨胀引起的币值高估，主要是1994～1996年过度积累的短期美元负债，以及后来1997～1998年日元的急剧贬值（外部因素）”。①

东亚经济体从50年代或60年代起，先后经历了快速的发展，工业的发展和出口的增长成为了这些经济体成功的主要动力，对外贸易日益成为东亚的区域现象：东亚的区内贸易规模与其对世界其他经济体的贸易规模相当。1993年世界银行出版的《东亚奇迹》一书赞扬了东亚经济体实行的“稳健的”国内货币政策和财政政策，尤其是比拉美或非洲国家更优秀的政策。该书也为国家指导的产业政策大唱赞歌，并指出：在很多情况下，为推动出口增长，反应灵敏、充满善意的政府可以通过干预，引导信贷或外汇流到更有利于社会的投资领域。

但是，被誉为奇迹的东亚经济体在金融方面是非常脆弱的，这包括1997～1998年因短期外汇债务负担沉重的东亚经济体发生了严重危机，以及

① 《麦金农经济学文集》第六卷，中国金融出版社2006年版，第19页。

日本因货币升值导致的长期的、持续的通货紧缩和经济长期不振。

麦金农认为，东亚宏观经济看起来不大相关的意外事件，无论过去还是现在都与外汇风险有关。而外汇风险的产生，是由于东亚经济体使用美元这一“外部”货币，作为跨境货币和资本结算的工具，尽管这样做是必要的。对债务国而言，流动性强的美元债务是一个威胁。但相对不那么明显的是，流动性美元资产也会损害债权国的利益。汇率和外资流动现实的和潜在的波动，对债权国和债务国都会产生不利影响。而这一切的根源，起源于事实存在的东亚美元本位的汇率体制。

1997 ~ 1998 年危机之前，日本以外的东亚经济体都非正式地将本币钉住美元。软钉住美元使这些经济体容易受到日元对美元汇率波动的影响，1995 年年中到 1997 ~ 1998 年日元贬值，给亚洲严重的危机雪上加霜。

为了减少未来的汇率失调和“热钱”流动，国际货币基金组织（IMF）认为，东亚经济体的货币应该更自由浮动。有的学者建议，小型东亚经济体应增加日元在其货币篮子中的权重。但麦金农认为，从每个东亚经济体的角度看，本币钉住美元完全是理性的选择。这样做有利于贸易企业进行套期保值，银行规避汇率风险，以及中央银行稳定国内物价水平。与对美国的直接贸易相比，东亚经济体选择美元作为贸易和资本流动的计价货币就显得更为重要。尽管日本是与美国同等重要的东亚的贸易伙伴，除了直接的对日贸易外，几乎所有的东亚区内贸易都以美元计价。就日本与东亚贸易的计价货币而言，美元比日元更为重要。东亚民间贸易自愿广泛地用美元计值，加之国内金融市场不完善，有助于解释为什么东亚经济体需要稳定本币对美元的汇率。当然，它们并不总是如愿以偿。大多数发展中国家缺乏有广度和深度的本币债券市场，因此，无法以本币进行国际借款。这一现象有时被称为“原罪”。

此外，外汇远期市场运营成本很高，或者非常落后。由于出口商和进口商难以对汇率波动进行套期保值，政府通常千方百计保持本币对美元即期汇率的稳定，长期内为短期交易提供非正式（或不完全）的远期保值。但对 1997 ~ 1998 年危机前的印尼、韩国、马来西亚、菲律宾和泰国这些债务国而言，由于私人部门通过银行和其他金融机构举借短期美元债务，风险状况就更为复杂。尽管大多数银行贷款是本币信贷，但债务国的美元负债不断累积，它们无法或由于道德风险等问题不愿进行套期保值。通常存在原罪问题的债务国，国内利率的风险溢价比相同期限的美元资产高得多。因此，国内企业和银行可能愿意借用美元贷款，却不考虑规避汇率风险。如果银行本身也存在着道德风险问题，就会大大强化企业过度借用外汇贷款的倾向。实际上，如果银行破产时，存在某种正式或非正式的存款保险，银行的道德风险自然就会产生。随着高风险美元债务的增加，国内利率将进一步上升，导致更多的国外借款没有规避风险，形成一个恶性循环。

在任何有着原罪问题的债务国，货币错配引起的金融脆弱性因期限错配而变得更加严重。这是因为，相对于货款和其他银行资产，存款的期限很短，一旦发生货币攻击，国内借款人将不得不立即偿还国外短期美元债务，可能引发货币贬值。实际情况也是如此。此时国内企业的银行债务急剧上升，甚至出现资不低债，从而纷纷走向破产。显然，在软钉住汇率制度下，需要通过严格监管，防止银行持有净外汇敞口头寸。进入新千年后，大多数东亚经济体已经成为美元债权国，主要源于其经常项目顺差。日益增加的国外权益并非以本币计值，大部分私人或官方外汇储备持有的对外权益都是流动性很强的美元资产。任何无法以本币提供信贷的国际债权国都将出现货币错配问题，这即是麦金农所称的“高储蓄两难”。

随着时间的推移，会出现两种情况：一是随着其美元权益的积累，国内美元资产持有者越来越担心美元资产，会不断转成本币资产，迫使本币升值；二是外国人开始抱怨该国持续的贸易顺差是由于货币低估，并认为不公平。这两种情况往往交织在一起。

国外要求本币升值的商业压力越大，国内美元资产持有者就越是忧心忡忡。当美元资产开始转成本币资产时，政府就会左右为难。因为，如果允许本币升值，就会引发通货紧缩，经济最终陷入零利率的流动性陷阱，尤其在国内物价水平已经走稳的情况下更是如此。但如果债权国不让本币升值，国外就会以贸易制裁相威胁。因此，债权国的高储蓄两难与债务国的原罪问题实属异曲同工。

就债权国而言，如果本币升值，那么持有美元资产、未进行套期保值的个人和机构将面临风险。例如，日本保险公司对年金持有者的负债是以日元计值，但其很大一部分资产是高收益的美元债券。如果日元对美元升值，保险公司就可能破产。因此，随着一经济体的美元资产不断累积，所有者将越来越担心美元资产并转换为本币资产，迫使本币升值。如果在国际市场美元价格稳定的同时本币升值，政府就会担心出口企业突然丧失竞争力，随之本国经济将逐步深陷通货紧缩之中。由于美元在东亚起主导作用，无论是对存在原罪问题的债务国，还是对存在高储蓄两难的债权国而言，都会产生金融不稳定。因此，麦金农提出了一个自称并非十全十美的解决办法，即每个东亚经济体都尽可能地保持其本币对美元的汇率稳定，减少本国未进行套期保值的美元债务人和美元债权人的风险。事实上，一些东亚经济体回到了危机前实行的非正式钉住美元的汇率制度。

对汇率完全缺乏弹性的经济体而言，其他经济体改变汇率的溢出效应会产生相当大的风险（20 世纪 90 年代末，当巴西和智利允许本币大幅贬值之后，阿根廷实行了十年之久的钉住美元汇率制度终遭失败）。因此，在成熟的区域性美元本位制尚未出现，同时东亚各经济体还很难协调行动以实现未来“共赢”的情况下，软钉住美元是现实的选择。

当然，所有东亚经济体单方面将本币软钉住美元，将产生同样的宏观经济影响，即美元价格的稳定远远不仅限于每一国家对美国的直接贸易，实际上扩大了稳定的美元价格的有效范围。因此，每一国家的央行都可以更多地依靠本币对美元的汇率稳定，来稳定国内价格。这反过来有助于贸易上联系紧密的邻国稳定相互间的价格水平，从而形成良性循环。只要美联储能像过去十多年那样，保持美元较为稳定的国际购买力，那么东亚经济体将美元作为核心货币以稳定相互间的汇率就是可持续的。这样，美元就作为东亚核心货币锚。

### （二）日元贬值导致了东亚危机

麦金农在前书第二章“东亚同步经济周期与日元/美元汇率的波动”专门分析日元兑美元的贬值如何导致了东亚危机。

他在关志雄（C. H. Kwan，2001）基础上建立了更新的模型，结果表明日元贬值对小型东亚经济体的当前和滞后的影响都非常强。在日本收入增长或日元/美元汇率波动的合理范围内，如果日本收入增加，从其他东亚经济体进口更多产品的积极作用会被日元大幅贬值的负效应所抵消。

事实上，在过去 20 几年间，日元/美元汇率的波动使得小型东亚经济体的经济周期同步化了。麦金农等把八个小型东亚国家和地区——中国香港、韩国、新加坡、中国台湾、印尼、马来西亚、菲律宾和泰国称为 EA1，再加上中国称为 EA2，再加上日本为 EA3。他用统计图表和相关检验表明，自 1980 年以来，小型东亚经济体的实际 GDP 的变动一致。尤其是中国香港、印尼、马来西亚、中国台湾和泰国的增长率高度相关。它们是东亚经济周期的核心，菲律宾和新加坡则同它们保持一种更为松散的联系。

他将 EA1 的同步经济周期分解为几个相关的因素：首先，它们在地域上的接近和不断增加的直接贸易联系强化了经济上相互依赖性，间接地它们还是在第三方市场（如美国和日本）的出口竞争者。其次，它们的汇率政策、货币政策和财政政策相似。最后，无论过去和现在，EA1 都直接或间接地受到日元/美元汇率波动这一外部因素的影响。

国际贸易加上迅速的工业化，一直是所谓的“东亚奇迹”的推动力。最初，东亚经济体很大程度上依赖对美国、日本和其他工业国家的进出口。但是，过去 20 年间，东亚内部贸易变得更为重要。1980～2002 年，EA1 各经济体对其他 EA1 经济体的出口占 EA1 总出口的比重，从 18.9% 上升到 28.9%；从其他 EA1 经济体进口占 EA1 总进口的比重，从 15.3% 增长到 27.2%。加上中国的 EA2 各经济体对其他 EA2 经济体的出口占总出口的比重从 1980 年的 21.7% 上升到 2002 年的 37.9%，进口从 1980 年的 32% 增加到 2002 年的 50% 还多。

相反，东亚同美国之外的工业国家的贸易比例下降很大。EA1 与美国的贸易占其出口的比重从 1980 年的 23.1% 下降至 2002 年的 18.9%，进口从 17.1% 下降至 13.5%；EA2 与美国的贸易占其出口的比重从 1980 年的 20.9% 上升至 2002 年的 21.9%，进口从 17.4% 下降至 12.3%；EA3 与美国的贸易占其出口的比重从 1980 年的 22.6% 上升至 2002 年的 23.7%，进口从 17.4% 下降至 13.5%。

EA1 与美国外的世界其他国家（主要指欧洲国家）的贸易占其出口的比重从 1980 年的 37.3% 下降至 2002 年的 28.8%，进口从 39.1% 下降至 27.8%；EA2 与美国外的世界其他国家的贸易占其出口的比重从 1980 年的 37.6% 下降至 2002 年的 29.4%，进口从 40.2% 下降至 26.9%；EA3 与美国外的世界其他国家的贸易占其出口的比重从 1980 年的 45.4% 下降至 2002 年的 29.4%，进口从 50.8% 下降至 30.2%。

此外，EA1 对日本的出口占比从 1980 年的 19.2% 下降至 2002 年的 9.5%，进口占比从 1980 年的 23.8% 下降至 2002 年的 15.3%；EA2 对日本的出口占比从 1980 年的 19.6% 下降至 2002 年的 10.9%，进口占比从 1980 年的 24.2% 下降至 2002 年的 15.5%。

根据相关贸易理论，两国之间贸易的增加会导致总需求变动的同步性更强或更弱：当两国的贸易商品是非近似产品时，两个国家对特定产业外部冲击的反应将会不同，因此经济周期也会不一致；当两国以产业内贸易为主时，两国的经济周期具有同步性。东亚经济体之间两种贸易类型都存在，但贸易联系的加强对共同经济周期的影响却很模糊。一方面，新兴工业化经济体——中国香港、韩国、新加坡和中国台湾，以及中国，拥有高度发达的资本密集型产业，在这些产业中，产业内贸易非常重要；另一方面，东盟的核心成员国——印尼、马来西亚、菲律宾和泰国更注重农产品、原材料等劳动密集型产品，这些行业的产业内贸易不那么重要。因此，必须考察影响除日本以外的整个东亚地区总需求和产业竞争力的宏观经济冲击，其重点就是日元/美元汇率的变动。

由于小型东亚经济体保持本币与美元汇率的稳定，它们必须应对日元/美元波动。不论是绝对变动还是相对变动都表明，日元/美元汇率对中国香港和整个东亚汇率体系都是一个易变的外部因素，这种汇率失衡带来了重要影响。日元/美元汇率从两个方面影响 EA1 的总体产出：贸易和外商直接投资。前者是实际汇率效应，或者说国际竞争力效应。日元升值会刺激 EA1 对日本和世界其他国家的出口，日元贬值会损害 EA1 经济体的国际竞争力。日元贬值时，EA1 的进口和日本产品的竞争力都增加了，而它们的出口却减少了。

麦金农以东亚经济体（EA1）出口与日元/美元汇率（1980～2001 年）每年变化率的同步性、日本对东亚经济体（EA1）直接投资与日元/美元汇率每年变化率（1980～2001 年）的同步性、EA1GDP 实际增长率与日元/美元汇率变化率的同步性来试图说明日元/美元汇率变动对东亚经济体周期同步性的影响，并通过模型测算了汇率变动对 EA1 产出的影响，认为是较为显著的。

麦金农还观察到，新兴工业经济体——中国香港、韩国和中国台湾受日元/美元汇率变动的强烈影响，东盟核心成员国受到的影响则弱小得多，但整体而言东亚经济体受到的影响很大。原因在于东亚的劳动力分工模式。在东亚生产链中，东盟核心成员国扮演了新兴工业经济体的转包商或者供货商的角色。这种亚洲内部劳动力分工模式是同步经济周期产生的原因。如果日元/美元汇率变动，新兴工业经济体受到的直接影响比东盟核心成员国受到的影响大，但是东盟核心成员国仍然要受到间接的东亚内部收入效应的影响。

### （三）坚持合理的固定汇率制度和经济自由化的秩序

麦金农在上书的第六章“过度借债综合症和经济自由化”中强调了合理的固定汇率制度的作用，并对经济自由化的程序做了讨论。由于享受政府担保，银行倾向于增加国外借贷，相关的汇率风险则由存款保险制度承担。在取消资本管制的情况下，银行的道德风险问题扩大了过度借贷的规模，经济更容易受到投机性的攻击，攻击之后实体经济的损失也更为惨重。

尽管"糟糕钉住"汇率制度可能恶化新兴市场经济体的过度借贷问题，但浮动汇率制度并不一定优于固定汇率制度。"合理的"固定汇率具有可信度高、接近购买力平价的特征，能够减少国内利率的"超高风险溢价"，从而遏制银行在国际上过度借贷的冲动。总结1997～1998年亚洲金融危机的教训，人们在支持浮动汇率上达成了共识。但恰恰相反，合理的固定汇率制能更好地稳定国内经济，减少银行体系的道德风险。20世纪90年代，许多国家因在国际市场大量借债而接连爆发金融危机。学者们对墨西哥、东亚、俄罗斯、阿根廷、巴西和土耳其的金融动荡进行了研究，开始思考是否"全球化已经走得太远"，或全球性资本市场到底是带来"福音还是威胁"，是否应通过资本管制更严格地限制国际金融自由化的范围等问题。

对推进经济自由化的经济体而言，麦金农曾指出了所谓的过度借债综合症现象。即使在自由化过程中，实行了明显经过精心设计的贸易和结构政策，大规模的外国资本流入也常常造成严重的宏观经济失衡，事实证明最终是不可持续的。一旦资本突然抽逃，导致国内资产价值下跌和痛苦的经济衰退，整个改革进程就可能遭到重挫。大规模的资本流入常常得到政府的隐性补贴。由于政府存款保险制度覆盖了银行的贷款人和借款人，加之工业国家的政府向进出口银行的国际信贷提供担保，私人贷款人和借款人对相关社会风险高枕无忧。因此，麦金农建议谨慎设计改革的次序或经济自由化的顺序，即使要推进资本项目自由化，也应放在最后。

### 三、戴维·德罗萨：强势美元和走弱的日元的钳形攻击

戴维·德罗萨在《20世纪90年代金融危机真相》中认为，"强势美元政策的总影响造成了外汇的钳形波动，即强势美元和走弱的日元共同向东南亚施压"，最终导致了亚洲金融风暴。

他首先介绍了强势美元政策的初步背景。在克林顿政府的第一届任期内，美元遭遇了巨大的贬值压力。这部分程度上是由新总统卷入阿肯色白水门不动产丑闻事件引起的。而在地理上与美国相邻的墨西哥比索危机和对加拿大财政困难的越来越多的疑虑进一步加重了美元贬值的压力。美元的处境也与克林顿对日本的贸易态度有关。克林顿政府外贸政策的一个显著特征就是要扭转与日本的巨大贸易逆差。美国贸易代表坎特（Mickey Kantor）对日

本施压促使其市场向外国商品开放的做法几乎没有为美国争取到什么实质利益。而坎特的对手桥本龙太郎为确保日本不为美国的贸易需求所动摇所做的努力为其政治生涯赢得了巨大胜利。日本人认为桥本龙太郎智胜了美国人，充满感激之情的国民在1996年1月将其选为首相。到1993年，外汇市场开始相信克林顿的助理们是想让美元对日元贬值，以解决日本大规模对美出口的问题。财政部长劳埃德·本特森（Lloyd Bentsen）在一次记者会上对一位记者的提问给予的肯定回答，证实了关于政府是否正在寻求一个弱势美元的怀疑。另一个证据来自商务部长布朗（Ron Brown），他毫不含糊地声称，美元是一种合法的“贸易武器”。

但是，不久美元的急剧贬值开始被认为会危害其作为一种储备货币的地位。本特森认为，尽全力扭转美元的走势才会为国家带来最大利益。他的做法就是，通过购买美元对抗日元和马克，与几十个参与性中央银行进行联合干预。本特森组织的联合干预，就仿佛他正在筹办奥运会的闭幕式。很快，全世界所有国家都向媒体宣布，它们的中央银行正在购买美元。这一消息的发布是为了传递这样一个信号：所有的中央银行都在支持一种强势美元。然而这一伎俩骗不了任何人。交易者知道，小的中央银行只不过在名义上参与。本特森企图阻止美元下滑的干预的失败更强化了反对美元的市场情绪。

本特森在1994年11月意外地宣布退休。克林顿任命罗伯特·鲁宾，总统助理兼高盛公司的前副主席接替该职位。鲁宾在1995年1月宣布就职财政部长。鲁宾外汇政策的一大特点就是他每次面对媒体都重复的一句简单的话：“强势美元最符合美国的利益。”鲁宾公开宣称美元被人为地低估了，他决定进一步加强中央银行干预。他同德国和日本建立了一种排外的伙伴关系，并指出，参与者的规模和力量才是重要的。这个俗称的三国集团实施了大规模的联合干预，以支持美元。

然后，德罗萨描述了美国、日本和德国干预使美元走强的结果。日本支持鲁宾阻止美元贬值的观点。日本总是支持任何旨在弱化日元的政策。自从20世纪70年代早期布雷顿森林体系瓦解以来，日元就长期处于强势地位。德国的情况更加复杂。德国总理赫尔穆特·科尔发现很难使他的全体选民相信他的智慧，即同其地中海地区的邻居实行货币联盟对德国是有利的。鲁宾的美元计划能引起德国人的注意是因为他们需要看到他们自己的经济和欧共体其他国家的经济即刻改善。1995年4月18日，当美元对日元以79.70，美元对马克以1.3534的水平交易后，美元终于跌至最低价。随即，美元对所有其他货币急剧升值。美元的复苏在多大程度上可以归功于鲁宾的干预呢？尽管三国集团是否成功地防止了美元下滑还是不清楚，但是可以肯定的是它加速了 1995～1996 年美元的升值。

最后，德罗萨认为东南亚并没有立即意识到强势美元的危害。在 20 世纪 90 年代期间，东南亚平稳地增加了大量债务，大部分是以美元标价。这反映了一个普遍被接受但却是错误的观念，即美元将持续对其他主要货币贬值。因此，如果想借入资金，最好就借入以贬值货币如美元标价的资金，而不要借入以即将升值的货币如日元和德国马克标价的资金。此外，对于固定汇率制国家而言，美元贷款的成本将比本地贷款要低……。因此，1997 年危机爆发前的几年里，泰国、马来西亚和印度尼西亚积累了大量以美元计价的债务，这使得亚洲陷入了一个危险的境地。最终，四小虎国家的国际收支账户上就出现了本币过剩而美元短缺的状况，人们将希望寄托于一个侥幸的想法上——这些国家的固定汇率制将能够维持。

而且，强势美元政策也在贸易方面损害了亚洲四小虎国家的利益。美元升值使得日元实际贬值，也就意味着他们相对于日本出口商失去了竞争优势。强势美元政策的总影响造成了外汇的钳形波动，即强势美元和走弱的日元共同向东南亚施压。

## 四、亚洲金融风暴的起因：美元本位制下的强势美元政策

### （一）对有关理论和观点的评价

第三代货币危机模型并不成体系，麦金农从东亚美元本位制和日元兑美元的贬值角度分析有其合理性，但仍然忽略了美元政策的变化和美元兑日元走势的变化及其影响。作者发现，麦金农对东亚金融危机的解释，其实包括了第三代货币危机模型中的大部分内容。如道德风险危机模型、金融系统不稳定模型、外资诱导型货币危机模型（过度借债综合症）、银行业危机和货币危机的孪生危机模型、危机传染模型等（尤其是国际金融危机通过资金流入或流出的传染）和金融自由化秩序不当等观点，都能从麦金农对日本金融泡沫破裂和东亚金融危机中找到相应的依据。但不同的是，他始终以汇率变动为自变量进行分析。

神原英资反思了强势美元政策，他不认为是日元贬值引起了（1997 年）亚洲危机，尽管的确随着日元贬值，亚洲国家的货币就升值了，因为亚洲货币当时是钉住美元的。而走弱的日元，会使得日本出口商在世界市场上更富

价格优势，而这会削弱亚洲竞争者的竞争力。

事实上，麦金农忽略了，从1985年9月至1995年，美元/日元从237下降到了78，而1996～1998年，美元兑日元仅反弹至140左右，而这还是在美国鲁宾财长推出的强势美元政策推动的结果。麦金农看到了汇率波动，尤其是日元兑美元贬值带来的危害，但忘记了这其实是美元兑日元升值的结果。

德罗萨认为，东南亚地区钉住美元的汇率机制产生了大量未套期保值的美元债务，日元贬值导致了东南亚国家出口竞争力下降，在强势美元政策和美元走强的过程中，必然带来金融和贸易上的压力。金融上的压力体现在债务成本增加，贸易上的压力体现为经常账户赤字。应该说，德罗萨对东南亚金融危机的真相，比麦金农的认识进了一步。但是，德罗萨先生更多怀疑的是钉住美元汇率制度或者他所称的固定汇率制度，而不是美元本位制的强势美元政策。换句话说，如果这些国家采用浮动汇率制度，即使强势美元政策也不会导致这些地区出现危机。而货币主义者米尔顿·弗里德曼则称，“《金融危机真相》深入剖析了20世纪90年代的一系列危机，有力地证明了政府干预只会使危机恶化而非改善，因此，让市场这只看不见的手去管理经济要比监管者那双看得见的笨拙之手好得多。”

**（二）亚洲金融风暴是美元本位制下强势美元政策对亚洲金融秩序的挑战**

亚洲金融风暴的起因有许多争论。有人认为是东亚独特的经济结构导致的；克鲁格曼认为东亚经济是“投入驱动型的经济增长”而不是“效率型增长”，但否认亚洲金融风暴是由东亚经济结构导致的；IMF和一些学者则从东亚经济体中存在着固定汇率体系、资本账户开放、经常账户赤字、外债、短期游资的流动、货币投机、政府与企业内部治理不佳和金融体系脆弱等方面寻找原因。较为综合的观点是东亚经济体内部存在的经济问题和金融体系问题是内因，而游资和外部冲击是外因。但是，作者研究发现，东亚经济奇迹实际上是全球经济金融格局演变的结果，亚洲金融风暴实际上是在国际经济金融大格局中外部冲击对东亚经济体实力的挑战，是美国强势美元政策推行的必然结果，东亚经济体的实力受到了经济发展的潜力和动力、经济发展的政策（对外资的过度依赖）和金融制度（固定汇率机制）等瓶颈的限制，而资本账户开放导致热钱流入，热钱流入导致资本市场和房地产市场泡沫的形成，热钱的流出、外部资金流入的下降，动摇了金融稳定的基础，为外部冲击提供了条件。

与德罗萨对金融危机分析的着力点不同，钉住美元的汇率制度或者是固定汇率制度固然是金融危机的重要成因，可以说是一个自变量，但这个自变量从属于全球美元本位制的背景和强势美元政策这个金融危机的自变量。事实上，如果美元相对稳定，钉住美元应该是一个相对不错的选择，但当美元成为美国政府的工具时，钉住美元汇率的机制则需要重新思考。正是基于此，在美元本位制的背景下，也使我们可以将美国政府的政策，包括美联储的利率政策、汇率政策和贸易政策等纳入金融危机的自变量中来。

# 第三章

# 全球金融风暴探析

通过对第一次世界大战以来的金融危机，包括大萧条、拉美债务危机、欧洲货币危机、日元升值引发的危机、亚洲金融风暴和当前由次贷危机引发的全球金融风暴，结合金融危机理论，尤其是伯南克、蒙代尔、麦金农和克鲁格曼等人的理论分析，结合托马斯和德罗萨等人的分析，我们初步整理出了金融危机与汇率体制（国际货币体系）、汇率政策和汇率大幅波动相关的历史和理论线索。我们发现，所有金融危机背后都有国际货币体系和汇率中心国汇率政策的影子。但事实，汇率作为世界经济金融的利器，并非仅仅产生危机，在正常的社会发展中也在发挥着重要作用，正如没有风暴时气流也会正常流动一样。国际货币体系和中心国的汇率政策导致的危机，就是一种蝴蝶效应。金本位制是大萧条背后的那只蝴蝶，此后的金融危机都是在美元本位制下美元汇率政策变动导致的，美国可以说是那只蝴蝶。

为了更系统地把握全球金融风暴的根源，并提供判断的标准，本章先是初步构建了全球金融风暴汇率解释的理论框架，接着试图利用经济潜力空间比值指标进行相关实证分析，并得出一些可供参考的经验值。

## 第一节　全球金融风暴的汇率解释：理论

大多数人认为汇率变动是个因变量，但是，伯南克在分析大萧条时将金本位制当作了一个自变量，麦金农在分析多个金融危机案例时强调了汇率变动的自变量特征。在对20世纪以来主要金融危机的分析中，作者不仅强调了汇率变动因素，而且还强调了当时的国际货币体系、大国与危机国家或区域的汇率机制和汇率政策等因素。在此，我们特别强调汇率机制和大国汇率政策的自变量特征，以及汇率制度选择和汇率政策对一国经济战略空间的重要作用。

## 一、国际货币体系模式的演变

自从黄金排斥了白银成为世界货币以来，金本位制得以确立。以英国为中心推动的金本位制（1870～1914年），实际上是英镑金本位制，每个国家以其拥有的黄金储备为基础发行本国货币。英国伦敦是当时的国际金融中心，英镑具有国际货币的性质，英格兰银行通过确立相对稳定的英镑与黄金汇率，调整英镑的利率吸引一些国家或商人将黄金兑换成具有利息收入的英镑，从而将自己的黄金储备保持在一个相对较低的水平上。

1914年第一次世界大战爆发后，金本位制没有办法运行，但战后英国积极推动恢复金本位制，考虑到英国经济地位下降，美国和法国经济地位上升，于是推出了金汇兑本位制。除黄金外，允许一些国家以美元、英镑、法郎等作为储备货币发行本国货币。随着大萧条的到来，英国于1931年9月退出了金汇兑本位制，建立了一个以英国为中心的英镑区（主要包括英国及其海外殖民地），但美国1933年秋天到1934年1月颁布黄金储备法，黄金的美元价值固定在每盎司35美元，比过去20.67美元的固定价格下降了约41%。美国在将美元贬值后又长期固定在一个价格上，实际上仍然奉行的是金本位制策略。

第二次世界大战结束之际，随着美国实力的整体上升，1944年布雷顿森林体系正式确立了美元金本位制的国际货币体系，规定美元与黄金挂钩，其他国家货币与美元挂钩，但其他各国央行可与美联储兑换黄金。这实际上形成了以美元为储备货币的新型金汇兑本位制，也是美元本位制的开始，并延续到1970年。

随着美国贸易逆差的不断上升，外国央行拥有越来越多的美元储备，并以此购买美国的黄金储备，美国黄金外流现象非常严重。美国先是在20世纪60年代末期停止了黄金兑换，接着从1971年至1973年3次实施美元贬值，国际货币体系短期内失去了方向。史密森体系要求实行浮动汇率机制，最终1976年牙买加协议规定全球推行浮动汇率机制，黄金非货币化，美元与黄金正式脱钩，美元脱离黄金而成为世界货币。这实际上使美元本位制摆脱了黄金储备的束缚，为美元供给量的上升和进一步的全球流通做好了充分准备。

1979年欧洲汇率机制形成，它以德国马克为核心，其他欧洲货币为外围。但欧洲汇率机制实际上仍然以美元本位制为背景，因而这时实际上是欧洲汇率机制与美元本位制的复本位制的国际货币体系，这时可以说欧洲汇率机制与美元本位制存在着某种程度的冲突。这种冲突最终体现为1992年和1993年的欧洲货币危机，英镑退出欧洲汇率机制。但是，1999年欧元的正式诞生，这种复本位制有所改变，欧洲汇率机制大多数国家的货币完全由欧元替代，这意味着国际货币体系进入了以美元本位制为背景的加上欧元次中心的态势，而日元和亚洲次货币区和拉美次货币区，其实是实质上的美元本位机制。尽管欧元与美元存在着矛盾，亚洲、拉美与美国也存在着较大的利益冲突，但实际上全球稳定的货币体系符合大家的利益，全球形成了一个以美元本位制为基础的，带上几个次级货币区域和几个独立经济体的国际货币体系。

随着欧洲美元市场的发展，欧洲与美国仍然形成了中心和外围的关系，这也是美元与欧元的关系，也就是说欧元并未替代美元的世界货币地位。相应的，各区域之间贸易、资金的往来，以及各区域经济体的经济实力和金融实力，都以美元本位制的国际货币体系为基础。而且，随着国际格局的演变，尤其是苏联的解体，美国一超独强的格局奠定后，在强势美元政策之后，布什政府推行弱势美元政策，其实是美元本位制看似没有了任何限制，布什政府竭力榨取美元本位制的利益，最终导致了次贷危机，并演化为全球金融风暴。

### 二、全球经济金融体系以汇率为中心的自变量与因变量

我们通过对国际货币体系的发展和20世纪以来全球金融危机的分析后发现，全球经济金融体系是由汇率为中心的系列自变量和因变量组成的。首先，无论是金本位制还是美元本位制，全球货币体系是全球经济金融运行的背景，这是一个做金融危机分析时容易被忽略的自变量。就1929～1933年资本主义世界的大萧条而言，凯恩斯认为是有效需求不足引起的，弗里德曼认为是美联储的货币紧缩引起的，而伯南克认为金本位制（也即金汇兑本位

制）导致了货币紧缩和大萧条的全球传播。

1981～1982年拉美的货币危机，第一代货币危机模型认为是拉美国家固定汇率制度与巨额外债或者内部政策的冲突引起的货币冲击，但除了拉美国家固定的汇率制度的影响外，美元本位制的影响、美元走强和美联储大幅提高利率应对第二次石油危机引起的油价上涨和高通胀，恶化了拉美国家出口环境，使其经常账户逆差增大，并加剧了外债的偿还负担，引发了拉美金融危机。

1992～1993年欧洲的货币危机，第二代货币危机模型认为是欧洲国家固定汇率机制的内在不均衡和作为欧洲汇率机制的德国货币政策不当引起的（当时德国为了预防通胀提高了利率而不是应其他国家的要求降低利率），并让市场产生了英镑和法郎等欧洲货币要大幅贬值、欧洲主要国家将放弃欧洲汇率机制的预期，从而使欧洲货币危机具有了危机的自促成性。事实上，欧洲货币危机除了德国马克作为欧洲汇率机制的中心，德国货币政策仅仅考虑了两德统一后财政扩张可能带来的通胀压力而采取的紧缩性货币政策外，我们不难发现，美国与主要工业国家在1985年9月的“广场协议”中，除了强调巨额贸易盈余的日本货币（日元）大幅升值外，也强迫同样具有较大贸易盈余的德国货币（德国马克）升值。而欧洲汇率机制相对固定，成员国之间的汇率调整次数较少，常常未能及时反映变化了的外部情况，这种不均衡压力加上德国统一后莽撞的货币政策给投机商留下了投机的空间，这是索罗斯为什么能在欧洲连连得手的重要原因。

1985年9月后，由于美国强迫日元大幅升值，加上日本初期采取了宽松的货币政策来刺激资产价格的上涨，1986～1987年的衰退较为轻微，但资产价格泡沫的大幅膨胀，最终难以为继。日本央行20世纪90年代初大幅紧缩的货币政策刺破了泡沫，泡沫的破裂导致了日本经济陷入了长期的衰退之中，在1995年后日元贬值开始有所放缓，但1997～1998年的亚洲金融风暴给日本经济带来了一定的压力，日本机构海外外币投资因日元大幅升值而损失惨重，这加重了日本金融体系因资产泡沫破裂带来的负面影响，导致日本的金融体系坏账大幅积累。日本政府为了刺激经济扩大消费、解决银行体系中累积的巨额不良资产，导致其债务比例（政府债务占GDP的比重）超过了160%。而日本央行为了挽救日本经济不断下调利率，最终降至零，同时还配以定量宽松的货币政策。日本陷入衰退导致日本金融机构海外放款大幅下降，同期德国统一导致德国资本流出大幅下降，1991年美国出现了信贷危机最终导致美国经济陷入衰退，克林顿击败了老布什当选为总统。日元升值的压力来自美国，尤其是美国贸易方面的商业压力。而日本的发展受美国管制的影响，其背景就是美元本位制。

冷战形成了两个阵营的僵持局面。在此期间，东亚主要市场经济体逐步形成了东亚美元本位（钉住美元），和日本有点类似。东亚的奇迹主要是开放内部市场承接外部产业并将商品出口到发达市场的结果，也就是出口导向战略的结果，主要经济体也基本上都以自己的货币钉住美元。当时东亚经济体既形成了高储蓄率高资本积累的情况，同时也出现了外资直接投资、证券投资和银行贷款大量流入的局面。但是，这种繁荣很快用完了东亚经济体有限的经济发展战略空间，其政策空间也因为经验不足、失误较多而被压缩。1996 年克林顿总统在任时鲁宾财长推出了强势美元政策，东亚资金外流明显，尤其是证券投资资金迅速外撤，加上日元兑美元贬值使日本的商品出口竞争力上升，导致东亚经济体经常账户情况恶化。而美国倡导的华盛顿共识：贸易自由化、金融开放和私有化创造了资金迅速流出流入的通道，这给投机者以充分的可乘之机。亚洲金融风暴危机从泰国开始向东南亚经济体的蔓延，是在资金外流的背景下投机冲击的结果。同样，我们发现这里少不了美元本位制的结果。当然，更直接的是强势美元政策的结果。

有人说此次美国发生的全球金融风暴百年一遇或者历史未遇，我们不知道是从破坏的规模还是从发生危机的区域或产品而言。但在我们看来，这次危机与以往的危机没有什么不同，尽管其发生在美国，发生在美元本位制的中心国，但其实都是全球货币体系中某个环节出现了问题，这当然是制度设计本身就存在着漏洞。因为货币体系中心国无人监管，并且充分利用各种政策获得美元本位制下的各种福利。在美联储 2001 年来低利率政策的刺激下，房地产泡沫从 1995 年次级贷款开办以来进一步膨胀。随着房地产泡沫破裂，次级按揭贷款的风险不断上升，在相应的预期下，美国金融市场和金融机构的流动性出现了肠梗阻，并蔓延到持有一半左右美国次级债等产品的欧洲金融机构和欧洲金融市场。相应的，在全球美元本位制全球资金供给美国消费的情况下，美国次贷危机演变成了全球危机。除了欧美发达国家金融市场和经济受到严重影响外，新兴市场经济体也险象环生。但是，美国国债仍然以极低的利率继续发售，全球资金还在疯狂地抢“安全的”美国国债，美元随着危机的日益深化大幅升值，这就是美元本位制给中心国美国带来的益处。在全球资金流入美国的情况下，在全球央行充分给市场注资保证流动性的情况下，在欧美发达国家政府接管银行的情况下，在全球央行大幅降息下，银行贷款收缩不会太厉害，因此对经济的影响不会如大萧条那样严重。当然，这里还有一个前提，那就是金融市场，尤其是衍生品市场的动荡性和风险得到恰当地化解和控制。

因此，我们说，和金本位制的货币体系一样，美元本位制的货币体系是一个非常重要的自变量，但在让世界普遍接受几十年后，许多人已经忘记了这个自变量是如此重要，大多数人甚至在这次危机中也没有认识这个自变量的重要性，这是我们需要充分强调的地方。

第二，全球经济金融体系中被忽略的自变量：货币核心国的汇率政策、货币政策、财政政策和贸易政策等。美国是美元本位制的核心国，其国内政策和国际政策一道对全球产生了深远的影响。我们用洛伦兹混沌理论中的“蝴蝶效应”来解释全球金融风暴。如果说美联储和美国政府是这只蝴蝶的话，那么，美元本位制就是气流。美联储只要动一动联邦基金利率，全球金融市场就会有反应，有的央行也就跟随美联储作出货币政策的调整。美联储只要改变其美元政策，不管是强势还是弱势美元，全球货币汇率就会完全转向。美国要发国债了，不管其利率多低，总会有因安全因素购买其国债的国家和外资机构。美国政府只要释放美国战略原油储备，原油期货价格就会一路下跌；小布什政府只要称战略石油储备是用来预防紧急情况的，原油价格就会不断飙升。美国商务部或国会宣布要对谁采用特别301条款，或反倾销调查，或汇率操纵调查，那个国家就会非常紧张，其汇率政策就极有可能改变。美国一嚷嚷全球失衡，不管失衡是如何造成的，谁都不能不予理会。这就是他消费了别人的商品付了钱给别人，而自己买的东西比自己卖得多，就可以和别人说，你不能多卖东西给我，因为你卖给我的东西太便宜，而我卖给你的太贵了。美国人搞了大量的金融创新，结果其中一些产品出问题了，外国人赔了钱，美国人会告诉你这是市场经济，而宣称市场经济的美国在大量购买美国金融机构的股权，却不会有一毛钱对这些金融产品投资者的补偿，你还没地方说理去。在几个国际组织中，国际货币基金组织、世界银行和联合国，美国都拥有否决权。

当然，我们并不是说全球经济金融的发展都是美国操纵的，或者说是美国政策所致。但不可否认的是，一些大的事端是美国政策或策略的结果，有的是不经意的结果，但美国政府迅速地应用了这一结果。如美国利用珍珠港事件加入了第二次世界大战，利用“9·11”事件发动了阿富汗战争和伊拉克战争。因此，美国政府的政策具有自变量的特点，尽管有部分是被迫的反应也会产生一种自变量的结果。

第三，全球经济金融体系中被忽略的双重变量：次货币区域的贸易政策、汇率政策和财政政策、货币政策和其他相关政策。目前较为成熟的次货币区域是欧元区，而日本、英国、加拿大和澳大利亚等也是次货币区域外的一些国家，经济实力和影响力比其他外围区域要强。就国际货币体系的地位来看，日本从属于美国，尽管是浮动汇率体制，但属于准美元体制，其独立性主要体现在其货币政策领域、财政政策领域和贸易政策领域；英国在美国和欧元区之间摇摆，影响力在下降；加拿大是美国邻国，与美国在经济领域有天然的互补，和澳大利亚一样属于商品货币国家。欧元、日元、英镑、加元和澳元实行的是相对成熟的浮动汇率机制。

发达工业经济体浮动汇率机制国家的货币政策、财政政策和贸易政策等具有相对较大的灵活性和自主性，但这也仅是硬币的一半，因为硬币的另一半是美元和美国的政策，这些国家是国际金融体系的主要构建者。国际货币体系、经济政策和汇率政策多由美国、日本、德国、法国、英国、加拿大和意大利等7大工业国（简称G7）支配。

事实上，由于欧元区存在统一的欧洲央行，其货币政策是统一的，欧元区以中心国德、法、意为主，各国因经济差异实行不同的财政政策。统一的货币政策和现实的经济差异之间存在着一定的矛盾。随着欧盟的扩大和欧洲一体化进程的加快，金融市场、商品市场和要素市场日渐统一，实力正在逐渐上升。日本的汇率政策基本上追随美国，其他国家的声音也不大。次货币区目前在国际上的声音主要是关于贸易政策的、全球资本流动和汇率波动的，容易对全球产生较为明显的影响。这也是全球货币体系中容易被忽略的双重变量。

第四，全球经济金融体系中被忽略的双重变量：货币外围区域的社会制度变革、发展战略选择和汇率制度选择。影响全球货币体系的重要因素往往是一些重大变量的改变，如中国改革开放、德国统一、东欧剧变和苏联解体。以前不在国际货币体系中的这些经济体进入了国际货币体系，它们的社会制度变革、发展战略选择和汇率制度的选择其实是国际货币体系中易被忽略的双重变量。前东欧国家转型后大多选择了加入欧盟，加入欧元区的可能性在增大。中国改革开放进程中，人民币汇率制度实现了系列改革，从1980年起，各地陆续开始实行外汇调剂制度，形成了官方汇率与外汇调剂市场汇率并存的双轨格局，1994 年执行以市场供求为基础的、单一的、有管理的浮动汇率制度，高估的人民币汇率调整到相对合理的水平，2005 年 7 月 21 日起实行以市场供求为基础、参考一篮子货币进行调节、有管理的浮动汇率制度，人民币汇率不再钉住单一美元，形成更富弹性的人民币汇率机制，人民币有所升值，反映了中国经济整体实力的上升。俄罗斯经过休克疗法后，卢布经历了系列的变革，1998 年金融危机后新卢布推出，1999 年实行浮动汇率制，每美元兑 6.2 卢布，2008 年 11 月 14 日每美元兑 27.34 卢布。普京执政后在各个方面都试图恢复俄罗斯的大国地位，2006 年 7 月 1 日，俄罗斯宣布卢布成为可自由兑换货币。

第五，全球经济金融体系中被关注的双重变量：货币外围区域的贸易政策、汇率政策、财政政策和货币政策。东亚次货币区与拉美次货币区一样，都没有完全成熟，但从整体上而言，基本上是钉住美元的汇率制度，货币危机之后曾经用过浮动汇率制度。东盟 10 国加中、日、韩 3 国目前正在进行自由贸易的谈判，但尚没有共同货币的官方提议。拉美有建立共同货币区的倾向，但目前进展还相对有限。因此，这两大区域其实是国际货币体系的外围区域，但影响力仍不可小视，其贸易政策、汇率政策、财政政策和货币政策仍然具有双重变量的特点。

第六，全球经济金融体系中被关注的因变量：汇率波动、经常账户和资本账户流动等外部因素，以及经济增长、通胀、债务、失业率、收入和资产价格等内部因素。其实，这些变量是相应政策的产物，处于不同货币区域的变量在一定程度上也会成为其他货币区域的自变量。

## 三、金融危机汇率解释与经济战略空间

为了增强对于未来危机的预测性和防范性，我们将金融危机的汇率解释与经济发展的战略空间和发展战略的选择结合起来。

### （一）经济潜力空间和战略空间：战略选择的基础

由于经历市场经济发展的时间长短差异，全球主要国家基本上可以分为三类：第一类是市场经济有了多年的历史，经济发展的内部经济潜力基本出清了的国家，大多是发达国家，如英、美、德、法、日；第二类是市场经济历史有限，但也基本出清了的国家，大多是新兴市场经济体，如拉美、东亚新兴市场经济体和土耳其等；第三类是市场经济时间不长，经济潜力尚未出清的国家，如中国、印度和俄罗斯等国家。这里所谓出清是指一经济体是否

已经步入了正常的经济周期。

GDP 是每年新增加的财富，是一个动态变量。而潜在 GDP 是在充分就业情况下实现的潜在增长，它是在市场经济体经济增长潜力已经出清的情况下、在充分就业假设下的 GDP 产值，或者是在既定的技术状况和人口规模条件下可以达到的且不致加速通货膨胀的充分就业情况下的最高水平的 GDP。但 GDP 和潜在 GDP 都不能作为经济的潜力指标或者判断经济是否出清的指标。

经济潜力空间是指一国（这里仅局限于走向市场经济道路的经济体）可能会再创造出的财富或 GDP 的潜力，经济战略空间依赖于经济潜力空间，也依赖于既有的战略选择，是未来战略选择的空间，而内外战略空间均衡发展将有利于实现经济潜力空间。

经济潜力空间来源于市场经济体系的欠完善程度和完善的可能性，经济体的既有生产力和可发掘的生产力，既有的资本积累和可发掘的资本，既有的人口消费能力和可发掘的消费潜力（取决于人口收入、贫富差距、就业、人口规模和内部贸易成本），既有的投资需求和潜在的投资需求（取决于国土面积、基础设施建设和资金的内部分配等），既有的资源和能源供给保障能力和可发掘的资源和能源供给潜力等都将决定经济潜力空间和经济战略空间。同时，经济战略空间既包括内部战略空间，也包括外部战略空间。当一经济体步入市场经济轨道时，经济潜力空间与经济战略空间基本可以等同。

发达经济体内部经济潜力已基本出清，早期主要通过暴力和战争，近期利用贸易和金融全球化及相应的货币体系安排获得世界经济战略空间。美国利用全球化和美元世界货币地位获取了经济战略空间；欧元区和欧盟除了充分利用全球贸易和全球资本流动外，还充分利用统一货币、欧盟扩大和加快欧洲一体化进程来扩展自己的经济潜力；日本充分利用日元升值（有一些不得已）的机会进行全球投资和贸易来扩展自己的经济战略空间。相应的，拉美、东亚和印度、中国、俄罗斯等经济区域和经济体则充分利用了全球产业转移、资金转移和全球市场的开放获得了生产力提高和出口增加的机会，通过资本流入和贸易盈余获得的资本开发自己的经济战略空间，加上内部制度的市场化改进，由此推动自身经济的发展。因此，一个国家或地区恰当的战略选择是拓展内部经济战略空间和获得外部经济战略空间的大事。

但是，并不是每一个国家或区域或者全球都有恰当的战略选择。同样，并不是任何时候都会有恰当的战略选择。事实上，无论是一国或一个区域或者全球金融风暴的发生，必定是其经济战略空间有限。

大萧条是因为金汇兑本位制下全球的战略空间有限，主要经济体的战略空间也受到严格的限制，并使其无法充分利用经济战略空间（如果还有的话）。金汇兑本位制导致全球货币供给紧缩，因为黄金储备量不断流入美国和法国。为应对国内通缩和股市泡沫积累的情况，美国采取了通货紧缩的货币政策，进而通过金本位制传递到全球。美国的经济战略选择（有时就是一项政策）不仅导致了自身陷入大萧条不能自拔，也大大压缩了其他经济体的战略空间，在各经济体自身经济战略空间都有限的情况下，必然带来全球性的大萧条。最后，美国、英国和德、法、意等国家改变了其经济战略，采取国家干预主义，挖掘内部经济潜力；一些国家还脱离了金本位制，以获得内部战略空间和外部战略空间。

尽管美元贬值，但美国坚持了金本位制并通过布雷顿森林会议获得承认，这时制约美国的法则就是各国央行与美联储自由兑换黄金。但当1971年尼克松总统停止黄金兑换后，金本位制事实上结束了。1976年牙买加协议，美元与黄金脱钩，实行浮动汇率机制，美元事实上取代黄金成为了世界货币，脱离黄金的美元本位制确立了，美元不再需要狐假虎威了。在这种情况下，美国为自己获得了巨大的战略空间。在巨额贸易逆差背后是全球资金的输入，而全球资金的输入来源于美元的全球流动，而美元的发行则是美国的事，于是出现了不受约束的美元本位制。因此，美国经济战略空间规模比较大，尤其是其消费潜力比较大。不过，我们必须认识到，美国的消费模式是以美元本位制为支撑的。

不受约束的美元本位制对全球肯定是不利的，但是否对美国就肯定有利呢？当美国利用不受约束的美元本位制榨取最大利益的同时，以美元本位制支撑的美国，经济发展模式存在着巨大风险，它自称为全球失衡，需要全球协同解决，但又不对无约束的美元本位制采取任何措施。在美国“安全”的金融市场理念支配下，投资者购买了大量美国金融创新产品，这种金融创新产品放大了风险，而美联储认为监管会限制创新因而极少干预金融机构的创新，这也等于没有约束的金融市场，于是美国金融创新的泡沫快速积累。

最终，金融创新产品的基础资产（次级贷款）可能会出现问题的预期导致次贷危机，进而引发相关金融衍生品规模巨大的危机，进而蔓延到相互紧密联结的金融市场和金融机构，最终流动性危机和信用危机相互传染。尽管目前尚没有替代美元本位制的更好办法，但不受约束的美元本位制必然应该受到质疑。尽管目前美国政府仍然能通过金融市场融资，但全世界无不希望恰当地限制美元本位制。美国面临着经济模式的转型，但这不是短期内能完成的，因此，这种经济发展模式还会延续较长时间。换个角度看，全球也需要美国保持相应的消费能力。事实上，美国创造了良好的经济战略空间，但并没有很好地保护自己的经济战略空间，主要在于其贪婪和政策上的失误。

日元升值导致的危机对日本政府是个极大的考验，因为日元巨幅升值直接压缩了日本的经济战略空间，使其战略选择余地变得十分窄小。因此，日本政府20世纪80年代宽松的货币政策导致了资产泡沫的过度积累，而20世纪90年代初不得不用紧缩的货币政策刺穿泡沫，最终导致经济长期不振。但是，日本政府仍然在几乎不可能的情况下，在被动的日元升值过程中促进了自身福利的最大化，创造了自己的战略空间，这应该说是很了不起的成就：一是通过对外直接投资获得外部资源和市场的控制力；二是促使对外日元官方援助和贷款，获得日元升值的红利和战略空间；三是通过低利率甚至零利率政策和定量宽松的货币政策，推动日元成为重要的国际套利交易和投资的基础货币。其实，还有一个更大的成就，那就是日本经济逐渐脱离了美国在第二次世界大战后的军事控制，再次成为了事实上的独立国家。

1979年形成的欧洲汇率机制本身为欧洲国家创造了战略空间，同时也增加了欧洲国家的经济潜力，这应该说是成功的战略举措。但由于受到外部压力的冲击和德国统一后不负责任的货币政策，以及国与国之间很少调整的、僵化的固定汇率，被高估的币值和预期可能崩溃的固定汇率机制，在国际投机大鳄对英镑、法郎和意大利里拉的冲击下，最终英国退出了欧洲汇率机制。1999年欧元正式诞生，统一的货币政策与各国经济发展差异的矛盾也是欧元不稳定的基础，但内部市场的统一，欧盟的扩大，欧盟一体化进程的推进，都使欧元区获得了更大的经济战略空间。我们看到，冉冉升起的欧盟旗帜上印刻着欧元的标志。

一些拉美国家具有资源或能源优势，一些拉美国家具有农产品出口的优势，在脱离宗主国后，由于距美国近，20世纪60年代以前主要采取的是内向发展战略，国际收支一直存在问题，30年代已经出现过一次债务危机。60年代始拉美国家选择的战略是继续向世界（主要是美国）出口初级产品，钉住美元的汇率机制下币值大幅高估，其进口替代战略，或者是促进出口战略，都没有能获得成功，内部经济潜力一直没有得到有效挖掘，倒是大量借用国际贷款，积累下了巨额的外债。随着80年代初期美元的强势，世界商品市场价格大幅下跌，拉美受本币币值高估的影响，经常账户赤字增加，外部战略空间缩小。加上美国防范通胀采取了紧缩性货币政策，名义利率最高达20%，外债的偿还压力大幅上升。在这样的情况下，债务危机是或早或迟的事。受债务危机预期的影响，资本大量外逃，其金额大致相当其外债余额，尽管一些国家严格管制资本账户也未能有效阻止这种情况。当然，在“华盛顿共识”的影响下，拉美国家加快金融自由化、私有化进程也是拉美货币危机的重要原因。

实际上，拉美国家经济战略未能有效地挖掘其内部经济战略空间，也未能有效扩展其外部经济战略空间，其钉住美元的汇率政策（主要经济体）导致其币值高估压缩了内部战略空间，而高额外债则压缩了外部战略空间，美国高利率和强势美元政策也进一步恶化了其外部战略空间，资金外逃限制不力导致了债务危机的爆发。拉美国家汇率制度随之进行了多次变动，债务危机也多次爆发。尽管拉美国家都非常注重拉美一体化的工作，除了建设自由贸易区外，还有共同货币推出的打算，但目前获得的外部战略空间仍然不大。

东亚和拉美选择的发展战略存在着差异，在东亚危机之前爆发了危机，但拉美的危机当时被主要当作债务危机，而强势美元走势和美联储从紧的货币政策对拉美债务危机的影响并没有给东亚经济体领导人带来警醒。东亚出口导向型战略采用的时间长效果好，因为其廉价的要素优势和较大的市场潜力有效地承接了跨国产业和资本的转移，出口导向以外部市场需求为目标，这使得东亚地区获得了相对较大的经济战略空间。随着出口的不断增加和经济的快速发展，在“华盛顿共识”的影响下，东亚地区大多数经济体快速地开放了资本账户，实现了金融自由化，区域内资产价格快速上升，内部经济战略空间很快捉襟见肘。强势美元政策的带动下，资金迅速撤离东亚经济体。而日元贬值导致东亚经济体国际竞争力下降，经常账户盈余减少，有的甚至出现了赤字，再加上自信力的提升，政府领导人声称要提前偿还国际组织的援助贷款。这样，东亚经济体既耗尽了内部的经济战略空间，也损失了外部战略空间，其固定汇率机制受到冲击并不出人意料。同样，资产价格大幅快速上升累积的泡沫也损坏了东亚经济体的内部战略空间。东亚经济体在危机前已经基本丧失了其战略选择的空间，但领导人并没有清醒地认识到这一点，除了民族自豪感导致的盲目乐观外，缺乏经验和意想不到的资金流动也是重要的因素。

综上所述，全球金融危机其实与国家战略选择对自身经济战略空间的发掘和保护不当有关，也与其战略空间的拓展不力有关，还受国际货币体系的限制。我们还发现，经济战略空间与国家的战略选择空间紧密相关：经济战略空间越大，国家战略选择的空间也就越大；国家战略选择越恰当，对自身经济战略空间的挖掘也越恰当，保护也更合理，尤其会有效地实现内外部战略空间的均衡。外部战略空间的获得主要依赖于国家的战略选择，但也依赖于内部战略空间；国外战略空间既需要开发，也需要保护。国外战略空间的获得和内部战略空间的良好开发相关，也同样给国家战略选择带来更大的空间和余地。

需要引起注意的是，一国或经济体不能仅关注自身的战略空间，还必须关注区域的战略空间和全球战略空间。因为一国或一经济体区域的战略空间和全球战略空间其实是自身战略空间非常重要但又易忽略的重要组成部分。这一点，即使是国际货币体系的支配者也不能例外。事实上，从 1870 年的金本位制到 1976 年始的美元本位制，中间经过了金汇兑本位制和美元与黄金挂钩的美元本位制，实际上是从一个极端走向了另一个极端。金本位制本质是英镑本位制，体现了英国的利益，而金汇兑本位制则是英镑、美元和法郎的相关的金本位制，已经出现了大国的共治。国际战略空间既受黄金储备量的影响，也受以黄金储备为基础发行的英镑、美元和法郎等发行量的影响，而各国对内部经济货币政策和财政政策的变化和对外贸易政策的变化，直接影响到相关各国的贸易和经常账户余额的变化，从而导致储备的变化，进而导致货币供给能力的变化。

总体来看，金本位制和金汇兑本位制在正常的国际贸易环境中和恰当的政策决策中，基本上符合当时经济总量和财富总量有限情况下的货币需求。但当一国政策出现问题进而影响到黄金和相应储备的变化时，尤其是当黄金净流入国实行紧缩性货币政策时，全球经济战略空间就萎缩了。

相反，在不受约束的美元本位制下，各国来自美国的经常账户盈余转化为输入性的流动性过剩，而依赖于美元本位制的美国、日本和英国等不受约束地提供货币供给，加上各国相对独立的货币政策和货币供给，以及不断增加的货币乘数（货币乘数的上升与金融创新和资本市场的发展紧密相关），全球流动性过剩就成为必然。美国是输出型流动性过剩的主力。

在全球充裕甚至过剩的流动性支持下，全球经济快速发展，财富也快速积累，但泡沫也不期而至。当泡沫的积累到不能持续时，泡沫的破裂就成为必然，危机的出现也是势所必然。因此，表面上看似过于宽松的全球战略空间，正如看似充裕的流动性一样，突然在一夜间变得紧张和有限了。在当前的国际形势中，改变美元本位制的放任行为，采取全球共治的思维方式，将有利于全球整体战略空间的扩展，有利于美国战略空间的维护，也有利于大多数国家外部战略空间的拓展和维护。

利用经济战略空间和战略选择来解释全球金融危机，是基于市场经济体系中，政府的战略选择对一国经济发展的重要意义，以及一国经济内部和外部战略空间的重要意义，但本质上仍然是市场经济体系下的运作，本身也并不排除市场经济的理念。战略选择是政府战略和制度的选择，主要包括如下要素：第一，发展战略和制度选择；第二，内部的市场化改革；第三，汇率制度和汇率政策；第四，金融市场化和金融市场的开放、货币的自由兑换和资本账户开放；第五，双边、多边合作与区域合作和全球合作；第六，财政政策和区域发展战略；第七，收入分配制度改革；第八，经济发展模式的调整；第九，外部资源战略和对外投资战略；第十，对外部政策变化的应对策略，等等。

事实上，在全球经济金融发展中，某经济体的发展战略选择是至关重要的自变量。在开放的经济体中，在日益全球化和市场化的全球经济金融中，汇率机制的选择成为一种重要的自变量，并且是整个发展战略的核心。在全球经济和金融体系中，国际货币体系成为最重要的自变量。

### （二）金融危机可能出现的几种情况

1. 经济潜力自然出清或强制出清。自然出清是指货币升值导致其要素价格的购买力平价与国外一致，或者其市场汇率超过了购买力平价汇率，即经济潜力难以进一步挖掘；强制出清是指经济战略空间因内部资产泡沫不断积累或者外部冲击导致资产泡沫破裂和资金大规模外流而无法继续发掘经济潜力。当汇率接近购买力平价水平时，该经济体就面临着较大的金融风险；当内部资产泡沫膨胀必然破裂时，该经济体也必然面临着资金外逃的风险。日本和东亚的危机中同时遇到了强制出清和自然出清。而在拉美的危机中则有自然出清的性质，因为拉美货币大大高估，超过了其购买力平价，但其资产泡沫相对有限，主要是由于外债过大压缩了其发展的战略空间。

2. 经济战略空间的扩展不力或强制压缩。经济战略空间的扩展不力是指一经济体对国内市场化和产业化组织不够，或者有其他因素限制了国内的市场化和产业化，或者是指对外部要素和市场需求能借用的比较少（或者是商品出口还是进口不力，或者是资本和技术等其他要素的输入不力）。强制压缩是指在外部经济周期性变动的情况下，当经济衰退或萧条来临时，或者是外部某强势国家的政策发生重大改变时，或整体金融体系出现问题时，外部市场和要素流动出现逆转的情况。拉美的债务危机主要是外部战略空间扩展不力同时又遭受强势美元政策的挤压导致的。次贷危机引发的全球金融风暴主要是美国过度利用美元本位制压缩了其战略空间所致。大萧条其实是金本位制下全球外部战略空间本来不够同时又遭受美国通货紧缩政策强制挤压的结果。

3. 当一经济体政策选择不当或不能自主时，导致经济内部和外部战略空间被压缩而无能为力时，经济危机或金融危机就发生了；当经济内部战略空间被透支或开发不当而外部战略空间不能提供支持时，金融危机也会发生；当战略空间被压缩而能发掘的经济潜力进入临界水平，或者当外部战略空间被压缩进而限制了内部战略空间的进一步发掘时，也可能会出现金融危机。

4. 在一些情况下，金融危机除了对外贸易和资金流动导致经常账户失衡和资本账户的失衡外，还受货币投机和金融市场投机的冲击，核心在于对汇率体系的冲击。

无论哪一种情况下的金融危机，都与一经济体对于汇率机制的选择和汇率政策的变动直接相关，也与国际货币体系和核心国汇率政策的变动导致的资金流动直接相关。一国金融危机的传播与国际货币体系、核心国的汇率政策导致的全球资金流动直接相关。

## 四、金融危机汇率模型的政策含义

### (一) 建立具有制衡的美元本位制是当前国际货币体系改革的核心

金融风暴汇率模型实际上是一个现实的国际货币体系下中心国与外围国通过汇率政策、汇率机制的选择和汇率变动对各种经济金融变量的影响，而各自货币政策和财政政策起着中间调剂作用。中心国的调节作用较强，其限制力量在于预防整个货币体系的破裂和对自身造成的伤害；外围国的调节作用依赖于自身的潜力空间和政策创造的空间，有时能主动规避风险获得平衡，有时也常常不得不经受危机并重新获得破坏性的平衡。有人把国际货币的投机冲击当成一种外生力量，实际上这些投机力量依赖于中心国的汇率政策，并且是中心国汇率政策的国际推行者和推动者。

因此，在当前美元本位体系下，与其说泛泛地谈国际金融秩序的修正，或者说重建国际货币体系，还不如踏踏实实地加强对中心国的限制和中心国与外围国关系的协调。此次全球金融风暴已经给美国上了一课，但如果不能转化为对美元本位制的有效修正和加强美国国内政策的国际化趋势，实际上我们仍然将自己放在了无边无际的大海中，看不到未来的希望，一个大浪可能会毁灭我们。而美元本位制下区域货币一体化发展是一个大的方向，而这种发展并不会危及美元本位制的地位（如果美国能自我控制美元本位制被滥用的话），但会限制美元本位制美国中心权力的滥用。当然，区域化过程中出现的不稳定性也会是投机冲击的对象。

### （二）区域货币的发展不会削弱反而增强美元本位制

大圈套小圈加几个点，就是当前全球汇率体制格局的简单而形象的描述。全球美元本位制这个大圈里装着欧元区域、亚洲亚美元区域和拉美亚美元区域等几个小圈，以及英镑、澳元和加元等几个小点的货币体系（日本也可算在点里，也可算在亚洲美元区内，俄罗斯正试图成为一个点）。大圈的中心是美国，中心国与各小圈及小点发生着关系，各小圈与小点之间也发生着关系，而小圈和小点的有效组合并非削弱了美元本位制，而是可以创造出一个更为合理的美元本位制。

原因在于，汇率是一国或区域（地区）与另一国或区域（地区）商品、资金和资产的相对价格比率，它是变动的。货币的区域化特征越明显，该区域的贸易越以本区域为主，结算货币必然是该区域货币，但与其他区域的贸易则以美元或其他区域的货币为主，通行的汇率计算基准仍然是美元。这种情况下，美元在世界贸易中的份额可能会有所下降，但美元在世界贸易、外汇交易和资产计价中的应用绝对额会大幅增加，其作为标准的地位仍然难以改变。

当然，其前提是美国政府货币政策和财政政策的国际化（如麦金农的建议），而不是孤立化。如果美国仅仅考虑自身的利益，随着各区域一体化过程中区域性货币的推出，美元本位制地位会受到削弱，美国自身战略空间会受到挤压，而其他区域货币的地位则会上升，其他区域的战略空间则有可能上升，其他货币对美元的替代作用就会逐步发生。

### （三）发展的关键在于发展战略及对经济战略空间的保护和拓展

明白金融危机的产生原理，并不仅仅在于单纯地谈预防金融危机。一国或区域的发展，关键在于其发展战略对经济战略空间的有效保护和扩展。事实上，不仅外部战略空间是一个动态的可扩展的变量，而且内部经济战略空间也是一个动态的可扩展的变量。就美国来说，其先进科技的不断创新和发展，使其似乎在某段时间里已经出清的经济又具有了新的经济潜力，每一次新的科技革命都给美国经济带来巨大的活力，甚至推动了全球经济活力的上升。日本也在通过科技发展来创造新的经济潜力，并取得了不错的成绩。中国倡导创新型国家，也是充分认识到了这一点。因此，远没有出清的中国经济加上科技的创新，其内部经济战略空间才有可能不断扩展。

但是，在一定的时间里，要充分防范经济潜力的自然或强制出清，也就是防范经济战略空间被耗尽。除了科技和创新的发展外，对于新兴市场经济体和发展中国家而言，要防范资产泡沫过度膨胀或外部冲击产生的强制出清，进而产生危机。同样，当前发达国家和部分新兴市场经济体正在大力推动区域化发展，这是为自身发展获得战略空间的重大举措，因此，加强双边、多边、区域和全球合作，是保护和获得全球战略空间的重要措施。

新的金融危机模型强调政策选择和重大决策的重要性和决定性作用。作为决策者而言，其基本的原则就是保护和拓展经济战略空间，防范经济潜力的自然或强制出清，防范经济战略空间的挤压导致经济潜力的强制出清。一国或地区的汇率机制的变化、资本账户和金融市场的开放、货币兑换、要素市场的交流、商品市场和资本市场一体化的时机，都是关系到其经济战略空间的大事。因此，汇率机制、资本账户开放和汇率变动本身是保持国际国内战略空间均衡的最有力的杠杆，我们一定要善加呵护。

对于中国而言，我们的政策空间取决于政治的稳定和社会的和谐，以及政策的独立性与公正性，也取决于市场化和产业化进程对于经济潜力的挖掘，还取决于人民币汇率预留的升值空间，以及对外部的资源、能源、要素市场和商品市场的整合能力。而其中，人民币汇率机制和人民币的国际化是核心，因此，要将人民币的可自由兑换、国际化和储备化与中国国际资源、能源和市场、机构与企业的发展紧密结合起来，还要把内外资源能源和经济空间的使用有机地结合起来考虑。这需要借鉴其他国家的货币战略，制订适合中国长远利益的国家货币战略。

### （四）美国经济的消费增长模式的不可持续与关键货币国

所谓的全球失衡问题并非是一个真正的失衡问题，而是一个在美元本位制背景下国际商品和资金的全球公平交易和流动平衡而美国消费过多的问题。美国消费过多既与其国际货币体系中如蒙代尔所言关键第 N 国的地位有关，即美国作为国际货币体系的中心国必然要承受相应的贸易逆差，并且不能干预，否则就会出现与维护健全的国际货币体系相冲突的情况。这是一个特里芬悖论。我们看到，一方面，在美元本位制下美国生产能力外移并举债消费，另一方面，美国为了维护自己的利益不断调整货币政策和汇率政策。这必然危及美元本位制的国际货币体系。或许，美国的出路在于提高产品竞争能力，加强贸易，加强自给的能力，减少进口。

但是，全球如何解决美国进口减少的难题呢？出路可能在于出现关键第N－1国或N－2国，并且有能力接纳部分贸易赤字，将自身的货币转化为外汇储备，吸引资金的流入，同时将自己的生产体系部分向不发达地区转移，或者进口不发达地区的资源、能源和制成品，同时增加不发达地区的财富和消费力。

英国有一点关键国的位置，其存在一定规模的贸易逆差，资本市场在吸引部分外部资金的流入，但问题在于英国的消费市场不大，也没有成规模的可转移的生产力。欧元区或欧盟目前已经基本上成为了关键第N－1国，尽管它没有成规模的贸易赤字，但是它在欧洲一体化进程中，尤其是欧盟东扩中，吸引了众多东欧小国的加盟，这实际上至少在区域内成为了关键第N国。理想的情况是，英国加入欧元区共同成为关键第N－1国。那么，谁可成为关键第N－2国？是日本、俄罗斯、印度、巴西还是中国？答案可能是中国。但这个答案并不完全准确，准确的应该是以中国为中心的亚洲区域。

如果美国是国际货币体系中的关键第N国，是那只扇动翅膀的蝴蝶，那么，关键第N－1国和N－2国，将是另外两只扇动翅膀的蝴蝶。我们会发现，全球格局的演变支持这一经济的转变。

中国有没有必要成为关键第N－2国？成为关键第N－2国需要满足什么条件？中国经济增长模式要发生什么变化？人民币国际化的必要性和进程如何？中国经济战略内外部空间应该如何均衡？这些都成为需要解决的核心问题。因此，中国当前国家货币战略的研究和制订已经非常紧迫。

作者研究的初步结论是，中国应该成为关键第N－2国，成为国际货币体系改革中的重要一员。要做到这一点，应逐步实现人民币的国际化和储备化，实现制造业链条向不发达地区的转移，与不发达地区形成自由贸易区，接受与不发达地区产生的适度规模的贸易赤字，实现扩展内需和外需相结合的战略，平衡内外部战略空间。

这里要注意的是，中国不要走到美国过度消费的经济发展模式的老路上去。我们必须思考，如果美国经济依靠消费增长的模式随着美元本位制的受限必然面临着调整，那么，中国经济结构向消费增长模式的转化会有多大的空间，需要什么样的保障呢？我们以为，中国经济结构强调内部消费潜力挖掘的同时，仍然不能放弃具有创造力的制造业，以及庞大的外部市场，而且需要坚持中国自主的全球化和市场化发展方向，整体地提高中国的经济战略空间。

## 第二节　全球金融风暴的汇率解释：实证

经济战略空间不能支持经济潜力的发展，或者当经济金融体系面临着内外部冲击时，金融危机就爆发了。汇率是一系列影响经济发展战略空间的核心变量，汇率机制和汇率政策的选择与国际货币体系和核心国的汇率政策是金融危机产生和传播的核心变量。这就是全球金融危机的汇率解释。

为了获得全球金融危机的汇率解释的经验指标，并以此作为相应的判断标准，我们考虑了产出差距和其他多类指标，选择了一经济体市场汇率（美元/本币）与购买力平价（PPP）汇率的比值这一指标来衡量经济潜力空间和战略空间，我们称之为经济潜力空间比值，进而得出了不同经济体危机对应的经验值，并通过其他体现内外部战略空间的指标数据进行了对比实证分析，发现该指标的相应经验值具有较强的参考意义。

### 一、用市场汇率与购买力平价的比值来衡量经济潜力空间

有没有一种指标能够描述经济潜力空间，既反映经济变量也反映金融变量，既包涵发达经济体也包括发展中经济体和新兴市场经济体，同时数据又具有延续性和完整性呢？

经过反复比较和斟酌，受麦金农先生比较美元兑日元汇率与日本 PPP 来说明日本经济面临问题的启发，我们用市场汇率与 PPP 的比值来代表经济潜力空间。市场汇率代表国与国或地区（经济体）之间货币的相对价格，不仅受商品和服务购买力的影响，还受资本流动、利率、政策和市场交易的影响，是国与国之间所有内外部关系的整体表现，既包括内部战略空间的变化，也包括外部战略空间的变化，还包括了政策的变化。购买力平价（PPP）体现了一国与他国之间购买系列同质或接近商品和服务的货币比值，它更多地体现了一国内部的相对购买力水平，体现为一国经济与他国经济的潜力。

购买力平价法有以下作用：第一，评定各国经济的潜力和实力。除了比

较各国国内生产总值的总量，按购买力平价方法计算的 GDP 基本上能看出各国经济的未来潜力。按购买力平价法计算的人均 GDP 也已经成为国际上许多有关综合国力比较方案中不可缺少的重要指标。如联合国每年公布的人类发展指数所据以计算的三大项指标之一，就是按购买力平价方法计算的人均 GDP。第二，把货币的实际购买力与汇率进行对比，可以判断一种货币币值是否高估或低估，为制订正确的汇率政策提供依据。一个国家的货币币值的高估或低估，都会对这个国家的经济运行产生明显影响。如果这个国家原先正好处于充分就业状态，货币定值过高，会使净出口减少，从而使就业量和国民生产总值以乘数的方式下降，造成经济萧条。不仅如此，货币定值过高不会一直持续下去，当矛盾积累到一定程度时，定值过高造成的泡沫最终会破裂，导致经济和金融动荡。如果这个国家原先就处于萧条状态，币值高估会加剧萧条，失业的问题更加严重，加剧经济动荡。当经济原先处于充分就业状态时，币值过低将导致社会总需求大于总供给，使通货膨胀率上升，也就是说在从国外“进口通货膨胀”。因此，借助于购买力平价可以准确判断本国货币的汇率水平，这对于制订正确的汇率政策具有十分重要的意义。第三，比较不同国家的价格水平、居民的实际收入水平和消费水平。通过计算人均实际 GDP 指数、人均实际收入指数、人均实际支出指数等人均数量指数，可以较为科学、准确地评判不同国家价格水平的差异，从而为确定不同国家居民的生活水平提供依据；为正确核算国际收支和资产，核算国外投资的实际价值，进行国际投资提供决策服务。作者经济潜力空间比值是对购买力平价第二个作用的拓展。

PPP 首先是一个比值，同时既是一个静态值，也是一个动态值。之所以称之为比值，因为它体现了相对美国的购买力水平的变化。从静态的角度来看，PPP 越高，相对于美国的购买力越低，其经济潜力空间相对越小；PPP 越低，相对于美国的购买力越高，其经济潜力空间相对越大。从动态的角度来看，一经济体 PPP 的上升，意味着相对美国的购买力下降，或者其经济潜力空间因开发而变小，或者是美国购买力上升而导致的相对下降；如果 PPP 下降，则意味着其购买力相对美国的购买力上升，或者是美国购买力下降导致的购买力相对上升，或者是其内部整合导致的购买力上升，这意味着经济潜力空间的增大。如果在 PPP 上升的同时而市场汇率（美元对本币，下同）下降（意味着本币升值），则经济潜力空间变小；在 PPP 下降的同时而市场汇率上升，则经济潜力空间将变大；如果 PPP 上升的同时而市场汇率下降，经济潜力空间取决于各自变动的幅度。

经济潜力并不意味着经济发展的真实未来，有很多因素在制约着经济潜力的扩展，也就是说市场汇率与 PPP 差距的存在有其合理性，主要是因为各经济体发展程度不一，所以两者的距离有大有小。说明两者可能存在着工资收入和其他要素的差异，或者是社会商品和服务存在着差异，或者说价格扭曲，这种扭曲可能是制度性的，也可能是相同要素在不同环境的差异，也可能是汇率的差异。社会发展越成熟，两者的差距越小；社会发展越滞后，两者的差距越大。

## 二、影响购买力平价的相关要素

一国 PPP 的变化到底受到什么因素的影响，是自身的汇率还是 CPI，还是美国 CPI 指数和汇率指数的变化？我们通过对一些代表性国家的实证分析来说明。

### （一）德国的情况

1. 德国 PPP 与欧元汇率、CPI 变化率相关性并不明显，但与 CPI 指数和 GDP 平减指数相关性呈现显著的负相关性。德国 PPP 与欧元兑美元汇率线性和非线性相关性都不明显。德国 PPP 与 CPI 指数呈现出高负相关性，与德国 GDP 的平减指数的负相关性也比较高，但不及与 CPI 指数的相关性高。后面我们只用 CPI 指数来进行分析（参见图 3－1 和图 3－2）。

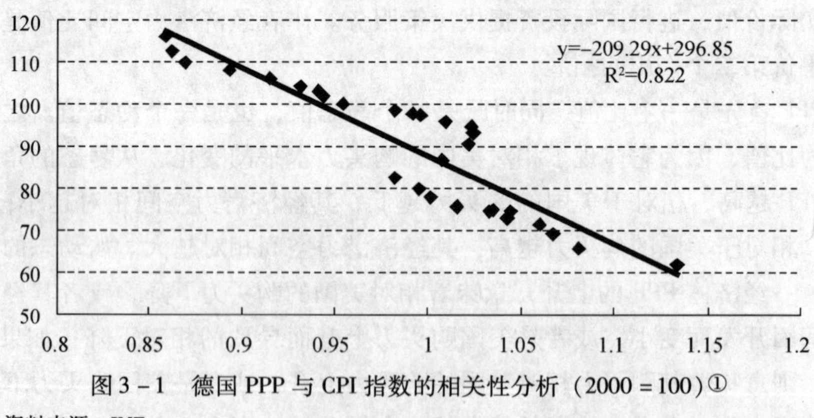


图 3－1　德国 PPP 与 CPI 指数的相关性分析（2000＝100）①

资料来源：IMF。

① 除图中表明以外，本节的相关性分析图中，横轴是各国的 PPP 值，竖轴是标题中的另外相关指数。

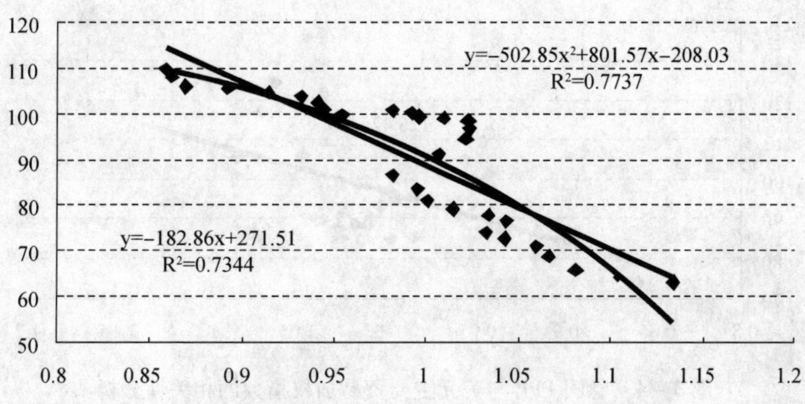


图 3 - 2　德国 PPP 与 GDP 平减指数的相关性分析

资料来源：IMF。

此外，德国 PPP 与 CPI 指数的相关性尚不及其与美国 CPI 指数的相关性（参见图 3 - 1 和图 3 - 5）。

2. 德国 PPP 与美元名义广义贸易加权指数和美国 CPI 指数相关性异常明显。德国 PPP 与美元名义主要贸易加权指数有着一定的正相关性，但与美元名义广义贸易加权指数则呈现出明显的负相关性（参见图 3 - 3 和图 3 - 4）。

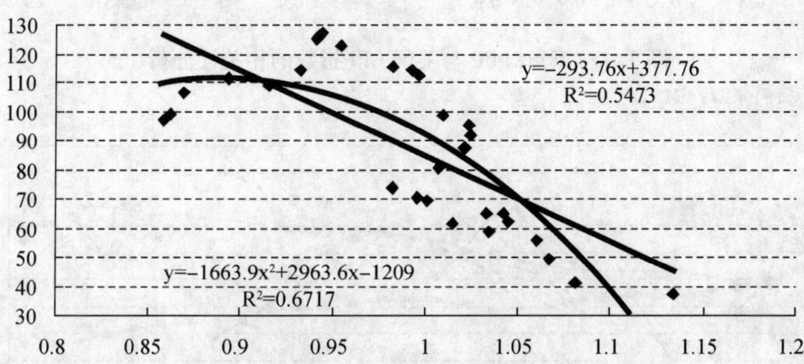


图 3 - 3　德国 PPP 与美元名义广义贸易加权指数的相关性分析

资料来源：IMF 和 FED。

德国 PPP 与美国 CPI 指数负相关性非常明显（参见图 3 - 5），那是因为美国 CPI 指数和德国 CPI 指数具有极强的相关性（1980 年至 2007 年两者相关系数的平方高达 0.99），走势基本相反。此外，德国 PPP 呈现出明显的下行趋势（参见图 3 - 6）。

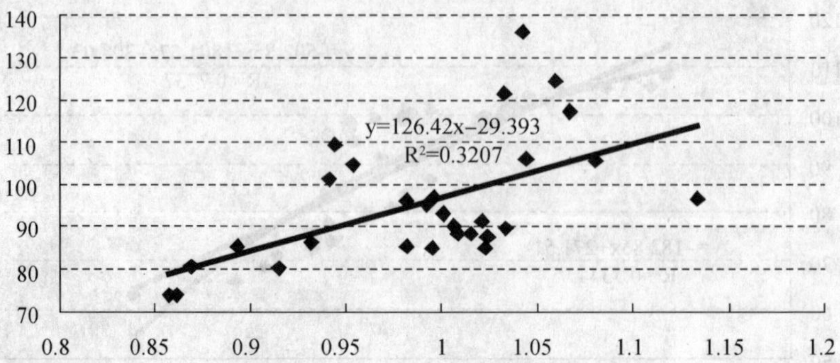


图 3－4　德国 PPP 与美元主要贸易加权指数的相关性分析

资料来源：IMF 和 FED。

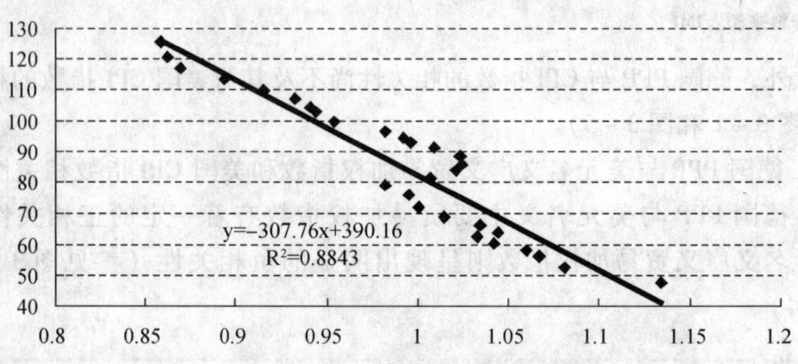


图 3－5　德国 PPP 与美国 CPI 指数的相关性分析

资料来源：IMF。

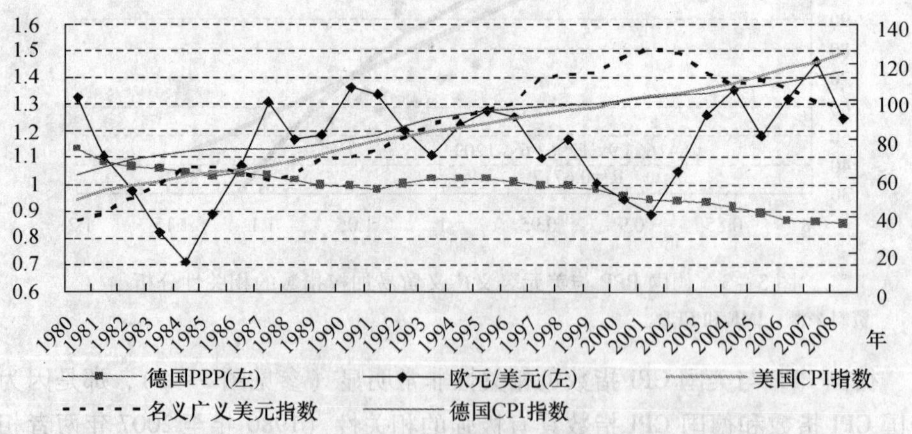


图 3－6　德国 PPP 与德国 CPI、美国 CPI 和名义广义美元指数

资料来源：IMF、FED 和路透社。

因此，德国 PPP 呈现出明显的下行趋势，德国 PPP 随德国 CPI 指数、美国 CPI 指数和名义广义美元指数的上升而下行，但与美元名义主要贸易加权指数呈现出一定的正相关性。

（二）英国的情况

结合德国的情况，我们选择了英国 PPP 与英国 CPI 指数、美国 CPI 指数、美元名义广义指数和美元名义主要贸易加权指数等四个指标加以描述，而前面提到的其他指标与英国 PPP 的相关性都不高。相关分析得出以下几个方面的结论：

第一，英国 PPP 与英国 CPI 指数和美国 CPI 指数都呈非常显著的正相关性（相关系数的平方分别高达 0.945 和 0.86），但英国 PPP 与其 CPI 指数的相关性则明显高于其与美国 CPI 指数的相关性。但是，这与德国 PPP 与其 CPI 指数和美国 CPI 指数呈现出明显的负相关存在巨大的差异。第二，英国 PPP 与美元名义广义指数的线性相关系数平方高达 0.86，也处于显著正相关，而德国 PPP 与美元名义广义指数则为明显的负相关，但相关性不及前者高（线性相关系数的平方为 0.547）。第三，英国 PPP 与美元名义主要贸易加权指数呈现出较为明显的负相关，这与德国 PPP 与美元名义主要贸易加权指数较为明显的正相关正好相反。第四，英国 PPP 呈现出明显的上行趋势（参见图 3－7）。

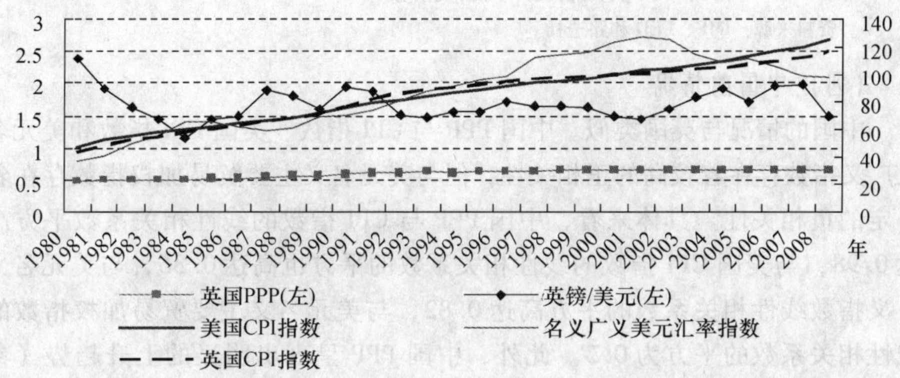


图 3－7　英国 PPP 与英国 CPI 指数、美国 CPI 指数和美元名义广义加权指数

资料来源：IMF、FED 和路透社。

因此，英国 PPP 呈现出明显的上行趋势，英国 PPP 与英国 CPI 指数、美国 CPI 指数和美元名义广义加权指数呈现出明显的正相关，但与美元名义主要贸易加权指数呈现出明显的负相关。这一情况正好与德国相反。

### （三）日本的情况

日本的情况与德国的情况类似，日本 PPP 与 CPI 指数、美国 CPI 指数、美元名义广义指数都呈现出明显的负相关。同时，日本 PPP 与美元名义主要贸易加权指数呈现出一定的正相关（线性相关系数的平方为 0.3）与德国 PPP与此指标的趋势一致。此外，日本 PPP 呈现出下降趋势（参见图 3－8）。

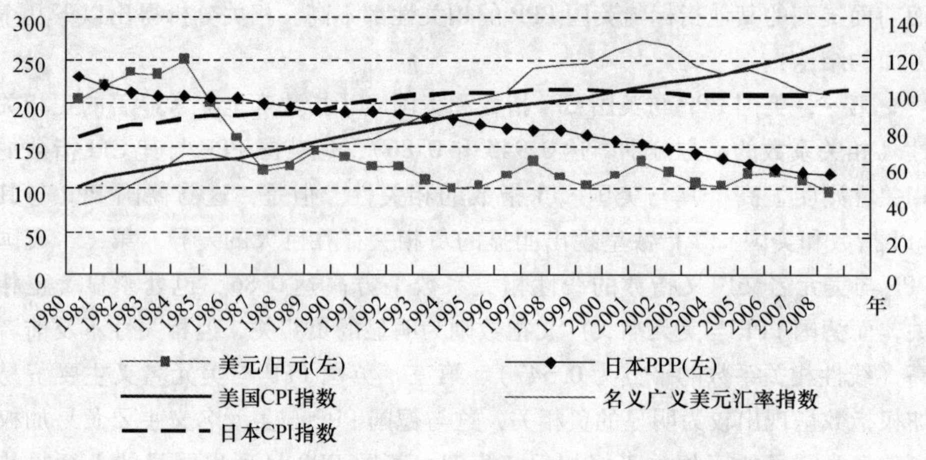


图 3－8　日本 PPP 与日本 CPI 指数、美国 CPI 指数和美元名义广义加权指数

资料来源：IMF、FED 和路透社。

### （四）中国的情况

中国的情况与英国类似。中国 PPP 与 CPI 指数、美国 CPI 指数和美元名义广义指数存在着较高的正相关性，但与美元名义主要贸易加权指数存在着一定的负相关性。具体来看，中国 PPP 与 CPI 指数的线性相关系数平方高达 0.98，与美国 CPI 指数的线性相关系数的平方也高达 0.86，与美元名义广义指数线性相关系数的平方高达 0.82，与美元名义主要贸易加权指数的线性相关系数的平方为 0.3。此外，中国 PPP 呈现出明显的上升趋势（参见图 3－9）。

### （五）几点重要的结论

第一，德国和日本的 PPP 呈现出下降趋势，与自身的 CPI 指数、美国 CPI 指数和美元名义广义指数呈现出显著的负相关性，而与美元名义主要货币贸易加权指数呈现出一定的正相关性。

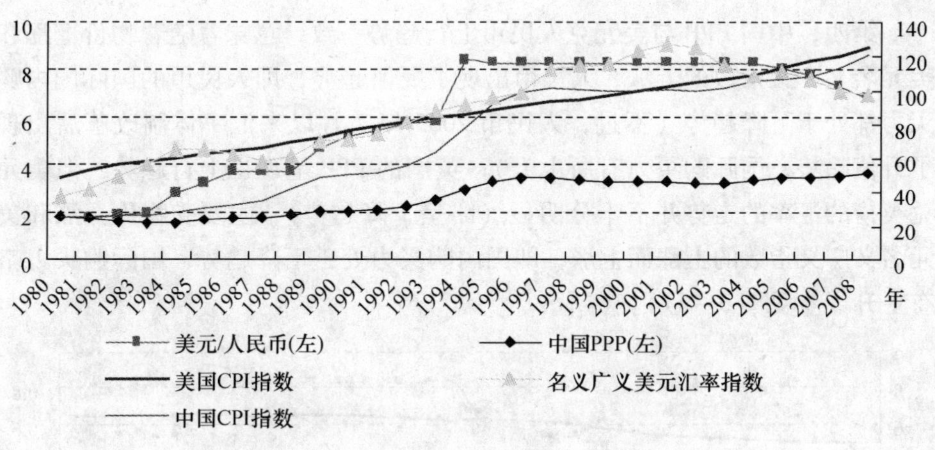


图 3－9　中国 PPP 与中国 CPI 指数、美国 CPI 指数
和美元名义广义加权指数

资料来源：IMF、FED 和路透社。

第二，英国和中国的 PPP 呈现出上升趋势，与自身的 CPI 指数、美国 CPI 指数和美元名义广义指数呈现出显著的正相关性，但与美元名义主要货币贸易加权指数呈现出一定的负相关性。

第三，德国和日本的 PPP 分别与美元兑欧元和美元兑日元的下行趋势一致，意味着随着物价上涨和美元名义广义指数的上涨，欧元和日元仍然升值，欧元和日元的国际国内购买力都处于上升趋势（参见图 3－10）。

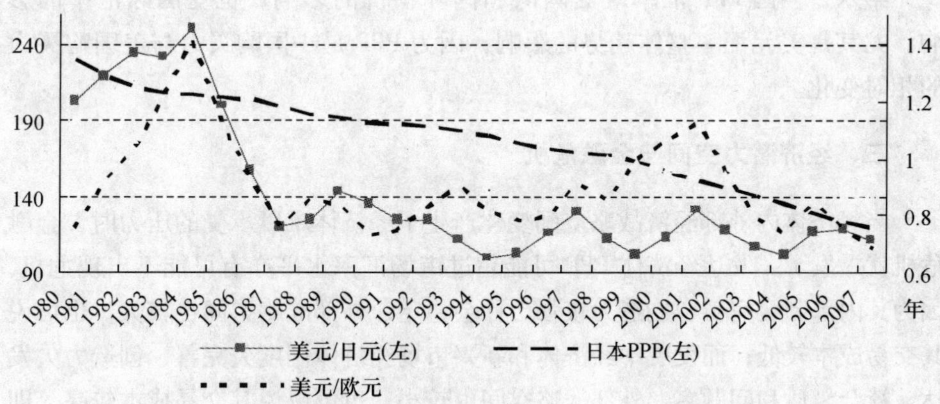


图 3－10　德国和日本的 PPP 走势与美元兑日元和美元兑欧元的走势

资料来源：IMF 和路透社。

第四，中国PPP与美元兑人民币上行趋势一致，意味着随着物价上涨和美元名义广义指数的上涨，人民币出现了贬值趋势，即人民币的国际国内购买力都处于下降趋势（不过，人民币2005年7月以来汇率体制改革后出现了升值趋势，国际购买力有所上升）；英国的PPP呈现也上行趋势，但美元兑英镑的汇率的走势并不十分明显（略呈下降趋势），主要受物价上涨和美元名义广义指数的上涨而上涨，即国内购买力处于下降趋势，国际购买力略有上升（参见图3－11）。

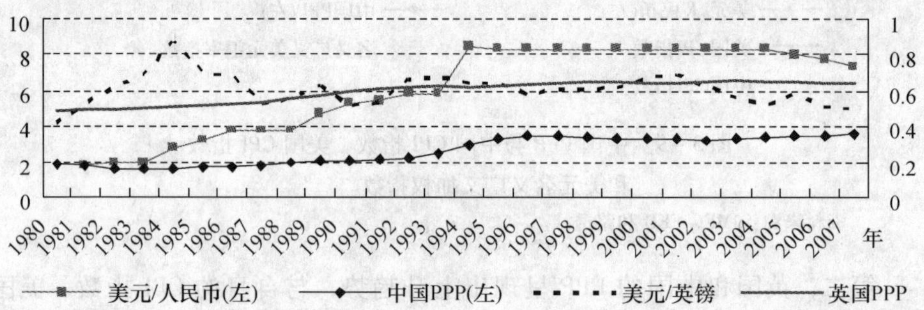


图3－11　中国和英国PPP与美元兑人民币和美元兑英镑的走势

资料来源：IMF和路透社。

第五，由于美元主要货币贸易加权指数处于下行趋势之中，因此与德国和日本的PPP下行走势呈现出一定的正相关性，而与中国和英国的PPP上行趋势形成一定的负相关性。

第六，一国PPP汇率既受国内和国际物价的影响，也受国际汇率的影响，尤其是美元汇率整体趋势的影响，因为PPP是一国购买力与美国购买力的相对变化。

### 三、经济潜力空间与金融危机

当经济体内外部经济战略空间变化产生了经济体难以承受的压力时，金融危机就爆发了。发达经济体PPP可能超过市场汇率水平亦有可能不出现危机，因为其内部制度完善、创造力较强、社会稳定，外部战略空间也较大，也可说其交易成本较低；而发展中经济体和新兴市场经济体制度欠完善、创造力欠发达、社会矛盾和问题多，外部战略空间也较小，也可以说其交易成本较高，即使两者差距比较大，也有可能在外部冲击的情况下出现危机。因此，我们不能单纯地说，市场汇率与PPP的差距越大，就意味着不会出现金融危机。

经济战略空间的内外部均衡是一国经济发展的基本条件，也是一国经济潜力空间的具体表现。我们以市场汇率（每美元的本币值）除以PPP（以美元为基值的购买力）的比值衡量经济潜力空间，也即内外部经济战略空间的均衡情况，这等同于1/PPP除以市场汇率（美元兑本币的汇率）的比值。当然，也可以以［市场汇率（每美元的本币值）/PPP－1］的百分比计算相应的经济潜力空间。

（一）发达经济体：欧元区和英国

从图3－12和图3－13可知，第一，随着欧洲汇率机制的成功运转，经济潜力差异较大的欧元区经济体的PPP汇率越来越趋向一致。欧元区主要经济体PPP汇率从20世纪80年代以来整体出现收敛趋势，尤其是当1999年欧元正式推出之后，这种趋势更为明显，即使是英国也体现出这一趋势。第二，相较美元兑欧元的走势，大多数经济体PPP汇率从1985年始美元大幅贬值后开始围绕美元兑欧元波动，大多数经济体PPP开始高于美元兑欧元的市场汇率。第三，正是在主要经济体德国、法国、英国和意大利等PPP汇率于1987年始超出或接近美元兑欧元的市场汇率后，1992～1993年欧洲发生货币危机，英镑脱离欧洲汇率机制。

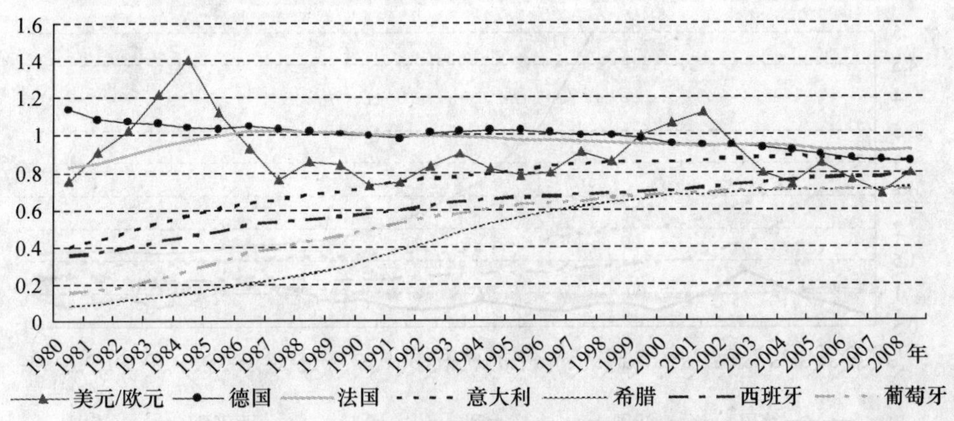


图3－12　欧元区经济体PPP汇率与美元兑欧元走势

资料来源：IMF和路透社。

从图3－14可知，第一，欧元区主要国家和英国市场汇率与PPP的比值整体收敛趋势更为明显，德国、法国、意大利、英国、奥地利和芬兰等国市场汇率与PPP的比值大多时间都在1.5倍以下，德国、法国、荷兰和英国大多数时间的比值都在1倍上下，其经济潜力空间较小，而希腊、葡萄牙、比利时、卢森堡和西班牙大多在1.5倍以上，其经济潜力空间相对较大。第

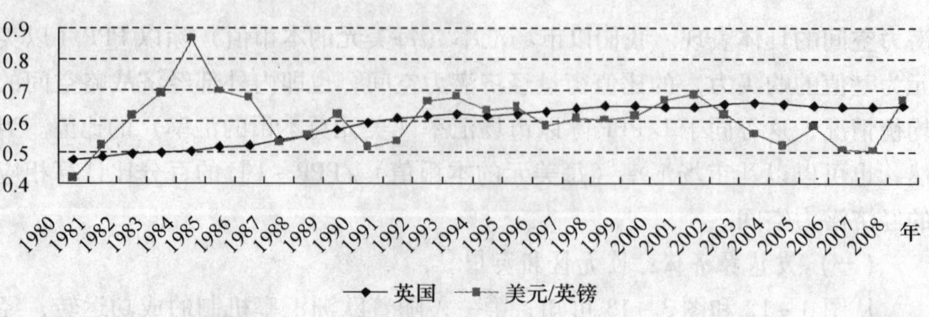


图 3-13　英国 PPP 汇率与美元兑英镑走势

资料来源：IMF 和路透社。

二，1992～1993 年欧洲货币危机时前英国、德国和法国该比值在 1 以下（只有意大利高于 1 但低于 1.5），表明经济潜力空间比值低于 1 时容易出现金融危机。第三，该比值在 1 以下，既说明这些经济体在金融发展方面较为活力，对外部资源的支配力比较高，也在一定程度上体现出了风险，受外部冲击的可能性较大。这些经济体在第二次石油危机、2001 年时美国经济衰退和 2007 年以来全球金融风暴中受到的影响也比较大，证明了此判断。

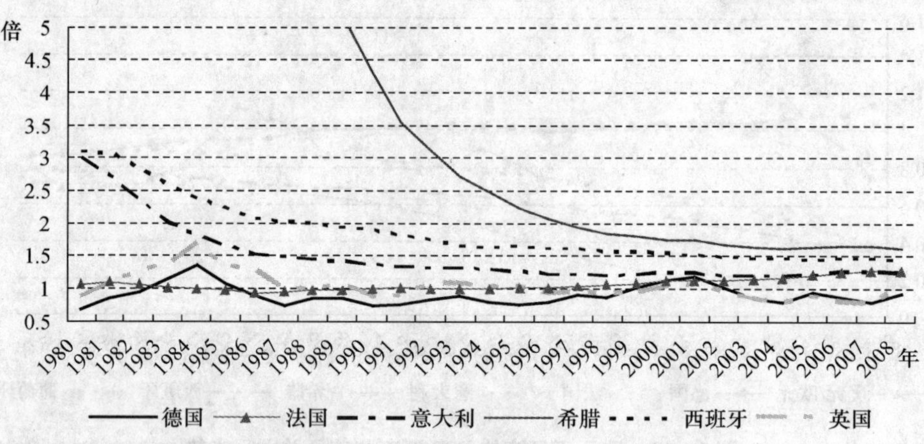


图 3-14　欧元区和英国市场汇率与 PPP 汇率的比值走势

资料来源：IMF 和路透社。

### （二）发达经济体之二：北欧、加拿大、大洋洲和瑞士

北欧主要国家、瑞士和新西兰整体处于 0.6 倍至 1.1 倍的相对危险水平（参见图 3-16）。尤其是此次次贷危机引发的全球金融风暴中第一个倒下的发达国家冰岛，2007 年该比值竟然不及 0.6 倍，出现危机应属必然（参见图 3-15 和图 3-16）。其实，挪威、瑞典、瑞士、丹麦与冰岛具有类似的特点，

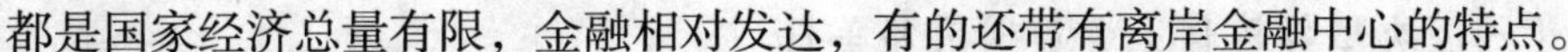

都是国家经济总量有限，金融相对发达，有的还带有离岸金融中心的特点。

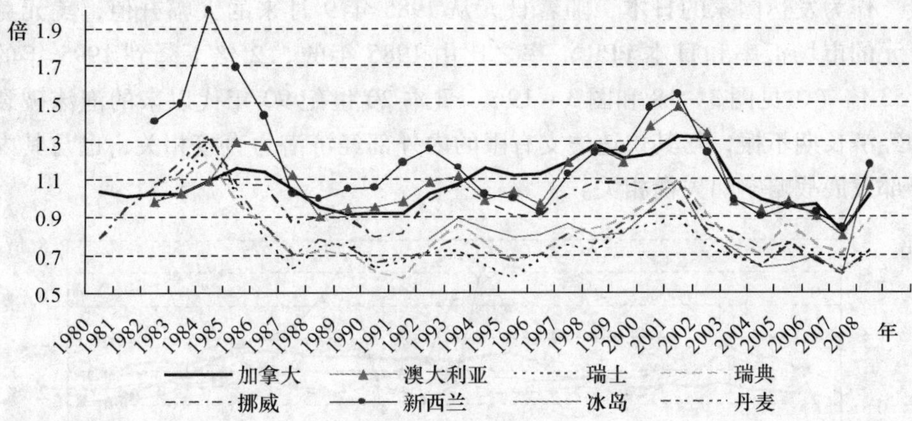


图 3－15　北欧等发达经济体市场汇率与 PPP 汇率比值的走势

资料来源：IMF 和路透社。

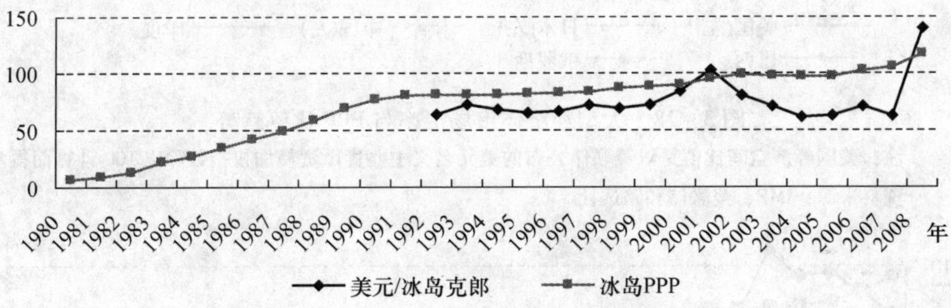


图 3－16　冰岛市场汇率与 PPP 汇率的走势

资料来源：IMF 和路透社。

2007 年新西兰、加拿大和澳大利亚该比值都处于 0.8 倍至 0.9 倍之间，也存在着一定的风险（参见图 3－15 和图 3－17）。

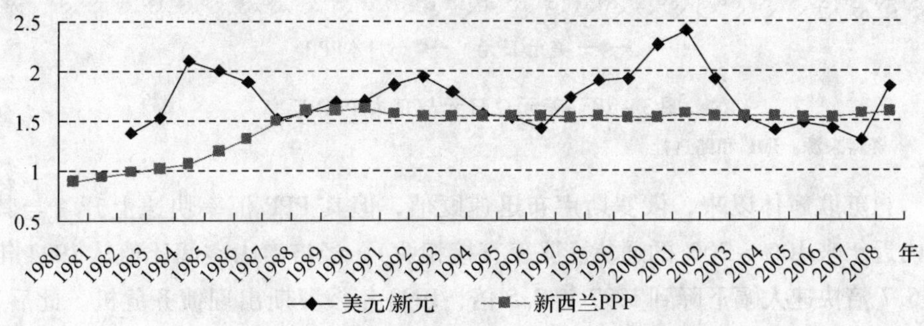


图 3－17　新西兰市场汇率与 PPP 汇率走势

资料来源：IMF 和路透社。

### （三）大型经济体：金砖四国和美日

作为发达国家的日本，随着日元从1985年9月来的大幅升值，美元兑日元的市场汇率和日本PPP汇率之比由1985年的1.2倍下降到1995年的0.53倍（参见图3-18和图3-19）。日本20世纪90年代以来的泡沫破裂和经济长期不振，与其快速透支有限的内外部经济潜力直接相关，也与其内外部发展战略空间失衡相关。

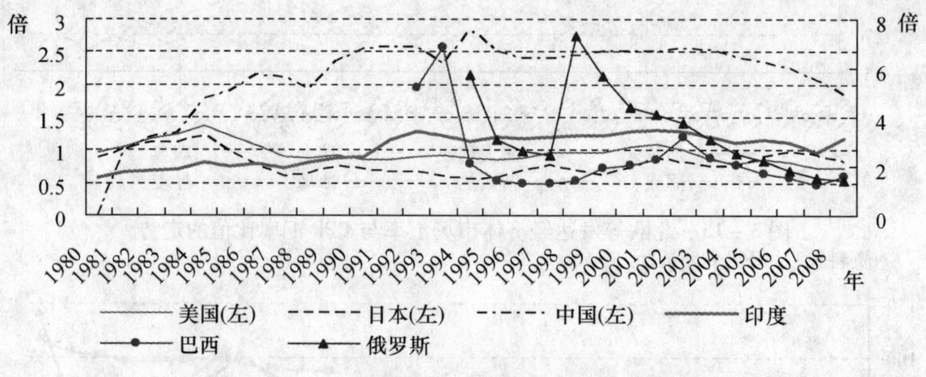


图3-18 大型经济体市场汇率与PPP比值趋势

注：美国经济空间比值是以美联储公布的美元名义主要货币贸易加权指数除以100计算而得。

资料来源：IMF、美联储和路透社。

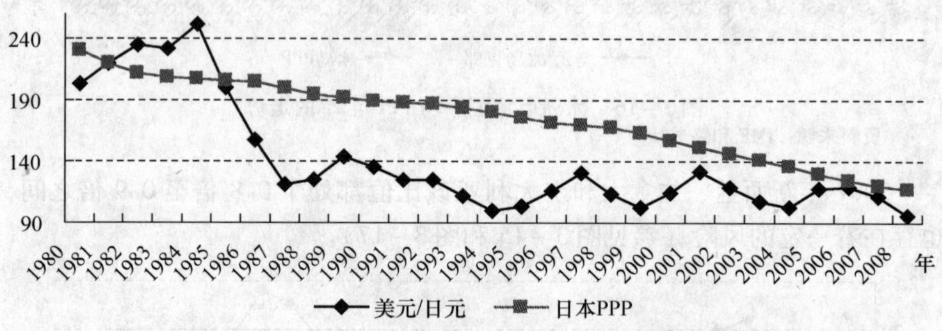


图3-19 美元兑日元与日本PPP汇率

资料来源：IMF和路透社。

自苏联解体以来，俄罗斯卢布迅速贬值，但其PPP汇率快速上升（与其国内近年来10%~20%的通货膨胀率直接相关），经济潜力空间比值从1994年的5.7倍快速大幅下降到1997年2.5倍，1998年俄罗斯出现债务危机。此后，随着卢布的大幅贬值，经济潜力空间有所改善。但是，其经济潜力空间从1998年的7.34倍迅速下降至2008年的1.45倍（参见图3-18和图3-20），加上最近几年俄罗斯股票和房地产市场暴涨，俄罗斯2008年在全球金融风暴的影响下出现资金外逃、货币大幅贬值和金融动荡也就在情理之中了。

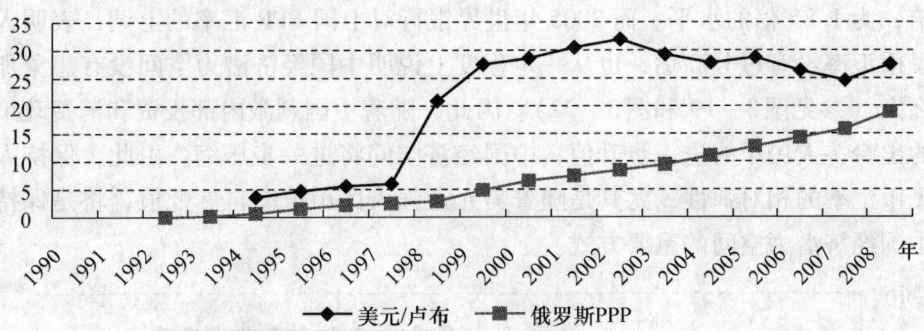


图3-20 美元兑卢布与俄罗斯PPP汇率

资料来源：IMF和路透社。

巴西和俄罗斯的情况类似。1992年巴西还是固定汇率机制，随着汇率的自由浮动，里拉开始缓慢贬值，1993年其经济潜力空间比值大幅上升到6.9倍，此后随着美元走强而快速下降，1996年达到1.32倍后稳定在这一水平，直到1998年债务危机爆发。危机爆发后巴西里拉大幅贬值在一定程度上改善了其经济潜力空间，2002年其经济潜力空间比值为3.2倍。2002年始，随着美元逐步贬值，里拉开始大幅升值，而其PPP汇率仍然保持了上升趋势，2004年经济潜力空间的比值接近两倍，2007年达1.28倍，巴西在此次全球金融风暴中较为动荡，不能说与其经济潜力空间有限无关（参见图3-18和图3-21）。

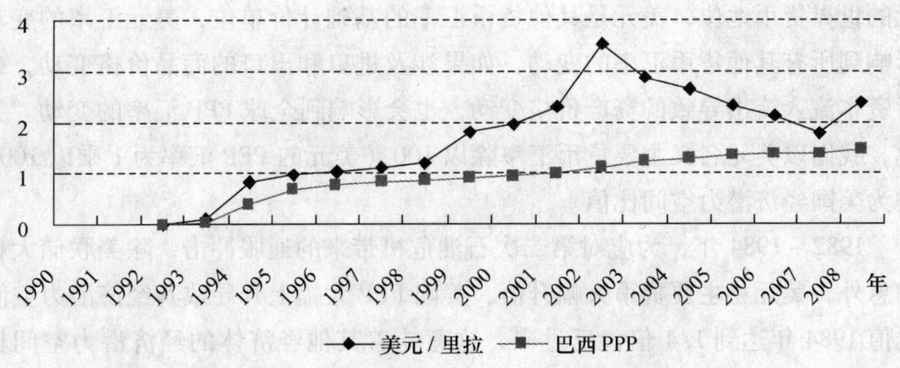


图3-21 美元兑里拉和巴西PPP汇率

资料来源：IMF和路透社。

1989年至2007年，中国经济潜力空间的比值基本上都保持在两倍以上的水平。但是，随着人民币2005年的改革和快速升值，2008年已经低于两倍，为1.85倍的水平。而2005年世界银行对中国PPP汇率的上调，表明人民币汇率没有过分高估，也从一定程度上说明中国经济潜力空间没有想象那么大（参见图3－19和图3－22）。因此，随着中国刺激内部投资和消费政策的出台，人民币的进一步升值，中国经济空间将进一步压缩。由此，保持人民币汇率的相对弹性，尤其是随着美元走强人民币汇率自然贬值，将是保持中国经济潜力空间的重要方式。

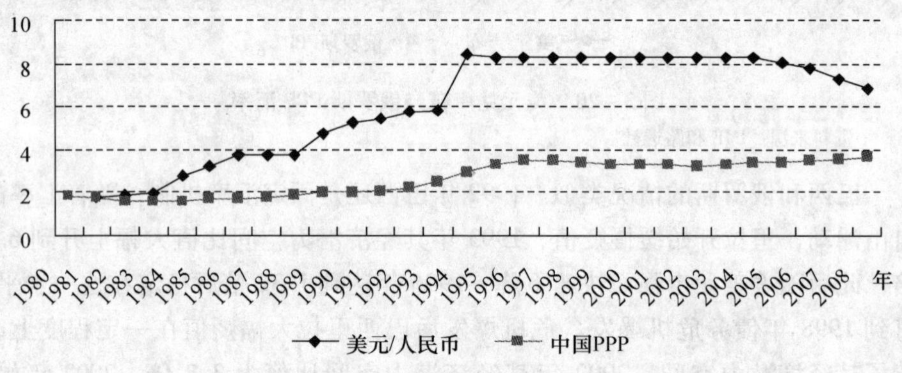


图3－22　美元兑人民币汇率与中国PPP汇率

资料来源：IMF和路透社。

美国的情况比较特别，一方面，PPP汇率是以美元为基础计算的，不管美元汇率和内部物价指数如何变化，其PPP汇率都是1；另一方面，由于美元的世界货币地位，美元是其他货币汇率的基础计价单位，美元汇率的变动影响到所有其他货币汇率的变动，如果涉及进口和出口的商品价格变动，或者资本流入流出导致的资产价格变动，也会影响到全球PPP汇率的变动。为此，我们以美元名义主要货币汇率除以100（美元的PPP汇率为1乘以100）作为美国经济潜力空间比值。

1982～1984年，为应对第二次石油危机带来的通胀冲击，除美联储大幅加息外，美元兑主要货币大幅升值，美国PPP大幅上升导致其经济潜力空间比值1984年达到1.4倍，反过来，这意味着其他经济体的经济潜力空间比值低于1倍，1982～1983年拉美债务危机爆发；1985～1995年，美元大幅贬值，日元大幅升值，美国经济潜力空间比值从1.21倍下降至0.86倍，导致了1992～1993年欧洲货币危机和20世纪90年代以来日元升值导致的日本泡沫过度膨胀和破裂的危机；1996 年美国实行强势美元政策，1997 年其经济潜力空间比值上升至0. 97 倍。1997 ~ 1998 年亚洲金融风暴爆发，全球资金流向美国，并形成了科技股泡沫，2000 年美国经济潜力空间比值达 1. 05 倍，美国科技股泡沫破裂。2007 年，美国经济潜力空间比值为 0. 74 倍，意味着美元过度贬值，美国次贷危机爆发，并深化为全球金融风暴（参见图 3 - 18和图 3 - 23）。

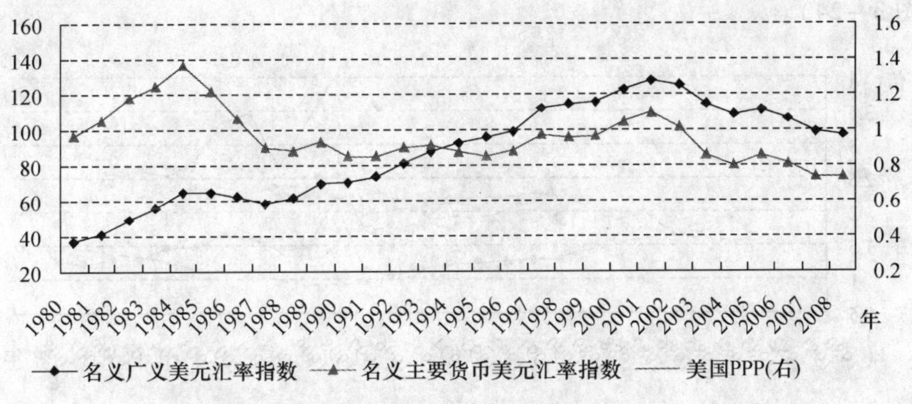


图 3 - 23　美国 PPP 与名义广义美元指数

注：美国 PPP 即名义主要货币贸易加权指数除以 100，两者走势完全一致。

资料来源：美联储。

因此，美元作为世界货币，国际货币体系是美元本位制，无论是美元过度贬值还是过度升值，都会给美国自己和其他国家带来系统性风险。因此，相对稳定的美元符合美国和全世界的利益。美国政府不能肆无忌惮地操纵汇率政策为自己牟利，否则伤人也会伤己。

**（四）亚洲新兴市场经济体和发展中国家（地区）**

亚洲新兴市场经济体大致可以分为两类，一类是新加坡、中国台湾、香港特区和韩国，另一类是泰国、马来西亚、印尼和菲律宾。1997 年至 1999 年的亚洲金融风暴，实际上与这两类国家的经济潜力空间大幅下降有关。从 20 世纪 80 年代至 1996 年，第一类新兴市场经济体经济潜力空间比值从 1. 5 倍以上下降至0. 91 倍至 1. 17 倍之间，第二类新兴市场经济体潜力空间比值从两倍以上下降至 1. 7 倍至两倍之间。经济潜力空间受到挤压，加上内部和外部战略空间受限，1997 ~ 1998 年爆发了亚洲金融风暴。

1997 年及其后一段时间里，由于亚洲新兴市场经济体货币受到投机冲击大幅贬值，经济潜力空间有所改善，但 2002 年始随着美元贬值这些货币大幅升值，经济潜力空间再度下降。2007年，大多数新兴市场经济体经济潜力空间比值下降至1.25至1.99倍之间，在次贷危机引发的全球金融风暴中面临着较大的压力。韩国经济潜力空间1996年为1.11倍，2007年为1.25倍，剧烈的外部冲击引发了金融动荡。事实上，从1996年和2007年的经济潜力空间来看，主要亚洲经济体都达到了近期低点，于是出现了金融动荡，货币大幅贬值，然后经济潜力空间比值才再度大幅上升（参见图3-24）。

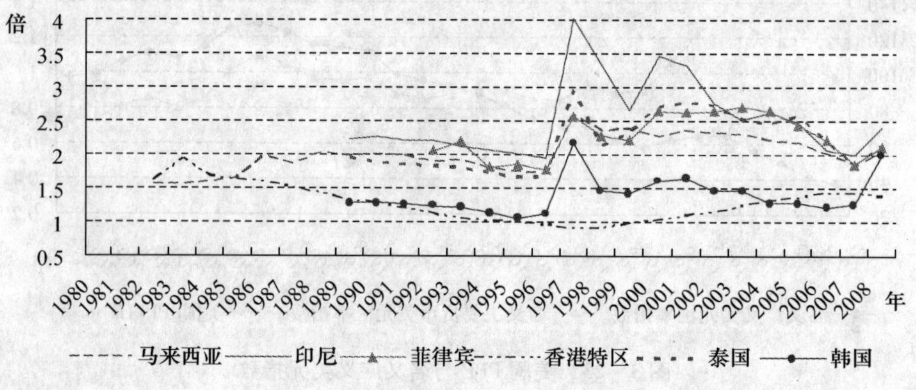

图3-24　亚洲经济体经济潜力空间

资料来源：IMF和路透社。

### （五）拉美主要国家的经济潜力空间

拉美国家频繁出现债务危机引发的货币危机。在1982~1983年债务危机之前，主要国家（包括巴西、墨西哥、阿根廷和智利等）经济潜力空间比值下降至1.15至1.65倍之间。巴西1998年债务危机之前的情况前面已经说明。阿根廷2001年发生债务危机之前，其经济潜力空间比值一直保持在1~1.2倍之间，因为阿根廷比索1991年始实行的是爬行钉住美元的联系汇率制度，比索一直高估，直至2001年阿根廷才实行自由浮动的汇率制度，比索才大幅度贬值，其经济潜力空间有所改善。但是，由于PPP汇率快速上升（与内部通胀相关），其经济潜力空间2008年再度进入两倍以下的风险区间，金融动荡的压力较大。墨西哥1981年经济潜力空间比值降至1.65倍的水平，1982~1983年一样陷入债务危机之中；1993年由1987年的5.3倍再度回到1.63倍的水平，1994年墨西哥再现债务危机；2007年再次达到1.45倍的水平，同样面临着金融动荡的压力（参见图3-25）。

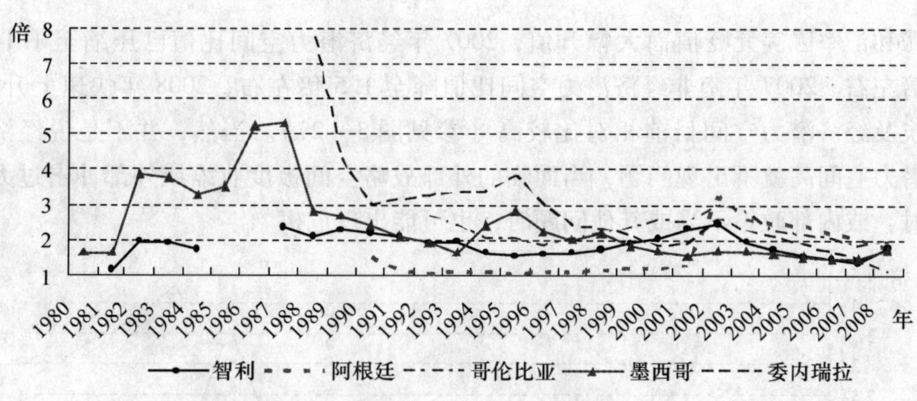


图 3 – 25　拉美主要国家经济潜力空间

资料来源：IMF 和路透社。

### （六）东欧主要经济体的经济潜力空间

自 1993 年以来，东欧主要国家经济潜力空间比值从 3 倍左右及其以上迅速下降。2007 年，捷克、波兰和匈牙利 3 国的经济潜力空间比值下降至 1.3 倍左右，而保加利亚和乌克兰也下降至接近两倍的水平。事实上，只要有大的外部冲击（如当前的全球金融风暴），这些国家都会出现金融动荡（参见图 3 – 26）。目前这些国家已经出现了金融动荡。

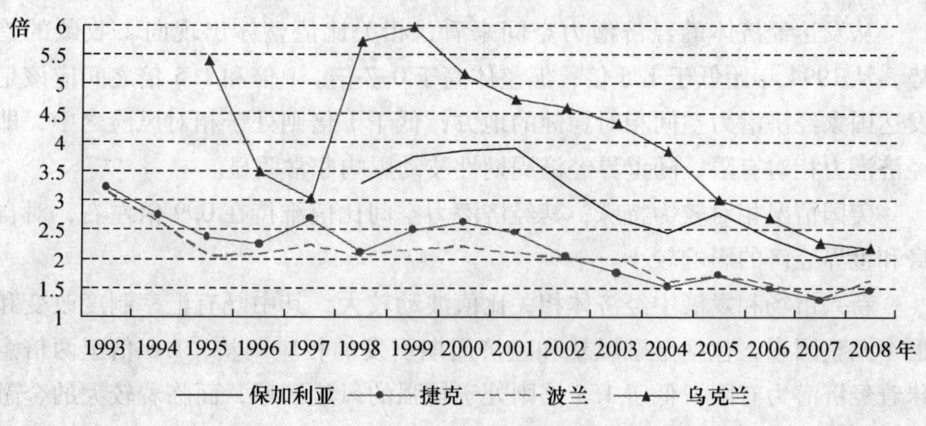


图 3 – 26　东欧主要国家经济潜力空间趋势

资料来源：IMF 和路透社。

### （七）中东和非洲主要经济体的经济潜力空间

以色列作为中东地区唯一的发达国家，其经济潜力空间比值一直在 1 倍左右波动，较为正常。沙特阿拉伯作为中东地区的产油大国，随着油价的上涨和汇率因美元贬值而大幅升值，2007 年经济潜力空间比值已压缩至 1.14 倍左右。2007 年南非经济潜力空间比值降至 1.5 倍左右，2008 年快速上升。埃及经济潜力空间目前相对比较高（参见图 3－27）。当然，并不是说经济潜力空间高就不出现问题，当面临的外部战略空间极度收缩或外部冲击过大时，或内部政策不当或其他问题时，也可能出现危机。

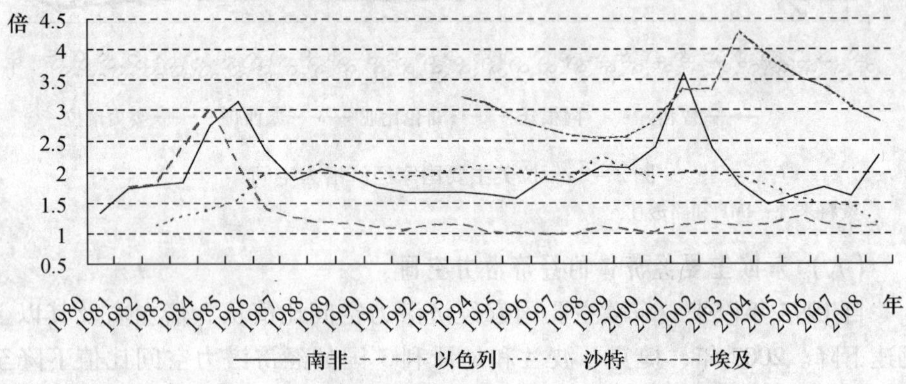


图 3－27　中东和非洲主要国家经济潜力空间趋势

资料来源：IMF 和路透社。

### （八）经济潜力空间的参考政策指标

从发达经济体的经济潜力空间来看，相关比值整体出现向 1 收敛的趋势，从 1994 年始低于 1.5 倍，但整体高于 0.7 倍。1 倍和 1.5 倍之间应该是发达国家经济潜力空间相对稳健的地方，低于 1 倍则处于相对风险之中，即经济潜力相对有限，随世界经济周期性波动影响非常明显。

美国情况相对较为特殊，其经济潜力空间比值维持在 0.9 倍左右，对自身和世界经济的影响较小。

新兴市场和发展中经济体相关比值波动较大，其中既有汇率制度改变和汇率调整因素，包括金融风暴和经济周期引发的相应调整，1.5 倍至两倍意味着经济潜力有限，低于 1.5 倍则处于较强的风险区域，面临着较大的金融危机风险和经济危机风险。1.5 倍至两倍之间在外部风险放大或外部战略空间有限的时候也可能会导致金融危机（参见图 3－28）。

## 四、CPI 与经济潜力空间和金融危机

CPI 与 PPP 直接相关。相对 CPI 的上升将会影响到经济潜力空间（反过来，一经济体 CPI 相对下降，可能增加其经济潜力空间，但如果存在严重的

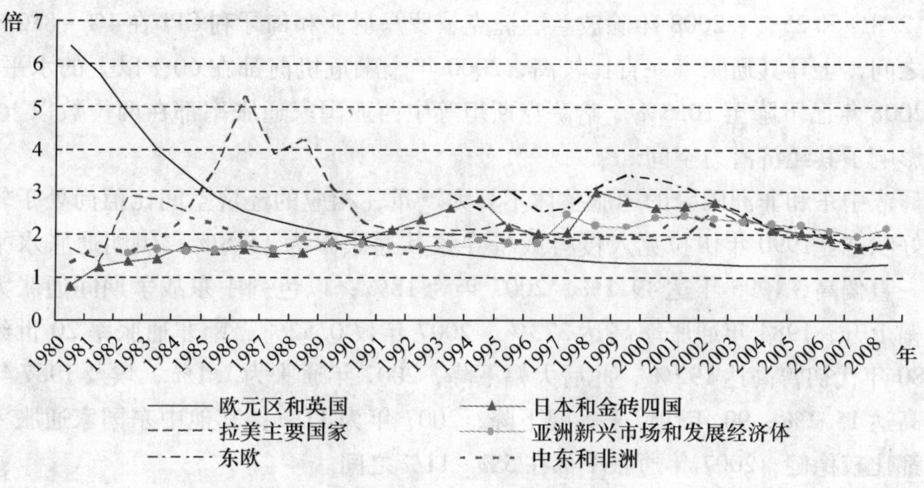


图 3－28　七大区域市场汇率与 PPP 比值的均值

资料来源：IMF。

通缩问题，经济景气下滑，也会破坏其经济潜力空间）。一般而言，21 世纪以来，主要经济体的 CPI 都在 5% 以下，凡 CPI 高于 5% 的经济体，其经济潜力空间都会受到压缩，进而增加其金融动荡的可能。

在 1992～1993 年欧洲货币危机前，英国、意大利和希腊在 1991 年通胀都在 5% 以上。当前的冰岛也属于这样的情况，2008 年 CPI 高达 12%。

20 世纪 80 年代初始至 1996 年的巴西通胀率都在 16%～2947% 之间，俄罗斯 1993～1998 年的 CPI 都在 14% 以上，最高至 300% 以上，1998 年以后也基本上在两位数以上。

亚洲金融风暴中新兴市场经济体的印尼、韩国、泰国和菲律宾在 1998 年前后通胀较高，而其他新兴市场经济体如香港特区、新加坡、中国台湾和发展中国家巴基斯坦则处于通缩之中。但菲律宾、印度尼西亚、巴基斯坦和越南则在最近几年陷入高通胀之中，由于其经济潜力空间比值下降较快，在高通胀的背景下，其金融动荡是不难理解的。

拉美在 20 世纪 80 年代初整体陷入高通胀之中，秘鲁、巴西、阿根廷和墨西哥通胀率都超过 100%，1993 年前（除美元化的巴拿马外），通胀率最高达 7481%（秘鲁），1998 年前拉美主要国家都在 10% 以上，高通胀率削弱了拉美主要国家的经济潜力空间。

东欧和西亚等转型国家更是高通胀率的受害者，其休克疗法导致乌克兰 1993 年 4700% 多的通胀率，乌克兰 2007 年和 2008 年的通胀率分别为

12.8%和25%。2008年除波兰、捷克、罗马尼亚和匈牙利CPI在4%~8.2%之间，土耳其通胀率一直比较高，2000年金融危机前都在60%以上的水平，2008年已下降至10.5%。哈萨克斯坦等中西亚国家通胀率都在两位数以上，影响了其经济潜力空间。

中东和非洲国家的通胀整体不算太严重，相应的经济空间比值尚处于较好状态。1990年伊拉克入侵科威特导致其通胀率为15.8%；伊朗通胀水平一直偏高，1995年达49.1%，2007年为18%；以色列中东战争期间通胀大幅上升，1984年通胀率高达373%，2007年仅0.52%；南非通胀率20世纪80年代初曾高达192%，此后大幅下降，2007年通胀为7.1%；埃及1987年高达15.2%，90年代以来大幅下降，2007年为11%；其他中东国家通胀率都比较稳健，2007年通胀率都在5%~11%之间。

## 五、银行体系与经济潜力空间和金融危机

金融体系的不安全会压缩经济潜力空间的发掘。我们选择了银行不良贷款率为标准判断银行体系的健全程度。由于暂时未获得更早的数据，我们分析了1998年以来的全球主要国家的不良贷款比率，得出几点结论：

第一，高不良贷款比率将压缩经济潜力空间，尤其是部分债务危机较严重的国家或地区尤其如此（如拉美、东欧和俄罗斯等）。

第二，金融危机可能会使不良贷款率大幅上升，相对较高的不良贷款率也是金融危机产生的诱因，因为其实际压缩了经济潜力空间（如美国次级贷款引发的次贷危机和全球金融风暴）。

第三，经济越繁荣，资产泡沫越严重的国家，不良贷款率有可能因资产价格泡沫破裂、货币贬值或者资本外流而大幅上升（如亚洲金融风暴对亚洲的影响）。

第四，金融体系越开放，经济潜力空间看起来越大的新兴市场国家或经济体，其金融体系越脆弱（如土耳其、墨西哥、巴西、阿根廷和俄罗斯等）。

不过，需要明确的是，除小部分国家银行贷款不良率在危机前上涨外，大部分国家的不良率上升都是危机或经济衰退的结果。因此，不良贷款比率可能不具有危机的预测性。但如果危机因不良贷款率预期可能增加，或危机中预期不良贷款率将大幅上升，一定会加大危机的程度和影响范围。

## 六、新兴市场资产泡沫与经济潜力空间和金融危机

部分新兴市场经济体资产泡沫较小，危机多为债务危机。部分新兴市场

经济体资产泡沫较大，多发生资本流出泡沫破裂和货币贬值的综合性危机。一般而言，资产泡沫的大小与资金的流入量呈正相关，流入资金越多，资产泡沫越大，越易出现货币危机。比如，1998 年亚洲新兴市场市盈率超过 80 余倍，1997 年比 1980 年还要高，亚洲金融风暴 1997 年从泰国开始爆发（参见图 3－29）。又比如，经历了 2000 年美国科技股泡沫破裂对全球股市的冲击后，2005 年新兴市场市净率大幅上升，2007 年达 3～4 倍的水平，当次贷危机引发的全球金融风暴时，新兴市场必然受到冲击（参见图 3－30）。

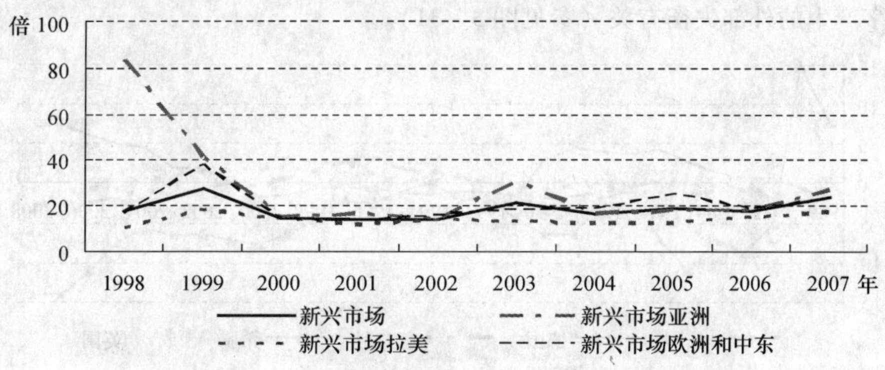


图 3－29 新兴市场 PE（市盈率）走势

资料来源：IMF。

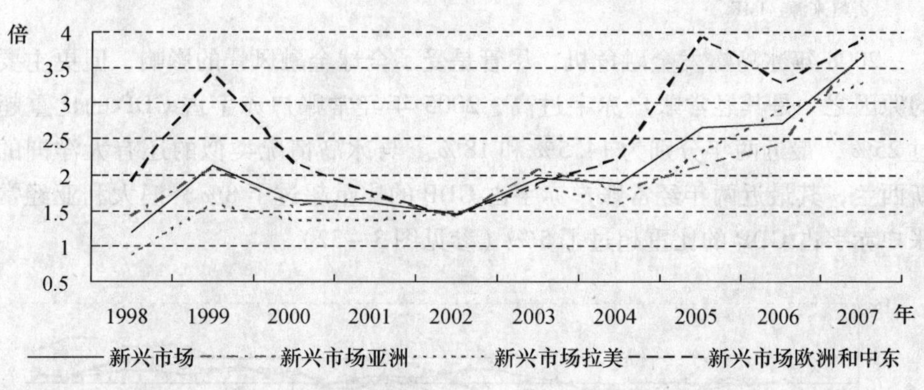


图 3－30 新兴市场 PB（市净率）走势

资料来源：IMF。

分区域和国家来看，新兴市场经济体的市盈率超过 30 倍，或者市净率超过 3 倍，可能就处于风险临界点。如 1997～1998 年处于危机中的主要亚洲新兴市场经济体，2000 年和 2001 年处于危机之中的土耳其和阿根廷，2008 年受全球金融风暴影响比较大的经济体都在此列。这是因为资产泡沫越大，经济潜力实现的可能性越小，经济潜力空间没有表面看到的那么大。

## 七、经常账户赤字与经济潜力空间和金融危机

经常账户赤字越严重，越易出现债务危机和金融危机。1991～1993 年间的芬兰、英国和法国等经常账户都存在赤字，芬兰和英国经常账户赤字占 GDP 的比重接近 5%，希腊 1988～1989 年超过 6%，法国经常账户赤字占 GDP 比重接近 0.5% 至 1%，德国统一后经常账户由盈余转为赤字，占 GDP 的比重超过 1%。因此，1992～1993 年欧洲汇率机制发生危机也与经常账户赤字产生的外部失衡有关（参见图 3－31）。

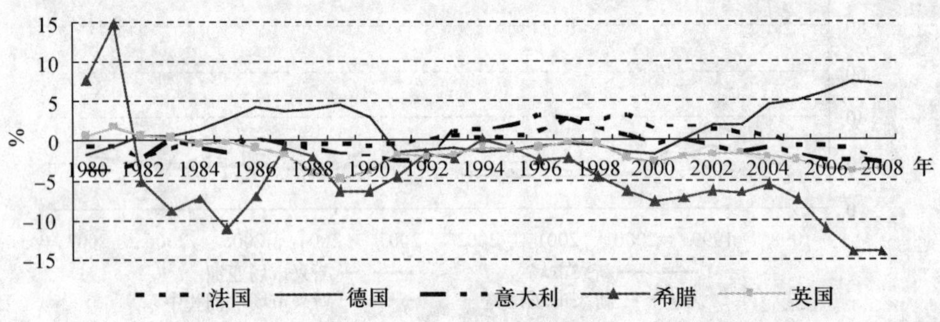


图 3－31　欧元区和英国经常账户余额占 GDP 比重

资料来源：IMF。

2008 年冰岛爆发金融危机，尽管是受了全球金融风暴的影响，但更主要的原因之一是其经常账户赤字过高，2005 年经常账户赤字占 GDP 的比重超过 25%，最近两年分别为 14.5% 和 18%。与冰岛情况类似的还有大洋洲的新西兰，其最近两年经常账户赤字占 GDP 的比重超过了 8%，澳大利亚经常账户赤字占 GDP 的比重超过了 5%（参见图 3－32）。

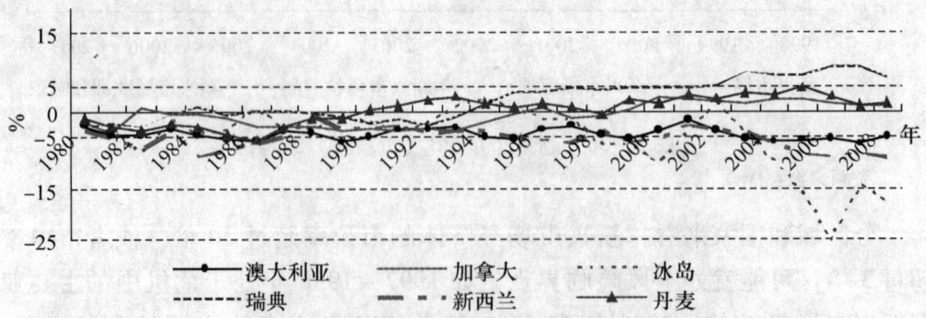


图 3－32　北欧、加拿大、大洋洲和瑞士经常账户占 GDP 的比重

资料来源：IMF。

主要大国中印度、巴西和美国经常账户赤字占 GDP 的比重较高，美国最近两年在 5%～6%，印度在 1%～2.5%，巴西 2008 年近 1.8%（参见图 3－33）。由此，巴西和印度受全球金融风暴的冲击出现金融动荡亦在情理之中。

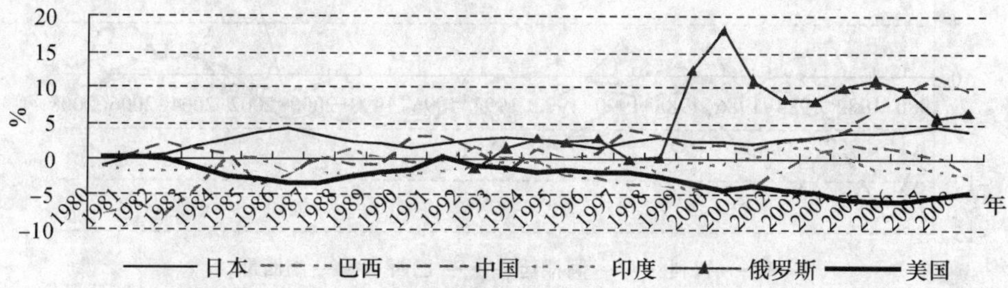


图 3－33　大型经济体：金砖四国与美日经常账户占 GDP 比重

资料来源：IMF。

亚洲金融风暴涉及的主要国家在 1995～1996 年都出现了较大的经常账户赤字，其占 GDP 的比重最高接近 10%，原因当然与麦金农先生提到的日元兑美元贬值导致日本商品出口竞争力增加而东南亚主要经济出口商品体竞争力下降有关，这背后自然是美国强势美元政策的结果。2007 年印尼出现金融动荡，越南出现危机，2008 年巴基斯坦出现金融动荡，都与其经常账户赤字过大或盈余消失过快相关（参见图 3－34）。

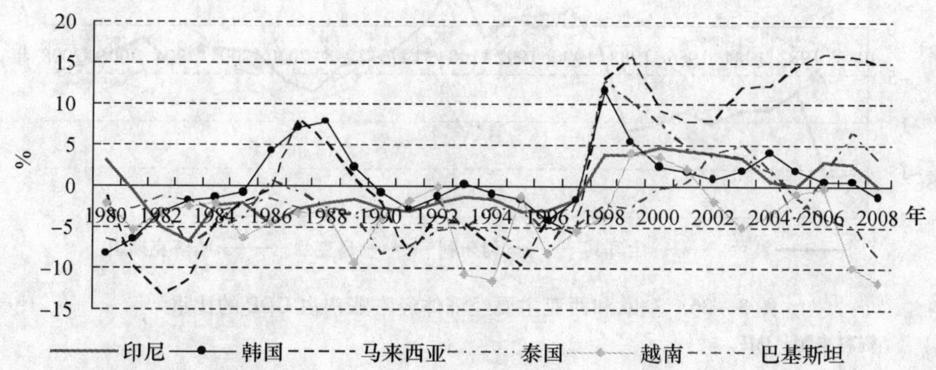


图 3－34　亚洲新兴市场经济体和发展中国家经常账户占 GDP 比重

资料来源：IMF。

同样，1982～1983 年拉美债务危机、1994 年墨西哥债务危机、1998 年巴西债务危机和 2001 年阿根廷金融危机，以及目前的金融动荡，都与其经常账户赤字相关（参见图 3－35）。

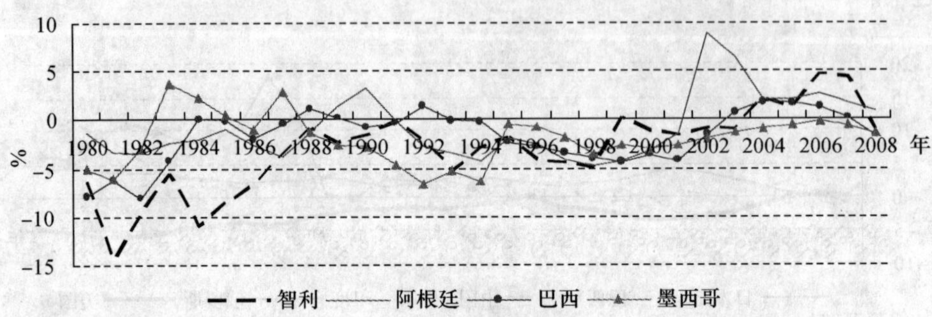


图 3－35　拉美主要经济体经常账户 GDP 占比

资料来源：IMF。

目前主要东欧和西亚国家其实都面临着经常账户赤字的压力。土耳其 2000 年以来的金融危机及持续的金融动荡，也与经常账户赤字相关。2008 年以来东欧国家面临着外债的压力，其实与其经常账户赤字使其还款来源短缺直接相关（参见图 3－36）。

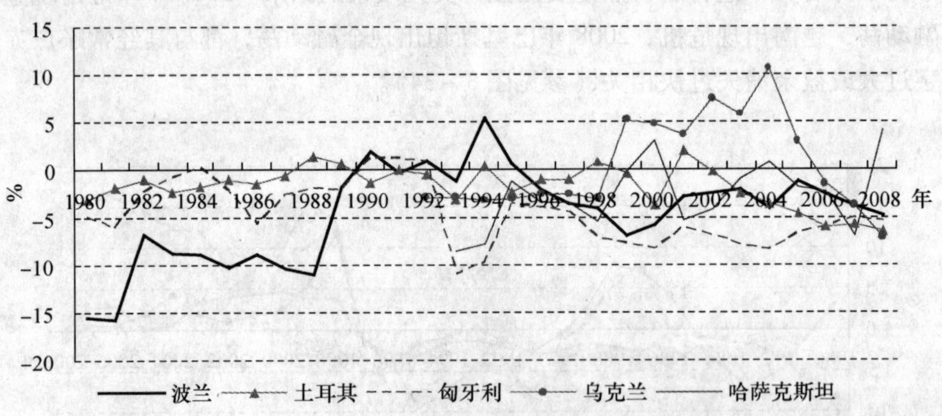


图 3－36　东欧和西亚主要经济体经常账户占 GDP 的比重

资料来源：IMF。

中东石油出口国经常账户随油价的变化而变化，目前存在着较高的经常账户盈余，但油价大幅下跌会带来压力。非洲国家整体仍然处于经常账户赤字的压力之下（参见图 3－37）。

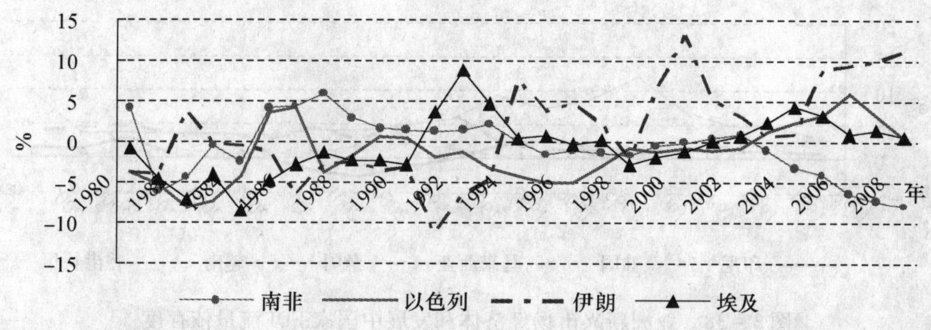


图 3－37　中东和非洲主要经济体经常账户占 GDP 比重

资料来源：IMF。

## 八、外商直接投资与经济潜力空间和金融危机

外商直接投资（FDI）的流量依存度与经济潜力空间和金融危机也有着一定的关系。① 从理论上说，FDI 会流入一个有发展前景的区域，但当该区域经济发展潜力下降或出现危机时，FDI 将流出。因此，从这个意义上讲，FDI 不是金融危机的一个先行指标，而是滞后指标。但是，可以观察到的是，任何一次金融危机或经济衰退出现之前，该区域或经济体的 FDI 流入量依存度将会有较大幅度的上升，而危机后会出现较大幅度的下降，如 2000 年和 2007 年前后的发达经济体德国、法国、英国、葡萄牙、瑞典、加拿大和丹麦等国。

当然，部分经济体在面临危机前可能就已经出现 FDI 依存度的下降，并伴随着 FDI 流入量的下降，如冰岛。此外，澳大利亚和丹麦等在此次全球金融风暴来临之前也出现了 FDI 流入量下降的类似情况。

俄罗斯和巴西在亚洲金融风暴来临之前出现了 FDI 流量依存度的大幅上升，但在 1998 年危机爆发之后，出现了大幅度的下降。而美国在亚洲金融风暴爆发后 FDI 流入量的依存度继续上升，直到 2000 年下降。此次全球金融风暴来临之前，美国 FDI 流入量依存度也出现了明显的上升。

在亚洲金融风暴来临之前，泰国、中国香港特区、印度尼西亚、马来西亚等经济体 FDI 流入量的依存度都明显上升，但危机爆发后至少出现了短期内的下降。而 2007 年美国次贷危机爆发前后，这些经济体 FDI 流入量依存度明显上升（参见图 3－38）。

① 所谓依存度，除特别指出的外，指该指标与 GDP 的比值，下同。

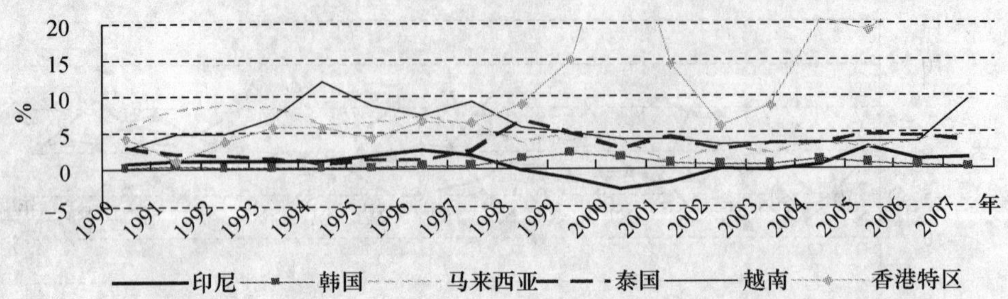


图 3 – 38　亚洲新兴市场经济体和发展中国家 FDI 流量依存度

资料来源：联合国贸促会和 IMF。

拉美主要经济体在 1994 年墨西哥危机后 FDI 流量依存度明显大幅上升，但 1998 年巴西危机对此略有影响，于 2000 年美国科技股泡沫破裂之前达到历史高点，然后随着美国股市下跌和经济衰退而大幅下滑，而 2007 年之际 FDI 流量依存度再度达到相应的高点（参见图 3 – 39）。

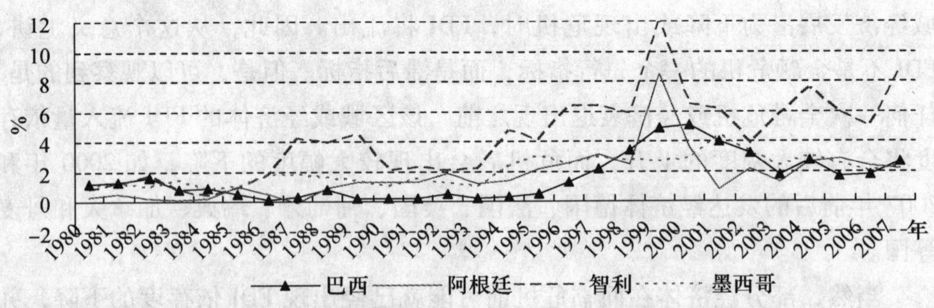


图 3 – 39　拉美主要经济体 FDI 流量依存度

资料来源：联合国贸促会和 IMF。

东欧和西亚主要经济体也呈现出大致类似的规律。哈萨克斯坦 FDI 流量依存度在 1993 年达到高点后大幅下跌，1997 ~ 1998 年受亚洲金融风暴的影响不大，在 2000 年达到上升一定高点后再度下跌，2003 年开始反弹，2007 年次贷危机前后达到一定的高点（参见图 3 – 40）。

中东主要经济体如沙特和埃及等 FDI 流量依存度在第二次石油危机之前大幅上升，之后大幅下跌。中东和非洲主要经济体曾受 1991 年美国经济衰退的影响，1997 ~ 1998 年亚洲金融风暴对其略有影响，2000 年受美国科技股泡沫破裂的影响而大幅下跌，但 2003 年随经济恢复而大幅上升，2006 年随美国房地产市场的放缓而有不同的走势：南非下跌后略有反弹，沙特随油

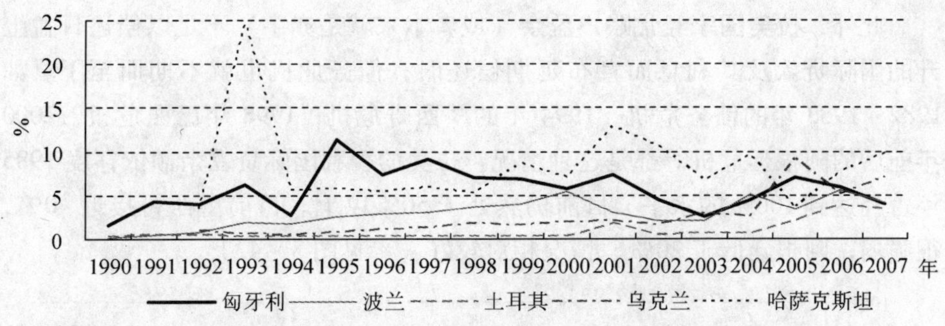


图 3－40　东欧和西亚主要经济体 FDI 流量依存度

资料来源：联合国贸促会和 IMF。

价上升而上升。

因此，FDI 增加可以说是经济潜力空间的增加，也可以说是外部战略空间的增加，或者说是外部资源对内部经济潜力的开发和应用。但当 FDI 流出或流入减少时，可能就意味着内部缺乏战略空间，或者内外部战略空间失衡，可能预示着危机的到来。当然，FDI 流入下降也可能是危机的结果。

## 九、国际贷款与经济潜力空间和金融危机

国际贷款是一国经济重要的外部资源，但同样也会带来明显的外债。当经济繁荣到达顶端或资产泡沫过度积累时，或者国际贷款的集中到期收回或提前收回，或者还本付息都会带来压力，如亚洲金融风暴中国际贷款的货币错配也是导致危机爆发的一个很重要的原因（参见图 3－41）。

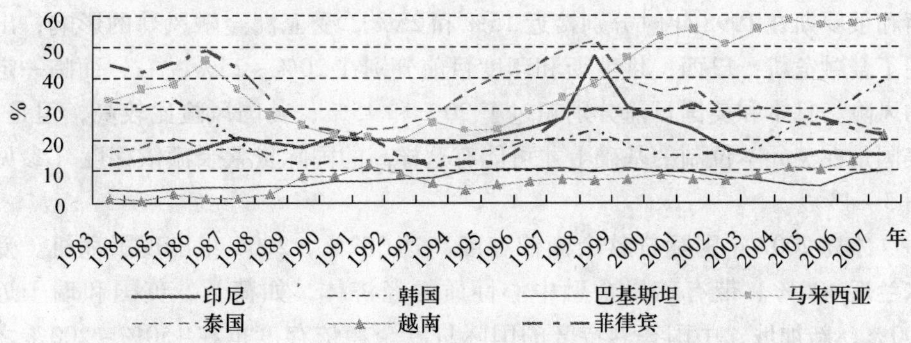


图 3－41　亚洲新兴市场经济体和发展中国家国际贷款余额依存度

资料来源：BIS 和 IMF。

此外，拉美国家经常账户盈余（或者本来就是赤字）不足以偿还日益上升的国际贷款及其利息而宣布延期偿还时，债务危机也就不期而至了。如1982~1983年的债务危机，1994年的墨西哥危机，1998年巴西危机，2000年前后的阿根廷危机等都是这种情况。拉美的智利国际贷款余额依存度1985年曾经达到100%的水平，目前仍然处于50%以上。目前墨西哥接近40%，很脆弱；阿根廷低于20%，情况相对较好（参见图3-42）。

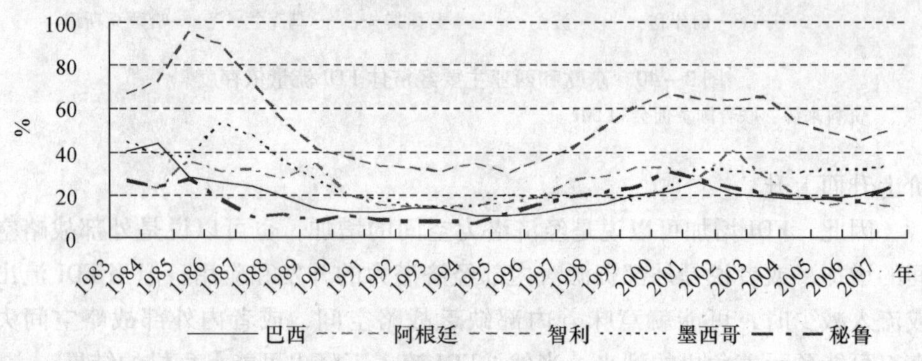

图3-42　拉美主要经济体国际贷款余额依存度

资料来源：BIS和IMF。

有意思的是，以前只有新兴市场经济体和发展中国家存在着这种类型的危机，但是，21世纪以来发达国家对国际贷款的依存度大幅上升，尽管其经济实力较强，也同样存在着债务危机的可能。1982年前巴西超过了40%，1982~1983年爆发了危机。美国1991年出现过信贷危机（如前面麦金农的观点）。中国目前国际贷款余额依存度低于10%，处于相对安全的水平。巴西和俄罗斯在1998年时分别接近15%和25%，受亚洲金融风暴的影响，出现了金融危机。巴西、俄罗斯和印度目前分别在20%~25%左右，面临一定的风险。日本和美国目前分别超过了20%和45%，美国风险比较高，但是，美国是在美元本位制的基础上才可能有这样高的国际贷款余额依存度（参见图3-43）。

冰岛2007年国际贷款余额依存度高达352%，2008年出现了危机。爱尔兰近400%。带有离岸金融中心性质的经济体，如荷兰、英国和瑞士近200%，新加坡、中国香港特区的国际贷款余额依存度也在150%~200%之间。这些经济体最大的危险在于资金外流。

东欧和西亚国际贷款依存度比较高，但其自身的经常账户很难保持盈余，或者支持到期还款本息，这使东欧国家处于较严重的风险之中。保加利

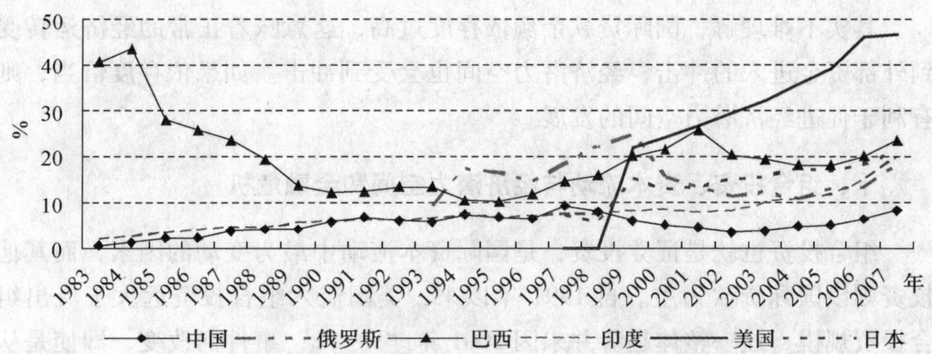


图 3－43　金砖四国中、俄、印、巴与日本、美国国际贷款余额依存度

资料来源：BIS 和 IMF。

亚 1991 年达到 400% 的水平，一般的东欧和西亚国家占比都在 40% 以上。这使东欧和西亚国家都面临着较高的风险（参见图 3－44）。

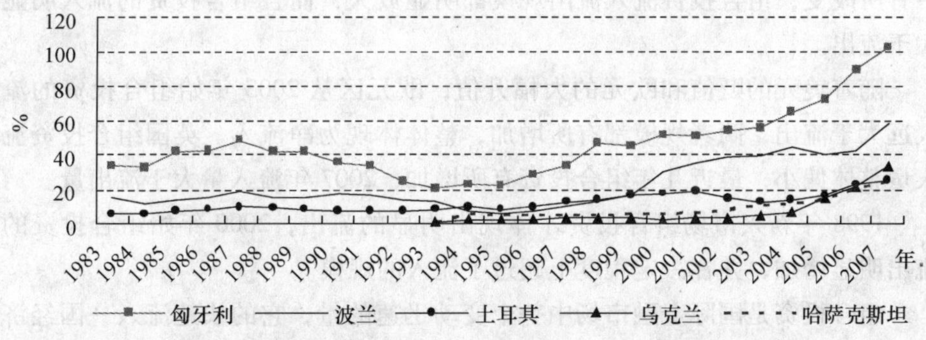


图 3－44　东欧和西亚主要经济体国际贷款余额依存度

资料来源：BIS 和 IMF。

除个别国家外，中东和非洲主要经济体国际贷款余额依存度相对较小，一般低于 15%（南非和埃及超过 25%），而且，中东石油输出国的经常账户常有盈余。

如果参考曾经发生过因国际贷款而引发债务危机的拉美和东南亚国家的水平来看，新兴市场经济体国际贷款余额依存度达到 30% 以上是比较危险的；而从发达国家与国际贷款相关的危机来看，除具有离岸金融中心的经济体外，国际贷款余额依存度超过 100% 即意味着较大的风险，有危机发生的可能。当然，这里面还要看国际贷款的币种、期限结构和经常账户盈余能不能覆盖国际贷款的到期还款本息等因素。在某种特殊的情况下，国际贷款在 20% 以上都可能发生金融危机。

其实不难理解，国际贷款余额依存度过高，这意味着正常的经济运转受到外部资金进入的冲击，经济潜力空间也会受到冲击。如果依存度恰当，则有利于促进经济潜力空间的发展。

**十、组合投资、资本流动与经济潜力空间和金融危机**

组合投资也就是证券投资，是国际资本流动中最为变动的因素，而其他投资则以国际贷款为主。自 1991 年以来，美国流入组合投资远大于流出组合投资规模，这一整体趋势并未因 2001 年“9·11”事件而改变，即使是从 2002 年始的美元大幅贬值也没有改变这一趋势。但是，加拿大组合投资的流入明显低于组合投资的流出量。

日本流入和流出的组合投资量都相当大，因资产泡沫破裂，从 1992 年始组合投资流入明显下降，而组合投资流出明显增加，这种情况在 2004 年后有所改变，组合投资流入流出规模都明显放大，而且组合投资的流入明显大于流出。

随着美元的贬值和欧元的大幅升值，欧元区从 2003 年始组合投资的流入远大于流出，两者规模都有所增加，整体体现为净流入。英国组合投资流入量整体偏小，最近几年组合投资有所增加，2007 年流入量大于流出量。

1998 年新兴市场组合投资才体现出明显的流出，2000 年始组合投资的流出明显增加，并在一定程度上超过了流入的规模。

组合投资是国际金融市场中一个变动迅速的量，它的快速流入一国经济体可能推高资产泡沫，快速流出可能使泡沫破裂，如果能稳定表明货币有升值的空间，泡沫相对可控，经济潜力还较大，否则会破坏经济潜力空间并诱发金融危机。

# 下篇

# 全球金融风暴展望：新老蝴蝶的蝴蝶效应

对未来经济发展和金融市场走向的判断，同样离不开对美元本位制背景下美元政策和其他相关政策的判断。事实上，对全球格局和秩序的走向判断，也离不开国际货币体系（当前为美元本位制）的判断。

通过具体分析，我们认为美国和全球经济金融秩序仍然存在着问题，这些问题短期内不可能完全解决，但并不影响经济近期的复苏和发展，尽管在未来几年内问题可能会再次变得更严重。全球格局在过去的30年里发生了重大变化，全球秩序既有现实的无奈也有当下的希望，随着中国和亚洲的兴起，以及欧盟的扩展，除了美国这只蝴蝶外，将多出两只新蝴蝶，因此20年后全球有可能进入共治时代。

# 第四章

# 全球经济和金融市场之船将驶向何方

## 第一节　全球金融风暴不会导致大萧条

此次全球金融风暴与 1929 ~ 1933 年大萧条有着本质上的不同，危机很严重，将导致实体经济较为严重的衰退，但并非看不到一点阳光，全球金融风暴应该不会导致大萧条。如果各国央行在经济回暖时及时收紧流动性并紧缩货币政策，为应对金融危机而大量注入的流动性如果处理得当应该不会导致恶性通胀。

**一、全球金融风暴不会导致大萧条**

有人认为此次金融风暴的影响可能堪比 1929 ~ 1933 年的资本主义世界大萧条，但这种判断其实是一种误导，没有考虑相应的变化因素。尽管表面上看，此次由美国次贷危机引发的全球金融风暴与 1929 ~ 1933 年大萧条在波及的各个方面有着许多类似的方面，如发生于资产泡沫的破裂，进而引发银行和其他金融机构的危机，股市动荡，流动性紧张，债务恶化，银行信贷收缩，并进而影响到实体经济的各个方面，持续时间都可能比较长等。

但是，此次金融风暴与大萧条存在着较大的差异，有些是本质上的差异。

1. 国际货币体系的安排完全不一样。尽管美元独大的霸权体系短期内不可能获得大的改变，但相比金本位制而言其灵活性是不言而喻的。大萧条之前的金汇兑本位制是在第一次世界大战后重新恢复起来的，对于每个国家的通货发行有个硬约束，容易造成通货紧缩；而此次金融风暴的背景是以美元本位制为基础的，同时还有区域性货币欧元，以及日元、英镑、加元、澳元和人民币等货币，多数货币或者是自由浮动，或者实现了钉住美元汇率或者一揽子货币的汇率制度，货币的发行相对宽松，基本上不受外部限制。因此，在危机来临时，大多数央行都大规模向市场注入流动性，降低利率。其中，美联储更是率先将利率降至零附近并实施了定量宽松的货币政策，大幅增加基础货币，2008 年 12 月基础货币年比增长率超过了 100%。

2. 各国政府从资本主义大萧条中学到了宝贵的经验，从国家干预的理念到行动措施都相对完备，而且具有某种国际联合性。一方面，各国政府反应非常积极主动，国际协作也有所加强。政府接管银行和其他金融机构（除雷曼兄弟外），并为存款人提供全额担保，银行恐慌基本上消失；另一方面，金融市场在危机的恐慌、金融机构动荡和企业盈利大幅下降的情况下，大幅下跌，美国股市甚至跌破了 2003 年的低点，但随着金融机构被接管和不良资产的恰当处理可能会导致其股价反弹，这会限制市场的跌幅，债务危机由此也相对可控，进而有可能打破股票市场大跌、企业破产和银行倒闭的恶性循环。

3. 尽管目前美国和其他主要国家的银行信贷有所放缓，但整体增长仍然相对较好，对经济有一定的支撑作用。

4. 全球金融风暴给实体经济带来了巨大的影响，各国工业产值和贸易都在大幅下降，全球有效需求大幅紧缩，但是，各国政府大规模的财政刺激计划和对自由贸易理念的坚持，将在一定程度上从内需的逐步扩大扩展到外需上，进而在一定时间后导致全球有效需求大幅反弹。

因此，此次全球金融风暴受复杂的金融衍生品市场的影响，比大萧条时的情况的确要复杂一些，控制起来要难得多，但整体风险没有想象那么大，人们存在过分恐慌的情况，金融市场仍然有健康的因素存在（这一点在第一章中作者作了较为全面的说明）。作者的结论是：此次金融风暴不能简单地以大萧条作类比，甚至轻易地下百年不遇的结论。

但是，主要发达经济体陷入较为严重的衰退已成必然之势。而且，与大萧条时社会主义国家未受到大的影响不同，全球新兴市场国家和发展中国家却可能因为其经济潜力有限、资产泡沫过大和资本账户开放，进而在资金外流的情况下出现金融动荡甚至金融危机。这种迹象已经出现在韩国、俄罗斯、匈牙利、乌克兰、阿根廷和墨西哥等地。

## 二、全球经济的结构、协同效应和有效需求

### （一）全球经济的主要结构

明白全球经济的主要结构对于理解世界经济的现状具有非常重要的意义。作者选择了全球 GDP（市场汇率）的结构，以及全球 GDP（PPP，即购买力平价汇率）、商品和劳务的出口、人口构成等指标给予初步的说明。

2007 年，全球 GDP 以市场汇率计为 54.6 万亿美元，排名前 30 位的经济体占全球 GDP 总值的 88%，排名前 10 位的经济体（美国、日本、德国、中国、英国、法国、意大利、西班牙、加拿大和巴西）占比高达66.7%，前七位经济体占比高达59.1%，美日德中占比高达45.3%。也就是说，全球经济的发展主要取决于主要经济体，尤其是前四大经济体的状况（参见图4－1）。

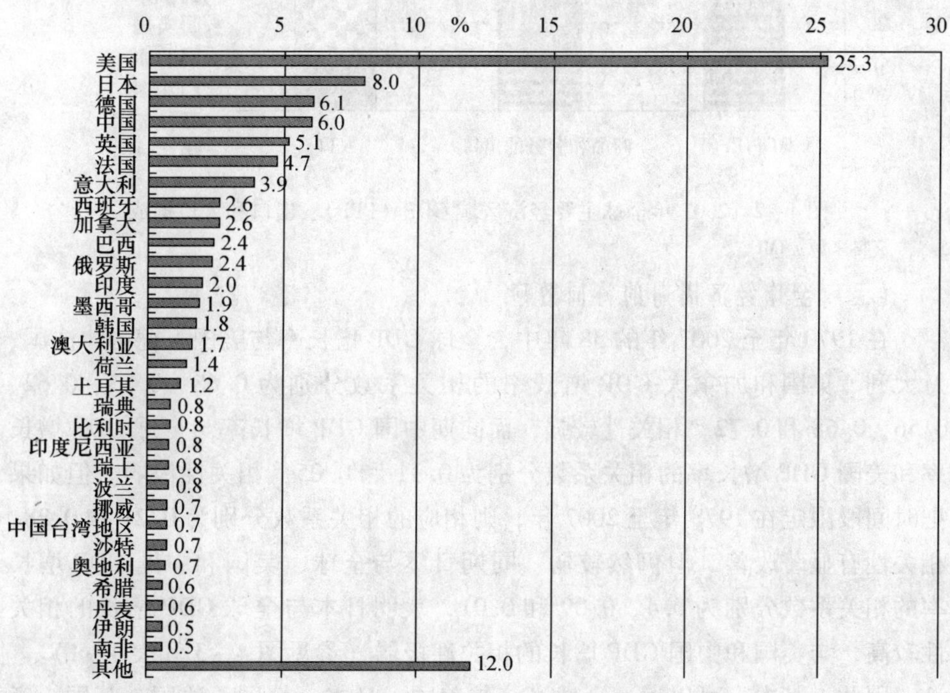


图4－1 2007 年全球 GDP（市场汇率）主要经济体占比

资料来源：IMF。

PPP 计算的 GDP 构成更能说明前四大经济体的重要性。2007 年全球 GDP（PPP）为 65.3 万亿美元，中国占比达 10.8%。2007 年，美国、欧元区、日本、中国、印度、俄罗斯、英国、巴西、墨西哥和加拿大占全球 GDP（PPP）的 72.8%，占全球总出口的 65.2%，占全球总人口的 58.1%。美国、欧元区、日本和中国等合计占全球 GDP（PPP）、总出口和总人口分别为 54.8%、51.5% 和 32%（参见图 4－2）。

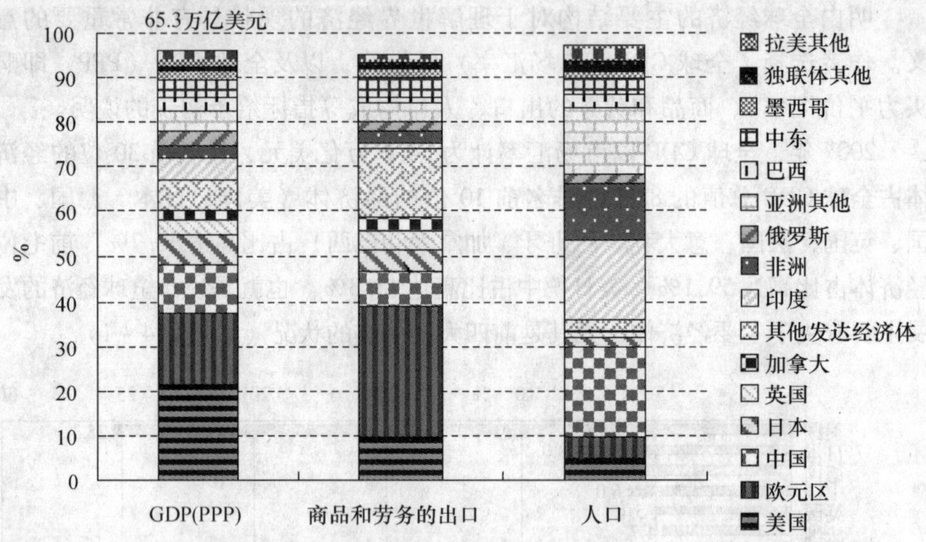


图 4－2　2007 年全球主要经济区域 GDP（PPP）、出口和人口构成

资料来源：IMF。

### （二）全球经济周期的协同效应

在 1970 年至 2007 年的 38 年中，全球 GDP 增长率与美国、德国、法国、意大利、英国和加拿大 GDP 增长率的相关系数分别为 0.68、0.53、0.62、0.56、0.68 和 0.72，相关性较强，而同期中国 GDP 增长率与全球 GDP 增长率和美国 GDP 增长率的相关系数分别为 0.11 和 0.05，相关性极弱。但如果把时间段限定在 1978 年至 2007 年，则相应的相关系数分别为 0.21 和 0.28，相关性有显著改善，但仍然较弱。同期日本与全球、美国和中国 GDP 增长率的相关系数分别为 0.4、0.09 和 0.01，表明日本与全球 GDP 增长的相关性较高，与美国和中国 GDP 增长的相关性极弱（参见图 4－3 和表 4－1）。

因此，基本上可以说，全球经济与美国、日本、德国、法国、英国、意大利和加拿大有协同效应，也就是说这些经济体的增长情况将影响到全球经济的增长情况。当然，这种情况近年来也有所改变，中国、俄罗斯、印度、

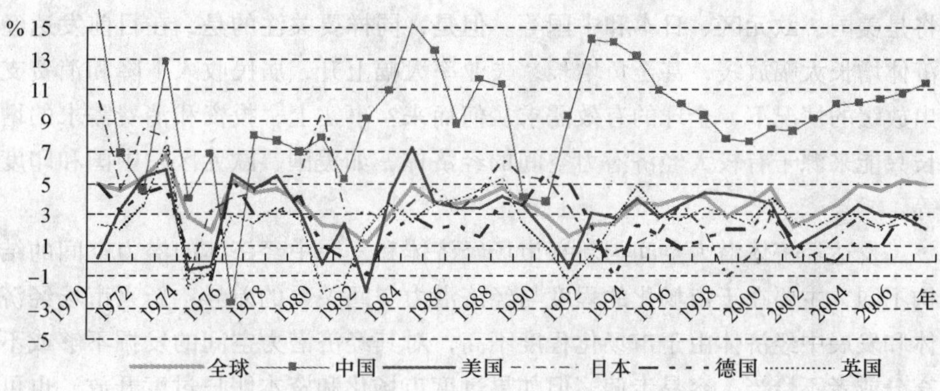


图 4-3　全球、美国和中国 GDP 增长率趋势

资料来源：IMF 和中国国家统计局。

巴西和韩国等新兴市场国家对全球经济增长的贡献也在不断上升。

但是，有意思的是，1978 年至 2007 年间日本与中国 GDP 增长率的相关系数是 -0.24，呈现出负相关。但是，这并不能说明两国经济的相互影响，而反映了在中国经济的上升期，尤其是 1990 年后的快速上升期，日本经济因日元升值导致的资产泡沫破裂对经济的持续负面影响。中国与德国、法国和意大利 GDP 增长率的负相关性也是因为这些经济体增长放缓的缘故（参见表 4-1）。

**表 4-1　全球主要经济体 GDP 增长率相关系数矩阵**（1970～2007 年）

| | 全球 | 美国 | 日本 | 中国 | 德国 | 法国 | 意大利 | 英国 | 加拿大 |
|---|---|---|---|---|---|---|---|---|---|
| 全球 | 1.00 | 0.68 | 0.40 | 0.11 | 0.53 | 0.62 | 0.56 | 0.68 | 0.72 |
| 美国 | 0.68 | 1.00 | 0.09 | 0.05 | 0.38 | 0.28 | 0.32 | 0.64 | 0.74 |
| 日本 | 0.40 | 0.09 | 1.00 | 0.01 | 0.54 | 0.51 | 0.49 | 0.13 | 0.15 |
| 中国 | 0.11 | 0.05 | 0.01 | 1.00 | -0.16 | -0.23 | -0.17 | 0.32 | 0.01 |
| 德国 | 0.53 | 0.38 | 0.54 | -0.16 | 1.00 | 0.68 | 0.66 | 0.29 | 0.26 |
| 法国 | 0.62 | 0.28 | 0.51 | -0.23 | 0.68 | 1.00 | 0.73 | 0.39 | 0.45 |
| 意大利 | 0.56 | 0.32 | 0.49 | -0.17 | 0.66 | 0.73 | 1.00 | 0.30 | 0.53 |
| 英国 | 0.68 | 0.64 | 0.13 | 0.32 | 0.29 | 0.39 | 0.30 | 1.00 | 0.53 |
| 加拿大 | 0.72 | 0.74 | 0.15 | 0.01 | 0.26 | 0.45 | 0.53 | 0.53 | 1.00 |

资料来源：IMF 和中国银行。

## （三）全球有效需求的来源

结合主要经济体在全球 GDP 中的重要地位，决定全球经济增长走势的将是美国、欧元区、日本和中国等。但是，同样要关注的是，在目前发达经济体增长大幅放缓，甚至负增长，失业率大幅上升，居民收入下降和消费支出放缓的情况下，全球的有效需求从何而来？事实上，投资和消费需求的增长只能来源于有较大经济潜力空间的经济体，如美国、欧元区、中国和印度等。

发达经济体潜力空间与新兴市场经济体和发展中经济体的潜力空间的结构不同，主要在于市场化的程度与经济潜力空间关系的差异：新兴市场经济体和发展中经济体由于市场化程度不高，对其经济潜力空间的发掘不够或不充分或者不恰当，容易走偏。但如果过度市场化和资本账户过度开放，也可能导致其经济潜力空间的过度发掘或不恰当开发，最终破坏其经济潜力空间。发达经济体的经济潜力空间仍然存在，尤其是一些大国，其科技的创造力也可能创造出新的经济潜力空间来。一些新的投资方向，如新能源和生物能的开发，或者教育卫生等公共事业的投入等，或者是将因某种理由封锁的资源市场化等，也可能创造出新的经济潜力空间。

基于此，如果发达经济体有较强的技术创造力和新兴产业，在经济潜力空间比值在1倍左右仍然可能还存在着一定的潜力空间；如果发达经济体国土面积广大，人口众多，在改善民生和基础设施促进就业等方面还有较大的经济潜力空间；如果发达经济体税收过高，减税也可能改善经济潜力空间；如果发达经济体区域化取得了重大成果，区域内的建设和扩展，有可能带来一定的经济潜力空间；如果发达经济体在全球货币体系中占有支配性地位并对他国或全球市场具有较强的影响力，也可能获得较大的潜力空间。

新兴市场经济体和发展中经济体的潜力空间比值在1.5倍以上存在着一定的经济潜力空间，同时也存在着一定的风险，其内部市场化程度越高，经济基础越好，创造力越高，政府的执政能力越强，越有可能改善和有效发掘其经济潜力空间。

因此，作者认为美国、以欧元区和英国为核心的欧盟（主要国家为德国、法国、意大利和英国等）、中国和印度等存在着较大的经济潜力空间，是全球有效需求的重要来源。

当前贸易保护只会导致全球有效需求进一步的恶性循环下降，可以说等同于自寻死路。历史没有哪一次像今天一样更加需要自由贸易政策。对每个经济体而言，最基本的道德和最有效的措施就是至少不增加贸易保护措施。

## 三、IMF关于全球金融风暴对全球经济的影响判断

### （一）房地产泡沫破裂导致住宅投资下降直接导致经济活动放缓

就房地产金融与宏观经济的作用而言，提供贷款抵押的房地产市场的作用加强了从房地产市场到宏观经济的联系。房地产金融系统越灵活，就会经历从房地产部门更强的溢出效应。

由于每个国家的房价增长是支付比率（房价与可支配收入的滞后比率）、人均可支配收入增长、短期利率、长期利率、信贷增长、股票价格和就业人口的变化等因素的函数，IMF以房价差距指标来说明不能以这些指标解释的房价增长部分，如宏观经济的波动性、家庭结构和移民等，这部分可能意味着房价的调整幅度。在1997～2007年之间，爱尔兰、荷兰和英国房价约30%的增长不能以基本因素来解释，而法国、澳大利亚和西班牙约20%，美国12%左右（参见图4－4）。一般而言，相应差距幅度越大的国家，房价调整的幅度也会越大；而相应差距幅度越小的国家，房价调整的幅度也会越小，有些房价甚至还可能上升。不过，收入预期下降和信贷环境恶化也可能加大房价下调程度，对经济的影响也会放大，如美国。

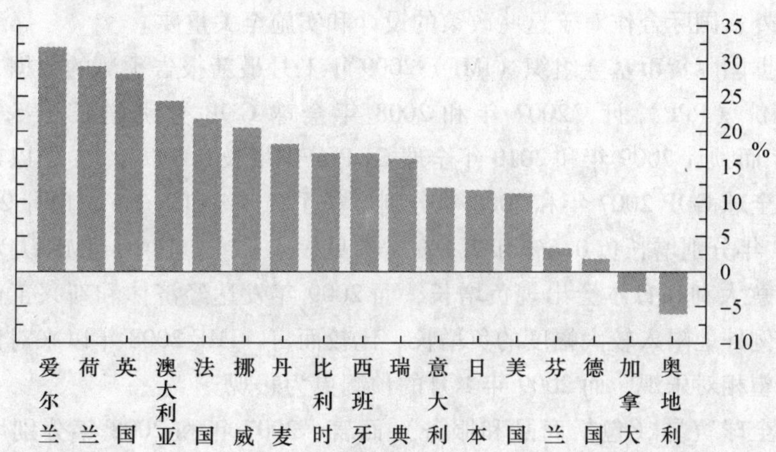


图4－4　主要国家房价与实际支撑价格的差距（1997～2007年）

资料来源：IMF。

### （二）按揭贷款及衍生品导致损失的估计

2008年4月，IMF估计美国贷款损失2250亿美元，损失率1.82%；估

计相关证券按市价估值损失 7200 亿美元，损失率 6.64%。2008 年 10 月，IMF 估计贷款损失 4250 亿美元，损失率 3.44%；估计相关证券按市价估值损失 9800 亿美元，损失率 9.04%。从 2008 年 4 月到 10 月，IMF 估计的美国贷款及相关债券的总损失从 9450 亿美元上升至 1.4 万亿美元。作者估计美国贷款和相关债券的损失最高可达 2.22 万亿～2.42 万亿美元，占 2007 年 GDP 的比重最高可达 16.2%～17.6%。当然，如果按 IMF2008 年 10 月的估计，美国贷款和相关债券的损失占 GDP 的比重将达 11%，可以把它看作一个下限。

### （三）IMF 对经济增长的预期

IMF 认为，2009 年的世界经济预计将仅增长 0.5%，这将是第二次世界大战以来的最低增长率，也远低于 2.5% 的全球经济衰退线（可能还会有更悲观的预期）。尽管采取了各种政策行动，但金融压力仍然严重，摧垮了实际经济。在金融部门的功能得以恢复、信贷市场得以畅通之前，不可能实现持久的经济复苏。为此，需要采取新的政策举措，对贷款损失予以可信的确认，根据中期生存能力划分金融公司，并通过注入资本和剥离不良资产向有生存力的机构提供公共支持。货币政策和财政政策需对总需求提供更大支持，并在可预见的将来保持这一态势，同时制订战略确保长期财政可持续性。此外，国际合作对于这些政策的设计和实施至关重要。

根据国际货币基金组织（IMF）2009 年 1 月最新报告预测的数据，以购买力平价（PPP）计，2007 年和 2008 年全球 GDP 分别增长了 5.2% 和 3.4%，而预计 2009 年和 2010 年全球 GDP 分别增长 0.5% 和 3%；以市场汇率计，全球 GDP 2007 年和 2008 年分别增长了 3.8% 和 2.2%，预计 2009 年和 2010 年分别增长负 0.6% 和 2.1%（参见表 4－2）。其中，IMF 认为 2008 年只有意大利和日本会出现负增长，而 2009 年发达经济体和新兴工业亚洲将无一例外地限入较大幅度的负增长。比较而言，IMF 2008 年以来对世界经济的展望相对乐观，而 2009 年 1 月的预测更为悲观。

就全球贸易（包括商品和服务）而言，2007 年和 2008 年分别增长了 7.2% 和 4.1%，预计 2009 年和 2010 年分别下降 2.8% 和增长 3.2%，预期值出现了大幅度的下调，因为全球外部需求出现了同步大幅萎缩。其中，2007 年和 2008 年发达经济体进口分别增长了 4.5% 和 1.5%，出口分别增长了 5.9% 和 3.1%；新兴市场经济体进口分别增长了 14.5% 和 10.4%，出口分别增长了 9.6% 和 5.6%。IMF 预计 2009 年和 2010 年，发达经济体进口分

表 4－2　　国际货币基金组织对全球经济的预测

（2009 年 1 月更新报告）　　（单位：%）

| | 2007 年 | 2008 年 | 预期值 | | 与 2008 年 11 月世界经济展望中预期的差值 | |
|---|---|---|---|---|---|---|
| | | | 2009 | 2010 | 2009 | 2010 |
| 全球产出（PPP） | 5.2 | 3.4 | 0.5 | 3 | －1.7 | －0.8 |
| 发达经济体 | 2.7 | 1 | －2 | 1.1 | －1.7 | －0.5 |
| 美国 | 2 | 1.1 | －1.6 | 1.6 | －0.9 | 0.1 |
| 欧元区 | 2.6 | 1 | －2 | 0.2 | －1.5 | －0.7 |
| 德国 | 2.5 | 1.3 | －2.5 | 0.1 | －1.7 | －0.4 |
| 法国 | 2.2 | 0.8 | －1.9 | 0.7 | －1.4 | －0.8 |
| 意大利 | 1.5 | －0.6 | －2.1 | －0.1 | －1.5 | －0.1 |
| 日本 | 2.4 | －0.3 | －2.6 | 0.6 | －2.4 | －0.5 |
| 英国 | 3 | 0.7 | －2.8 | 0.2 | －1.5 | －0.9 |
| 新工业化亚洲 | 5.6 | 2.1 | －3.9 | 3.1 | －6 | －1.1 |
| 新兴和发展经济体 | 8.3 | 6.3 | 3.3 | 5 | －1.8 | －1.2 |
| 非洲 | 6.2 | 5.2 | 3.4 | 4.9 | －1.4 | －0.5 |
| 中东欧 | 5.4 | 3.2 | －0.4 | 2.5 | －2.6 | －1.3 |
| 独联体 | 8.6 | 6 | －0.4 | 2.2 | －3.6 | －2.3 |
| 俄罗斯 | 8.1 | 6.2 | －0.7 | 1.3 | －4.2 | －3.2 |
| 除俄罗斯外的独联体 | 9.7 | 5.4 | 0.3 | 4.4 | －1.3 | －0.3 |
| 发展亚洲 | 10.6 | 7.8 | 5.5 | 6.9 | －1.6 | －1.1 |
| 中国 | 13 | 9 | 6.7 | 8 | －1.8 | －1.5 |
| 印度 | 9.3 | 7.3 | 5.1 | 6.5 | －1.2 | －0.3 |
| 东盟 5 国 | 6.3 | 5.4 | 2.7 | 4.1 | －1.5 | －1.3 |
| 中东 | 6.4 | 6.1 | 3.9 | 4.7 | －1.5 | －0.6 |
| 西半球 | 5.7 | 4.6 | 1.1 | 3 | －1.4 | －1 |
| 巴西 | 5.7 | 5.8 | 1.8 | 3.5 | －1.2 | －1 |
| 墨西哥 | 3.2 | 1.8 | －0.3 | 2.1 | －1.2 | －1.4 |
| 欧盟 | 3.1 | 1.3 | －1.8 | 0.5 | －1.6 | －0.8 |
| 全球产出（市场汇率） | 3.8 | 2.2 | －0.6 | 2.1 | －1.7 | －0.7 |
| 全球贸易（商品和服务） | 7.2 | 4.1 | －2.8 | 3.2 | －4.8 | －2.5 |
| 发达经济体进口 | 4.5 | 1.5 | －3.1 | 1.9 | －3 | －1.8 |
| 新兴和发展经济体进口 | 14.5 | 10.4 | －2.2 | 5.8 | －7 | －3.6 |
| 发达经济体出口 | 5.9 | 3.1 | －3.7 | 2.1 | －5 | －1.8 |
| 新兴和发展经济体出口 | 9.6 | 5.6 | －0.8 | 5.4 | －5.8 | －3.5 |

资料来源：IMF2009 年 1 月更新报告。

别下降3.1%和增长1.9%，出口分别下降3.7%和增长2.1%；新兴市场经济体进口分别下降2.2%和增长5.8%，出口分别下降0.8%和增长5.4%。比较而言，IMF2009年较2008年的预测悲观很多（参见表4－2）。

1. 发达经济体正在遭受第二次世界大战以来最严重的经济衰退。在这种不确定的背景下，目前预计发达经济体的产出在2009年将收缩2%。这将是战后时期的首次年度收缩，累计产出损失（相对于潜在产出）与1974～1975年和1980～1982年相当。然而，假设采取更全面和协调的金融政策行动，促进金融市场状况的逐步正常化，并且许多先进经济体实施大规模财政刺激和大幅降息，产出有望在2009年后期开始复苏，并在2010年增加约1%。

2. 新兴和发展中经济体正在经历严重的经济下滑。由于出口需求和融资下降、初级产品价格下跌以及外部融资约束大幅收紧（特别是对于具有严重外部失衡的经济体），新兴和发展中经济体的增长预计将从2008年的6.25%大幅放缓至2009年的3.25%。相比过去，许多新兴经济体日益健全的经济框架为实施政策支持经济增长提供了更大空间，这有助于缓解这一前所未有的外部冲击的影响。因此，尽管这些经济体将经历严重的经济下滑，但预计其增长率仍将保持在或超过以往全球经济下滑期间的增长水平。由于宏观经济政策的实施得到改善，非洲和其他地区的发展中国家这次也更有能力应对政策挑战，但鉴于其贫困水平和对初级产品出口的依赖，非洲大陆相比其他多数地区处于更弱的境况（参见图4－5）。

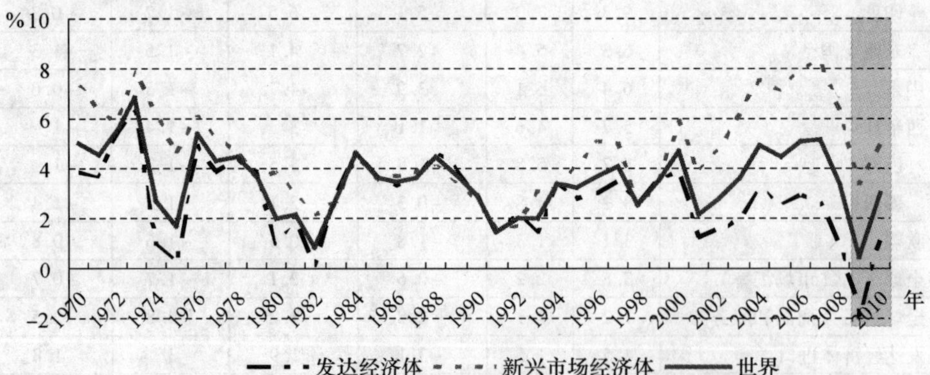


图4－5　发达经济体、新兴市场经济体和世界GDP的增长率

资料来源：IMF。

## 四、全球金融风暴、全球有效需求和经济增长展望

### （一）全球金融风暴将于2009年6月前基本结束

作者认为全球金融风暴起源于美元本位制下美国政府的弱势美元汇率政策和低利率政策，在高货币乘数、金融机构高杠杆经营和缺乏有效监管的金融创新中，基础资产中一部分房地产和房地产按揭贷款出现问题，房地产次级债券随之也出现了问题，从而导致从事相应业务的金融机构去杠杆化进程，进而影响到其他金融资产，因为大家都在卖高风险资产而无人接盘，导致流动性危机和信用危机。金融衍生品的处理必然带来恐慌，而金融恐慌必然导致一些金融机构因流动性危机和市值法估量的损失大幅上升。当然，这一切都是追逐眼前高额利润的银行家自寻死路的结果。但是，当美国政府和欧洲政府有效介入这些金融机构后，原本将进一步放大的金融风险得到了有效控制。因为，只要大型金融机构不倒闭，相关衍生品交易就不会因为交易对手违约而产生损失。

正是基于美国剩余的投资银行转化为银行控股公司、主要出问题的银行为美国政府注资保护，作者以为全球金融风暴的损失还有可能扩大，但相应的损失不是无底洞，而是可计量的。那种同方向的去杠杆化行动在美联储购买相应资产后，市场的再度恢复是可能的。那些被保护的金融机构不排除还可能会有风险，但这种风险应该说整体应在控制之中。由此，作者得出一个初步的但比较大胆的结论：全球金融风暴可控且已得到初步控制，损失是可计量的，恐慌正在逐步消除，市场可能会逐步得到修正，全球金融衍生品市场仍有其活力，尽管存在着太多的欺骗和谎言。相应的，尽管可能还会有金融机构倒闭及部分衍生品出现问题，但全球金融风暴将于2009年6月前基本结束。

### （二）全球有效需求的初步恢复最早可能在2009年6月

由次贷危机开始，房地产泡沫破裂和股市价格大幅下跌；随着次贷危机深化为全球金融风暴，房地产、股市和金融业都出现了较大的困境和灾难，更多的是依赖于资本市场和基金的表现，依赖于就业的工资收入，而储蓄本来不多的美国居民在资本市场大幅下跌和基金表现不佳甚至倒闭、失业的情况下，其私人消费的下降是必然的，尤其是汽车等耐用品消费的大幅下降，更是影响了汽车等美国经济的支柱性产业。随着制造业、金融业和房地产业等相应领域的裁员，失业率大幅攀升，未来还有可能进一步上升，美国有效

需求的下降非常明显。

同样的情况出现在欧洲。而较多依赖出口的日本，新兴市场的韩国、巴西、阿根廷、印尼，发展中经济体中国、印度和越南，转型经济体的俄罗斯、匈牙利、波兰、捷克和乌克兰等，在欧美外部有效需求下降的情况下，出口和工业产值出现了同步大幅下滑。在全球市场经济体系中，一经济体的进口是另一经济体的出口，一经济体的出口必然是另一经济体的进口。当有效需求上升时，商品价格大幅上升，有效需求加速度上升；当有效需求下降时，商品价格大幅下降，有效需求加速度下降。因此，全球有效需求的一半源于失业和收入下降，一半源于恐慌和信心不足。全球金融风暴带来的恐慌与信心不足导致全球有效需求同步快速下降，但未来也可能出现同步快速上升。全球有效协作将有助于恢复全球有效需求。

由于全球工业产值和商品出口值有明显的正相关关系，出口下降将导致各国工业产值的下降，出口回升也会导致各国工业产值的回升。从 1997 年 1 月至 2008 年 11 月数据来看，商品出口和工业产值增长率的相关系数平方达到了 0. 58。如果商品出口下降，工业产值也很难上升。2008 年 11 月，全球商品出口和工业产值分别下降了 42. 6% 和 13. 1%（参见图 4 – 6）。

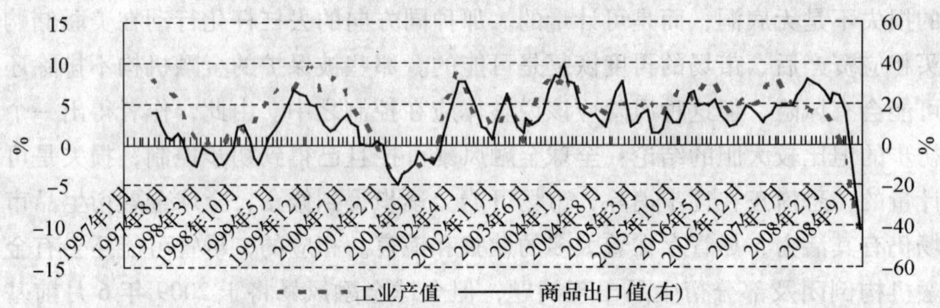


图 4 – 6　全球工业产值和商品出口值的相关关系

资料来源：IMF。

各国目前都在利用利率政策和财政税收政策降低居民和企业的债务负担，变相增加收入，通过增加就业岗位促进收入的增加，这种有效需求的刺激已经展开，但要跨越国界尚需要一些时间。作者估计，半年左右会有明显的跨国作用。就目前的全球经济体而言，美国、欧元区、中国、印度和巴西等主要经济体的有效需求潜力较大，它们自身经济的良好恢复和发展，将会带动全球有效需求的提升。全球有效需求的恢复最早在 2009 年下半年，最迟可能至 2010 年上半年。

如果把美国经济因次贷危机和全球金融风暴的下滑比喻成从山顶滚落的巨石，我们发现美国政府已经为这块巨石建立起了多个平台以减缓其滚落的动力。第一个平台，美联储迅速而且大幅地将联邦基金利率从5.25%下调到接近零利率的水平，加上美国政府对购房者的债务重组计划的配合，此举会相当大幅度地减少居民家庭已购房的压力，相应的会增加消费支出。美国近来的实质私人消费支出出现了正0.5%的意外增长，应该说直接或间接地与此相关。第二个平台是美国财政部充分利用国会通过的7000亿美元的金融援助资金，接管了多家大型金融机构，并允许余下的两家投资银行转为银行控股公司，而财长保尔森最近称可能不再动用余下的3500亿美元的资金，表明美国政府接管和救助大型金融机构的措施取得了阶段性的成效，而余下的3500亿美元准备投向实业，目前已经开始援助汽车制造业。第三个平台，美联储大幅向市场提供充分的流动性，其基础货币增长率上升非常快，而且还准备动用8000亿美元用来购买机构债券，甚至打算用来购买长期国债，甚至还有直接提供贷款的打算，联邦存款保险公司（FDIC）还担保了部分金融机构发行的债券，美国信贷增速放缓，但目前尚没有出现大幅下降的情况。第四个平台，总统奥巴马就任后推出的大规模的经济刺激计划将给美国经济带来较强的刺激。或许最黑暗的时候还没有来临，但曙光或许就在眼前。

### （三）全球经济陷入衰退复苏力度取决于各国政策和国际合作

如果源于美国的全球金融风暴于2009年上半年初步结束，美国经济最早于2009年上半年触底，但金融业、房地产业和其他实业的交互影响不会很快结束，美国经济的反弹不会一帆风顺，而会较为吃力。全球经济也会出现类似的情况。作者认为全球经济2009年有可能陷入衰退，增长率可能在1%~2%之间，但发达经济体增长率可能达-1%~-3%之间，美国、欧元区、英国和日本的增长率可能分别为-1.5%、-1.8%、-2.5%和-3%，中国可能在8%~9%之间。尽管欧元区受到全球金融风暴的影响不如美国大，但之所以预期欧元区经济不如美国经济成长性好，主要基于两个原因：一是欧洲央行的降息力度和货币政策力度不如美联储大；二是欧盟和欧洲各国政府经济刺激计划的力度不如美国，协调难度也比较大。

当然，如果各国政府经济刺激计划得力，加上全球央行都向日本央行一样接近零利率政策和定量宽松的货币政策，并通过各种措施化解金融系统风险，能够提振内部有效需求，并刺激外部需求的增加，加上有效的国际合作，则各国经济增长仍然有可能好于上面的预期。

## 五、非弱势美元和经济反弹全球流动性的收紧会减缓通胀压力

全球流动性过剩通过如下几个渠道导致通胀：(1) 通过推动商品价格尤其是原油价格大幅上升，推动工业品出厂价格（PPI）上升进而推动消费价格（CPI）上升。(2) 通过推动经济增长带动消费需求进而推动 CPI 上升。(3) 通过推动资产价格尤其是股票和房地产价格进而产生财富效应带动消费需求而带动 CPI 上升。不过，全球商品价格与流动性相关，同时与美元走势高度负相关。2002 年以来全球商品价格的大幅上涨，实际上是美国放纵弱势美元政策的结果，而弱势美元政策与全球资金流入美国债市加上极高的货币乘数，全球流动性过剩也导致了商品价格和资产价格的大幅上行，最终导致经济过热，最终在次贷危机和美元走势反转的影响下大幅回调（参见图 4-7）。

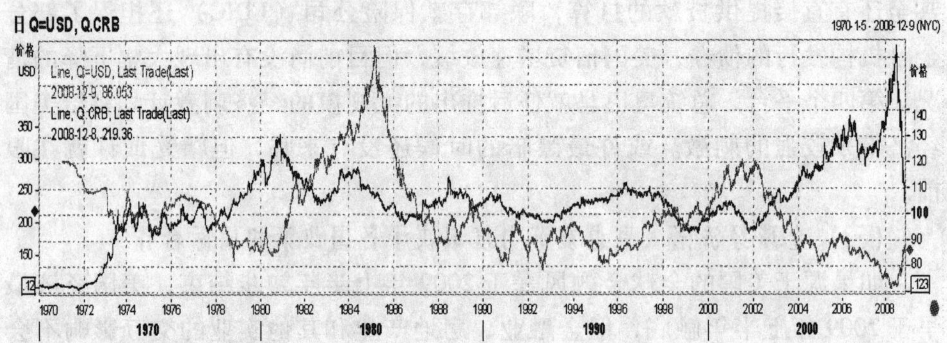


图 4-7　商品价格指数 CRB 和美元主要货币贸易加权指数走势

资料来源：路透社。

2007 年 7 月以来，美国次贷危机最终深化为全球金融风暴，之前的流动性过剩似乎在一夜之间变成了全球流动性紧缺，即使在全球主要央行大力注入流动性资金的情况下似乎也并没有缓解，究其原因是因为高度杠杆性的金融机构的资产因次贷危机的影响无法变现，在市场恐慌心理影响下货币乘数大幅下降的结果。尽管我们看到美国、日本、欧元区和英国等央行注入了大量的流动性，基础货币大幅提升，但由于货币乘数下降，使表面看来过剩的流动性达不到刺激经济增长和资产价格上涨的结果。因此，在全球金融风暴对全球经济的影响尚未触底的情况下，消费需求仍然疲软，加上可能的非弱势美元的制约（参见下一节的分析），商品价格和资产价格不可能大幅上升。

如果全球主要经济体的货币乘数没有有效改善，通缩的压力远大于通胀的压力。

但是，如果随着全球金融风暴的结束，全球金融市场的好转，全球经济走上了明显的复苏之路，消费需求明显上升，货币乘数也稳步提高，如果央行不积极地收紧基础货币并提高利率，那么，全球则很快会面临着通胀的压力。作者从美国基础货币在2001年前后的大幅增长和大幅下降的历史事实出发，认为美联储在情况缓和后会逐步回收基础货币。因此，由流动性释放过多导致的通胀的压力会相对可控。而且，随着美国为吸引资金的流入缓解金融危机给金融市场和经济带来的影响，会对商品价格形成一定的压力，由商品价格再度大幅上涨的可能性不大，导致的通胀压力也相对温和。不过，通胀的压力可能来源于政府刚性的财政政策和措施对经济的刺激，这一点尤其要引起关注。

### 六、美国经济2009年6月触底可能性较大

#### （一）美国经济关键看贷款和政府对经济的刺激

1. 美国经济走势关键在于贷款走势。危机爆发以来，美联储一直努力促进贷款并通过不断的降息降低信贷成本。而从目前所有商业银行贷款的情况来看，尽管其增长率大幅放缓，但却并没有出现1991年和2001年的大幅下降，这也许意味着经济的底部没有到来，也可能意味着美联储大幅降息和为银行提供流动性，美国财政部对金融机构的接管对刺激信贷都有一定的效果。

2008年12月，美国全部商业银行全部贷款和租赁、工商业贷款、房地产贷款和消费贷款年比分别增长5.63%、10.6%、5.82%和8.98%，而1991年美国经济衰退时从1991年第三季度至1992年第二季度，所有贷款增长年比分别下降1.93%、2.99%、3.06%和3.12%；2001年经济衰退时，2002年5月所有贷款年比增长最低为0.53%。2008年12月，决定经济走势的商业和工业贷款仍有10%以上的增长率，这与1991年和2001年衰退期间下降10%左右来看，情况仍然好不少（参见图4－8）。

2. 美国经济的走势还取决于奥巴马政府经济刺激计划的效果。美国总统巴拉克·奥巴马（Barack Obama）2009年2月17日签署了7870亿美元经济刺激计划。其中心内容是为个人消费者提供400美元的税收抵免额度以及为每对夫妻提供800美元的税收抵免额度。此外，政府还将以社保支票的方式

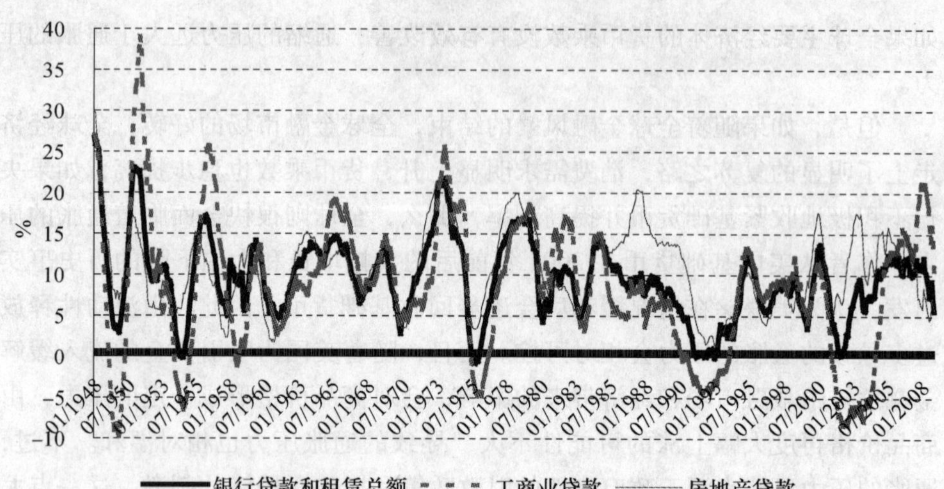


图4－8　全部商业银行所有贷款同比走势

资料来源：美联储。

向退休人员、伤残老兵及其他不需支付工薪税的人员提供250美元的补贴。另外，该计划还将向美国企业提供税收减免措施，如加速2009年购买设备的贬值，以及向那些生产和投资太阳能和风能等可再生资源的公司提供减税等。经济刺激计划将提供5000亿美元政府支出用于失业救济、可再生能源项目、高速公路建设、食品券、宽带普及、高速铁路建设及其他项目。该计划还将对接受财政部不良资产救助计划（TARP）资金支持的所有机构高管的薪酬作出限制，而非像奥巴马政府此前宣布的那样仅仅针对那些获得“额外”救助的金融机构。而经济刺激仍有较大的余地，财政赤字可能难以成为美国进一步推出经济刺激计划的阻力。

**（二）美国经济2009年6月触底可能性较大**

总之，如果美国金融危机不再出现大的金融机构和实业企业的破产或政府接管，加上美国政府已有的经济刺激计划和新总统上台后推出的新经济刺激计划，美国经济最早当在2009年3月到达谷底，最迟可能在2009年9月到达谷底，也就是说其陷入衰退的时间最短可能15个月，最长可能21个月，有可能超过20世纪70年代和80年代两次石油危机的衰退时间，从而成为大萧条以来最长的衰退期（大萧条期间美国经济衰退了43个月）。两者取其中，美国经济2009年6月触底的可能性较大。但是，美国经济可能要在2009年年末或2010年年初才会出现明显的复苏。

## 七、中国经济的独特性将使其率先复苏

### （一）中国经济周期的独特性

自1970年以来，世界经济年均实质增长3.7%，并显现出典型的周期性特点。一般而言，当世界经济增长率低于2.5%时，可以认为陷入经济衰退。根据这一标准，我们发现，从1970年以来，世界经济整体共经历了6个周期，目前正进入第7个周期，我们认为发达国家经济陷入衰退的可能性非常大，有的已经开始了。但是，经济可能在2009年达到谷底后反弹。而且，1970年至1991年的三个经济周期持续时间较长，尤其是衰退的时间较长，而1991年以来的三个经济周期却体现出持续时间短，陷入衰退的时间也越来越短的现象，并且相伴着通胀率下降的趋势（参见图4－9）。

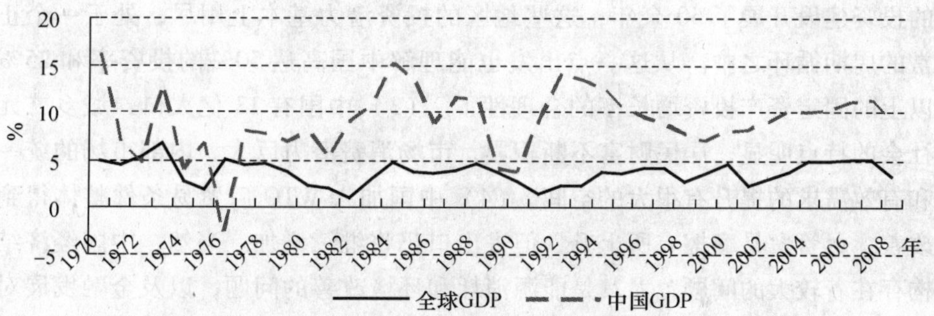


图4－9　中国与全球的经济周期走势

资料来源：IMF和中国国家统计局。

改革开放以来，中国实质GDP平均年增长率为9.8%左右，其波动区间在［3.8%，15.2%］，整体呈现收缩趋势，也可以更恰当地看作经济日益稳定，但在1991年美国经济衰退、1997～1998年亚洲金融风暴和2001年以美国为主的经济衰退中，中国经济受到了相应影响，但整体呈现出快速增长的独特性。那么，中国经济周期为何与世界经济周期出现不同特点，中国经济周期由什么因素决定，中国经济这一轮周期会持续多长时间呢？

一般而言，经济周期是由市场的供求关系决定的，当供给超过有效需求时，即有效需求不足时，产能过剩就可能导致典型的经济衰退的出现，这也是马克思的观点，最早源于英国古典经济学家马尔萨斯。在凯恩斯以前的自由资本主义社会里，经济周期就受限于有效市场和有效需求而周而复始地演绎着。这也是马克思强调计划经济的出发点。大萧条给资本主义社

会的执政者和经济学家新的冲击，最终代表国家干预的凯恩斯主义出现了，于是宏观经济干预使自由市场经济带有了一定的政府调控特点，并且获得了良好的发展。随着主要市场经济体的政府对经济的调控机制越来越成熟，经济周期出现了前面提到的新特点。拉美和亚洲新兴市场经济体之所以在经济发展到一定程度后出现了金融危机，自身经济潜力比较有限也是重要因素。

中国之所以出现不同于世界经济周期特点的经济周期，重要原因有四个方面：(1) 中国的市场经济是在中央政府主持下逐步实现的，天生就带有政府宏观调控的特点。(2) 中国国土面积广大，而改革开放的时间仅 30 年，全面建设社会主义市场经济的时间刚过 15 年，基础设施建设还有广阔的空间。而西方发达国家投资设施开展了 200 多年，拉美和亚洲新兴市场经济体的投资建设开展了 50 余年，这些地区的投资潜力基本上用尽，处于一个正常的周期循环之中。从这一点出发也能理解中国高达 50% 的投资率和 25% 以上的固定资产投资增长率的合理性了。(3) 中国有 13 亿人口，城乡二元社会的特点明显，居民财富不断积累，市场消费潜力巨大，内部市场的统一和有效需求的提升有很大的空间。(4) 中国加入 WTO 后贸易条件整体得到改善，尽管贸易摩擦有所上升，但进出口仍将继续增加。当然，中国经济结构存在着较大的问题，尤其是能源消耗和环境改善的问题，以及金融发展对实体经济的支撑问题。如果以上问题能够得到妥善解决，消费、投资和出口增长的潜力仍然可以推动中国经济成长 15 年以上。因此，全球金融风暴对中国经济的影响相对可控，中国经济的走势将主要取决于政策。

### （二）中国经济的结构性问题与潜力空间

中国经济的奇迹在于改革开放，在于全球化和市场化过程中不断地增强自主性，可以说是自主的全球化和市场化。中国经济周期的独特性在于其经济潜力尚有较大的挖掘空间。但是，我们也充分认识到，当中国经济面临着外部压力时，其经济潜力空间也在受到挤压，而且不同的政策选择也可能会产生不同的经济潜力空间。

1989 年至 2007 年，中国经济潜力空间的比值基本上都保持在两倍以上的水平。但是，随着人民币的 2005 年的改革和快速升值，2008 年已经低于两倍，为 1.85 倍。而 2005 年世界银行对中国 PPP 汇率的调高（以美元计价，意味着人民币购买力下降），表明人民币汇率没有过分高估，也从一定程度上说明中国经济潜力空间没有想象的那么大（参见图 4－10）。

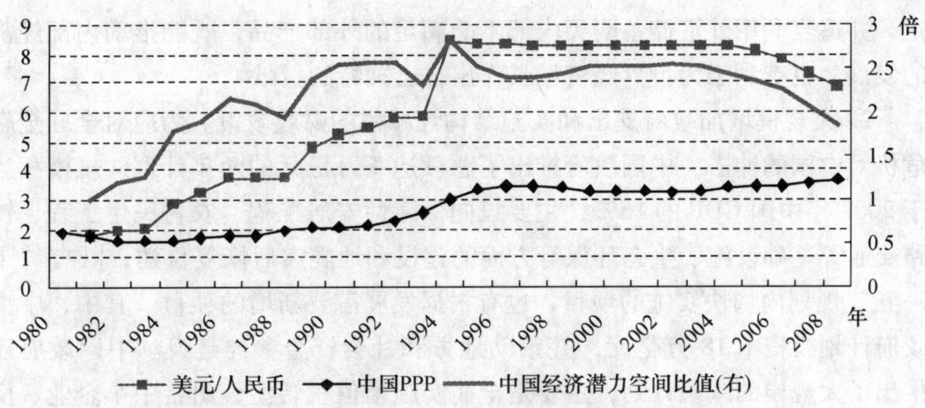


图 4－10　中国经济潜力空间比值

资料来源：IMF、路透社和中国银行全球金融市场部。

因此，随着中国刺激内部投资和消费政策的出台，人民币的进一步升值，中国经济空间将进一步压缩。由此可见，保持人民币汇率的相对弹性，尤其是随着美元走强人民币汇率的适度贬值，将是保持中国经济潜力空间的重要方式。目前巴西和俄罗斯的经济潜力空间有限，事实上已经在外部冲击的影响下发生了剧烈的金融动荡。尽管印度的经济潜力空间比值超过了 3 倍，但在经常账户表现不佳和资产泡沫积累并破裂的情况下，也极有可能出现金融动荡。

**（三）中国政府的积极政策有利于挖掘内部有效需求**

为积极应对危机，中国政府快速及时有效地推出各种积极的政策挖掘内部有效需求，而有的政策前两年已经打好基础，有的政策也是社会经济结构发展的必然选择，应该说符合科学发展观的要求。具体来看有四个方面的政策：

1. 随着全球金融风暴的爆发，中国央行大频度降息和增加银行体系流动性，货币政策基本到位。中央银行连续五次下调金融机构存贷款利率，其中一年期存、贷款基准利率累计分别下调 1. 89 和 2. 16 个百分点，大幅度减轻企业财务负担。连续四次下调存款准备金率，大型金融机构累计下调 2 个百分点，中小型金融机构累计下调 4 个百分点，共释放流动性约 8000 亿元，使商业银行可用资金大幅增加。出台一系列金融促进经济增长的政策措施，扩大贷款总量，优化信贷结构，加大对“三农”、中小企业等方面的金融支持。尽管利率还有一定的下调空间，但目前货币政策基本到位。除利率大幅下调外，加上利息税的减免、存量和新增房贷的 7 折优惠和其他税费的优惠措施，实际上可以刺激部分有效需求。相应的，保持人民币汇率的基本稳定，并适当利用外汇储备购买内部不能满足的外部产品，既能推动内部经济的发展，也有利于为世界经济增长作出自己独特的贡献。

2. 大规模增加政府支出和实施结构性减税的财政政策。为应对全球金融危机对中国的冲击，中国政府推出了总额达4万亿元的两年计划，规模相当于2007年中国GDP的16%，主要投向保障性安居工程、农村民生工程、铁路交通等基础设施、生态环保等方面的建设和地震灾后恢复重建，既有“十一五”规划内加快实施的项目，也有根据发展需要新增的项目。其中，中央政府计划投资1.18万亿元，并带动地方和社会资金参与建设。中国政府还推出了大规模的减税计划，主要是全面实施增值税转型，出台中小企业、房地产交易相关税收优惠政策等措施，取消和停征100项行政事业性收费，一年可减轻企业和居民负担约5000亿元。此外，为促进出口，中国政府还在不断加大出口退税政策的力度。

3. 制订大范围的产业政策、科技创新政策和社会保障政策，实施更加积极的就业政策，特别是出台了促进高校毕业生和农民工就业的各项政策措施，进一步开辟公益性就业岗位，千方百计减缓金融危机对就业的影响。

4. 在工业化和城市化进程中积极的农村政策为刺激广大农村的有效需求埋下了伏笔。

总之，中国目前的货币政策、财政政策、产业政策、科技创新政策和社会保障政策，以及农村政策，既是社会发展大趋势的必然选择，也有效地对冲了当前全球金融风暴对中国经济的负面影响，实际上在一定程度上也是经济发展模式和社会发展模式的转变，是在科学发展观思想指导下、在新情况下的合理选择。

### （四）2009年中国经济将率先复苏

中国经济2009年上半年要经历非常困难的时段，经济的结构性问题会给社会带来较大的影响，但下半年后经济随着内部需求的有效刺激和出口需求的反弹可能出人意料地反弹，反弹的力度可能超过预期，8%的目标能够实现，增长率最高可能到9%。2009年上半年可能会经历一定时间的通缩，但下半年应该不会有通缩，全年通胀可能在1%~2%。中国的货币政策在目前的情况下会保持充足的流动性，利率还会一定的下调空间，但不会成为零利率。

人民币汇率相对稳定，但波动性会增加，2009年年底人民币汇率可能在6.5至6.8之间。债市在2009年第二季度至第三季度可能会出现逆转迹象。中国的资本市场会在解决大小非问题的基础上获得良好的发展，否则政策刺激不会有成效，即使大幅上涨也还会大幅下探。尤其是在2009年上半年企业利润大幅下降的情况下，股市可能还会再次寻底，2009年高点可能达3000点，但低点不排除在1500点左右。

## 八、新兴市场和发展中经济体的通胀、金融危机和美元反转威胁

作者在2007年第一季度中国股市大幅下跌后就曾警告过新兴市场经济体和发展中国家因其资本账户开放的影响，在其资产泡沫达到一定程度和经济过度繁荣时，国内外资甚至内资可能外流，从而导致资产泡沫的破裂导致出现金融危机，以及经济出现大幅滑落甚至衰退。这种情况部分出现在2008年年初以来的越南，此前印尼也在很长一段时间里出现了金融动荡。而目前似乎对所有新兴市场经济体和部分发展中经济体都已应验了。

一般来看，新兴市场和发展中经济体仍然面临着如下几个方面的问题：第一，能源价格和食品价格高涨产生了相对较为严重的通胀，央行为控制通胀而大幅上调利率导致经济放缓；第二，资本账户开放使资金进出自由，美国经济2001年衰退和发达经济体增长放缓后的恢复期间，在美元大幅贬值的情况下，全球资金流入新兴市场和发展中经济体，推高了这些经济体中的股市和房地产等资产价格，形成了资产价格的泡沫；第三，随着美元贬值接近尾声，以及高通胀带来的利率上升压力，国际资金流出部分新兴市场和发展中经济体，这种趋势将随着美元反弹甚至反转而加剧，并将导致这些经济体资产价格泡沫破裂，越南仅仅是表现出来的第一个案例；第四，受全球金融危机的影响，发达国家经济放缓导致外部需求下降，新兴市场经济体出口将受到外部需求放缓的影响而下滑，在内部资产泡沫破裂和外部需求放缓的双重影响下，泡沫破裂、货币贬值和高通胀将损坏内部需求，也将削弱政府通过融资解决外部债务和刺激经济增长的能力。

国际货币基金（IMF）总裁卡恩指出，为了应付和解决这轮金融危机，发达国家采取多项措施，救助自家银行和企业；这些措施虽然有望解决国内的危机，但却让新兴经济体面对外资大量流失的问题。新兴经济体就面对出口下滑和投资与消费信心动摇的问题。如今，发达为了拯救自家经济，纷纷采取注资银行、保护银行存户等应急措施，因此“对投资者有更大的吸引力，造成他们将资金（从新兴经济体）调回国”。对新兴经济体而言，这个资金流动趋势是雪上加霜。为了支持国内的金融体系和整个经济的需求，新兴经济体也必须采取类似发达国家的应对措施。为此，卡恩表示，发达国家

必须做好心理准备，以“从未有过的比例”，承担起资助新兴经济体，实施这些救市措施的责任。他警告，要不然就会出现，新兴经济体拖欠贷款，实施保护主义，以及控制银行的局面。卡恩说：“这么一来，不仅是这些国家，整个世界的经济都会倒退好几年。”国际货币基金宣布，推出一项新的短期贷款措施，向一些经济基本面良好的国家提供紧急贷款。该组织说，这项基金会有 1000 亿美元，可供需要的国家借贷。国际货币基金组织除了已向巴基斯坦、乌克兰和其他国家提供贷款外，目前正在筹集大量资金以应对新兴市场可能面临的危机。

不过，新兴市场和发展中经济体也面临着与 1997 年爆发亚洲金融危机时不同的情况，也就是说存在着制约金融问题进一步深化为危机，有阻止出现新兴市场经济体区域性危机的因素存在：

1. 新兴市场和发展中经济体外汇储备整体上大幅增加，而亚洲新兴市场经济体和发展中国家有鉴于亚洲金融风暴的影响加大了相互之间金融稳定的协调与合作。2008 年 6 月底，仅中亚和东欧的一些国家外汇储备低于 500 亿美元，而大多数拉美和亚洲经济体的外汇储备都高于 500 亿美元，泰国、马来西亚、中国香港、新加坡、巴西、韩国、印度、俄罗斯和中国的外汇储备都高于 1000 亿美元，巴西、韩国、印度、俄罗斯和中国都高于 2000 亿美元（参见图 4－11）。因此，除东欧部分国家加入了欧盟，如果发生危机会得到欧盟的支持，而中亚国家除资本账户未完全开放外，本身经济发展产生的资产价格泡沫有限，还有可能在上海合作组织的框架内得到支持。因此，发生严重的金融危机的可能性也不大。

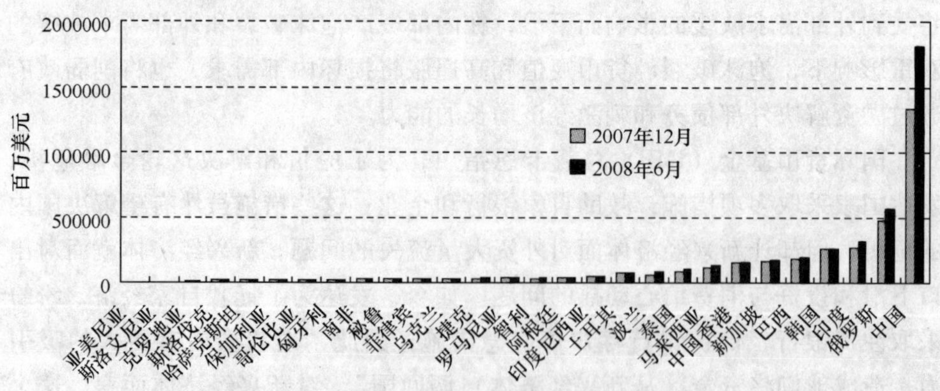


图 4－11　新兴市场和发展中经济体官方外汇储备和其他外汇资产

资料来源：IMF 和中国外汇管理局。

2. 尽管发达国家经济发展放缓，但发展中大型经济体经济增长仍然较快，而新兴市场与发展中经济体之间贸易往来的加强也减缓了发达国家外需放缓的幅度，一定程度上有利于减轻发达国家外需放缓带来的影响程度。

3. 受国际局势变动的影响，美元可能反弹，能源价格和食品价格的下降可能有助于部分新兴市场与发展中经济体通胀下降，从而有利于内需的反弹。

4. 新兴市场和发展中经济体政府推出的经济刺激政策将有力地推动经济的增长。

总之，尽管新兴市场和发展中经济体面临着诸多不利因素，甚至有可能进一步出现金融动荡，但出现区域性的和全面的金融危机的可能性不是很大。但是，这里并没有完全否定区域性金融风暴出现的可能性。如果新兴市场和发展中经济体对对各自的金融风险控制不力，区域协调不力，加上美元升值导致资金整体外流和国际投资机构的冲击，相应的压力仍然有突然增大的可能。

## 第二节 美元的转折点与全球外汇市场的走势①

世界上有多少个经济体就有多少种货币。从分析的角度来看，全球只有两类货币，一类是作为基准货币和世界货币的美元，另一类就是其他非美元货币。汇率是一种货币对另一种货币的相对价格，把握了美元走势，也就把握了其他货币兑美元的走势。

### 一、奥巴马就任后的美元政策：非弱势美元政策

#### （一）过去对美元的分析正在成为现实：技术面和基本面支持反弹

美元汇率走势，多以美元兑主要货币的贸易加权指数作为分析基础。从布雷顿森林体系建立到崩溃再到牙买加协议后，主要国家走向浮动汇率机制，美元与其他货币之间的汇率走向波动。应该说，布雷顿森林体系的建立

① 文中保留了2007年9月对2008年全球汇率走势的分析内容，称为过去的分析。除对欧元兑美元汇率具体价位预测不完全准确外（未预见到能上1.6），大多数预测及相关依据仍然有效。作者进一步对新形势下的汇率走势作了进一步的分析。未来几年美元将在波动中反弹甚至反转，非美元货币有下跌风险。

使美元与黄金挂钩，而其他货币与美元挂钩，1971 年美国总统尼克松因黄金兑换的压力宣布美元大幅贬值，牙买加协议实际上让美元真正取代了黄金的世界货币地位，这是美元霸权的由来。

美元主要货币贸易加权指数以 1973 年 3 月为 100，在 1985 年 3 月达到 143. 9059 的历史高点，但由于美国与日本和德国不断上升的贸易赤字及美国政府的财政赤字，1985 年 9 月通过“广场协议”促使日元和其他非美元发达国家货币升值，美元大幅贬值。至 1995 年 4 月，美元主要货币贸易加权指数达到了 80. 3362 的低点。受苏东剧变的影响，克林顿总统任期内鲁宾财长推出了强势美元政策，美元由此不断上升，2002 年 2 月时美元主要货币贸易加权指数达到了 111. 9864。再次受“双赤字”的影响，美国政府推行了“由市场决定”的强势美元政策，即实质上的弱势美元政策，促使美元贬值，2004 年 12 月时达到了 80. 1016 的历史低点。作者此时曾预期 2005 年美元不会大幅贬值，反倒可能升值。在 2005 年反弹后，亦如作者所期，2006 年再度小幅下跌，至 2007 年 9 月创出了 75. 9109 的历史新低，10 月上旬达到了 74. 4971 的低点。作者在 2007 年指数接近 80 时判断，美元继续大幅贬值的空间有限。尽管目前美元主要货币贸易加权指数再度创下了历史新低，但作者以为其跌破 70 的可能性不大（参见图 4 – 12）。

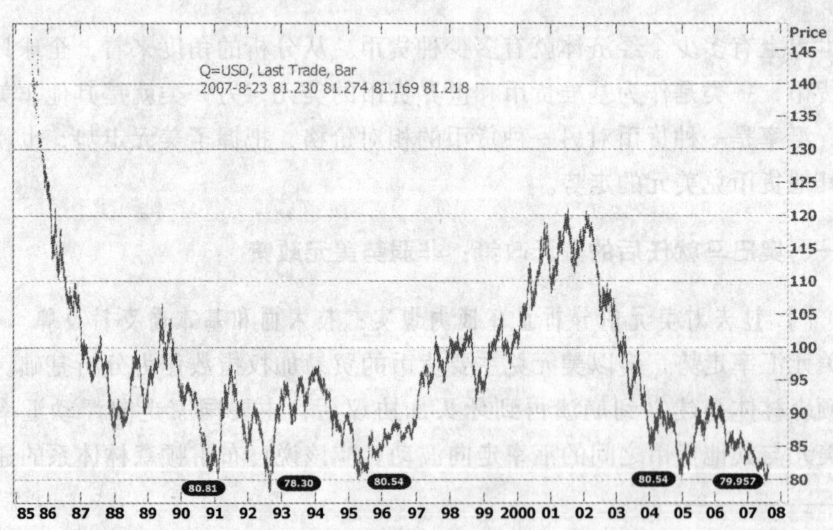


图 4 – 12　美元主要货币的贸易加权指数日走势

资料来源：路透社。

作出上面判断的依据除了技术面的分析外，更重要的是基本面的分析。为什么美元主要货币贸易指数会创出历史新低呢？主要有两方面的原因：一方面，美元的霸权地位是相对稳固的，即使美元贬值，拥有巨额外汇储备的新兴市场经济体似乎也难以改变其外汇储备的币种结构，因此美国政府推行变相的弱势美元政策有点有恃无恐；另一方面，由于美国次贷问题导致美联储最近将贴现窗口利率和联邦基金利率分别调降了100个基点和50个基点，导致市场对于美国经济较为悲观，认为美联储有进一步降息的可能，美元与其他货币利差有可能进一步扩大。

美国政府推行变相的弱势美元政策是否真的没有顾忌，是否符合其根本利益呢？答案是否定的。事实上存在着许多制约美元进一步贬值的因素：第一，新兴市场国家可能会通过某种方式减持美元资产，而美国政府并不希望美元的世界货币地位被挑战，也不希望大量的资金流出美国；第二，美元贬值导致其他发达国家的货币大幅升值，将给这些国家的贸易和经济带来较大的压力，而这些国家的反对会限制美元的跌幅；第三，新兴市场经济体的货币不可能在短期内大幅升值，人民币只可能在波动中逐步小幅升值，中国正在以多种方式化解人民币的升值压力，美元相对人民币大幅贬值的空间不大；第四，全球资产泡沫逐步积累，新兴市场资产泡沫的破裂可能导致资金流入美国，美元也难以大幅贬值。

因此，美元存在着基本面和技术面的共同支撑，继续大幅下跌的空间不大，而且存在反弹的可能。未来几年美元可能会主要在70至100之间波动。

**（二）奥巴马就任总统后的美元政策：非弱势美元政策**

1. 金融风暴后美国经济的支柱与未来。从次贷危机到全球金融风暴，正如“9·11”恐怖袭击后一样，美国仍然充分利用了国际社会的平台和国内的各种政策，既试图维护其美元本位制，也试图刺激经济发展，美元出现了一定幅度的反弹。当然，美元的反弹也在一定程度上与全球避险资金的流入有关。在众多刺激措施的帮助下，尽管美国经济可能尚未见底，但美国经济可能出现非常意外的情形，即其反弹可能快于其他发达国家。

2. 奥巴马就任总统可能推行非弱势美元政策。全球汇率走势的判断核心在于美元的走势。美元的走势判断有三个层次：一是全球货币体系是美元本位制；二是美国的美元策略；三是美国与他国经济指标、利率和资金流动的比较。作者认为，美元本位制是美国霸权的重要体现，也是美国在全球金融秩序中呼风唤雨之根本。布什政府过度使用弱势美元政策已经导致了房地产泡沫的破裂及次贷危机和全球金融风暴。奥巴马总统上台后，其两大任务分别是：推动经济复苏和维护美元霸权地位。而且，从经济基本面来看，如果美国经济先于其他经济体反弹，则低利率并不会成为美元的压力，正如一直实行接近零利率水平的日元和瑞郎却在不断上升一样。

在目前的情况下，奥巴马推出强势美元政策可能会面临着一定的阻力和担忧，奥巴马政府初期不会推出强势美元政策，但不会维持弱势美元政策，不会放任美元大幅贬值。而且，作者通过分析发现，受美国贸易结构的改变，在美国贸易逆差较大时，只有美元升值才能缩小贸易逆差（参见图4－13）。

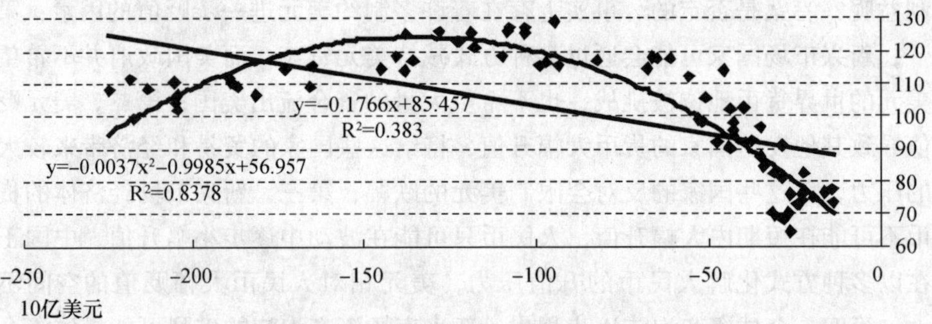


图4－13　美国贸易余额与美元名义广义货币贸易加权指数的相关趋势

资料来源：美联储和美国商务部经济分析局。

注：图中横轴是美国贸易余额，纵轴是美元所有货币贸易加权指数。

从美国商品贸易余额的构成来看，其贸易赤字主要由工业原料供给、除汽车外的消费品和汽车两部分构成，而汽车消费品赤字远大于汽车资本品的赤字。在这样的贸易赤字结构中，由于进口远大于出口，那么，美元的弱势只能增加其贸易赤字，而不是降低其贸易赤字。

在美国商品出口结构中，资本品占有核心地位，2007年第四季度资本品（包括汽车资本品）占比高达43.7%。尽管美国大部分资本品出口存在着垄断利润空间，但由于存在着因技术管制而形成的贸易壁垒，其需求弹性并不大。而美元的弱势使其垄断利润的实现并不容易。

货币贬值对于改善贸易状况的前提在于马歇尔—勒纳那条件的有效性，即在于进出口商品需求的弹性。从美国的进出口商品的差异来看，1995年以来其出口主要是汽车、化工和飞机等资本品，以及专业咨询和金融等高附加值服务，进口的主要是原油和中初级制造品，这与1985年至1995年的与日本、德国竞争汽车制造业和电子产业情况有着很大的差异。当时美国商品进出口的弹性比较大，但21世纪以来美国商品进出口的弹性明显减小。因此，根据最简单的道理，美元要保持相对的强势才能真正改善贸易赤字和经常账户赤字，但布什政府却反其道而行之，放任美元大幅贬值，拒不释放战略原油储备平抑油价，最终导致油价创下了近150美元/桶的天价。事实上，自2002年美元大幅贬值以来，美国的贸易赤字和经常账户赤字却并没有在2004年和2005年出现相应改善，只是到了2006年才出现了缓慢改变，出现了一定的J曲线效应，而这除了美元的贬值外，还主要是其进口需求因经济减速而相对放缓的结果。

因此，美元保持相对的强势是目前缩小巨额的贸易赤字的重要措施。奥巴马政府要做的可能是，将美元维持在弱势和强势之间，美元政策相对中性和模糊，美元兑主要货币的贸易加权指数可能先处于78~90之间波动。当美国经济恢复，形势稳定和明朗之后，不排除会有强势美元政策推出。因此，作者称奥巴马政府的美元政策可能为非弱势美元政策。

## 二、欧元兑美元难以维持目前的强势

### （一）过去的判断：欧元兑美元可能冲高回落

欧元自1999年1月1日诞生以来，从其走势上大致可以分为三个阶段：第一阶段（1999年至2001年），是欧元诞生后的迷惘和挫折期。欧元/美元从1999年1月1日的1.17位置逐步下挫，于7月跌破1.02这一关键位置。从低点短暂反弹后，至10月已至1.09的位置，但仍然不断下挫，于年底跌破平价水准。2000年时市场对欧元区的信心受到冲击，于10月跌至0.825的低位，在欧洲央行多次干预市场无效的情况下，欧洲央行、美联储央行、日本央行和英国央行等G7国家的央行联合干预才稳定了欧元，并初步建立了欧元的支撑力量。受联合干预的影响，欧元年底最终反弹至0.95左右。2001年欧元再度开始了从年初价位向下的挫跌历程，于7月跌至了0.8350的低位，但寻求到了支撑后反弹，10月至0.92价位，年底处于0.90的位置。在此阶段连续三年时间里，欧元/美元2000年和2001年都呈现出年底和年终高位，年内下跌的趋势，而且，每年年末的位置总是低于每年年初的位置。

第二阶段（2002年至2004年年底），欧元高升期。欧元现钞成功流通，欧元兑美元于2002年2月跌至0.860附近后获得支撑。在美元全面走弱的趋势下，欧元一路劲升，于2002年6月升过0.95，于2002年7月升逾平价之上，于2004年12月29日达到了1.36。在这一过程中，欧元仅略有调整。

第三阶段（2005年至今），欧元的再次调整期。随着美元的全面反弹，欧元兑美元在2005年11月14日达到1.1695的低点后逐步反弹上升，于2007年10月1日再度创下新高1.4279，接近1995年4月21日欧元的前身埃居兑美元的1.4430高点（参见图4－14）。

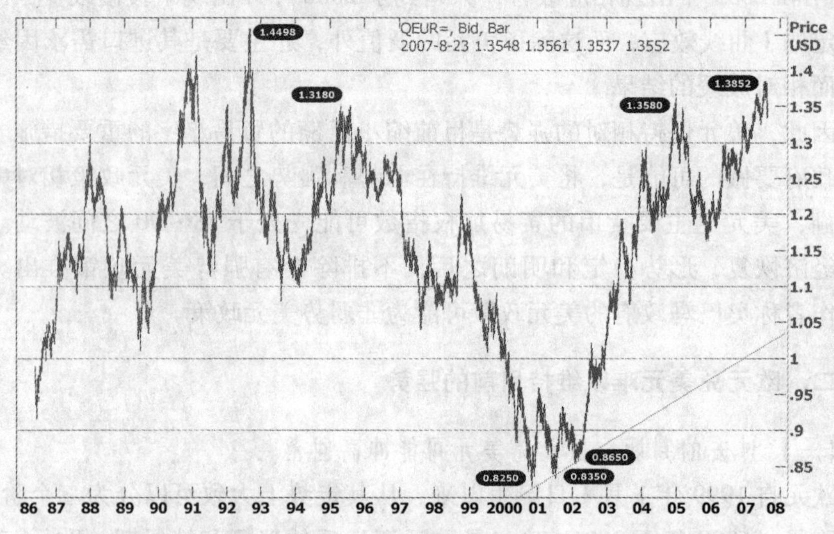


图4－14　欧元兑美元冲高回落

资料来源：路透社。

事实上，欧元现钞推出后，欧元的区域货币地位得以真正确立。而美元的大幅下跌为欧元的成长和成熟提供了巨大的战略空间，欧元的大幅上升也为美元的大幅下跌提供了可能，也真正确立了欧元在国际上的地位。

作者预期欧元兑美元已接近历史高位，可能会出现回调。欧元兑美元汇率冲高回落的三个理由：第一，欧洲央行加息可能会接近尾声；第二，欧元兑美元汇率处于历史高位，不可能持续上行；第三，欧元兑美元汇率的持续上行可能给欧元区经济带来压力。反过来说，美元已接近历史低位水平，因担心美元继续下跌可能会导致世界各国外汇储备、石油美元的进一步转移，美国政府不得不阻止美元的进一步下跌。而且，受全球股市波动的影响，新兴市场经济体中流出的投资资金可能流入美国，也可能导致美元上升。未来几年欧元兑美元可能主要在1.15～1.42之间的区间波动。

### （二）欧元可能保持相对弱势

作者在2002年时曾经预见到了欧元自2002年来的走强，当时的依据是欧元现钞的推出、欧元地位的巩固，以及自2000年到2002年来技术上筑底的形态基本完成，欧元区的整合情况比预期要好。但事实上，2002年以来欧元大幅升值，2008年欧元兑美元甚至达到近1.6的水平，背后是美元自2002年以来的大幅下跌。物极必反，自欧元兑美元2008年7月15日达到1.6的高点后，随着美元的大幅反弹，欧元兑美元10月27日也大幅下跌触及1.23左右的阶段性低点，12月中曾经反弹至1.47左右的高点，2008年12月24日回落至1.4左右（参见图4－15）。

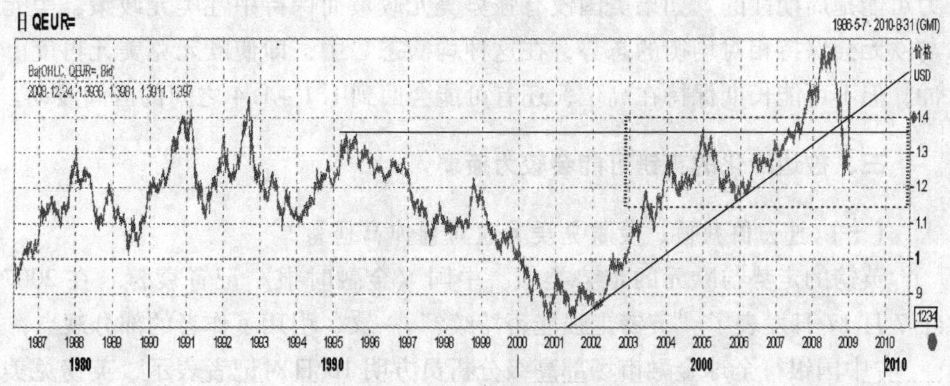


图4－15　欧元兑美元的走势

资料来源：路透社。

要判断欧元的未来走势，除前面谈到的非弱势美元政策外，主要看两方面：一是受金融危机影响的欧元区的经济走势与美国的差异，以及相互之间的利差水平的变化；二是全球资金的流动趋势。

就第一个问题而言，尽管欧元区经济受到全球金融风暴的危害没有美国大，而且欧盟对各国政府的政府债务和财政赤字的限制使欧元区的主要国家政府债务和财政赤字都基本在可控范围之内。但是，随着全球需求的下滑，欧元区经常账户已经从盈余转为赤字。跟随美联储的大幅降息，欧洲央行将其基准利率降至1.5%，未来可能再下降至1%，这与美国和日本近零利率的差异并不是很大。也就是说欧元并不占有利差优势。

就第二个问题而言，全球资金流动在全球主要金融机构去杠杆化过程中以回归美元资产为主，尤其是发达国家机构资金流出新兴市场和发展中经济体的趋势十分明显。同时，许多机构也撤离高风险金融产品，包括股票、公司债券、部分经济体的主权债。这种趋势在短期内支撑了美元快速大幅反弹。随着全球金融风暴的结束，全球资金将会重新分配，发达经济体的资金可能再度流入新兴市场，但部分新兴市场和发展中经济体的资金可能会流入欧元区，这将有助于欧元的稳定。但是，资金大规模流出美国和欧元区的可能性并不是太大，而且这是一个相对缓慢的过程，并且有许多政策可调整的空间。

总之，由于欧洲的经济恢复情况可能不如美国快，这可能在一定程度上压制欧元的走势，但欧元区扩大和欧盟实力的增加又会对欧元形成一定的支撑。资金流动总体可能对美元有利，对欧元可能会形成一定的压力，这种压力可能是周期性的。如果美国没有强势美元政策而保持中性美元政策，美元与欧元会保持相对均衡的态势，在这种均衡态势中，即使欧元兑美元再度上冲，但不可能长期保持在高位，还有可能会回到1.1～1.4之间的区间波动。

### 三、被边缘化的英镑可能会较为疲弱

#### （一）过去的判断：英镑兑美元也可能冲高回落

英镑的走势与欧元的走势类似。中国《金融时报》记者袁蓉君在2007年7月17日发表了“英镑走强能否持续?”一文，引用了作者的部分观点：

“中国银行全球金融市场部高级分析员方明16日对记者表示，英镑兑美元汇率在2美元以上不会是一种常态，鉴于未来存在着汇率反转的可能，投资者必须加以注意。”

“英镑兑美元迅速、稳定升值的主要原因是英国央行连续加息而美联储一直按兵不动，使英美利差持续扩大。不仅如此，最近英国的消费价格指数一直处于较高水平，存在着央行进一步加息的可能。而美国近期的经济数据并非特别理想，美联储保持利率不变的可能性较大，这种情况下利差有可能进一步扩大。”

但方明则表示，未来英镑升值的趋势能够维持多长时间值得关注。“我认为英镑兑美元在2以上不一定是一个常态，未来可能会跌到2以下”。他还提醒投资者注意汇率反转所带来的风险，指出如果在利率提高到一定程度以后英国的物价降下来了，英国央行停止加息可能导致汇率反转，从而给投资者带来损失。至于英镑走强对中英贸易的影响，方明认为，英镑兑美元的强势实际上会导致英镑对人民币汇率达到一个比较高的水平，这种情况下，我国应采取一些必要的避险措施：一是在签订进出口合同时应选择对自己有

利的、恰当的币种；二是在已签订的合同中处于不利地位时，应利用掉期保值等工具降低汇率风险。

2007 年 7 月 24 日，英镑兑美元的汇率曾经达到 2. 0655 的高点，超过了 2004 年 12 月 21 日的 1. 9488，也高出了 1992 年 9 月 2 日的 2. 0080。正如作者公开发表的观点，英镑兑美元在达到多年来的高点后，面临着回调的可能（参见图 4 – 16）。未来几年英镑兑美元可能主要在 1. 70 至 2. 06 之间的区间波动。当前，英国也正在受房地产价格泡沫破裂的影响，英国央行持续加息的可能性不大，英镑可能逐步回调。

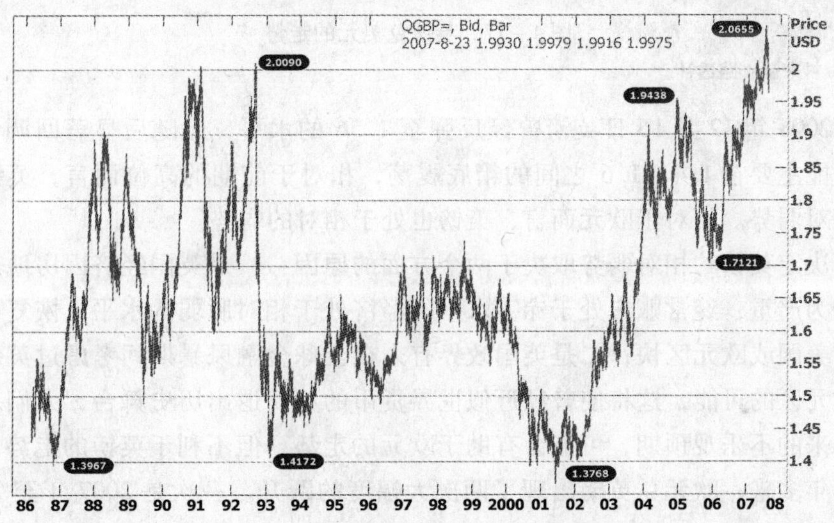


图 4 – 16　英镑兑美元汇率走势

资料来源：路透社。

### （二）加入欧元区意味着英镑有消失的可能，加剧英镑的弱势

2007 年 11 月 8 日，英镑兑美元达到 2. 1076 的历史性高点，然后开始了大幅的回调，2008 年 12 月 4 日收盘价达到了 1. 4667 的低点，期间下跌了 30. 4%。如果对比美元主要货币贸易加权指数、欧元兑美元和英镑兑美元的走势，我们会发现英镑兑美元的下跌整整早了 8 个月，其他货币还在高位盘整的时候，英镑兑美元已经开始了趋势明显的下跌调整，直到 2008 年 7 月 15 日开始的快速大幅下跌（参见图 4 – 17）。

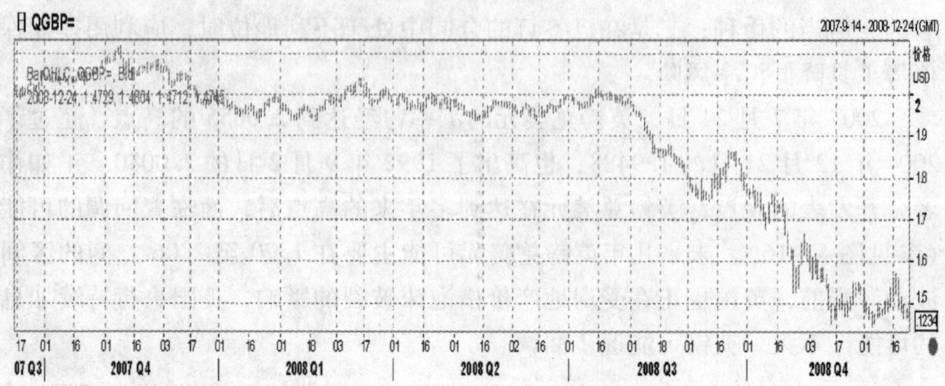


图 4－17　英镑兑美元的走势

资料来源：路透社。

2008 年 12 月 16 日英镑曾经反弹至 1. 56 的水平，但随后显著回调，近期可能主要在 1. 4～1. 6 之间的箱底震荡，相对于前期的高位而言，英镑处于相对弱势。相对于欧元而言，英镑也处于相对的弱势。

决定英镑的相对弱势取决于两个方面的原因：一是英国经济因房地产泡沫较为严重，经常账户处于赤字水平，经济处于相对脆弱的水平，恢复可能没有美国或欧元区快；二是英国政界有人在全球金融风暴期间考虑过英镑加入欧元区的可能，这将使曾经近似世界货币的英镑退出历史舞台，人们对英镑未来的不乐观预期，可能会有助于欧元的走势，但不利于英镑的走势。最近两年多来，欧元兑英镑出现了两次大幅度的跃升。一次是 2007 年至 2008 年年初，从 0. 67～0. 72 的箱底整理到了 0. 77～0. 81 的平台继续整理；另一次 2008 年 12 月以来在英镑加入欧元区的传闻之后，欧元兑英镑突破了上一个平台上行至 0. 95 左右的水平整理（参见图 4－18）。当然，欧元兑英镑可能也难以维持持续的强势。

因此，作者预期英镑在较长时期内可能会处于一个相对的弱势。这种弱势将帮助还是毁坏英国经济，尤其是以金融业占据重要地位的英国，目前下结论还为时过早。但在全球货币中日益边缘化的英镑，的确应该开始思考未来了。

## 四、日元和瑞郎保持强势不易

### （一）过去的观点：美元兑日元和美元兑瑞郎反弹中存在着反复

日元和瑞郎（瑞士法郎）是两个比较难以琢磨的货币。如果用经济基本

图 4－18　欧元兑英镑的走势

资料来源：路透社。

面分析，两者兑美元的汇率上升的可能性都比较小。但事实是，日元和瑞郎兑美元整体处于相对比较强的趋势之中。除了美元自身的弱势外，还与套利交易的平仓有关。

由于日元是低利率货币，尤其是日元多年来处于零利率水平，日本政府还在此基础上采取了增加货币供给量的定量宽松货币政策。2004 年以来，日本央行也仅加息一次。因此，许多日资机构和外资机构都普遍地以较低利率借进日元，然后兑换成其他货币或者利用掉期交易的方式购买其他货币资产，尤其是高收益的股票和债券资产。当日本央行可能持续加息，或者其他货币资产的泡沫达到较高水平时，这些投资机构可能获利回吐，归还日元的贷款，从而导致日元兑美元的升值。此外，由于许多日本企业大量进行海外直接投资，每年 3 月是日本财年的结束期，许多企业都将海外获利汇回并转换成日元，从而导致日元季节性的升值。比如，2007 年 2 月 27 日全球股市大幅下跌前后，美元兑日元从 2 月 22 日的 121. 56 下跌至 3 月 1 日的 115. 79，期间下跌了 4. 7%；美国次贷问题引起的全球股市大跌期间，美元兑日元从 8 月 8 日的 119. 67 下跌至 8 月 17 日的 114. 21，8 月 17 日的最低点到了 111. 68，期间美元兑日元下跌了 4. 6%。

瑞郎主要是因为阶段性的低利率和避险功能，使一些投资机构在瑞郎低利率时融入，并进行海外投资。因此，瑞郎与日元一样既受央行利率政策的影响，也受海外资本市场走势导致的资金流向变化的影响。此外，由于瑞士的中立国地位，瑞郎是传统的避险货币，在地缘政治紧张时也会出现上涨。

比如，2007 年 2 月 27 日全球股市大跌期间，美元兑瑞郎从 2 月 22 日的 1.2379 下跌至 3 月 2 日的 1.2164，期间下跌了 1.7%；美国次贷问题引起的全球股市大跌期间，美元兑瑞郎从 8 月 15 日的 1.2184 下跌至 9 月 28 日的 1.1641，期间下跌了 4.5%。相比较而言，瑞郎较日元的套利空间要小一些，重要原因之一在于瑞郎比日元的利率高，投机者们更倾心于日元作为套利交易的工具。

由于美元可能已接近历史低点，瑞郎和日元继续大幅升值的可能性不大，但受套利交易平仓的可能影响，瑞郎和日元还存在着一定的上行动力。因此，美元兑日元、兑瑞郎反弹过程中可能还存在着一定的反复。预期未来几年美元兑日元的主要波动区间在 100 至 130，美元兑瑞郎的主要波动区间可能在 1.05 和 1.40（参见图 4 – 19）。

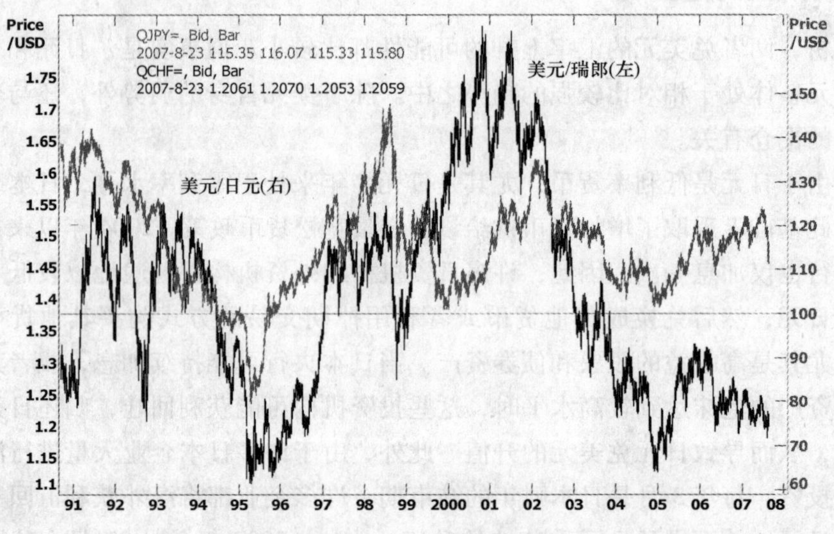


图 4 – 19　美元兑日元和美元兑瑞郎走势

资料来源：路透社。

### （二）日元和瑞郎要保持强势地位不易

自 2007 年 9 月以来，美元兑日元和美元兑瑞郎持续下跌。2008 年 3 月 14 日，美元兑日元跌破 100，3 月 17 日达到 97.39 后反弹，8 月 15 日达到 110.49。在次贷危机深化为全球金融风暴过程中，受套利交易平仓资金回流的影响，日元大幅上升，12 月 17 日达到 87.31 的低点，这一位置比 1995 年美元兑日元 78 的历史性低点已经不远。由于 90 是日本汽车生产商盈利的临界点，之前七大工业国央行曾经发表联合声明，称不乐见过快升值，但未见有具体的干预动作。而日元升破90后日本面临着较大的压力，不排除日本央行已经入市干预的可能。预计未来一段时间美元兑日元可能在90～120之间波动。美元兑瑞郎在2008年3月17日跌到0.9843，11月21日反弹至1.2217，12月18日下降至1.0828左右的水平，目前在1.07附近波动。预期未来一段时间美元兑瑞郎可能在1.05～1.3之间波动（参见图4－20）。

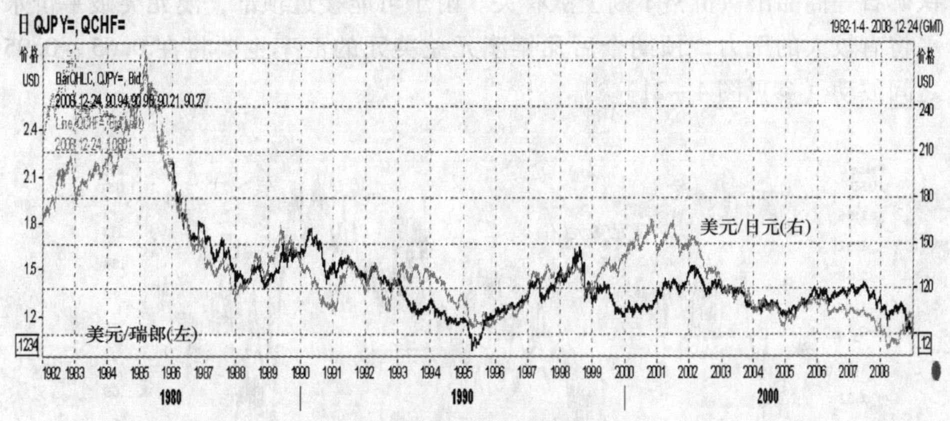


图4－20　美元兑日元和瑞郎的走势

资料来源：路透社。

日元和瑞郎的相对弱势，主要由于美国现在目标利率在0～0.25%，接近零利率水平，日本央行的目标利率在0.10%。因此，美元和日元、瑞郎一样，至少在一段时期以内，也都会成为未来全球低息货币的提供者。日元、瑞郎相较美元而言，其吸引力有可能下降。在这样的情况下，日元和瑞郎的汇率也可能会相对下跌。

## 五、商品货币还将继续调整

### （一）过去的观点：澳元和加元回调可能较大

澳元和加元通常被称之为商品货币，因为澳大利亚和加拿大经济以出口原材料等商品支撑为主。全球原材料价格上涨和一些商品期货价格的上涨，以及美元自2002年2月以来的贬值，推动了澳元和加元的上涨。

2002年1月18日，美元兑加元达到了1.6142的高点，此后随着美元的下跌和商品价格的上升而不断贬值，并于2007年9月28日突破了平价水平，

10 月 11 日更是达到了 0. 9762 的历史低点，也远低于 1992 年 1. 13 左右的低点。期间，美元兑加元贬值了近 40%。尽管加拿大资源丰富，但加元强于美元可能难以持续。预期未来几年美元兑加元可能主要在 0. 90 至 1. 30 的区间波动。

澳元兑美元在 2001 年 4 月 2 日达到了 0. 4783 的历史低点，并于 2001 年 9 月 27 日再次达到 0. 4876 的低点后随着美元的贬值而逐步升值，2007 年 10 月 11 日接近了 0. 90 的历史高点。当然，澳元兑美元的走高，也与澳大利亚铁矿石等商品出口价格不断上涨有关。由于可能接近顶部，澳元突破平价水平将有较大的压力，预期今后几年澳元兑美元的汇率主要将在 0. 65 ~ 0. 95 之间波动（参见图 4 - 21）。

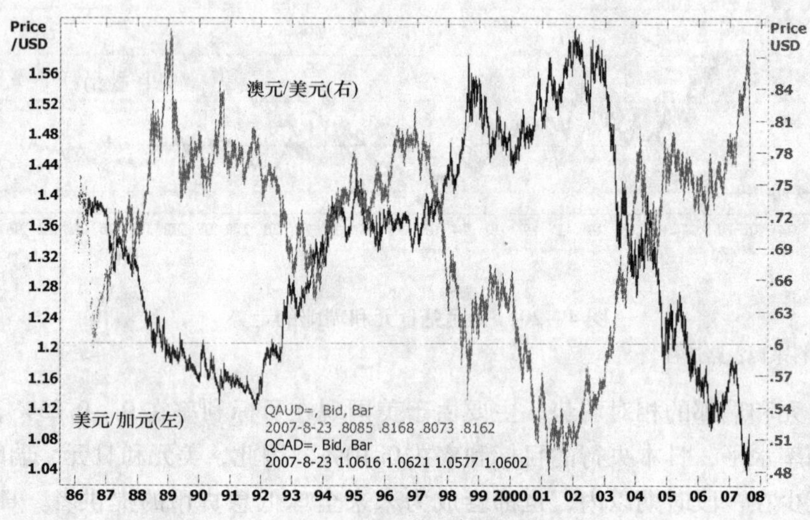


图 4 - 21 澳元兑美元和美元兑加元的走势

资料来源：路透社。

### （二）商品货币受美元反弹和需求疲软的双重压力

2007 年 12 月 4 日美元兑加元反弹上破平价水平，进入一个较长时间的振荡区间后，在短期内连续两次进入区间震荡，目前仍然处于 1. 18 ~ 1. 30 区间内震荡。澳元兑美元 2008 年 7 月 15 日达到 0. 9787 接近平价水平，之后随着全球金融风暴的来临和美元反弹迅速回调，10 月 7 日回调到了 0. 6635 的水平，小幅反弹后 10 月 28 日继续回落至 0. 6459 的低点，12 月 17 日反弹至 0. 702，目前仍在 0. 64 ~ 0. 71 的区间震荡（参见图 4 - 22）。

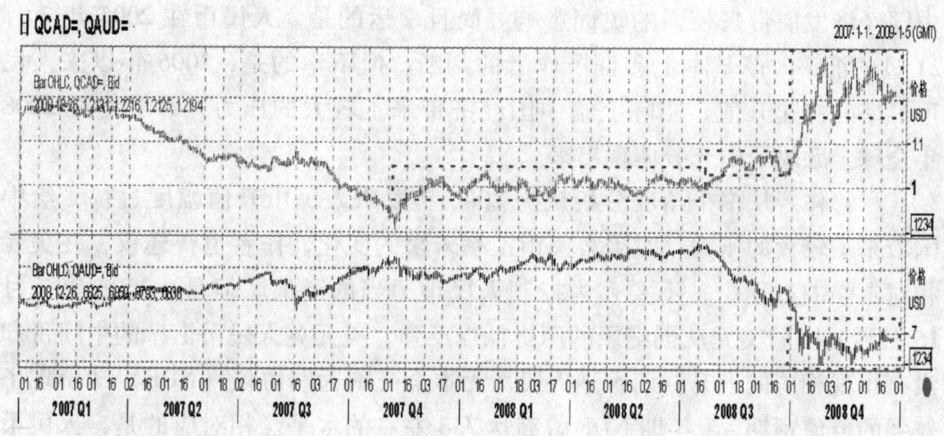


图 4－22　美元兑加元和澳元兑美元的走势

资料来源：路透社。

作为商品货币的加元和澳元，其未来走势受三个因素的影响：一是美元政策与美元走势；二是对商品的需求及商品价格的上涨力度；三是自身经济的恢复情况。前面谈到未来的美元政策是非弱势美元政策，而对商品的需求及商品价格的走势在经济疲弱和非弱势美元政策的压力下难以大幅反弹，加拿大和澳大利亚的经济恢复水平可能还得靠美国和中国经济需求的带动。因此，商品货币会处于相对的弱势，但由于目前已经下跌了较大幅度，因而未来的走势可能更趋向于区间震荡。作者预计未来 1 年内美元兑加元的主要波动区间可能在 1. 15 ~1. 4，而澳元兑美元的主要波动区间可能在 0. 5 ~0. 72。当然，如果经济出现明显的恢复迹象，情况可能会有所不同。

## 六、回归本位：人民币回归波动中逐步小幅升值的趋势

针对人民币汇率走势，作者作过多次分析和判断，包括从 2004 年来的多次市场判断，认为人民币汇率改革不会一次到位，将以完善汇率机制为主，并在波动中逐步小幅升值；作者测试过人民币在波动中逐步小幅升值的直接福利；还做过中国经济发展空间比值的分析，即美元兑人民币汇率与 PPP 汇率的比值来测量中国经济潜力空间。总的结论就是人民币不应该直线快速升值，人民币应该在波动中逐步小幅升值。要使人民币升值的福利效应最大化，每年的升值幅度应控制在 3% 以内，并且逐步递减；如果没有经济结构的改善，随着中国购买力平价（PPP）汇率的上升，人民币的快速升值将压缩中国经济的潜力空间，从而给中国经济带来较大的压力，相应地会给

中国经济发展带来较强的负面影响。尚且幸运的是，人民币在 2005 年 7 月 21 日的汇率改革基本上印证了作者的判断，但不幸的是，2006 年以来人民币汇率的快速升值，实际上给中国经济带来了较大的压力，并最终在 2008 年全球金融风暴中充分体现出来。

尽管作者从多个角度分析认为 2006 年以来人民币升值幅度过快，给中国带来了较大的压力，对于人民币汇率未来的变化，作者也曾建议，在美元相对走强的过程中，不要人为控制人民币适当的贬值。但是，2008 年 7 月 15 日后，随着美元从创纪录的历史低点反弹，美元兑人民币汇率的中间价却没有出现相应的上升。而香港人民币无本金交割远期协议（NDF）却出现了较强的贬值预期，1 年期 NDF 曾高达 7.3 左右的水平。相对应的是，人民币兑欧元和英镑等欧洲货币的汇率在短期内出现了大幅度的升值。

尽管人民币汇率国内市场上曾经出现过一段时间逼近 7 左右的情况，但人民币真正出现大幅度回调的可能性却比较小，因为中国政府始终以负责任的态度不以贬值为促进出口的工具，包括 1999 年的亚洲金融风暴期间都未曾以人民币贬值作为工具。但是，作者要提醒的是，不以贬值作为促进出口的工具，并不意味着人民币汇率就只能升值而不能贬值，或者说不能随着相应货币的升值而在波动中略有贬值。

因此，对于未来人民币汇率的走势，作者从总体上仍预期其将在波动中逐步小幅升值。但对应美元可能的非弱势政策，人民币兑美元有可能小幅回调。相对而言，美元兑人民币汇率在未来一段时间内可能在 6.7 ~ 7 左右区间波动。

### 七、新兴市场货币还将继续动荡

#### （一）过去的观点：新兴市场经济体的货币难以大幅升值尚有贬值可能

在美元创出新低的情况下，不少新兴市场经济体的货币创出历史新高，已有政府入市干预。由于新兴市场经济体经济金融体系相对较为脆弱，不少新兴市场经济体潜力有限，且资本账户开放，自身货币的上升除与美元贬值相关外，还与国外资金流入紧密相关。由于经济的脆弱性，导致新兴市场经济体政府不可能放任本币升值，否则可能给经济增长带来较大的压力。因此，新兴市场经济体的货币难以继续大幅升值。事实上，由于新兴市场经济体的资产价格泡沫日益膨胀，如果资产价格泡沫破裂，资金外流可能将导致新兴经济体货币汇率贬值。

### （二）资金的国际流向决定新兴市场货币汇率的表现

对新兴市场经济体货币可能因资金流出而贬值的判断已经得到了证实。除了目前越南盾、俄罗斯卢布、印度卢比、韩国韩元、巴西里拉和阿根廷比索等货币因资金流出和外逃导致汇率贬值外，大多数新兴市场和发展中经济体都面临着类似的情况。当然，这里面也有美元强力反弹的因素。

新兴市场货币汇率未来取决于资金的流入流出状况以及美元的汇率走势。尽管目前一些货币汇率跌幅较大，我们仍可预期部分货币尚有可能进一步下跌或动荡。

## 第三节　商品真的是泰坦尼克号：您赶上了吗？

相距 2007 年 9 月作者关于“商品超级周期理论问题及商品价格的未来趋势的判断”时间已过了一年。该文的结论是“如果从经济周期、中国需求因素、投机因素和美元因素等四大要素与商品价格周期的关系来看，投机因素是市场中的能动因素，而经济的放缓，中国内部供给的增加和美元的反弹，都可能限制商品价格持续的上升，相应的，商品期货市场的投机力量可能会下降，或者转移其他市场。因此，本轮商品期货价格周期可能于 2007 ~ 2008 年达到顶峰（因为金属供给的增加一般只需要 3 ~ 5 年，而非有关人士所称的 10 年以上），其后将进入一个处于相对较高水平的调整期，可能持续至 2011 年前后。但是，如果其间出现了经济衰退或金融动荡，商品期货价格也可能会大幅下挫。”在这一年里，商品期货市场有了较大的变化，原油价格曾接近 150 美元/桶，农产品价格也大幅上涨，金价接近 1000 美元/盎司，但金属期货的价格相对平稳。目前，随着美元的快速反弹，油价的快速回落，加上次贷问题给美国经济和全球经济带来的影响，商品期货市场正面临着转折点，商品期货的牛市可能正在向熊市转化。为了更好地把握未来商品期货的走势，为判断全球通胀的变化奠定一个基础，作者作了进一步的分析，即下面的内容。[①] 由于上文已经将商品期货周期变化的规律进行了说明，作者这里主要描述变化，预测未来，同时对有关问题做进一步说明。不幸的

① 此文完成于 2008 年 8 月。本文未做具体商品的供求关系分析，而是从全球的供求关系、商品期货的投机因素和美元汇率走势等角度来探讨商品期货价格的走势。

是，作者对全球商品市场将步入熊市的判断已经成为了现实。我曾经在“商品超级周期理论问题及商品价格的未来趋势的判断”中将商品期货市场比喻成“泰坦尼克号”，现在看来确然。不过，商品期货价格出现阶段性技术反弹仍然是可能的，但未来一段时间内仍将受压于美元的非弱势走势和全球经济下滑衰退导致的需求下降。

### 一、商品期货价格的变化及其原因

自2007年8月以来，全球商品期货大多数品种，尤其是前两年涨幅较低的品种，包括涨幅较大的原油期货，价格有较大幅度的提高，可以说是进入了相关商品期货的牛市，但在2008年7月初达到高点后，开始了大幅回落，牛市可能结束，熊市可能已来临。

从CRB指数来看，1999年3月为191，2000年11月达到230；随着全球股市泡沫的破裂和美国经济陷入衰退，2001年10月回落到185；随着美元贬值和全球经济的复苏，2006年7月上升至350，2007年1月技术性回调至301，2008年6月上升至463，8月已回落至389，主要受美元反弹和次贷危机导致的经济大幅下滑的影响（参见图4-23）。

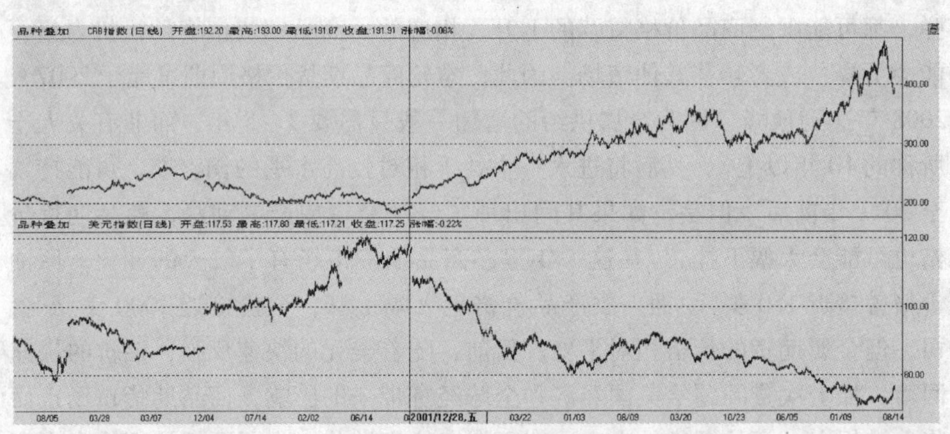


图4-23　商品期货的CRB指数和美元指数

资料来源：文华财经。

下面我们分别看一看有关商品期货品种的走势。

1. 原油和黄金价格大幅上涨后回落。自原油期货价格在1999年跌到10美元/桶以下后，逐步反弹，于2004年突破了50美元/桶，但一直在50~80美元/桶之间徘徊，但从2007年2月开始大幅上行，有一发不可收拾之势，最高接近150美元/桶，目前（2008年8月14日）已经开始大幅下跌。黄金曾经接近1000美元/盎司的高位，尽管随美元上升有所回调，但受全球避险需求的推动，目前仍然保持在800美元/盎司以上（参见图4－24）。

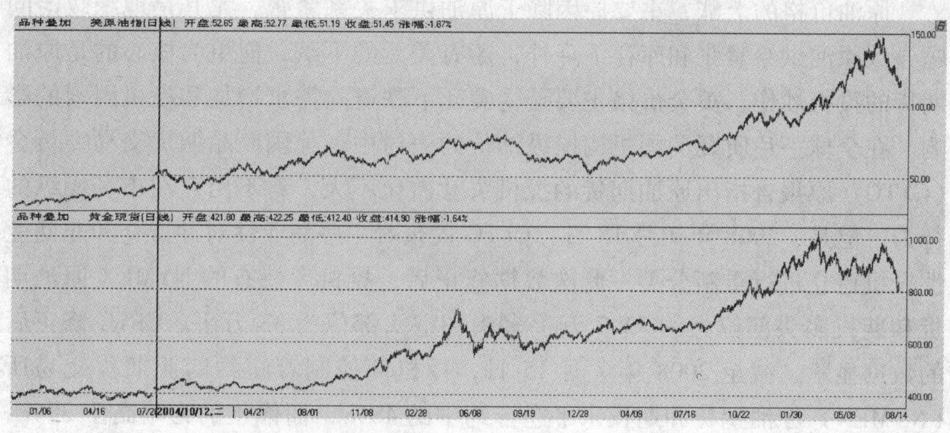


图4－24　原油期价和黄金现价的走势

资料来源：文华财经。

2. 农产品价格高涨后回落。事实上，农产品期货价格在2005年11月达到阶段性底部后开始逐步反弹，直到2006年10月才有大的突破，美国小麦指数于2008年3月达到顶部，然后开始下跌，而美国大豆指数与美国玉米指数却在2008年6月达到顶部后开始下滑（参见图4－25）。

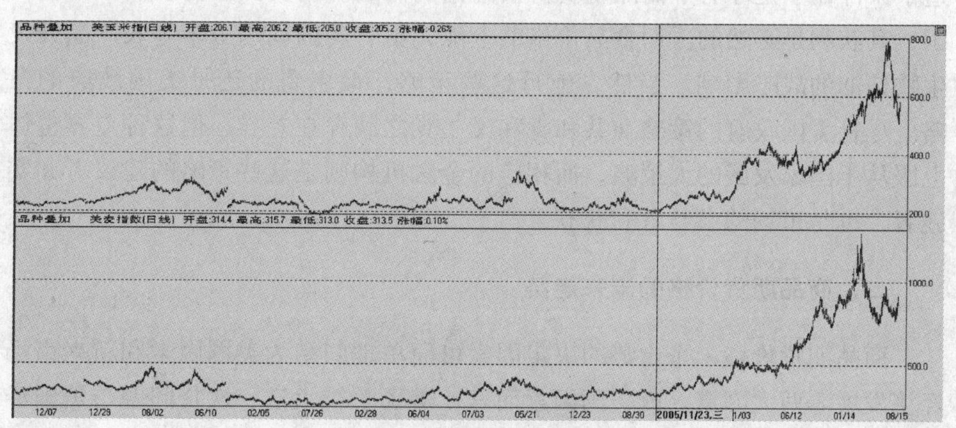


图4－25　美国玉米指数和美国小麦指数的走势

资料来源：文华财经。

3. 金属期货价格高位震荡。金属期货价格从2005年7月左右开始走高，铜铝锌等在2006年5月达到高点后进行宽幅整理，而镍锡铅等金属期货的价格则在2007年5月大幅上升达到高点后进行了大幅调整。

原油价格的上涨，主要原因除了原油供求关系紧张，尤其是地缘政治问题导致原油供给紧张和库存下降外，还有美元的下跌，但更为核心的是原油期货的投机炒作。黄金价格主要是受美元下跌避险需求增加和投机因素的影响。在全球一片质疑美国机构操纵油价的声讨中，美国商品期货交易委员会（CFTC）原报告指出原油期货的投机头寸占比不大，看不出存在市场操纵的行为。但是，2008年7月18日，CFTC宣布对一些商业性对冲持仓和非商业性投机持仓进行重新分类。此次数据修正后，投机商持有的NYMEX原油期货和期权多头部位大约32.7万手多头和空头部位为33万手。CFTC修正后的数据显示，截至2008年7月15日，投机商控制着纽约商业期货交易所（NYMEX）原油期货和期权未平仓合约中的48%，而修正前为略高于38%，引起市场哗然。

事实上，在民主党克林顿总统执政时期，当油价走高时，便释出战略原油储备以调节市场油价，共和党是石油生产商的代表，与金融投资机构关系良好。除了在卡崔那飓风袭击后小布什政府释放过战略原油储备外，从未动过战略原油储备，小布什总统更声称不会运用战略原油储备来平抑油价。共和党政府推行的美元贬值策略，也为美国机构投机原油、黄金和农产品等创造了条件，于是才有了商品期货价格离谱的高涨。而美国作为农产品的输出国，其获利是必然的。而食品价格的上涨，更有美国利用玉米等农产品开发生物柴油的战略影响。当然，施行这些策略，最主要的还是美国政府的策略。尽管美国政府的策略在共和党和民主党之间存在差异，但这种差异整体上服从于国家发展的大策略，而相应的金融机构则是这些策略的建议者和实施者，也是市场的参与者和获利者。

## 二、商品期货价格的未来走势

商品期货价格未来走势的决定因素可简单地归结为美国因素和新兴市场经济发展等两大因素。就美国因素而言，美国总统大选、次贷问题与美国经济走势、能源政策与美元策略是核心要点，受次贷危机和美国经济放缓的影响，全球经济和金融市场的动荡，可能导致全球经济，尤其是新兴市场经济体的经济增长放缓，甚至出现金融动荡或者金融危机，进而导致对商品需求的放缓。当然，商品的供给情况也是很重要的，但在目前的市场上已经不是决定因素，因其满足需求的能力是足够的。

美元策略在美元贬值时的影响有三个方面：一是美国商品的出口竞争力，因其相对的国内要素成本下降了；二是其他国家持有的美元外汇储备或者美元资产贬值了，美国可以更廉价地利用这些储备或美元资产，尤其是可通过印美钞来偿还美元债务；三是美元贬值将导致商品期货价格大幅上涨，进而使其金融机构或投机机构或拥有商品的美国生产公司赚取更高的利润。当然，美元贬值的时机一定是美国经常账户赤字和财政赤字不断扩大的时候，而利用美元贬值来变相削减美国的财政赤字和经常账户赤字，剥夺其他国家的外汇储备或降低其他国家拥有的美元资产的价值，实际上体现了美元的世界货币地位和霸权，也体现了其他国家对美国经济和金融的依赖性。

美元策略在美元升值时的影响亦有三个方面：一是吸引原本流入其他发展较快的国家的资金流入美国，从而推升美元资产的价值；二是利用美国金融机构的投机冲击这些国家的金融市场，进而影响其经济，既从这些国家的货币贬值中获益，也通过援助或并购等手段，增强了对这些国家的控制力；三是在这些国家经济和金融遭受重大影响时，推低商品价格，尤其是美国进口商品的价格，如原油在强势美元政策的影响下于1999年曾低于10美元/桶，美国大量进口的原材料和初中级商品的价格都大幅下降。当然，美国推行美元升值的策略，一定是其他国家经济处于不佳的时机，往往是经济接近顶峰或者是经济衰退尚未恢复之际。

作者暂且尚未发现美国次贷危机是美国国家策略的任何证据或相关的规律，但有一点是肯定的，那就是美国对于商品期货交易的监管和对于次贷发行的监管，以及相应的评级机构都存在着相应的问题。作者曾经质疑过一家美国评级机构对新兴市场的严厉和对美国的宽容。对于期货的监管存在着明显的放水是不争的事实。这也可以说是美国的国家策略之一，即与美元策略配合的商品期货策略。

不管商品价格走高还是走低，不管美元升值或贬值，不管金融期货或其他金融产品的价格是涨还是跌，只要看对了方向，都能赚钱。而这些都与美元的走势紧密相关，尤其是商品期货。因此，知道美元贬值趋势和策略的美国金融机构和其他相关投机机构，唱多和做多商品期货价格就是非常有“钱”途的。更为重要的是，美元贬值和商品价格大涨，都使美国大获其利。而这一点，还得到美国其他策略的大力配合，如美国不会释放战略原油储备平抑市场油价的宣言，生物能源的宣言，全球地缘政治的紧张局势等都与之相关。当然，其针对的对象是那些快速发展中的国家，因为他们既有大量的外汇储备，也有大量的商品进口需求。中国当然首当其冲。

但是，美国的美元策略、商品期货策略除了受到其他国家的反制和质疑外，还要受到国内政治局势的影响。四年一次的美国总统大选，民主党对共和党的挑战，实际上会影响到这些策略的调整，但并不是终结。就拿当前的形势来说，随着美元升值导致的美国股市泡沫的膨胀以至破裂，随着美元升值始后贬值导致的美国房地产市场的繁荣以及接踵而来的次贷危机，随着原油价格和其他商品期货价格上涨导致的全球和国内的通胀，以及经济大幅下滑，可能导致失业率的上升，将会直接影响政党的选票。老布什被克林顿打败，就是其赢了海湾战争丢了总统宝座的典型案例，因为当时美国经济陷入了衰退。经济形势也明显对共和党的选举不利，如果美国现任政府拿不出像样的政策改变美国经济下滑和就业下降的状况，那么，声称通过释放战略原油储备来平抑油价的民主党总统候选人，可能就会占据优势。为了避免这一点，也为了新一轮美元策略的开始，美国小布什政府除了两次通过财政政策刺激经济、通过美联储增加市场流动性和降息外，不排除其美元贬值策略已经调整，商品期货策略也在调整之中。①

因此，商品期货价格出现大的变化也就成为了可能。另外一种可能是2008年11月份美国总统选举结束后，新的政府进行相应策略调整。但不管怎样，不管将来两党谁执政（目前已由民主党替代共和党执政），美元策略和商品期货策略的调整是必然的。由此得出一个初步的结论：美元将逐步走高，商品期货价格将逐步走低。目前美元的走势是反弹还是反转，应该说不太确定，而商品期货是否就从此由牛转熊，也存在着不确定性。但有一点是确定的，美元将整体出现震荡中逐步走高的趋势，再创新低的可能性不大；商品期货价格就震荡中逐步下降，再创新高的可能性不大。而且，从商品期货市场的操作来讲，当前应以防范商品期货市场进入熊市为主。

美国经济明显放缓是肯定的，随着对美国出口的下降，以及相应的通胀的影响，相应的发达经济体如欧元区12国和日本等，经济也会有明显放缓，也是肯定的。那么，发达国家对有关商品的需求将会有所下降的结论基本上应该是站得住脚的。同样，随着对美国出口的下降，中国对美国出口已经出

① 后来的情况正如我们的预计，共和党在选举中失败，民主党人奥巴马当选为总统。

现下降，而其他新兴市场经济体有的出现了金融危机（如越南），有的通胀大幅上升，经济明显放缓，但从发展潜力较大的中国而言，经济会保持在一个恰当的增长速度。如此，全球对于商品的需求会有一个明显的下降，供过于求的情况可能会出现。结论也很简单：商品期货价格将在震荡中逐步下降，但回到2005年前的低位的可能性也不大。

### 三、如何应对国际金融市场的操纵

或许我们以前天真地认为市场是公平交易的，交易量大到一定程度是不易受操纵的，尤其是国际金融市场。但是，国际金融市场，包括商品期货市场是受国家策略影响的，是受大的国际金融机构操纵的。大多数人往往是自由市场论者，是崇拜公平交易和交易效率的人，是希望交易成本最小化的人，但国际金融市场不是这样的市场。既然如此，国际金融市场有时就起不到有效的资源配置作用，而成为了强权和霸权的体现，体现为实力的争斗。

那么，有没有可能改变国际金融市场这一现状呢？或者说至少降低这一事实对中国的影响呢？目前的国际金融机构是美国控制的，不管是世界银行还是国际货币基金组织，其他国际机构如G8组织也是美国控制的。尽管在联合国中国具有否决权，但美国也具有否决权，事实上，我们很难提出真正有效监管国际金融市场的方案并获得支持。

中国如何维护自身的利益呢？

1. 还得靠实力和正确的金融市场操作说话。一方面，恰当地利用好我国1.8万亿美元的外汇储备，尤其是在美元走高到一定阶段的时候，要主动调整外汇储备资产的币种结构；另一方面，要恰当地利用好中投公司，中投公司的职能中，要有一块为国家利益在市场中运作的职能。举例说，当机构把原油价格炒上100美元/桶时，继续上涨对我国不利，但中投公司可买看多期权：如果原油期货价格下跌，国家获利，中投公司损失期权费；如果原油期货价格继续上涨，中投公司获利。当然，这样的机构可以是中投公司的分公司，或者是进口原油的进口商，或者是两者的结合，甚至可考虑中投公司与国家原油储备公司、其他国家储备公司建立类似的战略合作关系，专门反向做相关商品期货的期权投资。在国际商品期货市场深受操纵的今天，构建这种利益平衡关系是必要的。成立相关公司的总原则是：如果不能影响市场价格，就从市场走势中获利。这样做的依据是，西方国家的政府和机构都针对中国的需求而进行大规模的投机做多，当我们没有办法影响这一走势时，顺势的市场操作获利是十分必要的。

2. 建立以中国为中心的、亚洲为主的国际金融市场监管协会，对相应金融监管机构的数据进行再分析，对相关金融机构的行为进行揭示。当然，还有一种方案就是中国自己成立一个反国际金融市场操纵机构，专门定期发布报告对相关金融监管机构和相关金融机构的行为进行评价。

3. 从国家策略层面要对美国策略进行有效的揭示和对话，并在人民币升值和进出口商品的关税等方面进行相应的调整，以增加相应的讨价还价的能力，而不能一味被动。

4. 要注重中国国家战略的制订，尤其是国际金融战略的制订，既要针对美国的国家战略，也要满足中国自身长远发展的战略要求。

5. 切实加强对中国内部信息的管理，像一些信息和数据的保密工作要切实加强，未到时间的不能提前泄露，不能泄露的信息绝对不能随便说，要说也是有针对性的、有目的的信息和数据。市场就是信息的运用，当谁提前拥有了信息，或者拥有了内幕信息，谁就占有了市场的主动权。比如我们战略原油储备何时开始储油，几年内达到多少，这些在国际金融市场应该属于绝密的信息，是不能公之于众的。当然，如果是我们故意放的烟幕弹那另当别论。

## 第四节　股市不会崩盘但仍惊魂未定

此次全球金融风暴对股市的影响是直接而且剧烈的，但是，与以前多次在发达国家和新兴市场国家出现的股灾不一样，此次不会出现崩盘。不过，市场仍在恐慌中寻找底部。而底部的到来取决于两个因素：一是金融机构问题逐步化解，二是企业利润逐步恢复。

### 一、全球股市自20世纪90年代以来的变化

#### （一）十余年来发达经济体股市的惊人变化

1. 在美元霸权地位、美元策略、美国经济和金融实力的支撑下，美国股市成为全球股市的风向标，尽管受到次贷危机和全球金融风暴的直接冲击，但下跌幅度相对较小。随着苏联解体和东欧剧变导致的资金流入和市场的扩大，加上1996年开始的强势美元政策，美国股市在20世纪90年代里突飞猛

进。道琼斯工业平均指数（以下简称道指）1991 年 4 月 7 日首次升上 3000 点，1995 年 2 月 23 日首次突破 4000 点，1995 年 11 月 21 日首次突破 5000 点，1996 年 10 月 14 日首次突破 6000 点，1997 年 7 月 16 日首次升上 8000 点，1998 年 4 月 6 日首次突破 9000 点大关，1999 年 3 月 29 日首次以 5 位数收盘，报收于 10006.78 点，1999 年 5 月 3 日突破 11000 点，2006 年 10 月 19 日突破 12000 点，2007 年 4 月 25 日突破 13000 点，2007 年 7 月 19 日突破 14000 点大关，10 月 9 日达到 14164.53 的高点后因次贷危机的蔓延则开始下跌，2008 年 7 月 15 日跌至 10961.8 的低点，2008 年 11 月 20 日更跌至 7552.3 的低点，目前仍处于平台整理之中。从 1994 年的低点到 2000 年的高点，道指上涨了 222.33%，从 2000 年高点至 2002 年低点之间下跌了 37%，而从 2002 年低点到 2007 年高点之间再度上升了 94%，而从 2007 年高点至 2008 年 11 月 20 日的低点下跌了 46.7%（参见图4－26 和表 4－3）。

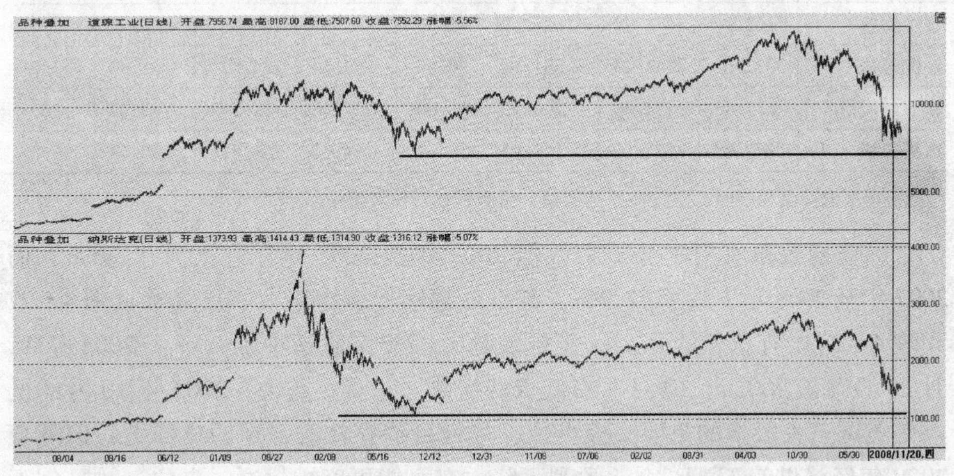


图 4－26　道指和纳指的走势

资料来源：文华财经。

不过，纳斯达克综合指数（以下简称纳指）与道指和标普 500 指数（以下简称标普指数）的走势有较大差异，尤其体现在 2000 年网络股泡沫破裂后远未回到当时 5048.62 的历史高点，2007 年仅上升至 2800 余点。从 1994 年的低点到 2000 年的高点，纳指上涨了 610%，从 2000 年高点至 2002 年低点之间下跌了 77.6%，而从 2002 年低点到 2007 年高点之间再度上升了 153%，而从 2007 年高点至 2008 年 11 月 20 日的低点下跌了 54%（参见图 4－26 和表 4－3）。比较 2002 年至 2007 年上升的幅度，纳指目前下跌的幅度相对较小。

表 4-3　欧美发达经济体股市变化率及预测值

| | 2008 年低点 | 2009 年预期低点 | 较 2008 年低点继续下降 | 1994～2000 年变化率 | 2000～2002 年变化率 | 2002～2007 年变化率 | 2007～2008 年变化率 | 2007～2009 年变化率 |
|---|---|---|---|---|---|---|---|---|
| 道指 | 7552.29 | 6373.59 | -1178.70 | 222.33 | -37.09 | 94.39 | -46.68 | -55 |
| 纳指 | 1316.12 | 1057.87 | -258.25 | 609.55 | -77.63 | 153.19 | -53.97 | -63 |
| 标普指数 | 752.44 | 594.76 | -157.68 | 245.59 | -47.72 | 96.00 | -51.93 | -62 |
| 英富时指数 | 3780.96 | 3096.12 | -684.84 | 136.62 | -49.27 | 94.94 | -43.83 | -54 |
| 法 CAC40 指数 | 2881.26 | 2319.52 | -561.74 | 297.67 | -65.29 | 154.01 | -52.80 | -62 |
| 德 DAX 指数 | 4127.41 | 3566.50 | -560.91 | 291.07 | -70.69 | 248.03 | -49.08 | -56 |
| 意 MIB 指数 | 14123 | 10309.50 | -3813.50 | 295.49 | -56.56 | 127.21 | -58.90 | -70 |
| 加拿大股指 | 7747.56 | 6782.91 | -964.65 | 121.27 | -39.12 | 159.31 | -48.60 | -55 |
| 日经指数 | 7162.9 | 5478.30 | -1684.60 | 42.05 | -63.48 | 140.03 | -60.77 | -70 |
| 澳洲综指 | 3332.6 | 2741.44 | -591.16 | 70.89 | -21.41 | 154.62 | -51.37 | -60 |
| 新西兰股指 | 677.484 | 477.30 | -200.19 | 150.04 | -17.60 | 81.54 | -43.22 | -60 |
| 冰岛股指 | 347.43 | 177.52 | -169.91 | 136.69 | -34.65 | 761.81 | -96.09 | -98 |

资料来源：文华财经、路透社原始数据，预测数据乃作者所做。

标普指数和道指走势类似，但 2002 年至 2007 年，它上升了 96%，而 2007 年至 2008 年下跌了 51.9%，其下跌幅度比道指略大一点（参见图 4-27 和表 4-3）。有意思的是，标普指数是美国三大股指中唯一一个 2008 年 11 月 20 日跌破 2002 年 10 月左右低点的指数。悲观一点说，2002 年 10 月的低点是美国三大股指的重要支撑点位，尽管目前存在着一定的支撑力，但随着 2009 年经济继续下滑，企业盈利下降，有可能再度挑战这一点位，并且创下各自的低点。

我们初步预期，2009 年道指可能跌破 7000，2007 年高点至 2009 年低点可能下跌近 55%，较 2008 年低点可能还有 8% 左右的下跌幅度；纳指从 2007 年高点到 2009 年低点可能会下跌 63%，还有 9% 左右的下跌幅度，可能会下破 1100 点；标普指数从 2007 年高点到 2009 年低点可能下跌 62%，较 2008 年低点还有 10% 左右的下跌幅度，可能接近 600 点。就时间窗口来看，美国股市可能在 2009 年第二三季度初步完成调整。

2. 日本是发达国家，但日本股市则具有新兴市场经济体的特点。所谓日本股市具有新兴市场经济体的特点，就是影响日本股市的因素很多，不管是

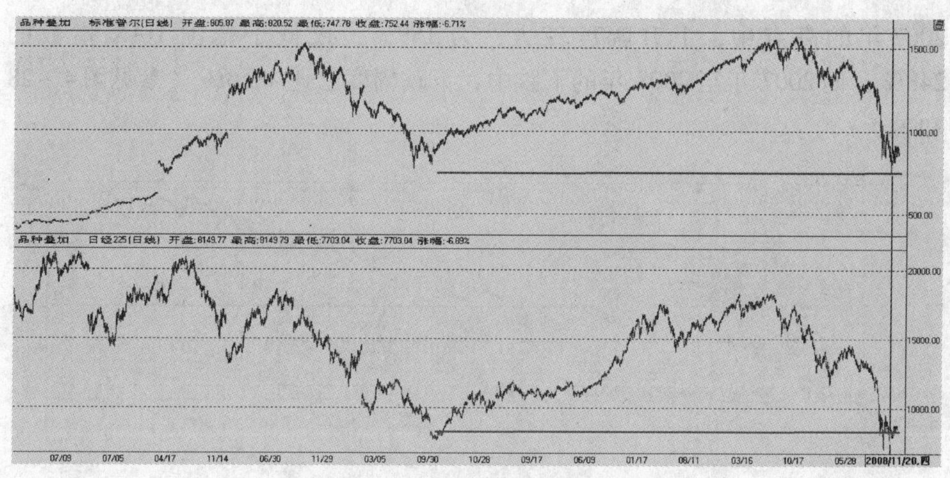

图4－27　标普指数与日经指数的走势

资料来源：文华财经。

经济基本面，还是资金流动（如日元的套利交易平仓或日本海外公司资金的汇回等），还是国际金融市场的大事（如亚洲金融风暴和全球金融风暴等），都会影响到日本股市的走势。自1990年年初日本股市泡沫和房地产泡沫破裂后，日本经济和日本股市长期以来都较为疲软，即使是从1994年至2000年全球发达经济体股市大幅上升过程中，日经指数也仅上涨了42%，但在2000年至2002年左右的下跌中，则大幅下跌了63.5%，仅低于纳指和德国DAX指数的下跌幅度。在2002年至2007年的上升过程，日经指数上升了140%，但在2007年至2008年下跌中，却下跌了60.8%，是主要发达经济体中下跌幅度最大的。同样，日经指数跌破了2003年4月创下的低点（参见图4－27和表4－3）。以贸易立国的日本工业产值和出口大幅下降，作者预期日经指数还有9%的下跌空间，可能会跌破6000点。

3. 受地缘相近和经济关联度较高的影响，加拿大与美国股市同步性较强，而与同样作为商品出口国的发达国家澳大利亚有着许多类似之处，商品需求的疲软和美元的反弹或相对强势会拖累商品价格下跌，进而导致出口企业利润的大幅下降。

加拿大股指从1994年的低点到2000年的高点上升了121.27%，在主要发达国家中仅略高于日经指数和澳大利亚综合指数的涨幅（前者为42%，后者为71%）；在2000年至2002年的下跌中下跌了39.12%，仅略大于道指和澳大利亚综指（前者为下降37%，后者为下降21%）；在2002年低点至

2007 年的高点中，上升幅度较大，为 159%，仅低于德国 DAX 指数的 248%；而2007 年至2008 年的下跌中，下跌幅度已达48.6%（参见图4 –28 和表4 –3）。

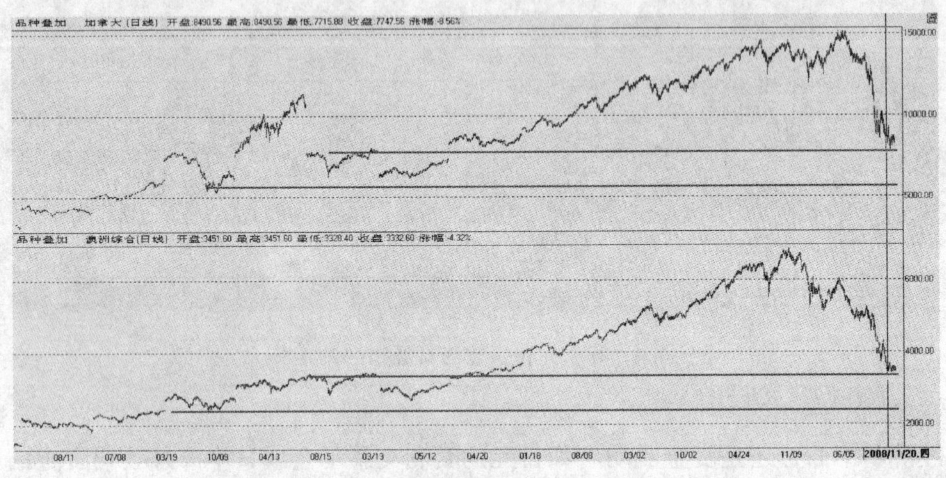


图4 –28　加拿大指数与澳大利亚综合指数走势

资料来源：文华财经。

澳大利亚股市波动性较大，比加拿大股市波动性还要高。澳大利亚综指在 1994 年至 2000 年的上升过程中仅上升了 42%，是上升幅度最小的主要发达经济体，但在 2000 年至 2002 年的下跌幅度高达 63.5%，2002 年至 2007 年上升了 140%，而 2007 年至 2008 年则下降了 51.4%。

加拿大和澳大利亚作为发达国家，两者都是商品出口大国，前者以原油、金属、木材和农产品出口为主，后者以金属和农产品的出口为主，随着近年来商品期货价格大幅上涨，加拿大和澳大利亚出口获益匪浅。而且，2002 年来随着美元贬值，作为商品货币的加元和澳元大幅升值，加元甚至一度比美元还值钱，澳元也曾大幅升值一度接近美元的平价水平，也在一定程度上导致其资产价值上升。但这些经济体受全球经济下滑的影响较大，因为其出口可能会受到需求疲软的影响，进而影响其经济和股市的表现。目前加拿大股指和澳大利亚综指跌幅都超过了英国富时指数和道指，我们预计它们可能分别还有 6% 和 9% 左右的下跌幅度。

4. 欧洲股指与美国股指同步性较强，主要受美国股指波动影响，除意大利股指跌破 2003 年的低点外，其余三大股指距离 2003 年低点尚有较大距离。

从1994年至2000年，欧洲大陆的德国DAX指数、法国CAC40指数和意大利MIB指数大幅上涨了近300%，尽管其涨幅与美国纳指上涨610%有差距，但高于道指和标普指数的上涨幅度。欧洲大陆三大股指2000年至2002年期间大跌了56%~70%，尽管略低于纳指77%的跌幅，但远高出道指和标普指数的下跌幅度。2002~2007年的股市上升过程中，除意大利MIB指数增长127%低于纳指153%的增幅外，其余两大股指都高于美国三大股指的增幅。在2007年至2008年的下跌过程中，欧洲德法意三大股指分别下跌了49.1%、52.8%和58.9%，德国股指跌幅超过道指，法国股指跌幅标普指数，意大利股指跌幅超过纳指（表4-3）。

1994年至2000年股市上升中，英国富时100指数（以下简称富时指数）仅上升了136%，上升幅度发达经济体中排名靠后。同样，2000年至2002年的下跌中，富时指数下跌了49%，较欧洲大陆三大股指低不少。2002年至2007年的上升中，富时指数仅上升了95%，略高于道指的涨幅。但是，2007年至2008年的下跌过程中，富时指数下跌了43.8%，低于美国三大股指下跌幅度，是主要发达经济体中股指下降幅度最低的（表4-3）。但考虑到英国房地产泡沫较为严重，英镑下跌幅度较大，预计英国股市还会进一步下降。

同时，我们也观察到，除意大利股指跌破2003年的低点外，其余三大股指距离2003年低点尚有较大距离。这说明欧洲主要经济体，尤其是德法英受全球金融风暴的影响要小一些，尤其是其金融机构受到的影响要相对小得多，因此其经济和股市没有想象那么悲观。不过，随着欧洲主要经济体都陷入衰退，企业利润仍面临着大幅下降的可能，英、法、意三国股指可能分别还有10%的下跌可能，德国股指可能还有7%左右的下跌空间。英、德、法三国股指将再次测试2003年的低点，而意大利股指则会进一步下探。

### （二）新兴市场和发展中经济体股市亚洲金融风暴以来的变化

1. 亚洲金融风暴对新兴市场经济体股市影响较大，新兴市场经济体的股市是一个容易受经济、资金流动、全球金融市场动荡和股市泡沫等多方面因素影响的市场。我们可把香港股市看作新兴市场经济体股市的代表。自1997年7月泰国爆发金融风暴以来，席卷了整个亚洲，但俄罗斯、巴西、欧洲国家和美国也受到了一定影响。正如我们前面多次分析提到的，尽管亚洲金融风暴表面看来是国际金融大鳄的投机新兴市场经济体的货币汇率、股市和股指期货引发的，但实际上是由于强势美元政策导致资金流向美国，而这些国家累积的房地产和金融资产泡沫在资金流出的背景下迅速破裂。而这些国家资本账户的开放助长了资金无节制的流出。

正因为如此，我们发现从1997年始的新兴市场经济体的股市与发达经济体的股市存在着较大的差异，而自2007年次贷危机爆发以来，似乎又有一致的趋势。原因是1997年始的亚洲金融风暴整体上对发达经济体影响较小，更由于他们是资金流入国，所以导致发达经济体股市短暂的下跌后迅速地上升，而新兴市场经济体股市在2000年还没有完全恢复过来，科技股泡沫的破裂再次波及新兴市场经济体的股市，其下跌的幅度一点也不比发达经济体小。但经历了近十年的恢复后，新兴市场经济体的股市再次走出了一个高潮，不幸的是，次贷危机的来临，又使其涨幅过大的股市大幅下跌。因此，总地来说，新兴市场经济体的股市是相对被动的市场。

具体地看一下新兴市场经济体股市变动的数据，可以证明上述论断。从表4-4可知，香港恒生指数、巴西BVSP指数、韩国综合指数、新加坡海峡指数、马来西亚综指、泰国综合指数和印尼综合指数在亚洲金融风暴期间的跌幅都在60%~77%之间。中国台湾加权指数跌幅也达45.6%。从亚洲金融风暴新兴市场经济体股市达到的低点到2000年时的高点，除中国台湾加权指数上升了86%以外，恒生指数和印尼综合指数分别上升了170%和177%，巴西BVSP指数、韩国综合指数、新加坡海峡指数、马来西亚综指和泰国综合指数分别上升了297%、257%、206%、243%和281%。

随着科技股泡沫破裂，从2000年至2002年左右的低点，除泰国综合指数和马来西亚综合指数分别下降了26%和45%外，这里其他新兴市场经济体股指下降幅度在51%~66%之间。从2002年的低点到2007年的高点，除泰国综合指数上升了57%外，马来西亚综合指数、中国台湾加权指数、新加坡海峡指数、恒生指数、韩国综合指数和匈牙利股指分别上升了170%、185%、216%、271%、337%和390%，而波兰股指、墨西哥股指、上证指数、印度股指、印尼综合指数、巴西BVSP指数和阿根廷股指分别上升了473%、496%、510%、623%、764%、738%和822%，而俄罗斯股指和乌克兰股指更是分别上升了1080%和2302%。

有意思的是，自2007年的高点至2008年低点来看，则新兴市场经济体股指下跌的幅度与资金流出和金融危机对各经济体的影响大小而各异。2007年至2008年跌幅最大的是乌克兰股指，下跌了81%，预计还有可能下降9%；其次是俄罗斯股指和上证指数，分别下跌了72.6%和72%，预计俄罗斯股指随着外资的流出和资金的外逃可能还有12%的下跌可能，而中国股指受压于“大小非”的压力和企业盈利下降的影响，可能还有3%下跌的可能；其次是香港恒生指数、阿根廷股指、匈牙利股指、波兰股指和印尼综合指数，下跌幅度都在60%～65%之间，估计还有5%～15%的下跌可能，主要是受资金流出的影响；马来西亚综合指数和墨西哥股指下跌幅度不及50%，分别下跌了44%和49%，估计还有可能下跌20%左右；其余指数下跌幅度在50%～60%之间，估计还有10%～15%的下跌可能，主要是其资本账户开放，资本外逃的可能性大，而且经济可能普遍不景气。

普遍来看，此次新兴市场经济体、发展中国家和转型经济体比发达经济体股指下降的幅度略大（参见表4－4）。新兴市场经济体股市最近一次下跌的幅度较发达经济体的幅度大，与美元汇率的反弹和自身货币的贬值有着直接的关系，因为这可能意味着美元有可能走强，资金可能流出这些国家，从而导致这些国家的股市下跌的幅度较预期更大。而发达国家经济放缓，也可能导致新兴市场经济体出口受到抑制，进而影响其经济成长，导致其股市受压。

2. 中国股指大幅下跌处于全球前列，根本原因在于制度缺陷。作为发展中国家的中国，由于资本账户并未完全开放，加上其经济潜力很大，其股市与全球股市具有一定的独立性。但是，随着人民币加速升值，热钱的流入加剧，在很大程度上开始与国际接轨，即有跟随发达国家尤其是美国股市的波动而波动的初步迹象。亚洲金融风暴期间，中国股市上证指数仅下跌了28.3%，此后至2000年间上升了109%，但随着2000年全球股市泡沫的破裂和自身股市的制度缺陷，2000年至2005年间下跌了55%。随着股权分置改革的阶段性成功，上证指数从2005年至2007年时上升了510%，此时由于股指上升过快，制度缺陷未及时修补，已经酝酿了较大的泡沫，至2008年9月5日，上证指数下跌了64%，在全球主要股指中下跌幅度最大（参见表4－4）。

有专家提出了中国奥运会后会走向熊市，或者能见到2500点，现在已经见到了，但相关专家的依据是全球股市已经从牛转熊，中国股市可能滞后一年，其依据在于次贷危机的影响，在于次贷危机对全球金融市场的影响。有的专家则从中国股市的制度缺陷出发来论证奥运会后股市会走向熊市。应该说，中国经济和资金流动的国际化，中国股市也在被动地国际化，以发达国家的经济周期和金融市场周期来说明中国股市的走向，在某种程度上有一

表 4－4　　新兴市场和发展中经济体股指变化与预测

| | 2009 年预期低点 | 从 2008 年低点下降 | 亚洲金融风暴变化率 | 金融风暴至 2000 年变化率 | 2000～2002 年变化率 | 2002～2007 年变化率 | 2007～2008 年变化率 | 2007～2009 年变化率 |
|---|---|---|---|---|---|---|---|---|
| 恒生指数 | 9491.47 | －1524.37 | －59.69 | 169.94 | －53.43 | 271.24 | －65.18 | －70 |
| 上证指数 | 1523.00 | －183.70 | －65.09 | 329.62 | －55.49 | 510.42 | －71.98 | －75 |
| 巴西 BVSP 指数 | 22055.04 | －7380.07 | －58.73 | 236.23 | －54.96 | 764.20 | －59.96 | －70 |
| 韩国综合指数 | 619.46 | －319.30 | －61.14 | 240.32 | －54.05 | 337.12 | －54.54 | －70 |
| 新加坡海峡指数 | 1162.73 | －437.55 | －64.17 | 214.29 | －51.54 | 216.09 | －58.71 | －70 |
| 中国台湾加权指数 | 2942.96 | －1146.97 | －54.78 | 123.78 | －66.17 | 184.65 | －58.31 | －70 |
| 马来西亚综合指数 | 522.08 | －307.33 | －76.72 | 242.58 | －45.17 | 169.57 | －44.40 | －65 |
| 泰国综合指数 | 274.51 | －109.64 | －69.61 | 281.47 | －26.46 | 57.33 | －58.02 | －70 |
| 印尼综合指数 | 849.08 | －262.32 | －64.66 | 172.42 | －52.51 | 738.64 | －60.73 | －70 |
| 印度股指 | 6080.09 | －3488.64 | －34.59 | 84.01 | －48.77 | 622.75 | －52.79 | －70 |
| 俄罗斯股指 | 292.71 | －242.16 | －79.67 | 892.56 | －28.74 | 1079.51 | －72.59 | －85 |
| 波兰股指 | 14865.07 | －10413.53 | －38.56 | 99.98 | －48.34 | 473.12 | －62.59 | －78 |
| 匈牙利股指 | 5968.19 | －4783.04 | 56.40 | －27.82 | －40.17 | 390.04 | －63.97 | －80 |
| 乌克兰股指 | 117.45 | －104.81 | －78.52 | 114.29 | 2.22 | 2302.29 | －81.08 | －90 |
| 墨西哥股指 | 9850.80 | －7017.86 | －36.33 | 122.80 | －27.60 | 496.37 | －48.63 | －70 |
| 阿根廷股指 | 467.34 | －361.66 | －61.31 | 96.97 | －60.06 | 821.99 | －64.52 | －80 |

资料来源：文华财经和路透社。

定道理，但仍未把握住中国股市的根本。

随着外部需求的放缓，加上人民币升值导致商品出口价格上升，出口面临着较大的压力；随着能源和资源价格的上升，企业的经营成本不断上升，而需求在下降，导致企业利润增长有所放缓；从紧的货币政策和信贷额度控制，给金融机构的经营带来一定的压力，金融机构海外次级按揭债券和房地美和房利美债券的投资带来的损失也给金融股带来了压力；房地产市场泡沫的积累和破裂等等因素，都给中国经济和中国股市带来了较大的压力。

其实，中国股市有两大根本支柱：一是经济基本面的经济周期的独特性和经济潜力的可挖掘性；二是中国股市的制度的进一步完善。前一个支柱是确定的，但后一个因素则存在着严重缺陷，包括股改和新股发行的大小非解禁和内幕交易的有效监管都存在着严重不足。如果只有前一个支柱，中国是有经济没股市，如果后一个支柱得到完善，中国股市将有一个相对长的牛市。作者一直以来倾向于认为中国股市牛市的基础更多依赖于前者，而对于后者多侧重于对于内幕交易的有效监管，对于大小非解禁压力则思考不够。然而正是因为后者，中国股市才一直表现出大起大落、起伏不定，股市成了圈钱的工具，股市成为了赌场。而未能正确处理好大小非的问题，股改后的股东和新股发行后的股东，尤其是民营企业，抛售套现是必然的趋势，股市的下跌压力便一发不可收拾。

## 二、全球股市的决定因素与未来展望

各个经济体股市有自己的走势，但却有一些共同的因素决定着全球股市走势，比如次贷危机的影响究竟有多大，美国经济放缓程度如何，美元走势如何，全球通胀情况如何，企业利润怎么样，资金的流动情况怎么样，甚至政府对市场的态度和措施。当然，从股市的国际传导来看，美国股市的走势对其他发达经济体的股市、新兴市场和发展中经济体的股市有支配性作用。任何一个经济体的危机也会对地区股市产生影响，甚至对全球股市产生影响。

### （一）美元走势对全球股市的影响

当前全球金融市场面临着的背景是美元经过 7 年左右的下跌后，随着美元面临的国际挑战越来越强烈，商品期货大幅上涨给美国经济带来了强大的压力。为推动美国经济的成长，必须吸引资金的流入，而美元升值是一个重要的策略。美元升值还有一个重要的影响就是导致全球商品价格下跌，从而抑制通胀水平。

随着美国经济稳定和恢复发展，发达经济体的发展将带动新兴市场和发展中经济体的出口，资金有可能再度流入新兴市场和发展中经济体，进而促进这些经济体股市的恢复，但时间可能在 2009 年下半年至 2010 年。印俄等发展中国家的股市与其货币汇率呈现出反向走势，2001 年始大幅上升后 2008 年已开始大幅回调，主要是受资金流出的影响。

发展中国家的印度和俄罗斯资本账户的开放程度接近新兴市场经济体。2001 年以来，印度股市和俄罗斯股市都有较大幅度的上升。从 2001 年至 2007 年，印度孟买 SENSEX 指数上涨了 631%，而俄罗斯 MICEX 指数上升了 1150%。就俄罗斯而言，股市上涨主要得益于能源价格的大幅上涨。对于印度而言，主要是经济增长的推动。但是，随着美国次贷危机深化为全球金融风暴，印度卢比和俄罗斯卢布的走势出现了大幅下跌。作为人口众多、资源紧缺的印度，随着能源价格和食品价格的大幅上涨，经济发展遭受了较大的压力，印度股市有所下跌。从 2007 年的高点至 2008 年低点，印度股市已经下跌了 52.8%。随着俄格地缘政治局势的紧张、俄罗斯卢布兑美元的大幅下跌，以及能源需求的放缓导致能源价格的下降，也导致俄罗斯股市下跌了 72.6%。

越南和韩国股市大幅下挫，拉美股指下跌，波兰和匈牙利股指下跌，都与资金流出有关，除股指下挫外，还表现为自身货币汇率的大幅贬值。其中，俄罗斯卢布、印度卢比、越南盾、韩元、巴西里拉、阿根廷比索、墨西哥披索、波兰货币、匈牙利货币和乌克兰货币在 2007 年 7 月次贷危机爆发以来最高贬值幅度分别为 23.5%、27.9%、70%、63.2%、60.9%、15.4%、40.6%、51.3%、48.7%和 95.6%（参见表 4－4）。

（二）全球金融风暴的损失及股市的走势

1. 全球金融风暴对欧美发达国家股市的影响是直接的，涉及银行发放的次级按揭贷款、金融机构购买的大量的按揭抵押债券和相关衍生品，涉及相关经济体的房地产行业和制造业。这些国家中，美国作为次贷危机的发源地，受到的损失最大。据 IMF2008 年 9 月公布的报告已将美国次贷危机的损失提高至 1.4 万亿美元。国际清算银行（BIS）2008 年 9 月季度报告称，信贷危机已迫使全球金融机构减记 5030 亿美元资产，未来数月内损失将继续扩大。欧盟则预计可能会有 1.6 万亿美元的损失。随着美国次贷危机深化为全球金融风暴，美国出现 1.5 万亿美元左右的损失是可能的，而全球金融机构的损失则可能接近 2 万亿美元左右，尽管金融衍生品如 CDS 存在着一定的风险，但在国家接管金融机构的情况下，由于不存在着交易对手违约的风险，则其风险是可控的，最终损失还取决于不同品种的违约概率。

对于发达国家的股市 15 年的变动情况可知，从 2002 年至 2007 年的增长率普遍低于 1994 年至 2000 年时的增长率，但 2007 年高点至 2008 年低点的下跌幅度已经接近或超过了 2000 年至 2002 年（或 2003 年）左右的跌幅。在全球金融风暴的影响下，随着全球有效需求的大幅放缓，许多国家工厂订单和工业产值大幅下跌，非金融公司的利润也将在 2009 年上半年迎来较大的降幅，而欧美发达国家金融机构遭受次贷的损失比较大，利润也大幅下降。因此，全球股市目前应该还没有到达谷底，发达经济体的股市可能还有一定的下跌空间，下跌持续的时间可能在两年左右，即 2009 年下半年可能会开始出现上行的趋势（参见图 4－29 和表 4－3）。

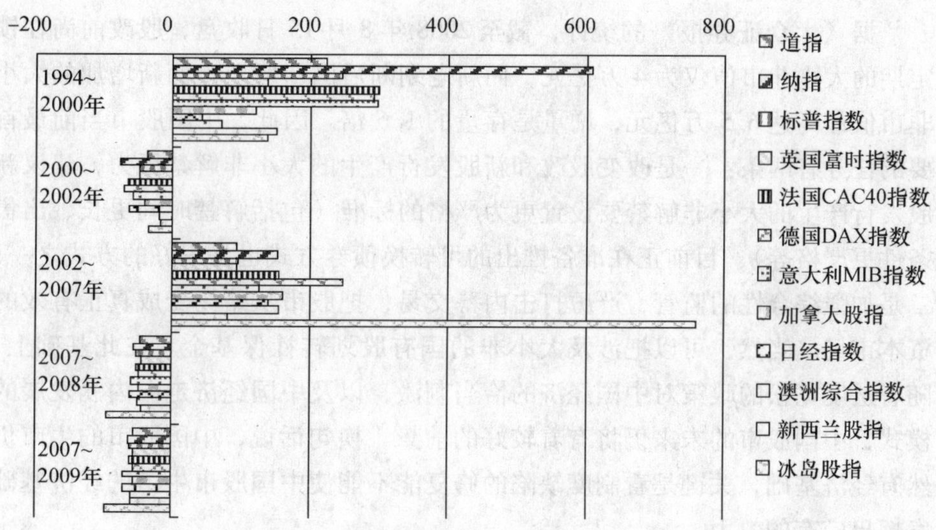


图4－29　发达经济体近15年来股市变动幅度

资料来源：文华财经等。

2. 次贷危机对新兴市场和发展中经济体的影响是间接的，其路径主要是金融机构投资损失、资金流向发生变动和经济因外部需求下滑而出口下降，进而影响到企业盈利下降。从目前来看，新兴市场和发展中经济体金融机构的投资损失相对可控，而资金外流、出口下降和企业盈利下降，则对每个经济体的股市带来了较大的负面影响，甚至股市下降幅度大于发达经济体。当然，部分新兴市场和发展中经济体的房地产泡沫破裂，也加剧了股市的下跌。亚洲金融风暴导致新兴市场经济体股市大幅下滑，亚洲金融风暴后至2000年间股市有一定程度的上涨，但2002年至2007年的上涨幅度远远超出了前一期的上涨幅度，主要受美元大幅贬值而资金流入的影响。同样，2000年至2002年下跌的幅度略低于亚洲金融风暴时下跌的幅度，而2007年至2008年的下跌幅度已经接近或超过前两次下跌幅度（参见表4－4）。

作者预计，随着美元的升值和资金的流出趋势，加上全球有效需求的放缓，新兴市场和发展中经济体股市下跌的幅度可能还会扩大，达到甚至超过2000年至2002年或亚洲金融风暴时的下跌幅度。

### （三）中国股市的制度性修复及股市的未来

对于人民币前期有较大幅度的升值，资本账户相对管制、经济潜力巨大的中国而言，股市继续下跌的余地不大，随着制度性修复，中国股市可能会再次出现相对独立的行情。

据《大众证券报》的统计，截至2008年8月15日收盘，股改前尚在锁定期的大小非市值仅为4万亿元，而新老划断后因新股上市而新增加的大小非市值却高达6.5万亿元，增量是存量的1.6倍。因此，中国股市当前最首要的任务有两条：一是改变股改和新股发行产生的大小非解禁压力，建议新股发行产生的大小非解禁要设置更为严格的标准（包括解禁时间更长、出售条件更严格等），目前正在准备推出的可转换债券方式也是很好的方式之一；二是加强综合性的监管，严厉打击内幕交易，把股市从赌场变成真正有效的资本市场。当然，可以把涉及大小非的国有股划转社保基金。在此基础上，随着适度宽松的政策对中国经济的恰当刺激，以及中国经济走向内涵发展的模式，中国股市的未来仍将有着较好的前景。换句话说，中国股市的牛市仍然有经济基础，关键是看制度缺陷的修复能不能使中国股市牛市的经济基础发挥出应有的效力。

在2007年高点至2008年低点下跌了72%后，预计中国股市下跌幅度有限，但受压于全球有效需求放缓中国出口和制造业企业盈利可能会出现大幅度的下降，还有下跌至1500点左右的可能。但是，在制度缺陷修复的基础上，随时都有可能迎来反弹甚至反转。当然，正如作者十分强调股指期货对牛市基础的夯实作用一样，在大小非解禁和内幕交易监管的制度性缺失修复的基础上，股指期货的推出就十分必要和迫切了。

作为发展中国家的股市，尤其是制度缺陷较多的股市，中国股市可能还会经历许多劫难，会充分地体现波浪式前进的态势，投资者既要遵循价值投资原则，即要买死不了的、要在低位买、要买有潜力的低价股，也要戒贪，适时获利回吐。在观望期内可投资国债、金融机构债券和国有优质公司的公司债券，然后等待下一轮机会的到来。但是，等待往往是痛苦的，要忍耐得住，权且把账户当作一个数字的变化，而不是财富的变化。对于中小投资者而言，最容易产生赌博心态，即以最少的钱在最短时间内赚最多的钱，而且容易轻率抄底。建议中小投资者仍然要判断好市场的大趋势，并在大趋势明朗后投入，而不要轻易抄底。中小投资者一定要记住：宁可少赚和不赚，但不可多赔，因为中小投资者赔不起。当发现投入有误时，宜遵守投资纪律，果断斩仓，静待其他投资机会。当然，如果投资经历大幅下跌未及离场，而且个股非常具有价值和潜力，捂股仍然是必要的。在股市大幅下跌中，如果发现个股存在着隐忧，可以在充分论证后考虑转换同样在下跌过程中的其他优质股。此外，中小投资者不要轻信市场报告和其他传言，一定要做好个股基本面分析。

巴菲特说："恐惧和贪婪这两种传染性极强的灾难的偶然爆发会永远在投资界出现。这些流行病的发作时间难以预料，由它们引起的市场精神错乱无论是持续时间还是传染程度同样难以预料。因此我们永远无法预测任何一种灾难的降临或离开，我们的目标应该是适当的：我们只是要在别人贪婪时恐惧，而在别人恐惧时贪婪。"绝大多数时候，乐观都是对的。但危机来临时，悲观一点往往是对的。针对熊市而言，不要在别人刚开始恐惧时贪婪，而要在别人绝望时贪婪。从巴菲特抄底失败的经历来看，作者以为，投资股市一定要力戒贪婪，因为贪婪本身其实就是一种赌博心态。

## 第五节 还有"安全"的债市吗：冰火两重天

从次贷危机到全球金融风暴，全球债市在系统性的信用风险下大幅调整：公司债和机构债券收益率大幅上升，而机构债券在政府接管相应机构后收益率迅速下降，但公司债收益率回落幅度相当有限；在全球央行大幅降息、通胀快速大幅下降，经济可能面临衰退的情况下，国债受到普遍欢迎，牛市盛宴带给投资者不少惊喜，而美联储购买机构债券和国债，更是美国机构债券和国债受到极度吹捧。但是，在零利率和定量宽松货币政策背景下，在信用风险日益降低的情况下，美联储购买国债能否维持债市的牛市呢？作者认为全球债市牛市可能还能维持一段时间，但随着经济触底和通胀上升央行加息而面临着较高的市场风险（即利率风险）。如果说国债是火，那么公司债是冰，而且这冰还不会那么快就融化；如果2008年的国债是火，那么，2009年的国债可能会逐步转冷成冰。

### 一、次贷危机深化为全球金融风暴带来了全球系统性的信用风险

全球金融风暴产生的全球系统性的信用风险体现在诸多方面：伦敦同业拆借利率（LIBOR）大幅上升，而且与美国联邦基金有效利率、同期限债券收益率之间的利差扩大；公司债和机构债收益率大幅上升，公司债和机构债信用评级大幅下调；金融衍生品市场中信用违约掉期市场价格大幅上升，即信用违约保险产品卖得更贵了；国债收益率出现了扁平化趋势；贷款利率并不因目标利率的大幅下调而调整，同时不良率大幅上升。随着次贷危机的出

现并深化为全球金融风暴，全球系统性的信用风险在各个方面都出现了，信用风险的下降尚需时日。

（一）由次级债引发的危机首先体现在次级债券和机构债券上

随着美国房地产泡沫的破裂，美国次级按揭贷款不良率大幅上升，房地产优质按揭贷款和中间贷款的不良率也都有明显的上升。根据IMF2008年10月份发表的《世界经济展望》报告，2006年发放的25个月后次级按揭贷款不良率（超过60天未偿还贷款）超过了35%，2005年发放后近40个月的不良率在30%左右，2001年和2002年发放后60个月的不良率接近25%，2002年发放后近60个月的不良率在19%左右，2004年发放50个月后的不良率在17%左右，2003年发放60个月后不良率在15%左右。此外，除2006年、2007年次级按揭贷款不良率随期限直线上升趋势外，其余期限按揭贷款的不良率随期限上升到一定高位后随期限的增长出现了小幅回落。

根据期限分类的美国次优按揭贷款的不良率也大幅上升。2007年发放15个月的次优按揭贷款的不良率为12%左右；2006年发放的25个月的不良率在17%左右；2000年发放的贷款50~60个月的不良率由50个月左右11%的高点显著回落至8%以下；2001年发放的贷款不良率由30个月的8%左右的高点回落至60个月的5%左右；2002年发放的贷款不良率相对较为平稳，由30个月的4%的高点回落至3%左右；2005年发放的贷款不良率由25个月后维持在6%~7%；2004年发放的贷款不良率在40个月5%的高点后50个月回落至4%左右；2003年发放的贷款不良率较为平稳，低于2%。

美国最优按揭贷款不良率整体控制在3%以内，2%~3%的不良率主要是2000年发放的、时间经过了25个月至50个月的贷款，以及2006年发放的、经过了25个月的贷款。

因此，美国按揭贷款的不良率主要集中在次级贷款上，次优贷款也受到波及，而优质贷款不良率相对较为稳定。当然，正如前面相应部分提到的，随着美国房地产泡沫的破裂和次贷危机深化为全球金融风暴，美国金融机构贷款不良率也出现了较大幅度的上升。由美国房地产泡沫引发的次级按揭贷款不良率的大幅上升及未来继续上升的预期导致了美国次级按揭债券价格的大幅下跌。至2008年12月8日，美国评级为BBB、A和AA的次级债券的市场价格已经低于10美元，评级AAA的次级债券的市场价格低于40美元（票面价格都为100美元），可见其影响之大（参见图4-30）。

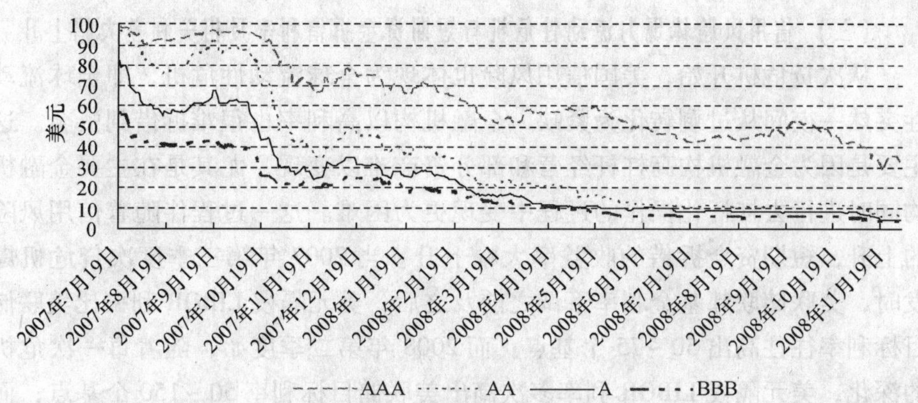


图 4－30　美国次级按揭债券不同评级价格走势

资料来源：路透社。

由次级债和次级按揭贷款违约率上升产生的影响，使房利美和房地美在 2008 年 9 月 8 日被美国政府接管，2008 年 5 月以来房利美和房地美机构债券收益率在略有下降后再度大幅上升，但在 9 月 15 日雷曼公司破产后以及相应的美国金融机构一家一家被接管时，美国机构债券收益率大幅上升。以美国房地美 10 年期机构债券中价与基准价的利差来看，其 2007 年 6 月 7 日为 40.5 个基点的低点最高上升至 2008 年 11 月 20 日的 190 基点的高点，[①] 后在美联储承诺收购机构债券的刺激下利差大幅回落，目前回落至 85 基点左右（参见图 4－31）。[②]

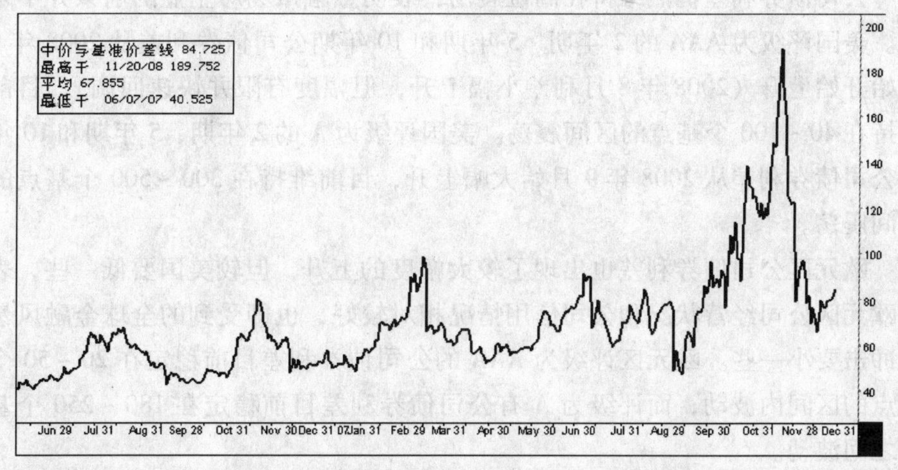


图 4－31　美国房地美机构债券 10 年期利差走势（单位：基点）

资料来源：彭博。

① 100 个基点等于 1%。

② 指 2008 年 12 月 25 日或 26 日，这是当时写作此文的时间。此节中其他地方相同。

（二）信用风险体现为流动性危机与短期资金拆借利率及相关利差大幅上升

从次贷危机开始，美国信用风险也体现为全球流动性危机，即全球流动性突然一夜间从过剩转化为紧缺，金融机构以高利率也很难拆借到资金。这主要是因为金融机构高杠杆经营和部分资产难以变现，尤其是在主要金融机构同时进行去杠杆化操作的过程中变现更为困难。这一过程伴随着信用风险的上升，短期资金拆借的收益率大幅上升。当2007年第三季度次贷危机爆发时，美联储联邦基金利率下调之前及之后，美元隔夜LIBOR利率比美联储目标利率往往高出50~75个基点；而2008年第二季度始，随着每一次危机的深化，美元隔夜LIBOR利率多次高出美联储目标利率50~150个基点；而当全球金融风暴爆发时，美元隔夜LIBOR利率最多高出美联储目标利率475个基点，尽管由于美联储大幅降息和提供充足的流动性使联邦基金有效利率大幅低于目标利率。由此可见当时市场的紧张和信用风险预期的大幅上升。

此外，从2007年8月次贷危机的爆发始，美元隔夜LIBOR与联邦基金有效利率之利差、美元3个月和6个月LIBOR与相同期限的美国国库券的利差都出现了大幅上升的趋势，尤其是2008年9月全球金融风暴爆发时最高利差达4.5%~5.5%，目前回落至10~150个基点之间。

（三）公司债券利差大幅上升

公司债券利差仍然维持在高位震荡，表明金融市场对企业的前景并不乐观。美国评级为AAA的2年期、5年期和10年期公司债券利差从2008年9月始开始上升（2008年8月利差小幅上升，但幅度有限并快速回调），目前维持在40~100个基点的区间震荡。美国评级为A的2年期、5年期和10年期公司债券利差从2008年9月始大幅上升，目前维持在300~500个基点的区间震荡。

欧元区公司债券利差也出现了较大幅度的上升，但较美国要低一些，表明欧元区公司经营状况和公司信用情况相对较好，也即受到的全球金融风暴的冲击要小一些。欧元区评级为AAA的公司债券利差目前稳定在20~50个基点的区间内波动，而评级为A有公司债券利差目前稳定在180~250个基点之间波动。

英国评级为AAA的公司债券利差短期比欧元区低，但中长期表现不如欧元区，评级为A的公司债券利差短期接近欧元区，但中长期超过了欧元区的利差。2008年9月以来，英国评级为AAA的2年期、5年期和10年期公司债券利差分别为-4、91和102个基点，2年期上升快但在央行大幅降息和提供充分流动性的情况下回调也非常快；评级为 A 的 2 年期、5 年期和 10 年期公司债券利差分别为 191、240 和 261 个基点。

日本公司债券的走势比美国、欧元区和英国都要好一些，基本上反映了受金融危机影响的程度，但整体仍然体现出从次贷危机开始至全球金融风暴的大幅上升趋势，评级越低的公司债券利差上升幅度越大。日本评级为 AAA 的 2 年期、5 年期和 10 年期公债债券利差当前分别为 -7、8 和 22 个基点，而评级为 A 的 2 年期、5 年期和 10 年期公债债券利差都在 100 个基点左右。

### （四）信用违约掉期（CDS）市场价格大幅上升

CDS 的市场价格一般以基点计价。事实上，从 1 年期主要国家 CDS 的市场价格来看，真正大幅上涨是在 2008 年雷曼破产导致次贷危机深化为全球金融风暴之后。1 年期埃及主权 CDS 在 2008 年 9 月最高价格达 720 基点，较之前的不足 100 基点大幅上升，目前仍处在 650 基点左右；1 年期南非主权 CDS 在 2008 年 9 月最高超过 600 个基点，之前的低点在 120 基点左右，目前处于 333 基点；1 年期匈牙利主权 CDS 在 2008 年 9 月最高达 600 基点，而之前长期处于 50 基点以下，目前处于 455 基点；1 年期波兰主权 CDS 最高达 220 基点左右，低点在 50 基点左右水平，目前仍在 185 个基点。以上几个国家的主权 CDS 价格是以美元计价的。一度濒临破产的冰岛 1 年期主权 CDS 价格在 2008 年 11 月高达 1600 基点，目前仍然在 1350 基点；1 年期意大利、美国和捷克的主权 CDS 价格尽管全球金融风暴爆发以来也出现了大幅度的上升，但除意大利和捷克目前分别在 131 基点和 155 基点外，美国仅有 30 基点。以上几个国家的主权 CDS 以欧元为计价单位。

发达国家除冰岛外，主权 CDS 上升幅度有限而且整体处于非常低的水平，但新兴市场和发展中经济体则并非如此，既显示了这些国家可能的违约概率，也有市场的恐慌心理在内。1 年期阿根廷主权 CDS 价格目前仍然处于 2008 年 9 月全球金融风暴以来的最高水平 7200 基点（72%），而 9 月全球金融风暴爆发前不足 1000 基点；1 年期委内瑞拉主权 CDS 价格目前同样处于全球金融风暴爆发以来的最高水平 3500 基点，此前不久尚不高于 1000 基点；1 年期巴基斯坦主权 CDS 仍然处于 3000 基点的最高水平，1 年期越南主权 CDS 在 9 月最高达 1000 基点，12 月 16 日仍为 550 基点；1 年期印尼主权 CDS 在 9 月最高超过 1200 基点，目前仍为 690 基点；1 年期菲律宾和韩国主权 CDS 在 9 月分别达 800 基点和近 600 基点的高位，目前回落至 410 基点和 320 基点的水平。以上 CDS 以美元为计价单位。

大多数国家金融机构的CDS都受到金融风暴的冲击导致价格大幅上升，但在政府接管后回落，而未受到政府救助的金融机构仍然处于较高水平。受次级贷款和次贷危机以及雷曼兄弟破产引发的全球金融风暴的直接影响，美国金融机构首当其冲，CDS价格大幅上升，但在美国政府接管后出现了较大幅度的回落。1年期美国银行2008年9月最高达230基点，之前很长时间处于50基点的水平，目前回落至95基点；1年期花旗银行CDS价格在9月曾经达到380基点的高点，但在11月达到近600基点的高点，后在美国政府注资后回落至目前的218基点；1年期高盛CDS在9月16日至10月16日期间两次触及600基点的水平，在政府接管后目前仍保留在350基点的水平；1年期摩根士丹利CDS在10月16日曾经达到2500基点的水平，目前维持在660基点的水平。以上CDS以美元为计价单位。

欧洲金融机构的CDS也保持在较高位置。1年期欧洲瑞银集团CDS在9月时曾上升至300基点，目前在224基点；1年期瑞士苏黎世信贷集团CDS目前在高点184基点，整体上升幅度相对较小；1年期英国保诚集团CDS在9月底达到450基点的水平，但在比利时和荷兰政府接管和注资后，目前已回落至92基点；1年期荷兰富通集团在12月下旬达到700基点的高点。以上CDS以欧元为计价单位。

## 二、国债牛市盛宴来临：收益率短期内大幅上升后大幅下调

在全球央行大降息甚至采用定量宽松的货币政策之际，加上信用风险上升，全球发达经济体国债受到追捧。从2007年7月2日次贷危机爆发前到2008年12月10日左右，全球主要经济体的国债收益率大幅下降，投资国债的机构获得了巨大的意想不到的收益。

在此期间，美国1个月、3个月、6个月、1年、2年、3年、5年、10年、30年期的国库券和国债收益率大幅下降，分别下降了4.44%、4.85%、4.76%、4.46%、3.99%、3.72%、3.27%、2.31%和2%，利率曲线由扁平变得更为陡峭。随着美联储将联邦基金利率调降至0~0.25%的零利率区间，加上定量宽松的货币政策，目前短期端收益率大幅下降至接近零的水平，而30年期则保持在3%左右的水平，随着美国购买长期国债的行动展开，长期端收益率还可能进一步下降，导致收益率曲线出现扁平化趋势。

在此期间，欧元区1个月、3个月、6个月、1年、2年、3年、5年、10年、30年期的国库券和国债收益率大幅下降，分别下降了1.91%、

1.97%、2.09%、2.26%、2.2%、2.11%、1.71%、1.31%和0.99%，欧元区利率曲线15年期以内的陡峭化趋势十分明显。随着欧洲央行的大幅降息，以及在美国利率曲线的带动下，欧元区利率曲线也可能出现扁平化的趋势。

在此期间，英国1个月、3个月、6个月、1年、2年、3年、5年、10年、30年期的国库券和国债收益率大幅下降，分别下降了3.98%、4.27%、4.54%、4.75%、3.88%、3.24%、2.5%、1.86%和0.76%，英国利率曲线10年期内的陡峭化趋势十分明显。随着英国央行的大幅降息，以及美国和欧元区利率曲线的带动，英国利率曲线也可能出现扁平化的趋势。

同期，日本利率曲线的变动非常小。日本3个月、6个月、1年、2年、3年、5年、10年和20年期的国库券和国债收益率仅下降了14至76个基点左右。

但是，相应期间内中国利率曲线除1~3年、5~7年出现扁平化趋势外，其余期限出现了陡峭化的趋势，中国1年至20年期的国债收益率利差变化约在0.95%~1.71%之间。但随着中国央行此后的降息，情况有进一步的改变。

其他新兴市场经济体利率曲线则出现了明显的上升趋势。2007年7月2日至2008年12月10日，阿根廷5年期、10年期和20年期国债收益率分别上升了43%、52.6%和24.8%；巴西6个月和2年期公债收益率分别上升了2.15%和2.71%；墨西哥公债收益率轻微上升，最高上升了1%左右；俄罗斯公债收益率也大幅上升，7天至6个月的短期端收益率上升幅度从10.1%至18.7%，1年期至10年期上升幅度从6.61%到7.31%，15年期和30年期分别上升3.08%至3.68%；其他收益率曲线出现部分或全部上升的还有匈牙利、波兰、捷克和印尼等。这些经济体主要受信用风险大幅上升和资金流出的影响。

## 三、全球债市面临着转折

### （一）日本和美国零利率和定量宽松货币政策与债市收益率

1. 日本历史上的零利率和定量宽松货币政策与债市收益率走势。20世纪90年代初，泡沫经济崩溃后，日本经济陷入长期萧条。为了刺激经济，日本政府扩大公共事业投资，年年增发国债，导致中央政府和地方政府负债累累，财政濒临崩溃的边缘，国家几乎无法运用财政杠杆调节经济。为了防止景气进一步恶化，日本银行于1999年2月开始实施零利率政策。2000年8月，日本经济出现了短暂的复苏，日本银行一度解除了零利率政策。2001年，日本经济又重新跌入低谷。2001年3月，日本银行开始将金融调节的主要目标从调节短期利率转向“融资量目标”，同时再次恢复实际上的零利率政策，配之以定量宽松的货币政策。所谓定量宽松的货币政策，是指央行向银行体系注入超额资金，让基准利率维持在零，包括大量印钞或者买入政府、企业债券等，将长期利率保持在较低水平。

事实上，2001年3月到2006年3月，日本央行实行量化宽松政策的主要目的就在于央行可以通过与外界沟通或量化宽松等方式，培养短期利率将长期利率保持低位的预期。定量宽松会导致金融体系充斥廉价资金，是任何一个央行为激活信贷所能采取的“最后一招”。其影响关键在于观察广义货币总量的变化，以及“货币乘数”的变化。日本2001年6月 $M_2+CD$ 的货币乘数在10倍左右，而到2002年6月到了7.8倍，2003年降至6.3倍的水平。

日本长期债下行幅度较短期债慢，但反弹较短期债快得多。而从日本20年期和2年期国债与10年期国债与2年期国债的利差走势来看，其在2003年第三季度分别达到0.75%和0.5%的低点后反弹，目前两者分别为1.36%和0.8%。当然，日本国债利差的缩小，其实是短期国债收益率降至零附近后长期国债收益率大幅下降的结果，与一般国债随利率上升长短期国债利差降至零附近是两种完全不同的形态（参见图4-32）。

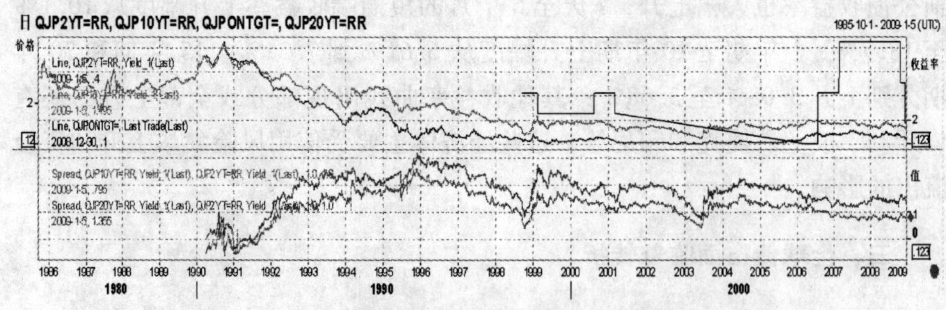


图4-32　日本国债收益率与利差走势

资料来源：路透社。

2. 美国定量宽松的货币政策与国债收益率走势。2008年9月，美联储开始扩大其资产负债表。美联储采取量化宽松的目的有两方面：一是买进市场上的证券，以图“启动”银行体系；二是承担私人部门所不愿承担的一部分金融中介职能。作者预期，在经济短期内未见底，即使见底也未见得立即快速复苏的情况下，美联储定量宽松货币政策会维持相对较长的时间，但不预期会维持日本那么长的时间，其时间应该不会超过1年。

目前，美国基础货币和广义货币供应量走势之所以出现严重背离，原因自然在于“货币乘数”的急剧下降。而货币乘数暴跌又反映出，自危机发生以来，美国银行及其他金融机构承担资本中介功能的能力和意愿都大为萎缩。央行向经济注入大量流动性，一旦经济出现恢复，货币乘数可能很快上升，已经向经济体系注入的流动性在货币乘数的作用下将直线飙升，流动性过剩在短期内可能带来恶性通货膨胀。这可能会导致央行快速收紧流动性，同时大幅提高利率。

从2001年至2006年，日本2年期国债收益率随着定量宽松的货币政策而接近零左右的水平，并在2006年第一季度开始大幅上升，而10年期国债收益率在2003年第三季度降至零附近后开始大幅上升。随着美联储将联邦基金利率调降至零左右的水平，美国2年国债收益率从全球金融风暴后3%的收益率下降至0.92%的水平，而10年期国债收益率则从金融风暴后4.2%的收益率下降至2.19%的水平，10年期与2年期国债的利差保持在1.2%左右，30年期和2年期国债的利差保持在1.7%左右（参见图4－33）。

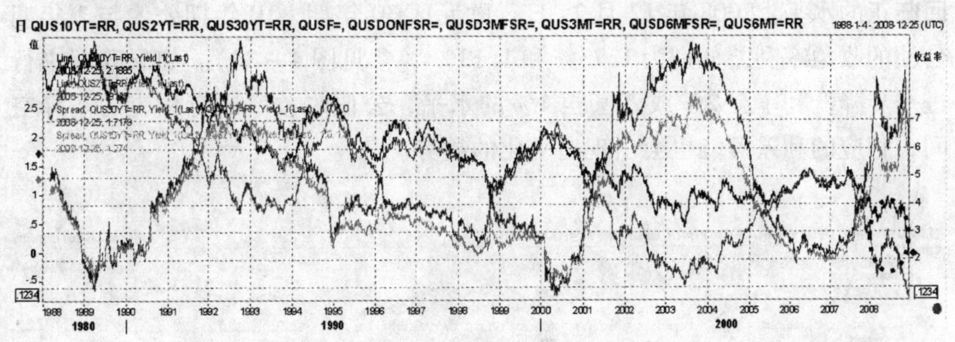


图4－33　美国国债收益率及利差走势

资料来源：路透社。

随着美联储购买中长期国债，中长期国债收益率还有下降的可能2年期国债收益率最多可能会降至0.5%，而10年期国债收益率最多可能降至2%左右，而利差可能会保持在1.5%左右的水平。不过，物极必反。当这一切真正来临时，牛市的狂欢也可能接近尾声了。

### （二）经济复苏、通胀与公债收益率走势

事实上，2009 年全球债市最大的担忧在美国经济何时触底反弹，美联储何时停止定量宽松的货币政策，何时不再购买国债或其他债券，并开始加息，尤其是对出现这些事件的预期会发生什么变化。当通缩的预期转变为通胀的预期，经济有明显的复苏迹象时，美联储会逐步放弃定量宽松的货币政策。当这一天来临时，美国债市的牛市气氛将结束，全球债市将面临着“变脸”：由牛脸变熊脸，由火转冰。而且，债券市场极为敏感，即使是经济不如预期那么差，经济中有一丝好转迹象，或者有良好的政策支撑，都可能带来债市的变化。

1. 欧元区和英国债市的未来走势。欧元区和英国都深受全球金融风暴对金融机构、制造业和消费的直接冲击，但其所受到的影响比美国要小一些。随着欧洲央行不断降息并在 2008 年 12 月 4 日将利率降至 2.5%，欧元区公债收益率在全球金融风暴后的高点迅速大幅下降，2 年期公债收益率从 4.7% 左右下降至 1.81%，而 10 年期公债收益率从 4.7% 下降至 2.94%，欧元区 10 年期、30 年期公债与 2 年期公债收益率出现了倒挂或零利率。

但是，随着全球信用风险充分暴露后被市场所接受，短期公债收益率承欧洲央行大幅降息迅速下降，而中长期公债收益率下降幅度要小得多，利差回归正的水平。2008 年 12 月 25 日，欧元区 30 年期、10 年期公债与 2 年期公债的收益率利差分别为 1.73% 和 1.13%（参见图 4－34）。如果欧洲央行进一步降低利率至 2% 或者甚至 1% 的水平，公债收益率还有相应的下降空间，相应的利差可能也会出现扁平化的趋势。

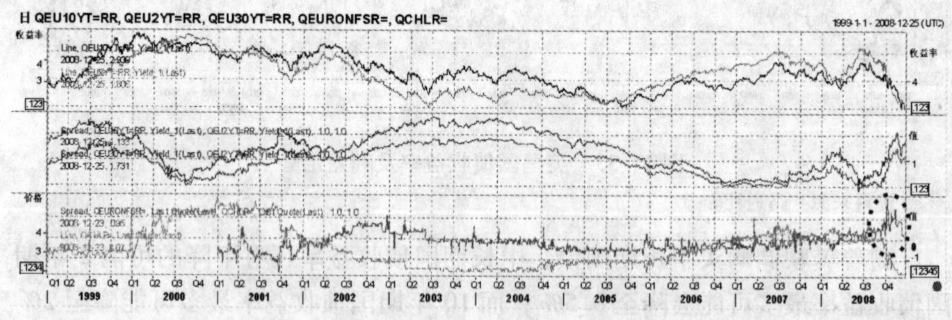


图 4－34　欧元区公债收益率及利差走势

资料来源：路透社。

随着英国央行2007年8月开始多次下调了基准利率，2008年12月4日已将利率降至2%的历史低点，英国2年期和10年期国债收益率分别从全球金融风暴后的5.5%和5.1%的短暂高点迅速下滑至12月25日的1.65%和3.49%，30年期、10年期与2年期的利差也分别从负的0.75%和负0.4%上升至2.33%和1.84%（参见图4－35）。预期英国央行可能将利率降至1.5%甚至1%的水平，英国国债收益率还有可能下降，国债收益率可能会体现出扁平化趋势。

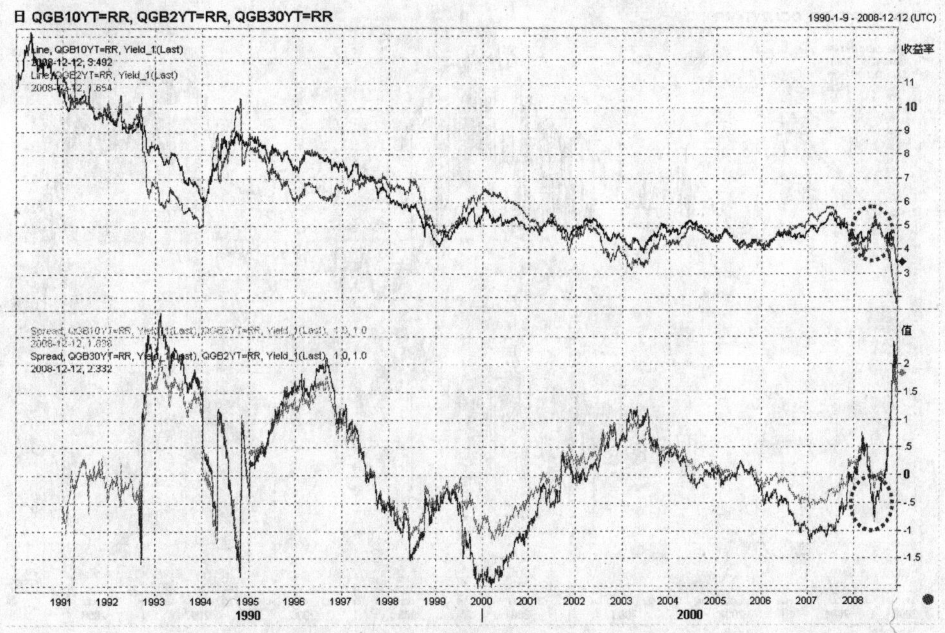


图4－35　英国国债收益率及利差走势

资料来源：路透社。

2. 中国公债收益率未来走势。对制造业和出口依赖度不断上升的中国经济也深受全球金融风暴对有效需求的打击，经济增长和物价快速下降，但由于中国经济内部的投资需求和消费需求潜力巨大，随着有效政策措施的出口和拉动作用，尤其是央行大幅调降利率和提供充足的流动性并刺激信贷，中国存款基准利率达到2.25%的低利率水平，相应的，国债收益率也大幅下降。市场经历了从进一步加息的预期转变为巨幅降息的戏剧性转变，国债收益率也出现了巨幅的下降，债市投资者收益颇丰。2008年12月25日，中国2年期和10年期国债收益率分别从9月左右的4%和4.6%的高点下探至

1.64%和2.89%的低点，10年期和2年期国债利差也从一度接近零的水平上升至1.26%（参见图4－36）。由于中国率先启动了内需，并且不断有产业推动政策、财税政策出台，中国经济的反弹可能会领先于全球，在这种情况下，我们预计央行再度降息的幅度有限，而随着中国经济的反弹，国债收益率可能会到达一定低点反弹，利差还有进一步扩大的可能。不过，资金流动性宽裕可能给债市带来一定的缓冲。因此，中国公债可能是全球主要经济体中率先变脸，由牛转熊的。

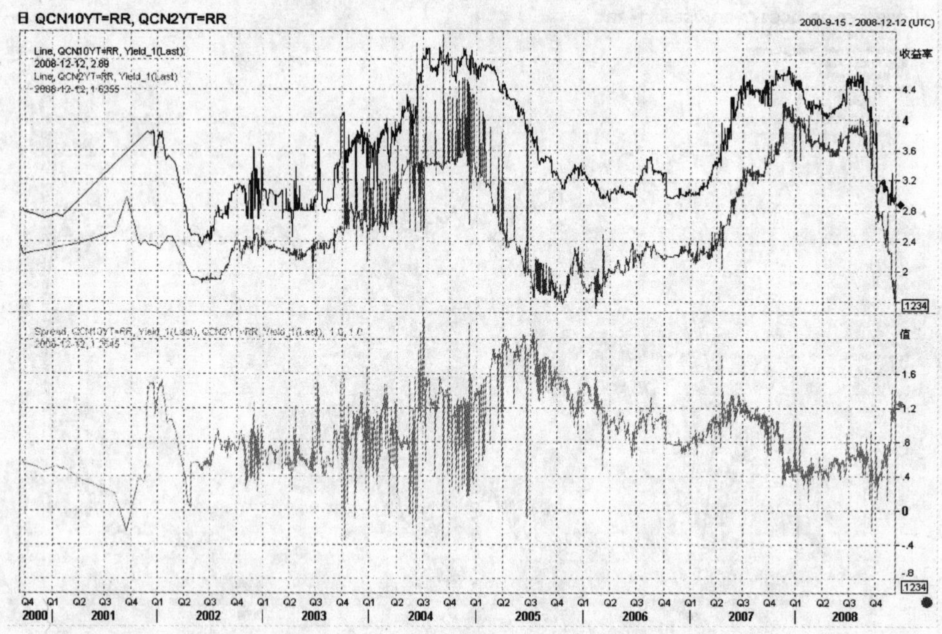


图4－36　中国国债收益率和利差走势

资料来源：路透社。

### （三）新兴市场和发展中经济体信用风险与利率走势

由于全球金融风暴对新兴市场和发展中经济体的影响直接导致资金的流出，在全球经济衰退和有效需求不足的情况下，新兴市场和发展中经济体的信用风险仍然会保持在相对较高的水平，但情况会出现分化。

那些对外依赖程度不是太高，内部需求潜力较大，资本没有大规模外逃的经济体的信用风险会迅速降低，经济也会相对较快地复苏，其公债市收益率可能受信用风险下降的影响而短暂下降，然后随着经济增长和通胀上升再度上升，如印度、马来西亚和巴西等。

而那些对外依赖程度较高，内部需求潜力较小，对外部资金需求较大的经济体，信用风险可能会延续较长时间，经济复苏也会较慢，其公债收益率可能会维持在较高水平，直到信用风险显著下降和经济开始复苏才可能会下降至相对高点后整理，如韩国、东欧转型经济体、拉美的阿根廷和墨西哥等。

# 第五章

# 全球金融风暴强化了中国在全球格局中的地位

任何大的格局变化，总会体现在经济和金融上。而经济和金融的发展，积累到一定程度也会导致格局的变化。本章以 20 世纪 70 年代以来全球贸易、直接投资（FDI）、国际借贷和融资、GDP 和金融资产的增长和结构变化，来深入说明全球经济金融格局的演变。

## 第一节　全球大格局的奠定与发展

全球经济金融格局的演变是全球市场扩大和一体化的结果，而全球市场的一体化，既有正常的商品贸易，也伴随着战争、制度的变革和国际经济金融秩序的演变。主要国家获得了较强的话语权，并形成了对全球经济金融的支配性地位。第二次世界大战后资本主义阵营和社会主义阵营的形成、对立随着东欧剧变和苏联解体似乎变得模糊起来。不过，静悄悄的变革如同矛盾和冲突一样无处不在。

### 一、资本主义国家全球争夺殖民地市场是近代全球化的开端

经济是人的活动，由供给和需求推动。自工业革命开始，资本主义的发展使其规模化生产的产品在国内过剩，并逐步出现了生产相对过剩的经济危

机。于是有了商品的输出问题。由于各国市场的开放有限，正常的贸易往往使工业化国家难以获得贸易顺差，即金银入超。金银是当时的国际货币。于是有了利用鸦片（如对中国）作为商品的贸易，有了对非工业化国家的入侵，有了广泛的殖民主义。除了用暴力从殖民地掠夺财富外，不公平的贸易也导致了金银的入超，入超进一步促进了资本主义国家的规模化生产，而对于购买力有限的殖民地而言，消费需求的增长是有限的。因此，生产的整体过剩不断导致资本主义社会的整体危机。

当然，资本主义国家之间也有贸易，贸易导致的金银入超或出超，也是导致资本主义国家之间战争的重要原因。资本主义国家为了争取更多的金银入超，为了争夺殖民地市场发动了多次战争，包括两次世界大战。

1760 年开始的工业革命，距今约 250 年。第二次世界大战结束后才开始有了新的全球战略格局，也就是说过了 185 年才奠定了新的格局；1945 ~ 1989 年前，是两个世界的相持阶段，中间过了 45 年。以 1989 年东欧剧变和 1991 年苏联解体为标志，世界进入了全球化的新阶段，而这个新阶段到目前只有 20 年，但也可以说是 1944 年全球市场化体系运作的深化阶段，距今 65 年。

## 二、百年美国：整体实力上升并确立了美元的霸权地位

第一次世界大战后，美国迅速成为新的世界加工厂，在世界贸易中形成了巨额的贸易顺差和黄金储备（1923 年美国的黄金储备占到全球的 50%），并逐步成为世界最大的债权国。1922 年到 1929 年，美国道琼斯工业平均指数从 40 点上升到 452 点。1929 年 10 月 29 日，被称为“黑色星期二”，美国股票市场崩溃，道琼斯工业平均指数从 1929 年 9 月的最高点 452 点跌到 1932 年 7 月 8 日的 58 点。从 1929 年 9 月初到 11 月中旬，纽约交易所的股票市价总值损失了 300 亿美元。股市的崩溃带来美国历史上破坏性最大的大萧条，使美国经济处于瘫痪状态。美国股市大跌引发了资本主义国家股市的大跌，并导致了 1929 ~ 1933 年资本主义社会的大危机。在资本主义大危机中，德国第一次世界大战后的赔款使黄金外流，巨额的贸易逆差恶化了德国的经济环境，导致德国希特勒掌握了政权，并最终发动了第二次世界大战。

第二次世界大战后，随着美国军事地位的上升，美国拥有了对全球政治经济金融的主动权。先是第二次世界大战期间牵头组建了联合国，第二次世界大战后主导成立了世界银行、国际货币基金组织和世界关税总协定，尤其

建立了布雷顿森林体系的固定汇率机制，即其他货币与美元挂钩，而美元与黄金挂钩。由此，美元成为了与黄金挂钩的唯一储备货币，取代了其他货币的储备货币地位，初步具有世界货币的性质。当然，美元的世界货币地位是以黄金为支撑的。

第二次世界大战是重要的历史分界线。苏联在第二次世界大战中作出了巨大的贡献，战后德国也被划分为民主德国和德国。随着“铁幕”的形成，全球划分为资本主义和社会主义两大阵营，分别遵循了市场经济和计划经济的经济体制，并且军事上分别成立了北约和华沙条约两大组织。

第二次世界大战后，韩国和日本成为美国的占领国，德国成为西方联军的占领国。美国对欧洲启动了“马歇尔计划”，对日本采取了“杨格计划”等，利用巨资支持欧洲和日本的发展。随着美国实力的不断增强，先后发动了朝鲜战争和越南战争。在这两次战争中，欧洲和日本获得了快速的发展机遇。日本的发展很大一部分来自为美国军事行动提供后勤物质。美国在此两次战争中的失败，给美国经济和贸易带来了巨大的压力。财政赤字和贸易赤字不断上升，黄金储备也不断下降。1971 年始，尼克松政府时期开始让美元贬值，最终通过牙买加协定让美元与黄金脱钩，而其他货币事实上继续与美元挂钩。这一汇率体系的形成，实际上是美元真正具有了世界货币的地位。美元的霸权具备了雏形。

受美国利率管制和欧洲资金需求旺盛的影响，许多美元资金流入欧洲，形成了欧洲美元市场。在商品市场和金融市场的发展过程中，美元逐步成为了贸易结算货币、商品期货的定价货币、金融资产的定价货币和外汇储备的主要货币，影响力不断上升。

20 世纪 80 年代以来，随着日本和德国制造业产品的激烈竞争，美国经常账户很快由盈余转为赤字。1985 年 9 月的“广场协议”强迫日元和德国马克等升值后，美元开始了长达 10 年的贬值，美国的经常账户赤字继续扩大，直到 1991 年经常账户才再次出现盈余，但 1992 年再次转为经常账户赤字，在 1996 年克林顿任总统时鲁宾财长实施“强势美元政策”后，美国经常账户赤字不断扩大。随着小布什上台采用弱势美元政策，美国 2005 年经常账户赤字高达 7915 亿美元。但在美元霸权地位的支持下，不断有资金流入弥补美国的经常账户赤字和财政赤字，保证了其国际收支的平衡。

强势美元政策和弱势美元政策的滥用导致全球资金的重新分配是亚洲金融风暴和全球金融风暴的重要原因。美国强势美元政策改变了全球资金的流向。由于预计美元升值导致的美国资产大幅升值可能带来的盈利，全球资金转向美国，是导致亚洲证券组合投资流出的重要原因。1995 年，美国金融账户盈余是 863 亿美元；1996 年和 1997 年，美国金融账户盈余已高达 1377 亿美元和 2213 亿美元。1998 年受金融风暴影响后有所下降，美国金融账户盈余为 697 亿美元。此后，美国金融账户盈余继续大幅上升，1999 年上升至 2361 亿美元，2000 年上升至 4864 亿美元，2001 年因恐怖袭击、全球股市泡沫破裂和经济衰退的影响下降至 4002 亿美元，2002 年反弹至 5032 亿美元，2005 年高达 7854 亿美元。美国金融账户盈余的上升，既与美国对国外商品依赖和经常账户赤字有关，也是全球流动资金重新分配的结果。因此，从某种程度上说，美国强势美元政策导致全球资金的重新分配为亚洲金融风暴的爆发制造了陷阱。

不过，物极必反，尽管大量资金流入美国金融市场导致了新经济的繁荣，也导致了新经济泡沫的膨胀，美国新经济泡沫在 2000 年时的破裂也就在情理之中了。由于东亚货币的大幅贬值和美元的大幅升值，美国积极推动了海外直接投资和外包生产，推动了产业的升级换代，由此出现了不断扩大的经常账户赤字。由于良好的金融市场体系，大量的资金源源不断地流入美国，即使在经历了“9·11”的恐怖主义袭击和 2001 年的经济衰退，资金的流入不但没有停滞，反而不断扩大。最终，在 2002 年开始的美元大幅贬值过程中，美国仍然实现了经常账户赤字与金融账户盈余之间的动态平衡，并强化了以美元为基础的对全球经济金融的支配格局。但是，世界上没有十全十美的事，如前面对此次全球金融风暴的成因的分析，美元本位制下 2002 年以来的弱势美元政策导致流动性过剩又成为美国房地产泡沫积累到破裂，爆发了次贷危机，进而导致全球金融风暴爆发的重要原因。

美国 1776 年立国，独立战争后南北统一和融合。美国从第一次世界大战始走向世界，到布雷顿森林体系的建立用了 30 年；第二次世界大战后全球霸权地位开始确立，距今 60 余年。其中，布雷顿森林体系支配了世界 30 年，美元全球霸权地位也有 30 余年，这一地位估计还将在变化中延续一段时间。

### 三、50 年欧盟：统一货币、内部一体化和外部扩张

欧元的产生经历了一个漫长的过程。早在 1970 年，卢森堡首相维尔纳就提出了统一货币的思想，并出台了第一个单一货币计划。但接下去却花了

整整十年来消化布雷顿森林体系崩溃所造成的影响。在此期间，建立了欧洲汇率机制（ERM），也称欧洲汇率蛇形浮动机制。1979 年，建立了欧洲货币体系（EMS），并引入了欧洲货币单位（ECU）。德洛尔计划在 1987 年产生并在两年后被采用，这是一个重要的里程碑。该计划明确提出，EMU 的最终目标就是建立单一货币。1990 年 7 月始，欧洲致力于单一市场的完成并寻求会员国间对经济货币政策的合作以及共识。1991 年 12 月，欧洲 12 国首脑于马斯特里赫特通过了成立欧洲联盟（简称欧盟）的协定。1992 年 2 月，欧盟条约于马斯特里赫特签署，主要的经济目标是要在 20 世纪结束前建立欧洲经济货币联盟（EMU）。1992～1993 年，欧洲爆发货币汇率危机，英国退出欧洲汇率机制。

1994 年 1 月，欧洲货币机构（European Monetary Insititute，EMI）成立，并拟定了单一货币政策所必须遵循的经济政策程式以及法规。EMI 为欧洲央行（ECB）的前身。1995 年 12 月，欧洲部长理事会对新货币名称（Euro）以及其运作安排达成协定。1998 年月，宣布符合欧元创始之会员国名单，包括 11 个国家：德国、法国、荷兰、比利时、卢森堡、爱尔兰、西班牙、葡萄牙、意大利、奥地利和芬兰。1998 年 1 月 4 日，根据 12 月底市场的汇率，宣布不可撤销地锁定各成员国通货与欧元之汇率；ECB 开始运行，掌管欧元的货币、汇率及利率政策；ECU 与欧元的兑换以 1∶1 计算；新发行的政府债券以欧元计值，流通中的政府债券亦改以欧元计值；从 1999～2001 年 3 年的缓冲期间，所有欧元的交易皆以非现金交易为主；1999 年，欧元区 12 国正式推出欧元兑换单位；2002 年 1 月，欧元的 7 种纸钞及 8 种硬币正式于市面上流通。

半个世纪以来，欧盟成员国由初创时的 6 个发展到现在的 27 个，政治和经济地位不断加强，成为多极世界中重要的一极。1952 年，法国、联邦德国、意大利、荷兰、比利时和卢森堡六国组建成立欧洲煤钢共同体。1958 年，6 国又共同建立欧洲经济共同体和欧洲原子能共同体。1967 年，欧洲煤钢共同体、欧洲经济共同体和欧洲原子能共同体合并，统称欧洲共同体。1993 年 11 月 1 日，欧共体正式易名为欧洲联盟。

欧盟先后经历了 6 次扩大，地域范围也从最初的西欧地区逐步拓展到中东欧地区。1973 年，英国、丹麦和爱尔兰加入欧共体。1981 年，希腊成为欧共体第十个成员国。1986 年，葡萄牙和西班牙加入欧共体。1995 年，奥地利、瑞典和芬兰加入欧盟。2004 年 5 月 1 日，马耳他、塞浦路斯、波兰、匈牙利、捷克、斯洛伐克、斯洛文尼亚、爱沙尼亚、拉脱维亚和立陶宛10个国家正式成为欧盟成员国。2005年4月25日，保加利亚和罗马尼亚在卢森堡签署了加入欧盟的条约。2005年10月，欧盟启动与土耳其和克罗地亚的入盟谈判。同年12月，马其顿被欧盟接纳为入盟候选国。2006年6月，阿尔巴尼亚与欧盟签署了《稳定与联系协议》，迈出了加入欧盟的第一步。目前，欧盟27个成员国的总人口已超过4.8亿人，国内生产总值高达12万亿美元，接近美国的水平。

可以说，欧洲经过50年不遗余力的一体化努力，欧盟的成立并不断扩大，欧元区统一货币的成功运行，使欧盟成为世界的重要力量之一。

### 四、近60年之日本：积极最大化日元大幅升值的福利①

随着日本和欧洲经济的发展，在汽车和机械制品等方面逐步赶上美国，对美国形成了巨大的压力，美国出现了巨额的贸易逆差，于是有了1985年9月西方六国的“广场协议”，让日元和德国马克大幅升值。

从1985年至1995年，日元快速升值，即从1985年8月的1美元兑237日元至1995年5月的1美元兑83日元左右。日元的大幅升值导致日本股市和房地产价格大幅上升，1990年左右股市泡沫和房地产泡沫破裂，导致日本经济陷入了长达十余年的通货紧缩和经济停滞期，银行体系也出现了大量的不良贷款，日本因日元快速大幅升值而一蹶不振。这可以说是目前对日元升值的较为普遍的认识。但是，我们可能不知道的是，日元升值一方面最终使日本摆脱了美国的军事管制，另一方面提升了日本经济的地位，给日本带来了较大的福利。

首先，日元升值提升了日本经济在全球中的地位。日本GDP世界排名第二，仅次于美国，这一“奇迹”在一定程度上是因为日元升值导致以美元计的GDP大幅增加的结果。1985年日本的GDP为1.369万亿美元，1995年时已达5.3万亿美元，而这期间美元兑日元从237下降至83左右，日元兑美元大幅升值了近3倍，恰好大致是日本GDP增长的倍数。

其次，日元升值也意味着日本国民财富的增长。1970年时，1美元相当于300日元，日本人均GDP为1967美元，随着日元的升值和经济的增长，

① 此一部分曾发表于2007年4月27日《中国证券报》，探讨了日本政府在日元不得已升值情况下和此后经济紧缩期充分利用汇率政策和利率政策使自身损失最小化、利益最大化的策略。

1986 年日本人均 GDP 达 16704 美元，1995 年上升至 42336 美元，也基本上接近日元升值的倍数。

再次，日本不断提高企业的核心竞争力，有效地化解了日元大幅升值对日本贸易的影响。客观地说，货币的升值会降低出口的价格竞争力，但如果企业具有核心竞争力，外部市场对该国产品形成了依赖，货币的升值实际上提高了出口商品的价格，会创造相应的福利。在日元大幅升值过程，日本政府支持日本企业进行了不断的技术创新，日本企业通过全面质量管理、对外直接投资和并购、外包和通过外汇市场规避汇率风险等方式，尽可能地化解了日元大幅升值带来的影响，其贸易顺差始终处于较为稳定的水平，这可以说是日本经济的一大奇迹。不过，日本的金融企业却未能很好地规避日元升值的风险。

再其次，在日元的快速大幅升值过程中，日本也将其资本账户方面的福利扩大到了极至。随着日元的升值，日本政府不断推动对中国、东南亚经济体和其他新兴市场经济体的政府优惠贷款和商业贷款，日元的升值给未有效规避汇率风险的国家带来了巨大的汇率损失，而日本自身则获得了大量的货币升值福利。随着日元在广场协议后的大幅升值，日本国际贷款头寸从 1985 年 12 月末的 7070 亿美元迅速上升至 1990 年 12 月末的 21215 亿美元，此后随着日元的贬值和波动有所下降和波动。日本国际贷款头寸 1993 年 6 月末为 16277 亿美元，2005 年 12 月末为 21959 亿美元。可以计算，日元升值给日本带来了多大的资本利得。当然，日本国际贷款不全是日元贷款，不少是美元贷款。

最后，日元升值、日元的国际化和日本大量的对外贷款和直接投资，为资源短缺、缺乏经济纵深的日本获得了广泛的战略资源和经济纵深。据统计，2005 年，日本国际资产高达 4.6 万亿美元，扣除负债后的净资产高达 1.6 万亿美元。而且，2005 年日本企业的海外直接投资余额高达 4140 亿美元，其海外生产总值也不可小看。

总之，我们在看到日元升值给日本经济带来危害时，不能因此否定日元升值给日本带来的福利。

此外，我们还应充分关注日本政府的战略。日元升值主要是因为遭受了美国的巨大压力，具有被动性。但是，日本政府在这一被动情况下，主动地解决了日元升值对贸易的危害，充分利用了日元升值带来的福利，提升了国际地位。从这个角度上说，日元大幅升值也是日本政府不得已的战略选择。

应该说，尽管日本政府未能很好地利用货币政策防范资产泡沫的形成，资本账户开放这柄“双刃剑”对自身也有所损害，但整体而言是成功的。

此外，受泡沫破裂、经济衰退和通缩的影响，日本政府在很长一段时间内将利率降至零，并采取了“定量宽松”的货币政策，很多学者认为日本经济陷入了流动性陷阱，甚至认为日本央行无能。但是，很长时间以来存在着的日元套利交易（即许多投资机构向日本银行借低利率的日元，再换成其他货币进行投资），许多日本机构和发达国家的机构由此获得了巨额的海外投资收益，这也可看成是日本获取战略利益的另一种手段。甚至有人认为 2007 年 2 月 27 日前后全球股市暴跌是因为日本央行提高日元利率后许多投资机构为解除日元套利而在股市上获利回吐所致。

而且，从麻生太郎首相在亚欧北京会议上维护美元本位制的言论可知，尽管日本在美元本位制中遭受了损失，但日本在美元本位制下的日元升值策略中，获益颇多。而且，美元本位制也给日元通过升值和日本的国际化发展留下了足够的空间。

## 五、30 年之中国：改革开放获得巨大发展

1949 年后的中国与苏联和东欧一样，经济发展模式属于计划经济体制的范围。在特殊的历史环境下，计划经济体制也取得了良好的成效，并给中国经济后来的发展奠定了必要的基础。1978 年中国开始改革开放，1992 年确立了社会主义市场经济体制模式。在改革开放以来，通过对外开放市场，引进外资，大力加强对外出口，利用廉价的劳动力资源，促进了中国经济 30 年来的快速增长。而 1989 年的东欧剧变后逐步融入了欧盟之中，1991 年曾经的巨人苏联分崩离析，俄罗斯因“休克疗法”的改革受到了重创。这一历史进程中，有着巨大潜力的中国市场、独联体市场和东欧市场融入了全球市场之中，给全球经济的发展增加了新的活力。这既促进了这些经济体本身的发展，也促进了其他发达经济体的发展，使全球经济周期持续时间变长，使全球经济陷入衰退的时间缩短。而且，这一转变还进一步促进了全球市场的一体化。由于新开放市场与原来市场的巨大差异，非均衡的发展产生了全球资源和资金的全球配置和运用。对于资源和产品输出国而言，产生了巨额的贸易顺差和经常账户盈余，并转化为外汇储备。对于资源和产品的输入国而言，则产生了相对应的巨额贸易逆差和经常账户赤字，尤以美国为主。人们往往称之为全球失衡。

其实，由于巨额的外汇储备以美元资产为主，在美元世界货币地位基础上，实际上实现了全球经济和金融的动态平衡。这一平衡在美元稳定的地位和美国经济金融实力的支持下，还可能持续较长的时间。而且，这一平衡模式是美国作为全球货币体系中的关键货币国决定的。但是，如果没有对美元本位制及相应的全球金融体系恰当的制衡，全球金融和经济可能会经常出现危机。当然，正如此次全球金融风暴一样，如果美元本位制没有任何制衡力量，美国随意利用其美元政策而不能承担起全球美元本位制应负的国际责任，各种政策只顾及自身的利益，或者剥夺他国的利益，极有可能是损人不利己，危机可能会再次到来。

改革开放30年，实际上是中国的再造。胡锦涛总书记在纪念党的十一届三中全会召开30周年大会上的讲话中指出，这是中国近一个世纪以来的第三次革命："近一个世纪以来，我国先后发生3次伟大革命。第一次革命是孙中山先生领导的辛亥革命，推翻了统治中国几千年的君主专制制度，为中国的进步打开了闸门。第二次革命是中国共产党领导的新民主主义革命和社会主义革命，推翻了帝国主义、封建主义、官僚资本主义在中国的统治，建立了新中国，确立了社会主义制度，为当代中国一切发展进步奠定了根本政治前提和制度基础。第三次革命是我们党领导的改革开放这场新的伟大革命，引领中国人民走上了中国特色社会主义广阔道路，迎来中华民族伟大复兴光明前景。"①

## 六、60年之拉美和东亚：充分利用全球市场一体化机遇的结果

第二次世界大战后，随着拉美、亚洲和非洲民族主义的兴起，反对殖民地的运动和战争最终取得了胜利。从20世纪50年代起，拉美国家从战前的零星地实行进口替代的局部措施发展到普遍地实行进口替代战略以促进工业化，70年代又进入面向出口和出口替代的经济发展阶段，80年代后期转向以出口为导向的发展模式。尽管从80年代起遭遇了不少困难，尤其是不断发生的债务危机制约了拉美的发展，但拉美仍然是全球经济体系中一个重要的经济区域，其发展潜力巨大。

东亚50年代开始实施许多国家在工业化初期都实施的进口替代工业化

① "胡锦涛总书记在纪念党的十一届三中全会召开30周年大会上的讲话"，2008年12月18日，新华网。

战略，此后充分利用国内劳动力丰富的优势和欧美国家产业转移的有利时机，实施了出口导向战略，70年代和80年代不断大规模地调整产业结构，促进产业升级，东亚的发展成绩斐然。拉美和东亚的发展，除了自身资源的丰富，市场的对外开放外，还在于吸收了大量的国外资金。随着中国和印度的发展，东亚国家和拉美逐步增加了对中国产品和资金的依赖性。

东亚的发展比较快，整体也处于美元区，麦金农称之为东亚美元本位制。拉美的区域一体化总是笼罩着美国的阴影，尤其是北美自由贸易协定的影响。除美国强大的实力外，地缘的接近也是重要的因素。未来的东亚，如何处理与美国和区域内经济体的关系，将成为重要的经济和外交选择。

## 七、8年：恐怖袭击和全球金融风暴给美国带来了制衡力量

自1989年始东欧剧变至苏联解体，除中国和越南等国家社会主义旗帜高高飘扬外，以美国为首的资本主义阵营似乎取得了“主义”之争的最后胜利，美国“一超独强”的态势日益明显。而美国也不客气，充分地展示着自己的全球霸权地位。政治上，其打自由民主之大旗，似乎有道义上的正义感，可以随意对其他国家指手画脚，在北约、联合国、世界银行和国际货币基金组织都处于支配性地位。军事上，具有全球巩固的军事基地，动辄发动战争，对俄罗斯传统地缘政治势力范围的蚕食，体现出无人可敌的态势。经济和金融上，由于强势美元政策巩固了其美元霸权，全球资金的流入，推动了新经济的兴起，美国模式被广为推崇，全球国家通过商品贸易和美元储备形成了对美国消费和金融的路径依赖，华尔街是全球的金融中心，其地位早已超出了伦敦，对全球经济金融形势有着极强的影响力。华盛顿也俨然成为了全球的政治中心，白宫和五角大楼发出的指令影响着全球政治经济金融局势。美元是美国政府手里的工具，似乎能想怎么玩就怎么玩。但是，物极必反，万事万物都有其强盛的一面，也有其软弱的一面。而且，强盛的一面越强，软弱的一面就会越脆弱。

美国拥有世界上最强的军事力量，20世纪90年代以来，只有它有能力和胆气发动战争。但是，众多的高科技武器却抵不过恐怖分子的袭击。2001年“9·11”的恐怖袭击，使美国人充分感受到了高科技武器和强大军力的无用武之地。尽管美国2001年进入阿富汗打击恐怖分子，2003年以大规模杀伤性武器为由发动了伊拉克战争，本土也加强了国土安全防卫，但防范恐怖主义袭击，已经制约了美国全球军事力量的运用。美国军费开支和国土防

卫开支大幅上升，财政赤字日益膨胀，这为美国长期发展带来了隐患。2008年8月8日，俄罗斯对格鲁吉亚在外高加索地区挑起争端的回击，似乎也在说明这世界并不完全由美国说了算。

不过，在美元本位制基础上日益巩固的美元霸权实力的支配下，对外借债不是难事。美国人继续享受着高消费，不储蓄而靠借贷的高消费支撑着美国经济2/3的江山。美国大量进口原油和初级产品的同时，付出的是美元，而这些美元成为出口国的外汇储备再度流入美国金融市场，美国人是充分得了实惠。既享用了廉价的其他国家的商品和劳务，也以极低的利率成本充分享用了其他国家的资本流入，可谓深得其表也深得其里。

美国因为财政赤字和贸易赤字的（经常所说的“双赤字”）不断上升而大喊“全球失衡”，要求他国货币升值减少出口，但其实自己并没有把“双赤字”当回事。因为他们知道，无人能挑战美元本位制下日益巩固的美元霸权，而自己的金融体系又是全球“最完善的”。美联储通过调整联邦基准利率和财政部调整美元汇率政策，就可以轻易操纵全球利率和金融市场，甚至影响全球资金流动，影响他国的经济发展。美国作为世界贸易体系、货币体系和金融体系的中心国，基本上可以说是无拘无束，许多事情都是自己说了算，似乎一切从来都没有这样好过。

不幸的是，美联储利用利率政策、美国财政部利用汇率政策操纵全球经济金融将全球资金吸引进美国金融市场和美国经济中，导致美国经济金融体系中的泡沫迅速积累，先是新经济泡沫破裂，然后轮到了房地产泡沫的积累。而房地产泡沫的积累是与其自由的金融创新同时产生的金融泡沫相互交织的。当这一切达到一定的限度时，美国发生了次贷危机，进而引发了全球金融风暴。

尽管美国国会通过了7000亿美元的金融援助法案，美联储另有8000亿美元的金融紧急救助资金，美联储将联邦基准利率可能降至零并实行定量宽松的货币政策，还将有数千亿至万亿美元的资金注入美国经济以刺激其发展。但是，曾经辉煌的美国商业银行、投资银行和保险公司，现在被政府接管了，未来其影响力必然下降。作为美国工业革命重要代表之一的汽车制造业也面临着重大危机，甚至有倒闭和破产的可能。3亿美国人有1.6亿多套房，房地产的发展必然受到限制，美国经济金融的影响力必然下降。

由于对美国国债的“安全”迷信，全球资金仍然在追逐利率极低的美国国债。在这样的情况下，如果美国仍然无限制地利用美元霸权，似乎在短期内会仍然有效。不过，当美国政府的融资成为一个世界性难题时，美元霸权就必然面临着改变。美元霸权和美国金融的发展，以及美国经济的发展，使其逐步创造了自身的对立面。这就是人类社会的自然法则。尽管美国政府还没有正视或者不愿正视这种对立面，但无论如何，美国最终都必须正视，因为必然受到这些因素的支配。

因此，不管是美国的军事力量还是经济金融力量，都在无限制的膨胀中塑造了其对立面和限制因素，但问题在于美国不愿意承认或接受这一点并进而作出相应的改变。可以想象，美国一意孤行的结果是欧洲发达国家的联合，各个区域的联合，最后的结果是可想而知的。可以预计，全球化的步伐不会停止，但全球化的规则不再由美国一家说了算；区域的合作会增强，美国对全球金融体系和经济体系的支配力将会有所下降。这里面，欧洲、亚洲、拉美、独联体、非洲和中东都将是新的变动力量。其中，中国作为国际社会的一员，会平稳地升起，在国际社会中发挥着越来越重要的作用。

此次全球金融风暴和亚洲金融风暴一样，都是全球经济金融格局在全球一体化过程中演变的结果，本身也是某种奇迹的产物。前者是亚洲奇迹的产物，后者是美元霸权的产物。但是，即使是这样的风暴，短期内也不可能有效改变全球经济金融格局，但中长期看，全球经济金融格局已经在悄悄地发生变化。这需要我们有足够的耐心和毅力，以及明确的努力方向。

## 第二节　全球贸易格局的变化

所有制造品和服务提供的最终目的是为了贸易。国际贸易是经济体展现自己实力和需求的地方，分析国际贸易的格局，可以感知全球经济体各自的特性和拥有的生产能力。汇率决定商品贸易的相对价格和竞争力。国际货币体系和各国汇率政策在全球贸易中起着关键作用。全球金融风暴对全球贸易在实际需求紧缩和信心的双重打击下会有严重的螺旋式下滑。但是，当恐慌逐步消失，信心逐步恢复，尤其是各国政府有效刺激经济的情况下，信心的改善可能导致实际需求的反弹，而这种反弹正如其螺旋式下降一样，可能也会出人意料。

### 一、全球贸易快速增长

全球贸易快速增长。1948 年，全球出口量只有 580 亿美元，进口量只有

620 亿美元；1970 年，全球出口量上升至 3170 亿美元，全球进口量上升至 3290 亿美元；1980 年，全球出口量上升至 2.034 万亿美元，全球进口量上升至 2.075 万亿美元；1990 年，全球出口量上升至 3.45 万亿美元，全球进口量上升至 3.55 万亿美元；2000 年，全球出口量上升至 6.5 万亿美元，全球进口量上升至 6.7 万亿美元；2007 年，全球出口量已上升至 13.95 万亿美元，全球进口量也上升至 14.24 万亿美元。从 1948 年至 2007 年，正好 60 年的时间。在这 60 年里，全球商品进口或出口总量（从理论上讲，全球商品出口量应该等于进口量，但两者在统计上存在着一定的误差），前 20 年是每隔十年增长一倍（1958 年和 1968 年分别与 1948 年和 1958 年比，依此类推），第三个十年增长了 4.6 倍左右，第四个十年增长了接近一倍，第五个十年增长了 2.5 倍（参见图 5－1）。全球贸易从 1970 年至 1980 年来的快速增长（年均复合增长率在 20% 以上，而从 1948 年至 2007 年 60 年间的年均复合增长率仅为 9.5%），其实与商品价格尤其是原油价格大幅上涨直接相关，尤其是两次石油危机期间石油价格大幅上涨有关。而两次石油危机期间原油价格的大幅上涨，除中东危机的直接影响外，其实与美国放任美元贬值和美元与黄金脱钩直接相关。

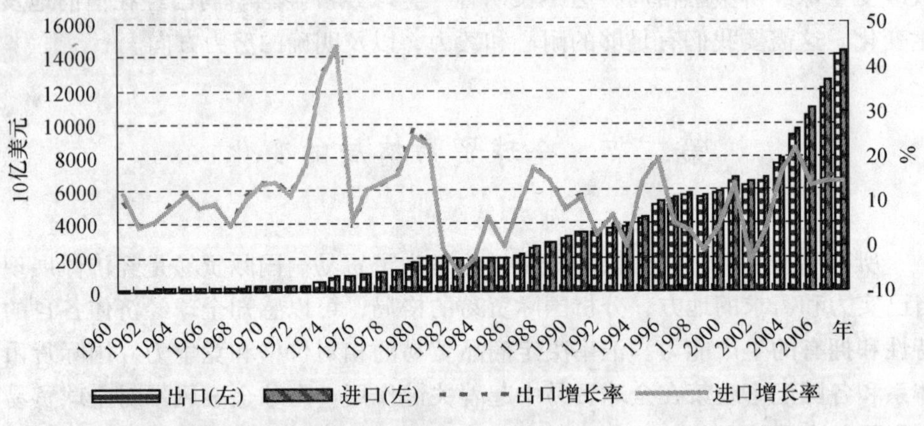


图 5－1　全球商品进出口的总量及增长率变化（1948～2007 年）

资料来源：WTO。

全球商品进出口增长率与全球经济增长率直接相关，即跟随全球 GDP 增长率的走势的趋势十分明显。当经济大幅增长时，全球商品进口和出口增长率都大幅上升，当经济下滑或衰退时，全球商品进口和出口增长率都大幅下降，其幅度都远远超过了全球 GDP 增长率的变动幅度（参见图 5－2）。这在两次石油危机、1991 年美国衰退、1997～1998 年亚洲金融风暴、2001 年美国经济衰退时表现得特别明显。1970～2007 年，全球 GDP 增长率与全球商品进口或出口增长率的相关系数为 0.57（出口增长率经滞后一年调整），相关性较为明显。

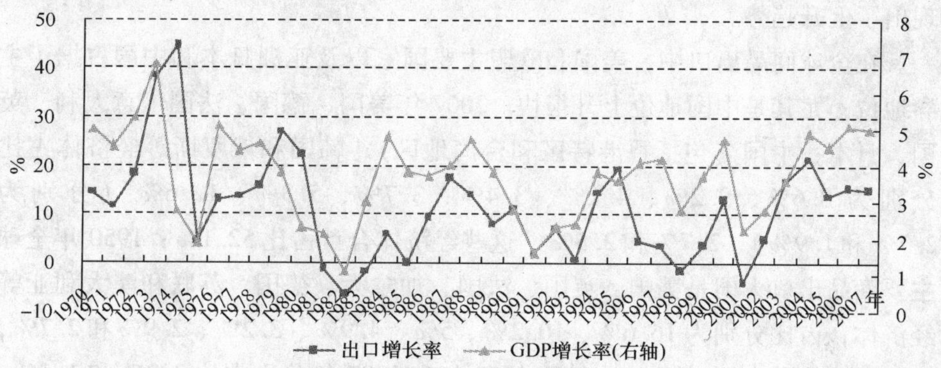


图 5－2　全球商品贸易增长率与 GDP 增长率的相关走势

资料来源：WTO 和 IMF。

## 二、欧洲、北美和亚洲商品贸易三分天下

### （一）欧洲、北美和亚洲商品进出口占据主导地位

在全球贸易中，亚洲的地位越来越重要。从结构来看，1948 年时，出口和进口都以欧洲、北美、亚洲和中南美洲为主，但到 2005 年时，中南美洲在全球贸易中的地位下降至次要位置，而形成了欧洲、亚洲和北美三大贸易区域。1948 年，欧洲、北美、亚洲和中南美洲出口全球占比分别为 35.4%（欧盟 15 国占 25.6%）、28.3%、14.1% 和 11.4%；进口全球占比分别为 45.5%（欧盟 15 国占 38.3%）、18.6%、14% 和 10.5%。2007 年，欧洲、亚洲和北美出口全球占比分别为 41%（2006 年欧盟 15 国全球占比为 37.5%）、30% 和 13%；进口全球占比分别为 43%（2003 年欧盟 25 国全球占比为 40%）、27% 和 19%；中南美洲出口全球占比仅为 3.2%，略高于非洲和独联体的 2.5%，低于中东的 3.4%。

### （二）战略决定格局：亚洲后来居上，中国地位大幅上升

从历史上看，这与中南美洲地区经常发生债务危机、僵硬的汇率制度、国家选择的进口替代和出口替代的制造业发展战略存在着问题，导致制造业发展乏力直接相关。因此，亚洲出口和进口贸易的奇迹，既是全球战略格局

演变的结果，其实既源于其出口导向战略，也源于其相应的钉住美元的汇率制度以及相对有竞争力的汇率。亚洲的发展可以说是战略决定格局。亚洲奇迹其实也来源于外部市场的充分利用，出口一直是亚洲经济的重要支柱。经历了亚洲金融风暴后，亚洲的进出口全球占比经历了短暂的下跌后又很快呈现出了上升趋势。

在全球商品出口中，美国和欧盟主要国家以及亚洲日本和中国占据了主导地位，尤其是中国地位上升很快。2007 年美国、德国、法国、意大利、英国、日本、中国（包括香港特区和台湾地区）、韩国和俄罗斯等经济体占比分别为 8.6%、9.2%、4.1%、3.4%、3.7%、5.3%、12.6%（分别为 2.7% 和 1.9%）、2.7% 和 2.5%，这些经济体合计占比 52.1%；1950 年全球主要商品出口大国是美国、英国、法国、加拿大、德国、苏联和澳大利亚等经济体，占比分别为 16.6%、10.2%、5%、4.9%、3.2%、2.9% 和 2.7%，这些经济体共占比 45.5%；巴西 1950 年和 2007 年分别占比 2.2% 和 1.1%。可以看出中国出口取得了重大进步。

北美、欧洲和亚洲主要经济体在全球商品进口中占主导地位，中国成为全球经济的发动机之一。1950 年，北美的美国和加拿大全球进口占比分别为 15.1% 和 4.9%；1990 年，分别为 14.5% 和 2.7%；2007 年，分别为 14.2% 和 2.7%。由于进口是他国的出口，较高份额的进口表明美国是世界重要的发动机。欧洲的情况也类似，2007 年英国、德国、法国和意大利四个经济体进口全球占比分别为 4.4%、7.4%、4.3% 和 3.5%，总共占比高达 19.6%。2007 年，中国（包括香港特区和台湾地区）和日本全球进口占比分别为 10.8%（分别为 2.6% 和 1.5%）和 4.3%，也成为全球经济重要的发动机。

2007 年，中国（包括香港特区和台湾地区）已是全球最大的出口国，也是仅次于美国的最大进口国。

## 三、商品贸易与相关行业的发展：中国和亚洲的地位日益突出

### （一）全球各地区主要出口商品和进口商品构成存在较大差异

2007 年，全球 13.6 万亿美元的商品出口中，农产品、燃料和矿产品、钢铁、化学品、办公和电信设备、汽车产品、纺织和衣服等占比分别为 8.3%、19.5%、3.5%、10.9%、11.1%、8.7%、1.7% 和 2.5%。其中，燃料出口占比达 15%，所有制造品占比达 70%。全球商品进口结构基本与出口结构相同（参见图 5-4 和图 5-5）。

不同区域的出口和进口体现出不同的特点。2007 年，北美、欧洲和亚洲制造品出口占比很高（分别达 72.2%、78.6% 和 81.6%），而中南美洲、独联体、非洲和中东制造品出口占比较低（分别为 31%、25%、19% 和 21%），但燃料和矿产品却是这些国家的主要出口商品（分别占了 41%、65.5%、70% 和 74.4%）。在各地区商品进口中，除独联体和中东外，其他各地区燃料和矿产品占比比较大；除亚洲外，其他各地区汽车产品占比较大；各地区对化学品的依赖都比较大，北美和亚洲办公和电信设备占比较大（参见图 5－3 和图 5－4）。

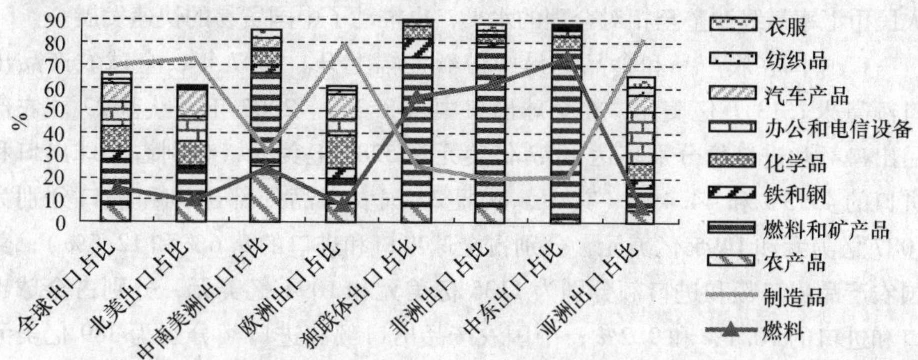


图 5－3　全球分地区主要出口商品构成（2007 年）

资料来源：WTO。

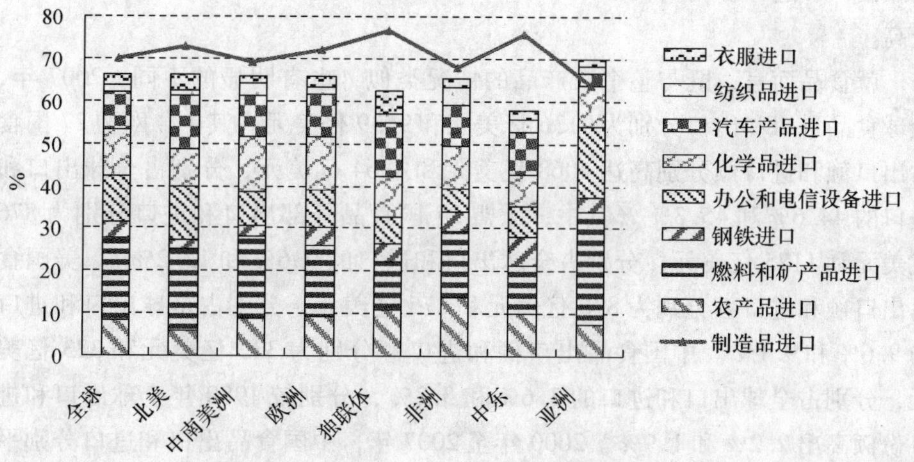


图 5－4　全球分地区主要进口商品构成（2007 年）

资料来源：WTO。

事实上，发达地区出口的原材料较少，而以制造品的出口为主；发达地区进口的燃料和矿产品较多，而不发达地区出口相关的产品较多。除北美和欧洲外，人口众多的亚洲，经济不断发展，尤其是制造业发展较快，日益成为全球的制造业中心。中国是亚洲制造业中心的关键点，可以说是初步的世界工厂。

**（二）中国在全球主要商品贸易中地位不断上升**

改革开放以来，中国在全球商品贸易中的地位不断上升。除了市场开放引进了外资和中国自身广阔的资源与丰富的劳动力资源外，随着汇率体制的调整人民币汇率最终调整至相对合理的水平，也推动了中国贸易的快速发展。

1. 中国在农产品和食品贸易中份额大幅上升。2007 年，全球农产品出口额高达 1.13 万亿美元，在全球出口中占 8.3%。2007 年，欧盟 27 国农产品出口额和进口额分别高达 4877 亿美元和 5285 亿美元，分别占全球出口和进口的 43.3% 和 44.4%（其中，欧盟 27 国农产品外部出口和进口分别为 1087 亿美元和 1495 亿美元，分别占全球出口和进口的 9.6% 和 12.5%）；美国农产品出口额和进口额分别为 1135 亿美元和 1094 亿美元，分别占全球出口和进口的 10.1% 和 9.2%；中国农产品出口额和进口额分别为 389 亿美元和 652 亿美元，分别占全球出口和进口的 3.4% 和 5.5%，分别较 1980 年全球出口和进口份额高出 1.9% 和 3.4%。2000 年至 2007 年的 8 年间，中国农产品出口和进口平均增长了 13% 和 19%，进口增速在全球前 15 个经济体中最高。

就食品而言，既与整个农产品的情况类似，也有明显的不同。2007 年，全球食品进口和出口分别为 9136 亿美元和 9639 亿美元。其中，欧盟 27 国食品出口额和进口额分别高达 4068 亿美元和 4364 亿美元，分别占全球出口和进口的 44.6% 和 45.3%（其中，欧盟 27 国食品外部出口和进口分别为 876 亿美元和 1175 亿美元，分别占全球出口和进口的 9.6% 和 12.2%）。美国食品出口额和进口额分别为 876 亿美元和 875 亿美元，分别占全球出口和进口的 9.6% 和 9.1%。中国食品出口额和进口额分别为 332 亿美元和 323 亿美元，分别占全球出口和进口的 3.6% 和 3.3%，分别较 1980 年全球出口和进口份额高出 2.2% 和 1.9%。2000 年至 2007 年，中国食品出口和进口分别平均增长了 14% 和 20%，进口增速全球前 15 个经济体中也最高。

2. 中国在全球燃料和矿产品的进口中占比大幅上升。2007 年全球燃料和矿产品的出口总额高达 2.66 万亿美元，2000 年至 2007 年的 8 年期间平均增长17%，这当然与2000年以来全球燃料和矿产品价格上升有着直接的关系。2007年，全球主要燃料进口国为欧盟27国、美国、日本和中国，2007年四者进口燃料达1.31万亿美元，分别为6618亿美元、3723亿美元、1728亿美元和1049亿美元，四者进口总和是全球总出口2.04万亿美元的64%。

中国进口燃料主要来自中东、非洲、亚洲、独联体、中南美洲、北美和欧洲，分别占其进口总额的37.4%、24.9%、19.6%、12.1%、5%、0.6%和0.4%，主要来源经济体包括沙特、安哥拉、伊朗、俄罗斯、阿曼、韩国、苏丹、哈萨克斯坦、委内瑞拉和阿联酋等10个经济体，占总进口的69.6%。2000~2007年中国燃料进口年均增长26%，表明随着内部需求上升和油价上涨，中国进口燃料的压力越来越大。

3. 中国在全球制造品的贸易份额大幅上升。在全球商品贸易中，制造品占据主导地位，制造品也代表了国与国之间生产能力的竞争。2007年，全球制造品出口高达9.5万亿美元，占全球商品出口的70%。其中，欧洲、亚洲和北美是全球制造品的主要出口地，分别占全球制造品出口的47.8%、32.7%和14.1%，而中东、中南美洲、独联体和非洲，在全球出口中的份额只有5.5%。2007年，中国制造品出口和进口分别为1.13万亿美元和6776亿美元，在全球制造品出口和进口中的占比分别为11.9%和6.9%，远超过了日本，分别比2000年时高出7.2%和3.4%，8年间出口和进口年均增长率分别高达26%和22%。

2007年，全球制造品进口中，欧盟27国、美国、中国和日本分别为4.3万亿美元、1.41万亿美元、6775亿美元和3143亿美元，共计6.7万亿美元，占全球制造品进口的70.5%。在欧盟27国进口中，除了70.5%来自区内进口外，来自中国、美国、日本和瑞士的进口分别占了7.5%、5.1%、2.6%和2.2%，五者共占87.9%；在美国的进口中，来自中国、欧盟27国、加拿大、墨西哥和日本分别占了23.2%、20.8%、12.3%、10.9%和10.1%，共占77.2%；在中国的进口中，来自日本、欧盟27国、中国台湾地区、韩国、中国（商务部原数据如此，可能是来料加工类的进口，或者是除大陆外其他地区的进口）和美国的进口分别占了18.2%、14.5%、14.1%、13.6%、12.4%和7.7%，共占比达80.6%。在日本的进口中，来自中国、欧盟27国、美国、韩国和中国台湾地区的进口分别为35.7%、17.2%、15.8%、6.6%和5.2%，共占80.5%。因此，大国贸易具有支配性。但是，对于中国这样的贸易大国而言，既要抓住主要的市场，也不应拒绝众多分散的小市场。

4. 中国在全球部分资本品的贸易中地位大幅上升，但仍有较大的努力空间。全球商品贸易中的资本品主要涉及钢铁、化学品、办公和电信设备和汽车制造品等。全球钢铁贸易2007年达4740亿美元，占全球商品出口的3.5%。其中，主要出口者是欧盟27国、中国、日本和俄罗斯等四国，分别占比44.8%、10.9%、7.3%和4.7%，合计占比67.7%，中国接近欧盟27国11%的外部出口占比；主要进口者包括欧盟27国、美国、中国和韩国等合计进口占比60.7%，中国进口占比7.7%，略低于欧盟27国11.6%的外部进口占比。其中，中国钢铁的出口占比较2000年高出7.8%。中国2000年至2007年出口和进口的钢铁年均增长率分别为42%和14%，整体体现为贸易顺差。

全球化学品出口2007年达到1.48万亿美元，占全球商品出口的10.9%；进口1.5万亿美元。2007年，在全球化学品出口中，欧盟、美国、日本和中国等合占73.7%，其中中国占比10.4%，仅低于欧盟27国18.2%的区外出口占比。在全球化学品进口中，欧盟27国、美国、中国和日本等合占67.3%，其中中国占比10.5%，仅略低于欧盟27国10.9%的区外出口占比。2007年，中国化学品出口和进口分别比2000年占比高出2%和2.1%，2000年至2007年年均增长率分别为26%和20%，在全球以上经济体中基本上都处于领先地位。

全球办公和电信设备出口2007年达到1.5万亿美元，占全球商品出口的11.1%，进口达1.64万亿美元。2007年，全球办公和电信设备出口中，欧盟27国、中国、香港特区和美国等合占66.9%，其中中国占比23%，远高于欧盟27国7.8%的区外出口占比；全球办公和电信设备进口中，欧盟27国、美国、中国、中国香港特区、新加坡、日本、马来西亚、韩国、墨西哥和中国台湾地区等10个经济体合占82%。欧盟27国区外进口占比达14.6%，中国占比达9.4%。2000年至2007年中国出口和进口平均年增长率分别为35%和26%，在全球以上经济体中基本上都处于领先地位，尽管其出口品的附加值仍有待进一步提高。

全球汽车产品出口2007年达到1.2万亿美元，占全球商品出口的8.7%。2007年，全球汽车产品出口主要来自欧盟27国、日本、美国、加拿大、韩国、墨西哥、中国、土耳其、巴西和泰国等经济体，合占全球的95%，中国仅占1.9%，欧盟27国区外出口占比为14.3%；全球汽车产品进口主要来自欧盟27国、美国、加拿大、俄罗斯、墨西哥、中国、澳大利亚、日本、土耳其、南非和沙特等，合占83%，欧盟27国区外进口占比6.4%。从2000年至2007年，中国汽车产品出口和进口全球占比都上升了1.5%左右，增长率分别为47%和30%。中国在汽车产品进口中占有较大的份额，而在汽车产品出口中处于初步发展阶段，但也有了良好的开端。

## 四、服务贸易：还有较大的发展空间

1980年，全球服务贸易的出口和进口总额分别为3650亿美元和4020亿美元；1990年，全球服务贸易出口和进口总额分别为7805亿美元和8213亿美元；2000年，全球服务贸易出口和进口总额分别为1.48万亿美元和1.45万亿美元；2007年，全球服务贸易出口和进口总额分别为3.29万亿美元和3.09万亿美元。2007年，全球服务贸易18%的增长率5年来首次超过了15%商品贸易增长率，这主要归功于许多服务的国际化扩展和运输价格的上涨（参见图5-5）。

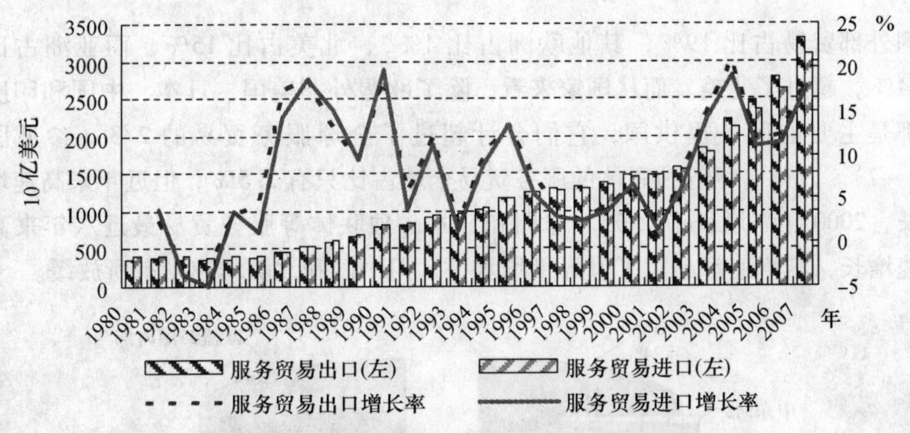


图5-5　全球服务贸易进出口总额及增长率（1980~2007年）

资料来源：WTO。

2007年，全球商品贸易占全球GDP的1/4左右，而全球服务贸易占全球GDP的比重仍不足19%。

从全球服务贸易的类别来看，从1980年至2007年，运输、旅游在全球服务贸易中的地位不断下降，但其他服务贸易占比却在不断上升。2007年，除运输、旅游外的出口服务超过了1/2，进口服务达到46%（参见图5-6）。

分区域来看，欧洲、北美和亚洲是全球主要的服务贸易区域。2007年，欧洲服务贸易全球占比48%（其中，欧盟27国内部贸易占比27%，欧盟27

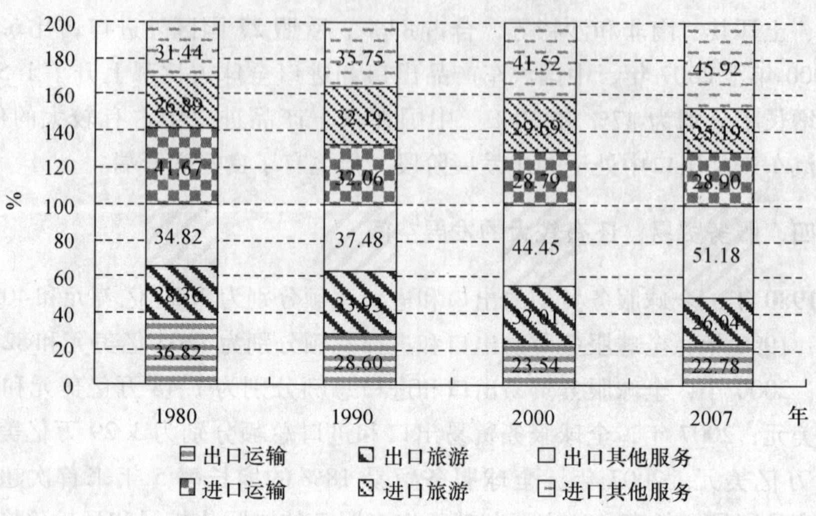


图 5－6　全球服务贸易的类别结构

资料来源：WTO。

国外部贸易占比 19%，其他欧洲占比 4%），北美占比 15%，而亚洲占比 24%，超过了北美。而从国家来看，除了欧盟外，美国、日本、中国和印度都是主要的服务提供国，它们合计超过了全球服务贸易的 2/3（参见图 5－7）。此外，尽管独联体的服务贸易全球占比只有 2.5%，但近年来高速增长，2000 年来增长了 75%。非洲和日本、独联体等服务贸易最近八年来高速增长，其增速都超过了世界平均水平。但中国和北美增速则有所放缓。

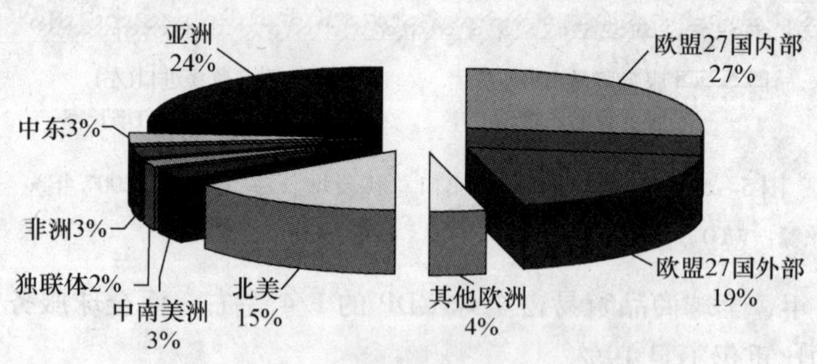


图 5－7　2007 年全球各区域服务贸易占比

资料来源：WTO。

## 五、欧盟、北美和亚洲区域贸易一体化取得较大进展

在全球商品贸易中，不管是进口还是出口，欧洲（欧盟占欧洲的绝大部

分）、北美和亚洲都占有支配性地位：2006 年，三者占出口总额高达 85%；2007 年，三者占进口总额高达 88.4%。就各个区域区内贸易的情况来看，欧洲、北美洲和亚洲占比都超过了 50%，分别为 74%、51% 和 50%，而中南美洲、独联体、中东和非洲区内贸易占比较低，分别为 24%、20%、12% 和 10%。就自由贸易体来看，北美自由贸易协定区基本上等同于北美洲；欧盟 27 国接近于欧洲，其区内贸易占比达 68%；东盟区内贸易占比 25%，南方共同市场区内贸易占比 14%，安第斯共同体区内贸易占比 8%。

除在商品贸易中欧盟区内贸易占比远超过区外贸易外，其服务贸易也呈现出类似的情况。欧盟 27 国服务贸易中，区内贸易全球占比高达 27%，而区外贸易全球占比仅为 19%。

亚洲主要经济体的区内商品贸易占比达 50%，居于欧盟和北美之后，但仍有进一步提升的空间。2007 年中国和印度出口亚洲占比分别为 43% 和 36%，仍然表明亚洲区域内进一步提升的空间较大。因此，亚洲的区域化进程仍需加强，尤其应加快区域内自由贸易进程。

## 第三节　全球直接投资格局的演变

### 一、全球 FDI 近 30 年来快速增长

随着全球化和全球格局的演变，全球 FDI 流入流出量随经济发展近 30 年来快速增长。2007 年，全球 FDI 流入和流出存量分别为 15.2 万亿美元和 15.6 万亿美元，占全球 GDP 的 28% 左右。1970 年以前，全球 FDI 流入和流出存量分别为 1.69 万亿美元和 2 万亿美元。1970 ~ 1979 年，全球 FDI 流入和流出总量分别为 2397 亿美元和 2828 亿美元；1980 ~ 1989 年，全球 FDI 流入和流出总量分别为 9271 亿美元和 9302 亿美元；1990 ~ 1999 年，全球 FDI 流入和流出总量分别为 4 万亿美元和 4.2 万亿美元；2000 ~ 2007 年，全球 FDI 流入和流出总量分别为 8.3 万亿美元和 8.2 万亿美元。[①]

FDI 流入流出量每隔 10 年出现大幅度加速上升的趋势，尤其是 20 世纪

① 不难发现，全球 FDI 流入量和流出量（包括存量和总量）基本相等，尽管其流入和流出流量的变化率存在着一定的差异。因此下面做全球 FDI 流量的数量比较时，仅用流入量流量和存量变化率为代表。

90年代以后这种趋势十分明显，这与前面全球格局里谈到的东欧巨变、苏联解体和中国改革开放与市场化有着直接的关系。更应引起注意的是，1970年以来FDI流量的快速上升，其实是在浮动汇率制度下贸易全球化和金融全球化的结果。其中，浮动汇率制度导致了全球经济潜力空间的增加，因为各主要央行都可以发行货币支持各自经济的发展，而发达欧洲和美国更是全球直接投资的主要提供者，这既与发达欧洲和美国传统的优势相关，也与美元本位制下欧洲货币和美元的对外影响力上升直接相关。

通过与全球GDP增长率、全球贸易增长率的比较发现，全球FDI流量增长率与全球经济增长有着直接的关系，全球经济的变化基本上决定着全球FDI的变化（参见图5-8）。

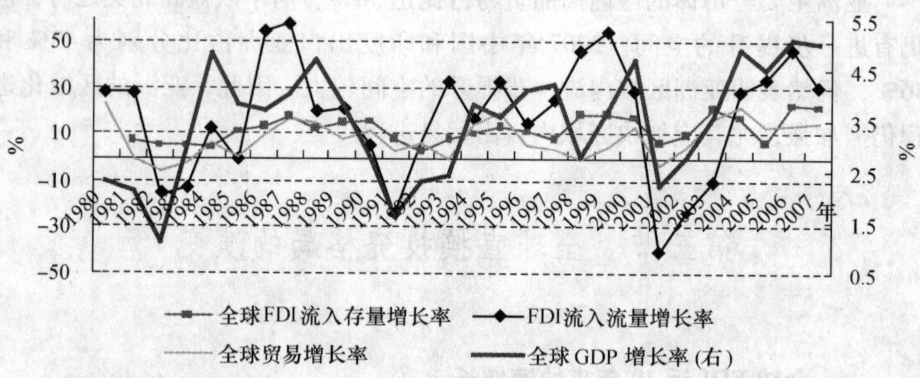


图5-8　全球FDI流入流量和存量增长与全球贸易和GDP增长率的走势

资料来源：联合国贸促会。

而全球FDI流入流出流量与全球贸易、GDP和固定资产投资的比值来看，相关指标在1981~1982年的石油危机后出现了明显的上升趋势，然后在1991年经济衰退（美国信贷危机）中略有下降，之后再度大幅上升，于2000年达到历史性高点后大幅回落，于2003年达到相对低点后再度反弹，但估计难以超越2000年的高点，并于2008年加速回落（参见图5-9）。

FDI流入的存量占进口、出口、GDP和固定资产投资的比例出现了持续上升趋势，受经济衰退等影响调整的幅度较小。2007年FDI流入流出的存量占进口的比值分别为107.3%和110%，占出口的比值分别为109%和111.7%，占GDP的比值分别为27.8%和28.5%。2006年FDI流入流出的存量占固定资产投资的比值分别为116.3%和119.3%（参见图5-10）。

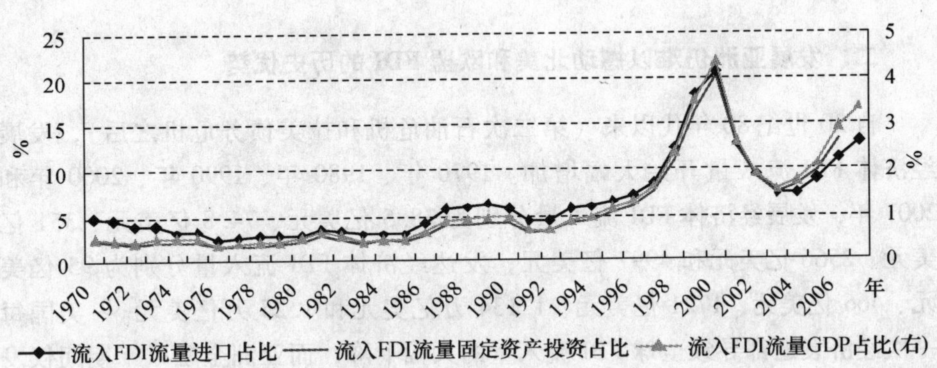


图 5-9　全球 FDI 流入流出流量与主要经济指标的比值关系

资料来源：联合国贸促会。

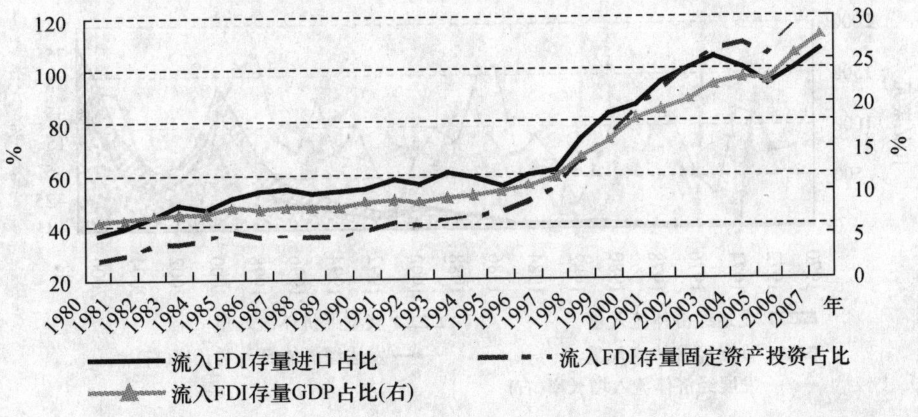


图 5-10　全球 FDI 流入流出存量与主要经济指标的比值关系

资料来源：联合国贸促会。

不同的经济体占比差异比较大。FDI 流入对于发展中国家和新兴市场经济体的重要性超过对于发达国家的重要性。2007 年，FDI 流入流出的存量占进口的比值发达经济体分别为 116.8% 和 145.6%，发展中经济体分别为 88.8% 和 45.5%，转型经济体分别为 108.5% 和 60%；FDI 流入流出存量占出口的比值发达经济体分别为 129% 和 161%，发展中经济体分别为 79.3% 和 40.4%，转型经济体分别为 94.7% 和 52.6%；FDI 流入流出存量占 GDP 的比值发达经济体分别为 27.2% 和 34%，发展中经济体分别为 29.2% 和 14.9%，转型经济体分别为 28.4% 和 15.6%。2006 年，FDI 流入流出的存量占固定资产投资的比值发达国家分别为 120.7% 和 49.3%，发展中经济体分别为 143.4% 和 53.9%，转型经济体分别为 143.4% 和 78.7%。

## 二、发展亚洲仍难以撼动北美和欧盟 FDI 的历史优势

自 20 世纪 80 年代以来（第二次石油危机和拉美债务危机之后），发展经济体 FDI 流入量开始大幅增加。1970 年、1980 年、1990 年、2000 年和 2007 年，发展经济体 FDI 流入量分别为 38.5 亿美元、74.8 亿美元、351 亿美元、2566 亿美元和 4997 亿美元，发达经济体 FDI 流入量分别为 95 亿美元、466 亿美元、1721 亿美元、1.134 万亿美元和 1.25 万亿美元。[①] 美国每一次经济衰退都导致全球 FDI 流入量的大幅下降，而亚洲金融风暴期间仅发展经济体 FDI 流入量有所下降，发达经济体流入量仍然保持较高的增长率（参见图 5－11）。

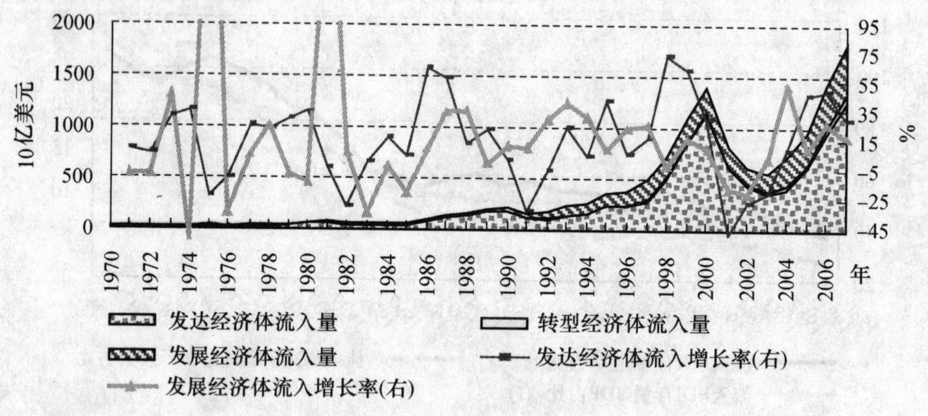


图 5－11　全球主要经济类别 FDI 流入量及相应增长率

资料来源：联合国贸促会。

全球 FDI 流入量中发达欧洲、发达美洲、发展亚洲和发展拉美占相对较高的比例。[②] 1970 年、1980 年、1990 年、2000 年和 2007 年，发达欧洲分别占比 39%、39.5%、50.4%、51.8% 和 46.3%，发达美洲分别占比 23%、42%、38%、27% 和 18.6%，发展亚洲分别占比 6.4%、1%、10.9%、10.6%和 17.4%，发展拉美分别占比 12%、11.9%、4.3%、7% 和 6.9%。从 1970 年至 2007 年，发达美洲和发展拉美 FDI 流入流量全球占比出现了明显的下降趋势，而发达欧洲和发展亚洲则出现了明显的上升趋势。当然，FDI 流量随经济形势和国际金融环境的变化而有很大的不确定性。

---

① 转型经济体占比很小，但近年来上升较快。

② 发达欧洲即指欧洲发达国家，发展亚洲即指亚洲发展中国家，其他类似。

发展亚洲在全球 FDI 流入存量中占有 1/5 的比例，表明亚洲发展经济体近 30 年来地位迅速上升，但仍难以撼动北美和欧盟长久形成的历史优势。在全球 FDI 流入存量中，发达经济体、发展经济体和发展亚洲 1980 年占比分别为 57%、43% 和 31.4%，1990 年分别为 72%、29% 和 19.7%，2000 年分别为 68.9%、30% 和 18.6%，2007 年分别为 68.8%、27.9% 和 17.8%。事实上，发达经济体自 1980 年后 FDI 流入存量中占比出现了大幅上升的趋势，相应的，发展经济体和发展亚洲 FDI 流入存量中占比出现了下跌趋势，尽管发展亚洲仍然是发展经济体中 FDI 流入存量最多的地区。

在新兴市场和发展经济体中，中国占有较高的比例。南非、墨西哥、巴西、智利、中国（包括香港特区和台湾地区）、韩国、马来西亚、新加坡、泰国、土耳其和俄罗斯在全球流入 FDI 中占比较高。其中，中国香港特区占比很高，不过呈下降趋势。香港特区全球占比从 1980 年的 25.2% 下降至 2007 年的 7.8%。香港特区是一个离岸金融中心，如此大的 FDI 存量占比变化，表明其已成为重大的直接投资聚集地，其背后是广阔的中国大陆市场。

在发达经济体中，美国、法国、德国、荷兰、西班牙、英国和澳大利亚是 FDI 流入存量占比较高的国家，瑞士和瑞典也占有一定的比例。

### 三、FDI 流出流量和存量代表对外部经济的控制力

在全球流出的 FDI 中，发达国家占据主导地位。1980 年，发达经济体和发展经济体全球占比分别为 87% 和 13%；1990 年，发达经济体和发展经济体全球占比分别为 92% 和 8%；2000 年，发达经济体和发展经济体全球占比分别为 86% 和 14%；2007 年，发达经济体、发展经济体和转型经济体全球占比分别为 83.6%、14.7% 和 1.7%。

在近 40 年里，发达经济体流出的 FDI 全球占比下降了 3.4 个百分点，发展经济体全球占比上升了 1.7 个百分点。发达经济体中，1980 年发达美洲、发达欧洲、发达亚洲和发达大洋洲的全球占比分别为 43.6%、38.9%、3.6% 和 0.9%；1990 年，发达美洲、发达欧洲、发达亚洲和发达大洋洲的全球占比分别为 28.9%、49.7%、11.4% 和 1.96%；2000 年，发达美洲、发达欧洲、发达亚洲和发达大洋洲的全球占比分别为 25.3%、54.2%、4.7% 和 1.5%；2007 年，发达美洲、发达欧洲、发达亚洲和发达大洋洲的全球占比分别为 21.2%、56.7%、3.8% 和 1.9%。整体来看，发达欧洲流出的 FDI 上升非常快，而发达美洲流出的 FDI 却在日益下降之中，发达亚洲流

出的FDI在1990～1993年达到12%的高点后收缩，主要是1985年日元大幅升值后1990年后日本经济陷入困境之中。而大洋洲FDI流出全球占比低、波动大。

发展经济体中，流出FDI的主要是发展亚洲和发展美洲。1980年两者合计全球FDI流出存量占比为11.6%（其中，发展亚洲以东南亚为主），而整个发展经济体共计流出13%；1990年，两者合计为7%；2000年，两者合计为13.2%；2007年，两者合计为14%，都接近发展经济体当年流出的FDI全球占比。此外，发展经济体中主要石油输出国似乎无意促进FDI的流出，从1980年至2007年，不管油价如何上升，其流出的FDI全球占比都在0.7%以下；但是，发展中商品制造出口经济体却在FDI的流出中占比较高，1980年全球占比即达10%左右的水平，中间有过下降，但2007年又达到了11.4%的水平；不过，劳动密集型商品制造出口经济体在全球流出的FDI的比例相对较低，都不足3%。这应与不同经济体的特性直接相关。

此外，从主要经济区域来看，发达美洲国家和欧盟25国（以欧盟15国为FDI的流出地）是FDI存量流出的核心。发达美洲以美国和加拿大为FDI流出的核心，1980年和2007年两者合计分别为43.6%和21.2%，28年间占比大幅下降；欧盟25国中以英法德意荷等国为主要流出地，1980年和2007年五者合计分别为36%和36.6%，如果加上西班牙、瑞士和瑞典等国，则2007年可达46.6%。

东盟10+3流出FDI的核心是日本、韩国和中国，此外，中国香港和中国台湾也是重要的流出地。印度基本上很少有FDI流出，俄罗斯近年流出大幅增加。东盟10+3再加上中国香港地区、中国台湾地区、印度和俄罗斯，2007年整个区域流出的FDI存量全球占比为15%。

## 第四节　国际贷款和资金流动格局的演变

不管是国际放贷还是国际贷款，还是其他资金的流动，背后都有一只看不见的手在发挥着作用。除了投机和盈利的冲动外，汇率这种价格工具在引导着全球资金的分配和流动。

### 一、国际放贷主要来自发达国家

1985年以来，全球国际放贷余额增长迅速。根据BIS提供的统计数据，根据贷款银行所属国家发放的全球国际放贷1985年第四季度仅有2.7万亿美元，1990年第四季度已达6.25万亿美元，1995年第四季度达7.6万亿美元，2000年第四季度达到11.65万亿美元，2005年第四季度达到23.87万亿美元，2008年第一季度末达到40.2万亿美元。1990年至1995年间，国际放贷余额增长非常缓慢，但1995年后增长异常迅速（参见图5－12）。

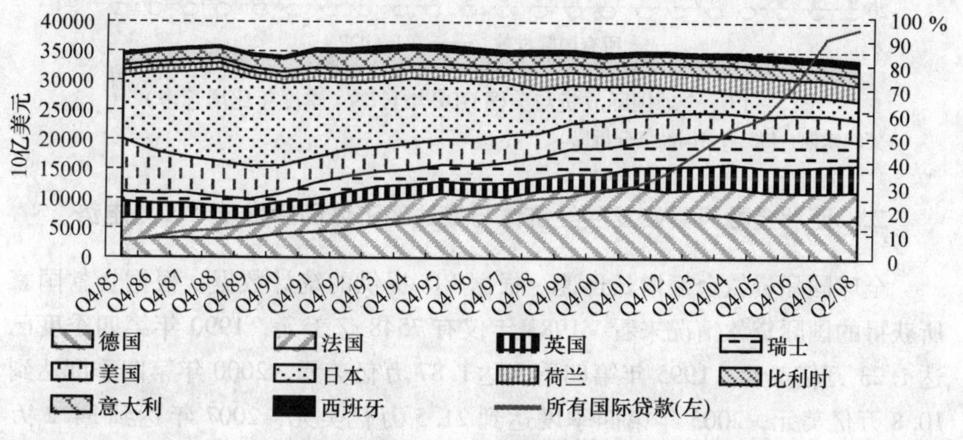


图5－12 全球国际放贷余额及提供贷款的主要国家构成

资料来源：BIS。

注：图中Q4表示当年第四季度，下同。

国际放贷增长与经济周期和金融危机有着直接的关系。经济衰退时，国际放贷收缩，反之亦然，国际放贷收缩时，经济衰退。当出现金融危机时，国际放贷增长率一定会放缓。20世纪80年代初拉美债务危机之后、1991年日本因日元升值泡沫破裂之后和美国经济衰退之际、1997～1998年亚洲金融风暴之际、2000年美国新经济泡沫破裂和2001年美国陷入衰退之际，全球国际放贷都出现了大幅下降的趋势，之后都出现了明显的上升趋势（参见图5－13）。

国际政治领域的重大变化也会导致国际放贷的变化。比如，1989年第四季度，瑞士国际放贷占比达3.37%的近期低点，而1989年第一季度放贷增速大幅下降近10%，第三季度才开始回升。1990年第一季度达13.9%的增速，第四季度达26.7%的增速，然后下降至1991年第三季度的8.5%，1991年第四季度增速达74%，1992年第二三季度增速达83%和88.6%。1991年第四季度始瑞士国际放贷占比开始回升，达6.54%，1992年第三季度占比达6.9%（参见图5－13）。瑞士国际信贷的大幅增加，可能与东欧剧变和苏联解体时资金流入瑞士银行的国际存款增多有关。

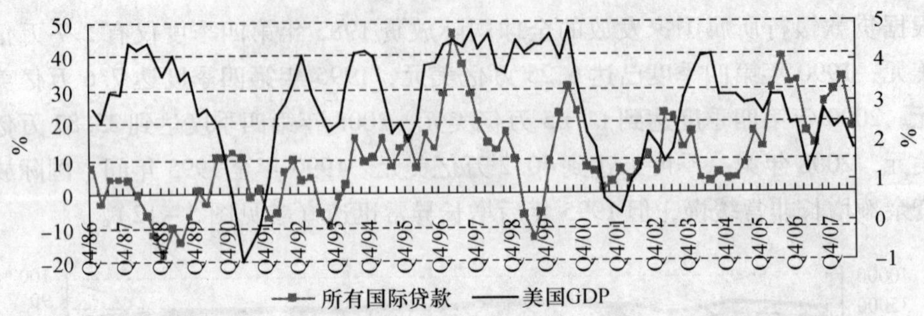


图 5－13　全球国际放贷与美国 GDP 增长率（季度年比增长率）

资料来源：BIS 和美国经济分析局。

## 二、亚洲金融风暴始发展经济体与发达经济体国际贷款“X”走势

全球国际贷款余额增长迅速。根据 BIS 提供的统计数据，根据贷款国家所获得的国际贷款情况来看，1983 年仅有 7548 亿美元，1990 年第四季度已达 1.23 万亿美元，1995 年第四季度达 1.87 万亿美元，2000 年第四季度达到 10.8 万亿美元，2005 年第四季度达到 21.5 万亿美元，2007 年达到 34.2 万亿美元。1983 年至 1995 年间，国际放贷余额增长非常缓慢，但 1995 年后增长异常迅速（参见图 5－14）。

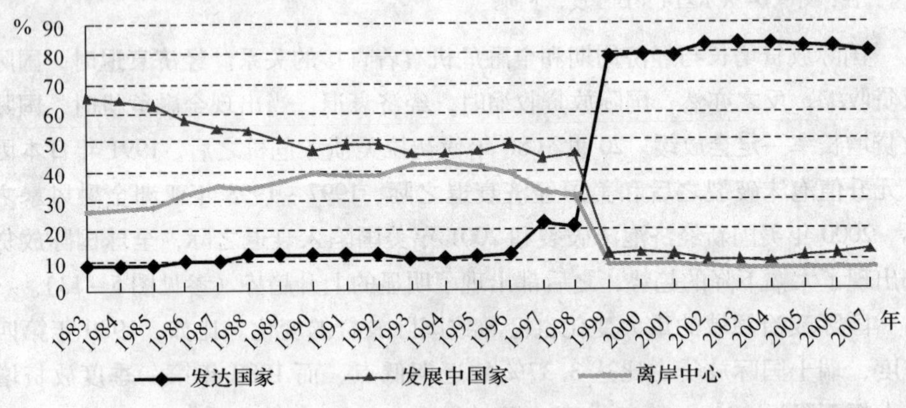


图 5－14　全球接受国际贷款的结构

资料来源：BIS。

全球国际贷款呈现出发达国家和发展中国家的“X”型交叉，发达国家与离岸金融中心也呈现出类似的走势。自 1997～1999 年的亚洲金融风暴始，国际借贷资金由以前流向发展经济体转而大幅流向欧洲和美国等发达经济

体。亚洲金融风暴以前，国际贷款主要流向发展中国家，尤其是通过离岸金融中心流入发展中国家，但亚洲金融风暴以后，原来全球接受国际贷款占比低于10%的发达国家所用国际贷款大幅增加，占比上升至80%以上（参见图5－18）。这可以说是全球金融领域的一个重大事件。1999年，所有国际贷款增长273%，发达国家增长1320%，欧洲发达国家增长2540%，其他发达国家增长727%，离岸金融中心和发展中国家国际贷款都是负增长。最终，离岸金融中心和发展中国家彻底告别以前在国际借贷中的主要借贷者的地位（参见图5－15）。

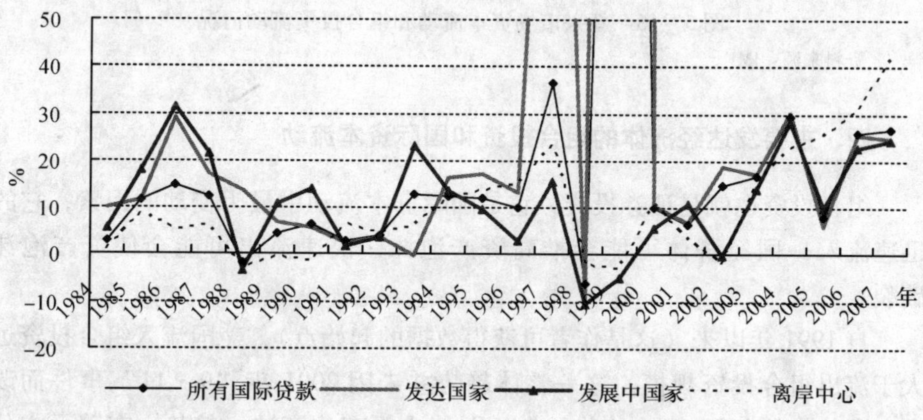


图5－15　不同类别国家国际贷款年变化增长率

资料来源：BIS。

## 三、新兴市场经济体资本净流出

令人诧异的是，新兴市场经济体（这里包括发展中经济体）自身需要资金来推动经济的发展，但新兴市场的资本流动从1999年开始却出现了明显的净流出趋势。从新兴市场资金流动的结构来看，直接投资是净流入为主，组合投资以净流出为主，由经常账户盈余产生的储备资产净流出，其他投资则有净流入的趋势。其中，储备资产净流出是最核心的流出，1991年、2000年、2006年和2007年分别流出463亿美元、1380亿美元、7545亿美元和1.256万亿美元。新兴市场经济体1999年和2007年资本净流出分别为107亿美元和8575亿美元（参见图5－16）。

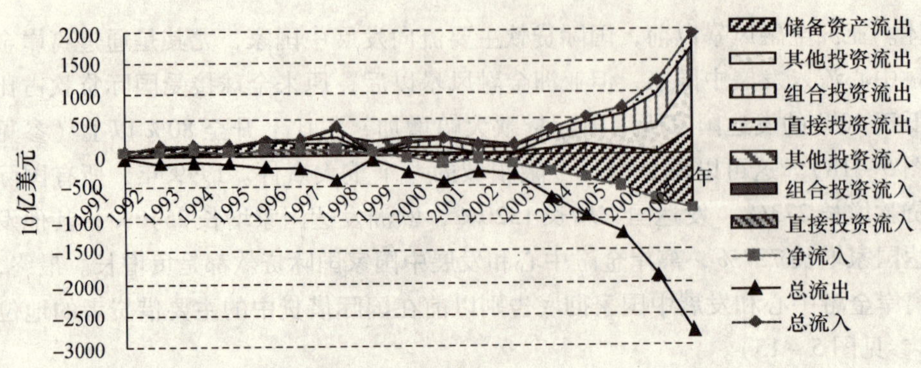


图 5－16　新兴市场资本流动和组合投资流动情况

资料来源：IMF。

## 四、主要发达经济体的组合投资和国际资本流动

组合投资也就是证券投资，它是国际资本流动中最为变动的因素，它的迅速流入一国经济体可能会推高资产泡沫，快速流出可能会使资产泡沫破裂。

自 1991 年以来（这是作者可获得数据的起始点），美国流入组合投资远大于流出组合投资规模，这一整体趋势并未因 2001 年“9·11”事件而改变，即使是从 2002 年始的美元大幅贬值也没有改变这一趋势。在美元本位制下，美国金融体系对全球资金的吸引力始终存在。在 2000 年美国新经济泡沫破裂的时候，资金继续流入美国的债券市场。当美国的次级债出现问题时，资金继续流入美国的国债市场（参见图 5－17）。受美元本位制的制约，美国作为蒙代尔所称的关键第 N 国，承担着全球贸易逆差的作用，全球失衡是必然的，但新兴市场的贸易顺差转化为外汇储备，流入美国的金融账户，从而实现了全球的均衡。但是，加拿大组合投资的流入明显低于组合投资的流出量。

日本流入和流出的组合投资量都相当大，因资产泡沫破裂，从 1992 年始组合投资流入明显下降，而组合投资流出明显增加。但 2004 年后有所改变，组合投资流入流出规模都明显放大，而且组合投资的流入明显大于流出。

随着美元的贬值和欧元的大幅升值，欧元区从 2003 年始组合投资的流入远大于流出，两者规模都有所增加，整体为净流入。英国组合投资流入量整体偏小，最近几年组合投资有所增加，2007 年流入量大于流出量。

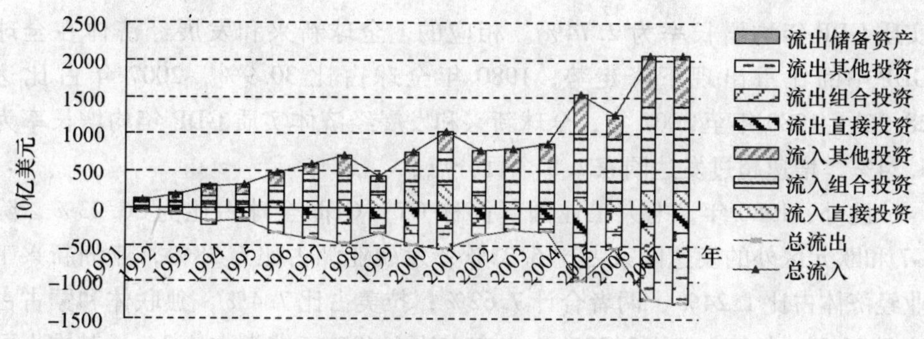


图5－17　美国资本流动和组合投资流入流出情况

资料来源：IMF。

## 第五节　全球经济和金融实力格局的变化

全球经济和金融实力对比的变化，其实受着汇率这一看似不起眼的手支配。以不同的汇率标准衡量，全球经济实力格局会出现不同的变化。但有一点是肯定的，发展是硬道理，停滞不前就会被人超越。

### 一、全球经济实力格局的变化

#### （一）发达国家经济占据主体，亚洲脱颖而出有后来居上趋势

1. 以市场汇率计发达国家优势明显，但亚洲地位上升很快。

以市场汇率计的全球 GDP 1970 年只有 2.8 万亿美元，1980 年上升至 11.8 万亿美元；1990 年上升至 22.9 万亿美元；2000 年上升至 31.9 万亿美元；2007 年上升至 54.6 万亿美元。1970 年至 1980 年 GDP 的快速增长，与国际货币体系由布雷顿森林体系转向浮动汇率体系相关，因为各国货币供应量的空间相对变大了。同时，这也是新兴市场开放和全球市场一体化逐步深化的结果，也是全球资源有效分配利用的结果。1980～2007 年，以市场汇率计的全球实质 GDP 年均增长率为 2.9%。

不过，全球经济的发展是不均衡的。在全球 GDP 的区域和经济类别的构成中，发达经济体在全球经济中的占比一直处于绝对支配地位。全球发达经济体 1980 年全球 GDP 占比为 69.1%，并逐步上升至 1992 年的 83.4%，然后逐步下滑，2007 年下滑至 71.8%；1980 年至 2007 年，全球发达经济体

实质 GDP 年均增长率为 2.74%。相应的，全球新兴和发展经济体在全球 GDP 中的比重出现下降走势，1980 年全球占比 30.9%，2007 年占比达 28.2%；1980 年至 2007 年，全球新兴和发展经济体实质 GDP 年均增长率为 4.24%，增速超过发达国家 1.5 个百分点。

此外，1980 年，七大工业国（简称 G7）GDP 全球占比为 56.23%，除 G7 和欧元区外的发达国家占比 6.23%；发展亚洲占比 6.38%，亚洲新兴工业经济体占比 1.24%，两者合计 7.62%；拉美占比 7.4%，独联体和蒙古占比 7.66%，中东欧占比 3.32%，中东占比 4.49%，非洲占比 3%，基本上可以看出各发展经济区域的差别并不大。2007 年，G7 国家 GDP 全球占比为 55.78%，除 G7 和欧元区外的发达国家占比 8.29%，G7 占比大幅下降；发展中亚洲占比 10.55%，亚洲新兴工业经济体占比 3.15%，两者合计 13.9%，占比大幅上升；西半球（拉美）占比 6.61%，占比略有上升；独联体和蒙古占比 3.11%，反弹幅度比较大；中东欧占比 3.36%，占比上升幅度比较大；中东占比 4.54%，相对稳定；非洲占比 2.02%，都有一定幅度的上升。

因此，1970 年时全球经济呈现出欧洲、北美、亚洲和拉美四大发展区域，到 2007 年时主要体现为欧洲、北美和亚洲等三大发展区域。虽然新兴亚洲 13.9%的占比远低于欧元区 2007 年全球占比 22.3%，欧盟的 31%，但加上日本接近美国在全球的占比，因此区域发展前景非常光明（参见图 5 - 18）。

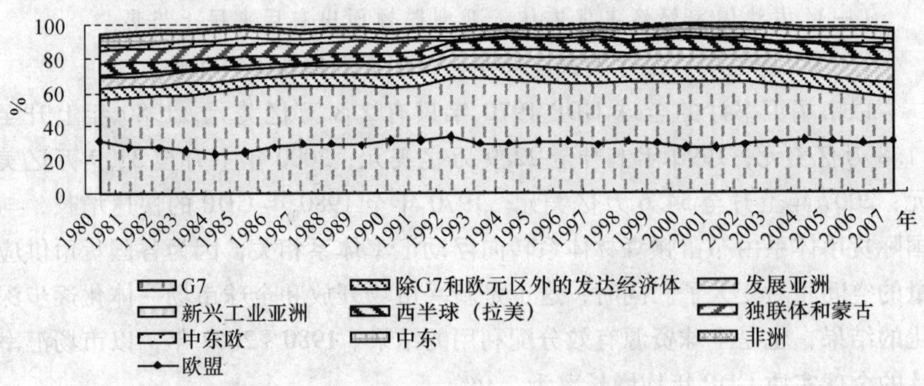


图 5 - 18 全球 GDP 主要区域的百分比构成

资料来源：IMF。

2. 以购买力平价计发达国家地位下降，而亚洲发展经济体地位大幅上升。以购买力平价（PPP）计算的 GDP 中，发达国家 GDP 占比大幅下降，而亚洲发展经济体占比大幅上升。1980 年，全球 GDP 为 12.46 万亿国际元；1990 年，全球 GDP 上升至 25.6 万亿国际元；2000 年，全球 GDP 上升至 41.7 万亿国际元；2007 年，全球 GDP 上升至 65.3 万亿国际元。以 PPP 计的全球实质 GDP 年均增长率为 3.4%。

以 PPP 计，1980 年，G7 国家 GDP 全球占比为 51.25%，除 G7 和欧元区外的发达国家占比 5.46%；发展亚洲占比 7.16%，亚洲新兴工业经济体占比 1.67%，两者合计 8.83%；拉美占比 10.22%，独联体和蒙古占比 7.5%，中东欧占比 4.82%，非洲占比 3.14%。可以看出，各大发展经济区域的全球占比存在着一定的差异。2007 年，G7 国家 GDP 全球占比为 43.21%，除 G7 和欧元区外的发达国家占比 7.02%，两者合计占比大幅下降；发展中亚洲占比 20.11%，亚洲新兴工业经济体占比 3.71%，两者合计 23.82%，占比继续大幅上升；拉美占比 8.58%，占比略有下降；独联体和蒙古占比 4.47%，中东欧占比 4.02%，有一定幅度的反弹；非洲占比 3.06%，占比有一定反弹。同样，发展亚洲和新兴工业亚洲成为一个脱颖而出的后来者，甚至超过了欧元区 2007 年的 16% 和欧盟全球占比的 22.6%（参见图 5－19）。

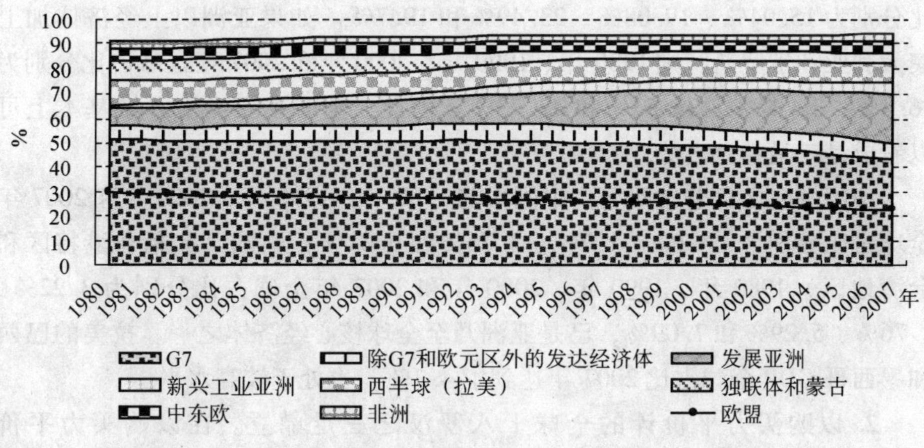


图 5－19　主要经济区域 GDP（PPP）的百分比构成情况

资料来源：IMF。

对比全球 GDP 的市场汇率和 PPP 计算的构成来看，发现以 PPP 计算的全球 GDP 除了总量与市场汇率计算的全球 GDP 存在着一定的差异外，构成的差异更大，最主要的特点就是发达经济体全球占比下降，而新兴和发展中经济体全球占比大幅上升。1980 年，发达经济体占比 63.3%，并呈下降趋势，2007 年占比仅为 56%；而新兴和发展中经济体占比达 36.7%，2007 年达到 44%。其实，我们基本上可以把以 PPP 计算的 GDP 当作发展中经济体未来上升的潜力来看。

（二）全球经济十八罗汉之三足鼎立

1. 以市场汇率计的全球经济十八罗汉之三足鼎立。亚洲正在冉冉升起。以 2007 年全球 GDP 占比中排名前 18 位的国家为基础，以市场汇率计的 GDP 占全球的 81%，而 1980 年时占比 71%，1990 年时占比 77.8%，2000 年时占比 84.7%，表明全球经济的集中度非常高。在这 18 个国家中，美国居于领先地位，1980 年、1990 年、2000 年和 2007 年，全球占比分别为 23.63%、25.35%、30.76% 和 25.3%。美国、加拿大、墨西哥和巴西等美洲四国全球 GDP 占比很高，1980 年、1990 年、2000 年和 2007 年分别为 29.03%、31.26%、37.02% 和 32.21%；欧洲的德国、法国、意大利、英国、西班牙和荷兰等六国全球 GDP 占比也比较高，1980 年、1990 年、2000 年和 2007 年分别为 24.76%、25.18%、21.27% 和 23.89%，2007 年欧元区和欧盟全球占比分别为 22.3% 和 31%；亚洲的日本、中国（包括香港和台湾地区）、韩国、印度和印度尼西亚等地，1980 年、1990 年、2000 年和 2007 年全球占比分别为 15.04%、19.08%、23.49% 和 19.7%。如果亚洲以上经济体加上澳大利亚和俄罗斯，则 1980 年、1990 年、2000 年和 2007 年全球占比分别为 16.4%、20.47%、25.53% 和 23.73%。由此，全球主要经济区域基本上可以看成是三足鼎立之势。

中国崛起之势非常明显。中国大陆 1980 年、1990 年、2000 年和 2007 年全球占比分别为 2.62%、1.7%、3.76% 和 6.01%；中国（包括香港特区和台湾地区）1980 年、1990 年、2000 年和 2007 年全球占比分别为 3.22%、2.76%、5.29% 和 7.09%，已是亚洲乃至全球核心经济体之一。拉美的巴西和墨西哥 GDP 全球占比 2007 年达到了 4.3%，也处于较高水平。

2. 以购买力平价计的全球十八罗汉之三足鼎立。在以购买力平价（PPP）计算的全球 GDP 构成中，前面提到的 18 个国家在全球 GDP 中同样处于支配性地位，2007 年占比为 77.2%，1980 年、1990 年和 2000 年分别为 69.55%、71.83% 和 78.26%。美国以 PPP 计的 GDP 在全球中仍然处于“老大”的位置，1980 年、1990 年、2000 年和 2007 年全球占比分别为 22.5%、22.7%、23.6% 和 21.34%。包括美国、加拿大、墨西哥和巴西四国的美洲 1980 年、1990 年、2000 年和 2007 年全球占比分别为 30.42%、30.09%、

30.83%和28.19%。包括中国、日本、印度、韩国和印度尼西亚等的亚洲1980年、1990年、2000年和2007年全球占比分别为14.93%、18.95%、23.05%和26.65%，上升较快，并接近美洲水平。如果加上地缘上接近的澳大利亚和俄罗斯，则大亚洲1980年、1990年、2000年和2007年全球占比分别为16.09%、20.12%、26.98%和31%。

包括德国、法国、英国、意大利、西班牙和荷兰六个国家的欧洲1980年、1990年、2000年和2007年全球占比分别为22.1%、20.49%、19.22%和16.62%，出现了明显的下降趋势。2007年，欧元区和欧盟以PPP计算的GDP全球占比分别为16%和22.6%。

可以看出，人口众多、幅员广大、开放型战略的亚洲地区经济实力上升得非常之快，已经超过欧洲，有接近和超过美洲之势。中国也已成为全球经济格局中的核心力量之一。

## 二、全球金融格局：美欧同大，亚洲正在成长

全球金融体系是以各国经济和贸易为依托，以金融市场的发展为基础，以汇率体系联结，以共同遵守的规范为基础的货币资产交易的体系，技术的发展有效地促进了全球金融体系的一体化。当前的经济和贸易体系以美国、欧洲、日本和亚洲主要发展中经济体为基础构成，而发达国家的金融市场较为成熟，美元是世界货币，但欧元也正在崛起之中，国际货币基金组织、世界银行和国际清算组织是国际金融组织。事实上，美国、欧盟和日本等发达国家在全球金融体系中据有支配性地位。其中，美国以美元霸权为基础，具有全球金融体系的霸主地位。

当然，全球金融资产和衍生品市值近年来增加非常迅速。全球金融资产（股票市值、债券和银行资产）1990年年末已达51万亿美元，2003年末高达128万亿美元，2007年末高达230万亿美元。金融衍生品的市值也从1998年6月的2.6万亿美元上升至2003年6月的7.9万亿美元，2008年6月末高达20.4万亿美元。

从全球来看，全球金融资产2002年以来增长非常迅速。2002年，以市场汇率计算的GDP高达32.16万亿美元，除去黄金的储备资产达2. 5万亿美元，股票市值22.1万亿美元，公债余额16.5万亿美元，公司债券26.8万亿美元，银行资产85万亿美元，股票、债券和银行资产总和为150亿美元，占GDP比重达468%。2007年，以市场汇率计算的GDP高达54.5万亿美

元，除去黄金的储备资产高达6.45万亿美元，公债余额28.6万亿美元，公司债券51.2万亿美元，银行资产84.8万亿美元，股票、债券和银行资产总和为230亿美元，占GDP比重达421%。

全球金融资产快速发展中，亚洲发展非常迅速。2002年，欧盟金融资产达52.8万亿美元（其中欧元区为39.4万亿美元），北美（美国和加拿大）达55.78万亿美元（美国达53.2万亿美元），日本达24.4万亿美元，新兴市场（包括发展中经济体）为14.94万亿美元（新兴亚洲达9.7万亿美元），如果日本加上新兴亚洲则可达到34.1万亿美元，紧随欧盟之后。

2007年，欧盟金融资产达86.1万亿美元（其中欧元区为63.46万亿美元），北美（美国和加拿大）达67.35万亿美元（美国达61万亿美元），日本达21.72万亿美元，新兴市场（包括发展中经济体）为43.77万亿美元（新兴亚洲达27.67万亿美元，中国达13.37万亿美元），如果日本加上新兴亚洲则可达到49.4万亿美元，紧随北美之后。

从2002年到2007年，欧盟金融资产上升了63%，欧盟金融实力大为增强，但这里面最重要的影响因素应该是美元大幅贬值和欧元、日元等非美元货币大幅升值的缘故。从2002年至2007年，欧元兑美元、英镑兑美元、日元兑美元和加元兑美元分别升值了64.9%、37.5%、17.6%和60.1%，而美元主要货币贸易加权指数下跌了34.8%。

中国2004年时金融资产仅有4.5万亿美元，但到2007年时已达13.4万亿美元，说明中国金融状况迅速改善，金融实力快速大幅上升。

## 三、全球外汇储备和黄金储备分布的区域变化

### （一）经常账户余额：从经济到金融

全球经济金融是一个循环的有机整体。从贸易、汇款等经常账户产生的余额，尤其是贸易盈余，会通过储备资产的方式再重新流入经常账户赤字国和储备货币国，从而实现储备货币国和经常账户赤字国的国际收支平衡。而流出外汇储备的经济体同时也在接受FDI和国际贷款，并有债券和股票的国际发行等，同时还会有短期资本的流动。因此，经常账户是一个从实体经济向虚拟经济转化的重要指标，也即从经济向金融实力转化的一个指标。

在全球经常账户余额中，2007年中国、德国、日本、沙特、俄罗斯、瑞士、挪威、荷兰、科威特、新加坡和阿联酋等经济体占有较大的盈余，分别为3718亿美元、2525亿美元、2110亿美元、958亿美元、762亿美元、600

亿美元、525 亿美元、480 亿美元、392 亿美元、391 亿美元和 388 亿美元；而美国、西班牙、英国、澳大利亚、意大利、希腊、土耳其和法国等具有较大的经常账户赤字，分别为 7312 亿美元、1451 亿美元、1052 亿美元、563 亿美元、527 亿美元、422 亿美元、377 亿美元和 306 亿美元。

（二）全球外汇储备中美元独大但已有分散化趋势

从 1995 年到 2007 年，全球外汇储备大幅上升，从 1. 39 万亿美元上升至 6. 4 万亿美元。1995 年，在已明币种的外汇储备中，美元占比 59%，美元占比在 2001 年达到 71. 5% 的最高点，2008 年第二季度下降至 62. 5%。欧元在 1999 年和 2008 年第二季度分别占比 17. 9% 和 27%，日元在 1995 年和 2008 年第二季度分别占比 6. 8% 和 3. 4%（参见图 5 – 20）。

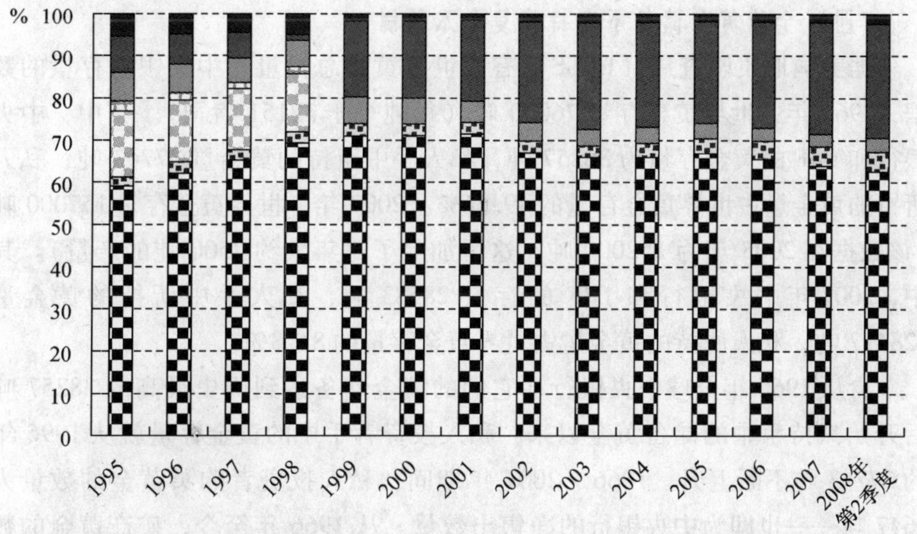


图 5 – 20　全球外汇储备的总量和币种结构变化

资料来源：IMF。

注：图中除 Q2/08 表示 2008 年第二季度外，其余都是年份。

发达经济体外汇储备的币种结构较为清晰，其储备总量并不太高：1995 年、1999 年和 2008 年第二季度分别为 6535 亿美元、7248 亿美元和 1. 53 万亿美元。其中，美元占据了支配性地位，欧元其次。2008 年第二季度，美元和欧元分别占比 68. 5% 和 23. 4%。

新兴市场和发展经济体外汇储备的币种结构较为模糊，基本上 1/2 左右的外汇储备币种结构不明。新兴市场和发展中经济体外汇储备 1995 年、

1999 年和 2008 年第二季度各为 7296 亿美元、1.05 万亿美元和 5.47 万亿美元，其中，美元各占比 36.9%、42.8% 和 30.7%。欧元 1999 年和 2008 年第二季度各占比 17.4% 和 15%。

（三）中国外汇储备占据全球首位

十四经济体（中国、日本、俄罗斯、印度、韩国、巴西、德国、新加坡、法国、香港特区、意大利、马来西亚、英国和泰国）加欧洲央行的外汇储备占全球的绝大多数，2008 年 9 月末占比高达 77.8%。2008 年 9 月末，中国、日本、俄罗斯和欧元区分别占全球外汇储备的 27.2%、14.6%、7.95% 和 11.4%。中国大陆加香港特区占全球外汇储备的 29.5%，居于绝对的支配地位。

（四）全球黄金储备不支持恢复金本位制

据美国地质调查局（USGS）有关世界黄金总存量和中央银行存量的数据，1966 年，世界黄金存量 76000 吨（每吨等于 32151 盎司）。其中，中央银行和 IMF 的黄金存量为 38257 吨，私人手中所持的黄金量 37743 吨，私人所持的黄金量占世界黄金存量的 49.66%。2007 年，世界黄金存量 157000 吨（该数据在 2005 年为 152000 吨，这里加上了每年大约 2500 吨的产量）。其中，2007 年中央银行和 IMF 的存量 28583 吨，私人手中所持的黄金量 128417 吨，私人所持的黄金量占世界黄金存量的 81.8%。

自从 1966 年全球中央银行在它们的黄金储备达到历史最高的 38257 吨后开始减持手中的储备黄金以来，私人投资者手中的黄金存量就从 1996 年的 37743 吨不断上升。1966～2007 年期间，私人投资者购买黄金的数量为 9647 吨——也即为中央银行的净售出数量。从 1966 年至今，矿产黄金的数量 81000 吨。这其中有 933 吨在 2003～2007 年间被中央银行吸收。①

全球黄金储备从总量到主要经济体或国际组织所持有的分量相对稳定。据 2008 年 3 月时 IMF 的统计数据，全球黄金储备共有 2.99 万吨。其中，世界各国合计 2.65 万吨，IMF 和 BSI 合计 3355 吨，欧洲地区合计 1.1 万吨，美国达 8133.5 吨。其中，美国、德国、IMF、法国、意大利、瑞士、日本、荷兰、中国大陆、欧洲央行、俄罗斯、中国台湾地区、葡萄牙、印度、委内瑞拉和英国等 16 国黄金储备，共计 2.58 万吨，占全球储备的 86%。其中，中国

① 发达国家中央银行在廉价卖出它们储备金的问题上，意见不再一致，因为在 2003～2007 年这段时期，全球中央银行作为一个整体净购入了 933 吨的黄金。

大陆和中国台湾地区两地共有黄金储备1023.3吨，占全球黄金储备的3.43%。

有人曾提议全球恢复金本位制，即使按照1000美元/盎司的价格来计算，全球央行的黄金储备价值也仅有9600亿美元，全球黄金总量的价值也仅有4.89万亿美元。面对全球已有的美元本位制和巨额的财富价值，这看起来似乎并不可行，除非各国、机构、企业和个体愿意财富缩水，或者说金价大幅上涨。当然，如果按1美元黄金发行100美元的货币，全球货币发行量会有96万亿美元，以全球黄金总量为基础可发行货币为489万亿美元。但是，当黄金的储量增加不及货币供给需求量的上升时，当缺乏黄金的国家被迫转向黄金本位制时，必然是世界大乱。

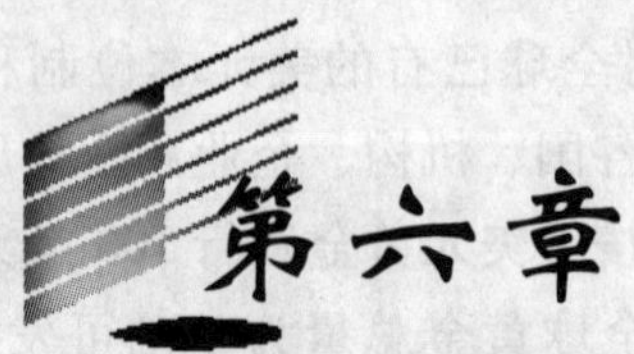

# 第六章

# 全球金融秩序的调整：走向全球共治

全球金融风暴对全球金融秩序和全球经济金融格局产生了重大影响。那种以美元霸权为标志的全球化，正在被加入主要货币的区域合作的区域化。全球化和区域化将是未来国际金融秩序的重要起点，也是全球格局新的起点。而且，如果美国仍然肆无忌惮地利用美元霸权地位谋求自己的利益，不能使其国内政策与通行的国际规则一致，并照顾到大多数国家的利益，那么，以美元为霸权的全球化有被主要货币的区域化削弱的可能。反之，美元本位制则可能随着区域化的加强而更一步巩固。原因很简单：只有当美国与其他国家共同分享而不是独享美元本位制的利益时，美元本位制才可能进一步巩固。正因为共享利益才会使全球经济发展空间更进一步扩展，这正是未来全球化的真正方向，也将奠定未来的全球格局。具体而言，除美元全球霸权外，欧元区的发展成果显著，亚元化趋势有待进一步加强。但是，亚元化最大的问题是中国、日本和俄罗斯的合作问题，也是各自如何处理与美国的关系问题，但核心在中国的主动选择。而拉美和非洲，尽管区域化仍在继续发展，但要形成单独的区域性货币尚需较长的时间。

# 第一节　美国独大的全球金融秩序：现实很无奈

## 一、金融风暴后谁在裸泳：美元之潮退后大家都在裸泳

被称为“股神”的沃伦·巴菲特有句名言：“当潮水退去的时候你才能知道，到底是谁在裸泳。”全球金融风暴爆发后，我们才发现世界上有这样多的裸泳者。

### （一）美国人原来一直在裸泳：皇帝的新装

美国私人消费占其GDP的2/3是其经济结构的重要特点，不过，美国私人消费却是靠借贷支撑的。号称世界第一的美国，人均GDP全球处于发达水平，但美国人储蓄率极低，但贷款却非常高，其家庭净资产有房地产、股票和各种基金投资，但这些都属于市场波动性较大的资产，真正能及时转换为消费的还是借贷。

美国利用其全球金融中心的地位和全球对美国资产的迷信，向全球销售其国债、机构债和公司债，实际上是向全球举债度日，以弥补其经常账户赤字和财政赤字。一方面，美国国债不断上升，对外资购买其国债的依赖性也在不断上升。美国不断提高其国债余额的上限，除国内机构外，美国国债的主要购买者是外国央行和投资机构，尤其是那些有着巨额外汇储备的国家。另一方面，美国公司债和机构债券规模庞大，外资购买者也占有很大的比例。

美元作为全球硬通货，美联储只需要发行货币，实时根据自己的需要调整美元政策，营造发达安全金融市场的形象，就能吸引全球资金的到来。美国政客和金融家们只需要制造各种消息，就能带动全球金融市场向自己设定的目标波动，包括商品期货市场，并从中牟取暴利。

美国人不需要制造。美国制造业只占其GDP的1/6，美国人除了资本品的制造外，其他制造业规模有限，都向外转移了。由于美元的硬通货地位，美国只需要制造最赚钱的商品，提供最赚钱的服务，购买最廉价的商品，美国人就能过着优越的生活。不管经常账户赤字和财政赤字如何巨大，美国照样进口原油、原材料和初中级制造品，照样大手大脚地花钱。

处在全球金融风暴核心的美国，从次贷危机爆发，到全球金融风暴来临，人们发现，美国人原来一直在裸泳和裸睡，一直穿着皇帝的新装。

### （二）新兴市场的外资和资本流动：被窃走的泳衣

经历了多次危机以后，大多数新兴市场和发展中经济体随着经常账户盈余的增加，外汇储备也大幅增加。每次危机后直接投资和短期资本都大规模流入，但每次危机来临之前和之际，许多短期资本都大规模流出。投机机构也往往抓住时机。投机新兴市场经济体和发展中经济体的货币，往往使这些货币不得已大幅贬值。在这种情况下，新兴市场和发展中经济体不得不运用其外汇储备来干预外汇市场，有时甚至提高本币利率来避免本币贬值，但往往收效甚微。外汇储备超预期的大规模下降，使原本以为已经拥有足够应付危机规模的外汇储备入不敷出，不得不向国际货币基金组织救助，或者寻求区域联合以共同应付危机的冲击。

当然，在危机来临时，部分新兴市场和发展中经济体还存在着大规模的资本外逃现象，历次金融危机都证明了内资外逃也是导致新兴市场和发展中经济体金融危机加剧的重要原因。由于资本账户的开放，新兴市场和部分发展中经济体外资和资本的流动，似乎就是全球金融风暴发生时流动的泳衣。当金融动荡资本流出时，新兴市场才发现泳衣被人窃走了。

### （三）发达国家的金融机构：金融神话的缔造者原来在裸泳

欧美发达国家的金融机构一直在缔造一个神话，尽管这个神话有时也会被不少“明星”交易员的丑闻而破裂，但整体形象非常好。在初步的成绩之后，这些发达的金融机构开始卷入了神话缔造的行列，一方面不约而同地加入了金融创新和衍生品创造的序列，在竞争中你追我赶地推出一款比一款更为创新的产品，一家比一家更为创新地推出自己的衍生品，而金融机构自身资产负债表的杠杆倍数越来越大，为了让资产负债表更为好看，这些金融机构在会计准则的纵容下，将高风险资产放入了没有太多人看得懂的表外资产负债中去，仅在资产负债表的相关附注和注释中能阅读得到，但仍不完全，或者干脆在离岸金融中心设置与自身资产负债表能分离的特殊机构，将一些高风险资产注入其中。

当次贷危机爆发时，房地产贷款和相关次级按揭债券的风险上升，评级下调至金融机构不能继续持有的要求时，去杠杆化进程就开始了。金融机构轰轰烈烈的去杠杆化进程就是要将手中的高风险金融资产变卖掉，不管是股票、新兴市场的主权债、公司债，或者是美国房地产贷款或次级债及其相关债券，还是外汇、利率、股票、商品和信用类衍生品，统统都在卖出之列。当任何一个市场只有卖出者没有买入者，都出现了风险厌恶时，只会有两个结果：要么超低价卖出，要么没有人买而卖不出去。整个金融市场许多产品价格出现了崩溃式的下降或者有价无市。这样，金融机构的流动性出现了极其严重的短缺。尤其当许多金融机构处理其他国家的各种资产并将资金投入“安全的”美国债市时，美国国库券和国债收益率大幅下降，价格大幅飙升，但其他国家的资产价格却出现了短期内的大幅下跌。即使在美国金融市场内部，股票价格、公司债和部分机构债，以及其他高风险的衍生品价格都出现了较大的下降，也经历了去杠杆化过程。因此，全球经济在一段时期内出现了缺乏美元的美元流动性恐慌。

随着金融危机的爆发，发达国家金融机构开展其去杠杆化进程时，我们才发现，原来这些金融机构也一直在裸泳。

### （四）监管机构和评级机构也在裸泳

不仅如此，奉行自由放任和金融机构自我约束的监管者，以及与金融产品提供者具有共同利益的评级机构和律师事务所，在危机到来之后发现，有的游戏规则不能那么简单地确定，有些收入伴随着巨大的风险。或许还算幸运的是，此次还没有出现上次会计丑闻爆发时倒闭的安达信会计公司那样的评级机构。但是，缺乏监管的金融机构，如破产的雷曼公司，如被收购的美林公司，被政府接管的金融机构仍在不断增加，而美国独立的投资银行也基本上消失了。这时我们发现，当监管机构和评级机构都在裸泳时，这个市场的风险可以大到令人咋舌。

## 二、傲慢的美国与不受约束的、脆弱的全球金融秩序

第二次世界大战后，1944 年布雷顿森林体系及一系列国际机构的建立和内部权力的分配，其实确立了美国在国际金融秩序中的霸权地位。事实上，美国正是利用其在国际金融秩序中的霸权地位维护和扩展了美元本位制，也就是说美元霸权体系其实也深受美国在国际金融秩序中的霸权地位的支撑，两者是不可分离的孪生兄妹。

简单地说，正如作者就 IMF 投票权改革和世界银行行长人选相关文章中所谈到的一样，在这两个机构，美国所拥有的投票权份额都具有否决权。只是按照惯例，IMF 主席由欧洲人担任，世界银行行长由美国总统提名推荐，由美国人担任。

此次全球金融风暴爆发以来，作者发现 IMF 变得有点不一样了，改变了亚洲金融风暴及以前新兴市场经济体、发展经济体和转型经济体遇到危机时

的强硬态度（要么要求遵循“华盛顿共识”，要么要求政治民主），而是以救助为主。但是，这仅仅是在危机时的一种暂时的相互妥协。当美国缓和了其危机后，情况可能与过去不会有太大的不同。

因此，在美国支配的全球金融秩序和美元本位制都充分体现出美国的傲慢和不受约束。此次全球金融风暴能否有效约束美国的傲慢，制约其在全球金融秩序中的霸权地位，还有很长的路要走。或者说，这次全球金融风暴仅仅是开了一个头，后面的路还很长。因此，合理的全球金融秩序是什么？怎么实现？这是当前最为核心的问题，也是最迫切需要解答的问题。

### 三、美元“门罗主义”和金融危机平衡

正如“门罗宣言”宣称“美洲是美国人的美洲”奠定了美国的“门罗主义”一样，美国在对待美元本位制上也其实是一种“门罗主义”，即美元是美国人的美元，美国政策只管美国经济金融而不管其他相关国家。这就是格林斯潘当美国政策导致其他相关利益经济体陷入危机或困境时在美国国会证词中的表态。如果说“门罗宣言”产生的“门罗主义”实际上初步划定了美国的势力范围，具有积极的作用，那么，美元“门罗主义”则将美国这个大国的眼光仅仅局限在国内，而放弃了其世界责任。而这一责任是美元本位制的国际货币体系中美国必须承担的，也是能使自己长远利益最大化的。正因为美国政府的短视，才导致了自身利益受损，世界秩序混乱和动荡不安。此可谓损人不利己。

危机导致的平衡，其实是一种恐怖平衡，不是一种真正自愿的平衡。在这种平衡下，随着危机的缓和，新的平衡没有建立起来之际，一切都极有可能回到原样。不过，事情总是会有变化。当大家都认识到这个问题时，恐怖平衡的受害者或利益相关者可能会拥有更多的话语权，而恐怖平衡的制造者，包括那些无意的恐怖平衡的制造者，可能也开始愿意协商解决问题。不过，要让恐怖平衡的来源国作出具体的让步，要让其在短期内作出巨大的改变来消除可能的下一次的恐怖平衡，实现良性平衡，就惰性的存在而言，往往是很难的。

因此，拥有话语权的国家，首要的目标应该具体而直接可行。就目前的原则而言，就是在短期内寻找全球共同的安全边界，而不要太过于着力建立全新的国际金融秩序，或者打破美元本位制。那么，目前的着力点应该是如何加强全球金融机构和金融市场的统一监管，以及加强对全球央行滥发货币

和各国滥发债券的监管和约束。只有在这样的约束下，其他的问题才可能慢慢进入轨道。

国际金融秩序的改变意味着利益格局的改变，而改变的过程即利益重新协调的过程。其根本的思路就在于：如赌博一样，大家都应玩得小一点，寻找到共同的安全边界。即使中长期出现了影响美元本位制的情形，如欧元区的出现一样，但并不能完全改变美元本位制，或者改变美元的霸权地位。即使亚洲统一货币的出现，也难以改变美元的霸权地位，但这种改变会对美元霸权地位的滥用形成制约。尤其是当欧元区和亚元区形成某种合作时，这种制约会更为有效。当然，这是中长期目标。

因此，全球以美元霸权为核心的金融秩序难以在短期内改变。这样的现实的确让人很无奈。

## 第二节　全球金融风暴中的国际协作：不简单不容易

欧盟主席巴罗佐说："这很简单，我们要么一起游过去，要么一同溺亡。"但是想要全世界大多数国家保持同步的游泳姿势，说得容易，做起来何其困难？对于萨科齐提出的"欧盟国家主权基金"的构想，德国第二天就毫不客气地拒绝，欧盟内部尚且"众口难调"，何况一个要放在全球范围内讨论的问题？事实上，全球有初步的协作，但真正有效的国际协作并不简单，也不会太容易。

### 一、全球协作共同应对全球金融风暴

随着美国次贷危机的爆发，先是发达国家的央行不断地采用多种工具向市场注入流动性，部分央行开始调降利率。随着次贷危机在雷曼兄弟破产后深化为全球金融风暴，除了全球主要央行继续加大流动性的注入、调降利率外，发达国家政府还大规模地向金融机构注资；随着全球金融风暴进一步向实体经济扩展，全球政府推出大规模的经济刺激计划；为防止核心制造业汽车业的倒闭，全球主要经济体还推出了汽车业援助法案。但是，这主要还是各自应对自己的问题而体现出来的协同效应，全球协作还有全面深入的必要。

#### （一）各国政府向金融系统注入流动性并积极干预市场的非正常波动

全球主要央行通过多种手段努力提高金融行业的流动性。2007 年 8 月

14 日，各大央行在三天内向金融系统注资 3200 亿美元。此后，美联储、欧洲央行、英格兰银行、日本银行、瑞士国家银行以及加拿大银行纷纷利用多种手段向金融系统注资，其他国家也纷纷采取了相应的措施。欧洲央行和美联储还放松了抵押规定（放松抵押合格标准），希望提供流动性支持。中韩两国还建立了数额较大、期限较长的货币互换协议。全球金融风暴爆发后，美联储还积极向全球提供美元流动性互换。

新兴市场经济体如韩国、香港特区、巴西、阿根廷和墨西哥，以及转型经济体俄罗斯、匈牙利、波兰、乌克兰等都经历了金融市场的剧烈动荡，央行都积极出手干预。香港金管局 11 月 20 日一天之内六次注资以遏制港元强势，捍卫联系汇率制度。

（二）主要国家前所未有地一致下调利率确保贷款增长

2008 年 10 月 8 日，在英国宣布救市行动的当天，美联储、欧洲央行、英格兰银行、瑞士国家银行、加拿大银行以及瑞典中央银行均将其基准利率下调 50 个基点。与此同时，中国人民银行也将主要利率下调了 0.27 个百分点。没有参与此次行动的日本银行对此措施表示支持。此次行动前，3 个月伦敦同业拆借利率（LIBOR）对比美联储主要利率的溢价两周内翻了一倍——当时 3 个月美元 LIBOR 和 3 个月美国国债的利差达到 392 个基点，创 1987 年 10 月以来的新高。

11 月 15 日全球 20 国峰会后，全球央行大幅降息。中国央行 11 月 26 日宣布，从 2008 年 11 月 27 日起，下调金融机构一年期人民币存贷款基准利率各 1.08 个百分点，其他期限档次存贷款基准利率做相应调整。同时，下调中央银行再贷款、再贴现等利率。这一降幅为近十年来最大。11 月 20 日，在经济增长前景恶化的形势下，瑞士央行意外降息 100 个基点，这一降息幅度在该行历史上尚无先例。为应对金融风暴，马来西亚国家银行宣布五年来首次降息，将隔夜政策利率由原先的 3.5% 降至 3.25%。越南央行从 11 月 21 日起将越盾基准利率从 12% 下调至 11%。

12 月以来全球其他主要央行先后大幅降息。12 月上旬，多个国家和地区的中央银行宣布降息。欧洲央行宣布大幅降息 75 基点至 2.5%；英国央行宣布降息 100 基点至 2%；瑞典央行宣布降息 175 基点至 2%；新西兰央行将基准利率史无前例地下调 150 个基点至 5%。

12 月 16 日，美联储（FED）和日本央行将零售降至接近零的水平，并宣布实施定量宽松的货币政策。英国央行、日本央行和瑞士央行大幅降息后也开始实施定量宽松的货币政策。

### （三）政府直接向金融机构注资以防范金融动荡的恶性循环

各国政府认识到银行的资本实力在此次金融危机中受到了较大冲击，并直接导致了银行借贷能力大幅萎缩以及银行对同业信任度下降。资本实力的削弱还使银行股价受到重创，进而导致其融资能力下降，资本无法得到及时补充，从而陷入恶性循环。如果不打破这一恶性循环，则银行的危机就会像雪球一样越滚越大，失去控制。英国政府首当其冲，果断决定对其主要银行进行注资。随后其他国家纷纷效仿。逐渐地，直接向金融机构注资成为各国政府解决危机的主要手段。

2008 年 2 月 17 日，英国政府国有化北岩银行。9 月 7 日，美国政府接管房地美和房利美。9 月 16 日，美国政府救援美国国际集团。9 月 19 日，美国财长保尔森宣布问题资产解救方案。9 月 28 日，富通获得荷卢经济联盟政府的援救，后来法国政府加入了其部分分支机构的国有化进程，同时，美国政府制订 7000 亿美元经济稳定紧急法案，并于 10 月 3 日获得批准。10 月 8 日，英国政府 870 亿美元救市方案援救英国银行业。10 月 13～14 日，美国政府宣布注资 2500 亿美元解救美国的主要金融机构，欧洲政府宣布 1.3 万亿欧元银行解救计划。德国政府通过了 5000 亿欧元援助银行的方案；英国政府宣布了 2500 亿英镑的部分国有化解救银行的“一揽子纲领”，以激活停止的信贷市场；奥地利政府准备拿出 1000 亿欧元援救银行；法国政府对银行的援助是 3600 亿欧元，其中直接向该国最大的 6 家银行提供 150 亿欧元，不是为了给银行注入资本，而是为了保证经济发展的资金来源和启动新贷款。给银行资金援助的国家还有：瑞典 2000 亿美元，芬兰 540 亿欧元，西班牙 1000 亿欧元，荷兰 2000 亿欧元，斯洛文尼亚 80 亿欧元，俄罗斯 370 亿美元，日本 850 亿欧元。10 月 12 日，澳大利亚政府宣布为全部存款提供保障。

### （四）全球主要政府推出大规模经济刺激计划

除了前面提到的美国大规模的经济刺激计划外，其他经济体也纷纷推出了大规模的经济刺激计划。有的经济体还根据情况不断增加经济刺激计划的规模。

1. 欧盟艰难敲定 2000 亿欧元经济救命钱。2008 年 11 月 21 日，法国总统萨科齐宣布，法国将建立一项总额 200 亿欧元（约合 250 亿美元）的战略投资基金，旨在保护法国企业应对经济衰退并防止企业为外资收购。

12月12日，为期两天的欧盟峰会在布鲁塞尔落下帷幕，为挽救欧盟各国深受金融危机之害的实体经济，欧盟领导人克服内部杂音，终于就2000亿欧元刺激经济计划达成一致，欧盟成员国将拨出相当于欧盟国内生产总值1.5%的资金刺激经济。2000亿欧元中，300亿欧元将来自欧盟预算，其余的1700亿欧元实际上是各国实施的经济刺激计划的总和。

但欧盟委员会主席巴罗佐表示，这项经济刺激计划并非是要统一欧盟各国的行动，而是提供一个协调框架。他同时强调，欧盟成员国在采取短期财政刺激措施的同时要兼顾控制赤字的中期目标。

2. 日本不断推出经济刺激计划。日本政府8月29日宣布了酝酿多时的经济刺激计划，包括降低所得税，燃油补助和政府给中小企业贷款，其涉及金额高达11.5万亿日元，包括1.8万亿日元的额外支出和10万亿日元（相当于915亿美元）的政府给小企业的贷款和信贷担保，这将有利于日本经济的成长。10月30日，日本政府宣布包括5万亿日元新支出的新经济刺激计划，希望以此加倍防范全球金融危机对日本经济的持续冲击。这已是日本当局2008年以来第二次出台此类措施。若将小企业贷款的政府担保等其他不需要立即支付的措施计算在内，则该方案总价值约为26.9万亿日元（约合2750亿美元）。

日本首相麻生太郎12月12日宣布了一项23万亿日元（约相当于4370亿美元）的经济刺激方案，其中包括帮助失业人员确保住宅等就业保障措施以及援助中小企业解决资金短缺问题的对策。这一大手笔的经济刺激方案涉及追加10万亿日元的财政预算，以及13万亿日元的金融预算。财政预算包括：向有关就业保障措施追加1万亿日元的财政支出；把中央政府划拨给地方政府的税收收入增加1万亿日元，帮助地方政府创造就业机会；另外还划拨1万亿日元作为经济对策的准备金、实施1万亿日元的减税措施等。日本经济目前最重要的问题是控制失业和保证企业资金充裕，因此，还有可能进一步推出新的经济刺激措施。

3. 中国推出系列经济刺激计划。中国除了大幅调降出口退税，准备开展增值税改革，人民银行放松信贷额度限制等措施外，2008年10月9日宣布到2010年年底前投入4万亿元（约5860亿美元）的资金，在全国范围内大规模开展基础设施和社会福利等工程建设，包括建筑新的高速铁路、公路、城市地铁、新机场、水库以及四川灾区重建。这项由中国国务院宣布的计划，是中国有史以来推出的规模最大的经济刺激方案。在2009年和2010年中，该计划的投资额预计高达 GDP 的 7%。

4. 其他经济体也纷纷推出大额的经济刺激计划。韩国政府 2008 年 10 月 19 日公布大规模金融救援计划，包括为国内银行外债提供担保、向银行和出口商提供资金，计划涉及金额大约 1300 亿美元。

2008 年 10 月 14 日，澳大利亚政府宣布出台价值 104 亿澳元的财政计划，以使澳大利亚养老金领取者、家庭及房屋拥有者得到经济保障。11 月 29 日，陆克文总理宣布澳大利亚联邦政府及各州政府将共同出资 151 亿澳元（约 99 亿美元），来刺激国内消费促进经济发展。加上此次澳大利亚政府的经济刺激计划，该国政府为今后 4 年所投入的救市基金总额已达 3320 亿澳元。新加坡政府 11 月 21 日宣布推出 23 亿新元的财政刺激政策，在经济前景恶化的情况下为企业提供更多贷款。挪威政府 11 月 23 日宣布一项议案，为应对金融危机冲击，将拨款 500 亿挪威克朗（1 美元约合 7.15 挪威克朗）来为出口企业提供信贷担保。波兰总理图斯克 11 月 30 日称，波兰政府计划推出一项约 913 亿兹罗提（约合 310 亿美元）的刺激经济计划，以稳定和推动波兰的经济发展。

### （五）全球主要国家援助汽车制造业

1. 欧盟率先救助汽车制造业。在美国为如何救助汽车业争执不休时，欧盟委员会于 2008 年 11 月 26 日宣布，为陷入困境的欧洲汽车业提供至少 50 亿欧元救助资金，以帮助它们渡过难关。这是欧盟总额 2000 亿欧元的经济刺激计划的一部分。按照欧盟委员会的设想，欧盟、欧洲投资银行、产业界和欧盟成员将共同参与扶持汽车业，预计出资总额至少为 50 亿欧元，其中欧洲投资银行将提供约 40 亿欧元低息贷款，支持汽车企业进行技术改进，开发安全、环保的汽车。除此之外，欧盟成员国将同步减少汽车登记和流通环节的税率，以支持低排放汽车的使用并加速老旧车辆的报废。欧盟还将建立起区域采购网络，加大对清洁公共汽车和其他低排放车辆的采购力度。

与此前欧盟汽车企业要求的 400 亿欧元援助相比，这 50 亿欧元的救助显得杯水车薪。不过，即使是这 50 亿欧元，出台也颇为艰难。根据欧盟的规定，政府如果向汽车业伸出援手，可能遭到非法补贴的质疑，这一度让欧洲各国在援助汽车业的问题上犹豫不决。而今，这笔援助很可能只是一个开始。德国、法国及英国政府均在考虑出台各自的汽车救援计划，只有意大利政府尚未明确表态是否将对菲亚特汽车集团进行援助。

欧洲汽车制造商协会近日公布的数据显示，2008 年 10 月欧洲市场上的新车销量同比下降 14.5%，这已经是欧洲汽车市场连续第 6 个月萎缩。其中，德国大众集团 10 月份销量下滑 7.6%，而这样的惨淡业绩在欧洲汽车商中还算是好成绩，法国标致雪铁龙集团销量下滑了 16.3%，部分厂商已经或开始准备裁员。

2. 美国汽车制造业的援助一波三折但终获成功。在经历了一天的马拉松式谈判后，美国参议院在 2008 年 12 月 11 日深夜以 52 票赞成、35 票反对否决了一天前在众议院刚刚通过的 140 亿美元的汽车业救助计划，美国三大汽车公司面临破产危险。谈判的焦点在于这三家汽车公司工人的薪资问题，共和党议员坚持要三大汽车公司在 2009 年将员工工资降至与丰田和日产在美国员工工资相一致的水平，并以此作为美国汽车制造商获得政府贷款的条件，但联合汽车工人工会拒绝在 2011 年目前的合同到期之前削减工资，双方谈判因此破裂，140 亿美元的汽车救助方案最终胎死腹中。

参院多数党领袖里德称法案未能通过是“国家的损失”，并希望布什政府能从 7000 亿美元的金融救市资金中设法给三大汽车公司提供紧急救援。参议院银行委员会主席多德则表示，在经济陷入严重困境的时刻，这样做等于在伤口上撒盐。通用汽车及克莱斯勒公司表示没有资金输入，他们撑不了几个星期。三大汽车公司是美国制造业的龙头老大，一旦破产，将导致约 25 万产业工人失业，这对于美国目前的就业市场将是雪上加霜。美国政府不久前发布的经济报告称 11 月份的失业人数达 53.3 万人，创 34 年来最大降幅。

美国布什政府 12 日表示，正在考虑通过别的途径来帮助美国三大汽车制造商摆脱破产厄运。美国媒体认为，政府可能从 7000 亿美元金融救援方案中动用资金救援汽车业。12 月 19 日，美国总统布什公布了题为《汽车业重组及资产盘活救助方案》的汽车业救助方案，根据方案通用汽车和克莱斯勒公司将获得总共 174 亿美元的政府资助。财政部进行此次贷款的目的是重组美国汽车产业，使它们能在经济困难时候免受无序破产之灾，保护纳税人利益，确保只有在财政上仍有生命力的公司得到这笔贷款；先从问题资产救助计划（TARP）中拨款 134 亿美元短期贷款提供给汽车制造商，2009 年 2 月再提供 40 亿美元；得到款项的公司必须将这笔资金用于盘活公司资产。

但是，如果公司不能在 2009 年 4 月 1 日前达到要求，所有贷款和基金将被召回到财政部。所谓盘活是指公司须达到在将目前与未来支出计入后，现时净值（Net Present Value）为正。现时净值是预算将来的投资回报价值减去现时的投资价值。该方案还附加了约束条件：公司必须提供无投票权股票权证；公司必须接受管理层薪资水平限额，取消一切奢侈消费如供养公司的私人飞机；在法律限期内公司首先偿还国家债务；公司必须允许政府检查账本和记录；公司必须上报政府大规模（交易额大于1亿美元）交易，政府有权否定上述交易；公司必须满足联邦油耗效率规定和排放规定；公司在未付清政府债务时不得派发股息。

此外，财政部制订的条件还包括额外的目标，有些内容还未经过国会投票，包括如通过资产抵债方式将债务减少到原来的1/3；将50%的员工自愿福利信托基金（VEBA）转化成股票形式；取消失业工人“工作银行”（Jobs Bank）项目；在2009年年底前制订出重组后具有竞争力的工作规则；在2009年年底前制订出重组后具有竞争力的薪金标准；此外受援公司必须在2009年4月1日前与利益相关人（包括经销商和供应商）签署新的合同。

此刻，布什总统首次承认面对当前经济危机，被迫牺牲一直坚持的自由市场经济原则，多番干预市场。“在通常的经济形势下……我也不会插手干预……但如今情况不同一般。在金融危机、经济衰退的形势下，任由美国汽车工业倾覆是不负责任的。”

3. 加拿大“多情”援助美国汽车业三巨头在加拿大的分公司。据加拿大媒体2008年12月13日报道，加拿大政府已决定向美国汽车三巨头通用、福特和克莱斯勒在加拿大的分公司提供总额35亿加元（1加元约合0.80美元）的援助，但前提条件是美国能够最终通过汽车业救援方案。

加拿大工业部长托尼·克莱门特12日晚在多伦多表示，加联邦政府和安大略省政府已就提供这笔援款达成一致。除要等待美国首先提供援助外，加拿大落实援助资金的另一条件是，通用、福特和克莱斯勒三家公司的加拿大分公司要与各自零部件供应商和工会共同协商，找出走出困境的长期策略。据报道，通用、福特和克莱斯勒加拿大分公司日前向加拿大联邦政府和安大略省政府提出总额为60亿加元的救援申请。

在美国政府出台对汽车业救援方案一天后，加拿大联邦总理哈珀和安大略省省长麦坚迪20日宣布将向同样陷入困境的在加拿大经营的汽车制造商提供40亿加元（约32亿美元）紧急贷款。根据安排，加联邦政府将出资27亿加元，安大略省出资13亿加元，用于向通用、福特和克莱斯勒加拿大分公司及一些汽车配件生产商提供援助，同时还将向消费者提供更多贷款。

4. 日本政府或步美国后尘拯救本国汽车业。日本三大汽车公司丰田、本田和日产销售量大减，生产线上的裁员声此起彼落。与其相关的零件企业免不了也要遭殃，这对日本经济所造成的冲击，使得日本官方不得不正视问题。经济产业部长二阶2008年12月20日在伦敦出席会议时回答随行记者时说："汽车是全球的商品，是牵引日本经济的主干产业。关于抢救汽车业，美政府的对应将作为日本的参考，需要时会考虑采取措施。"日产汽车公司总裁戈恩日前在一研讨会上就针对救援政策向日本政府提出："美国政府要救三大，法国也准备实施救援政策，日本政府也应该这么做。"本田汽车公司总裁福井威夫指出："日元若继续上升，一个可能性是国内的汽车业关闭，市场上尽是进口车。日本若不维持汽车业作为主要出口产业，恐怕这个国家也难生存下去。"日本汽车总销售量在2008年11月份创39年来的新低，第一大汽车制造商丰田发布盈利预测，称下半年度会出现1000亿日元的亏损，并宣布要缩小在九州工厂的生产量和扩大裁员数量。

## 二、国际货币基金组织的拯救行动与困境

### （一）IMF援手冰岛获得绝处逢生的机会

面临"国家破产"的冰岛，在绝望之际获得国际金融体系"救火队员"——国际货币基金组织援助，获得了绝处逢生的机会。据2008年10月21日英国《泰晤士报》报道，IMF将提供10亿美元贷款给冰岛，另外，挪威、瑞典、丹麦以及日本、俄罗斯的央行，还将筹集50亿美元抢救冰岛，这也是IMF同意援助冰岛的一个前提条件。

冰岛商业部长在接受《泰晤士报》采访时说，与IMF的谈判顺利。该谈判主要集中在3个领域：银行业、财政政策以及金融和汇率政策。就银行业而言，IMF要求冰岛重组银行业，深入调查引发经济危机的真正原因。在这些条件中最引人注目的一点是，虽然IMF也要求冰岛政府出售其拥有的该国三大银行股份，但却没有确定截止日期。相较于1997年IMF对韩国开出的援助条件，这次IMF态度相当宽容。IMF也要求冰岛政府制订可靠的计划，削减财政开支。关于金融和汇率政策，IMF要求冰岛尽快浮动汇率，也就是说允许本国货币贬值，促进对外贸易收支平衡。该组织认为，经过短暂动荡后，冰岛进口远大于出口的情况将大为改善。

### （二）IMF和欧盟成东欧的救命神

东欧经济实力不足，各国央行没能力采取西欧式的大规模救市方案，不少银行已经倒闭。能拯救他们的只有近年在区内角色下跌的国际货币基金组

织（IMF）。加入欧盟的东欧国家，亦有幸获得欧洲央行援助。在2008年10月16日，欧洲央行就向匈牙利提供了50亿欧元的短期借贷，以缓解该国的信贷紧缩问题。不过并非所有东欧国家都陷入危机，尽管面临着相应的风险，波兰和捷克等国无论在财政及经济上仍然较为稳健。10月26日，国际货币基金组织（IMF）宣布提供165亿美元给有着千亿美元外债的乌克兰。

#### （三）IMF援助巴基斯坦

2008年10月22日，国际货币基金组织总裁多米尼克·施特劳斯—卡恩发表声明说，巴基斯坦政府部门已就一项受国际货币基金组织资助的经济计划请求同这一组织举行磋商，以帮助巴基斯坦实现收支平衡，帮助巴基斯坦应对金融危机。IMF给巴基斯坦的贷款额度可能为76亿美元。

#### （四）IMF积极筹资扩大援助规模应对危机

事实上，全球金融风暴以来，IMF给新兴市场国家提供超过500亿美元的贷款，并加大了对低收入国家的贷款。为了更好地应对危机，IMF除呼吁主要国家加大政府刺激经济的力度外，还呼吁大幅增加其可用资金，以应对可能增加的信贷需求。此外，佐立克任行长的世界银行也在积极行动。

### 三、中国在金融风暴中的中流砥柱作用

印度《经济时报》称，在这场流行性的金融危机中，全世界对中国的瞩目程度“比以往任何一次都要高”，因为中国经济对于全球经济增长起到了重大作用。全球金融风暴以来，中国始终以负责任的态度，充满自信地处理面对的各种困难，采取有效措施推动经济成长，并积极开展国际合作帮助化解全球金融风暴带来的危害。

#### （一）金融风暴下的中国与新加坡的自贸协定

2008年10月23日，新加坡和中国正式签署的自由贸易协定。根据协定，从2009年1月1日起，新加坡出口到中国的85%的商品，将开始享受零关税；从2010年起，新加坡在中国享受零关税的商品将增加到95%；到2012年，这个比例将提高的97.1%。在这些产品中，化工产品、加工食品、电子产品，将获益最多。而在中国方面，从2009年1月1日起，出口到新加坡的所有中国商品，都将享受零关税待遇。除了物质商品的贸易之外，双方还同意相互承认对方几所大学的医学学历。新加坡将获准在中国开办外资医院，每所医院的股份占比可达70%。这一共识，实际上已经超越了世界贸易

组织所规定的范畴。2007 年，新加坡和中国的双边贸易额达到 916 亿新元。

最近十年来，中国一直努力与东盟所有成员国加强经济联系和贸易合作。根据中国和亚细安达成的日程表，双方将在 2010 年建立自由贸易区，相关的准备工作一直在进行之中。新加坡现在和中国提前达成的自贸协定，不仅是这一进程的重要部分，将对中国与其他亚细安成员国的自贸谈判起到示范和促进作用。

### （二）中、日、韩、东盟就紧急情况下的外汇互换达成了共识

中国、日本、韩国和东盟（ASEAN）10 个成员国首脑 2008 年 10 月 24 日上午在中国北京举行“ASEAN +3”非正式早餐会议，集中讨论了旨在克服国际金融危机的合作方案。日本共同社当天发自北京的报道称，会议就落实《清迈协定》以实现紧急情况下的外汇互换达成了共识。[①] 报道说，2008 年 5 月，东盟与中、日、韩就按照由多个双边协定组成的《清迈协定》筹建 800 亿美元的共同外汇储备基金达成一致，然而具体作业却迟迟未有进展。报道还称，数位首脑在会谈上提议，在 12 月于曼谷举行东盟与中、日、韩首脑会谈前召开财长与央行行长会议。与会者决定对此展开积极研究。

### （三）东北亚的合作：与韩国双边互换协议

2008 年 12 月 12 日，中国人民银行和韩国银行宣布签署一个双边货币互换协议。该协议提供的流动性支持规模为 1800 亿元人民币（38 万亿韩元，按 12 月 9 日汇率计算）。中国央行有关负责人表示，中韩拟签署的本币互换协议是双向的货币互换，双方可在上述规模内，以本国货币为抵押换取等额对方货币；协议的实施有效期为 3 年，经双方同意可以展期。该双边货币互换协议的目的是向两个基本面和运行情况良好的经济体的金融体系提供短期流动性支持，并推动双边贸易发展。该协议与清迈协议下已有的互换安排相互补充。双方同意探讨将互换货币兑换成储备货币的可能性及比例，这在未来可能成为人民币国际化和储备化的重要路径之一。

中韩本币互换协议是中国人民银行自此次金融危机以来第一次与其他央行签署的本币互换协议。央行有关负责人表示，在条件成熟的情况下，央行将积极研究与其他国家（地区）中央银行（货币当局）建立类似的货币互换安排，以维护区域及全球金融稳定。

---

① “清迈倡议”是指为增强地区金融稳定，“10 +3”财长会议于 2000 年 5 月在泰国清迈达成的协议。根据“清迈倡议”，相关国家可分别向“共同外汇储备基金”投入一定金额的外汇储备资金。这样，当某个国家面临外汇资金短缺困难时，其他国家可以帮助其缓解危机。

12月10日，央行还与日本银行、韩国银行发表联合声明表示同意定期召开行长会议，并就区域经济金融形势和共同关心的有关央行的议题交换意见。声明提到三国央行决定建立中日韩央行行长会议机制，以加强三方行长间多年来保持的对话机制。这将有利于推动本地区的货币与金融稳定。

中日韩领导人会议12月13日在日本福冈举行，会后发表《国际金融和经济问题的联合声明》。声明表示，外界期待作为“全球经济增长中心”的亚洲国家发挥作用，扭转世界经济下行趋势并使其重回可持续发展轨道，三国应为此发挥更重要的作用，并推动亚洲开发银行增资，推动东盟一体化和东盟10+3合作应对危机。

**（四）中国关于国际金融体系改革的四大原则和四点建议**

我国国家主席胡锦涛2008年11月15日在华盛顿峰会上指出，国际社会应认真总结国际金融危机的教训，在所有利益攸关方充分协商的基础上，对国际金融体系进行必要的改革。他强调，国际金融体系改革，应该坚持建立公平、公正、包容、有序的国际金融新秩序的方向，努力营造有利于全球经济健康发展的制度环境。国际金融体系改革，应该坚持全面性、均衡性、渐进性、实效性的原则。第一，全面性，就是要总体设计，既要完善国际金融体系、货币体系、金融组织，又要完善国际金融规则和程序，既要反映金融监管的普遍规律和原则，又要考虑不同经济体的发展阶段和特征。第二，均衡性，就是要统筹兼顾，平衡体现各方利益，形成各方更广泛有效参与的决策和管理机制，尤其要体现新兴市场国家和发展中国家利益。第三，渐进性，就是要循序渐进，在保持国际金融市场稳定的前提下，先易后难，分阶段实施，通过持续不断努力最终达到改革目标。第四，实效性，就是要讲求效果，所有改革举措应该有利于维护国际金融稳定、促进世界经济发展，有利于增进世界各国人民福祉。

胡锦涛指出，根据上述考虑，中方主张重点实施四方面改革举措：一是加强国际金融监管合作，完善国际监管体系，建立评级机构行为准则，加大全球资本流动监测力度，加强对各类金融机构和中介组织的监管，增强金融市场及其产品透明度。二是推动国际金融组织改革，改革国际金融组织决策层产生机制，提高发展中国家在国际金融组织中的代表性和发言权，尽快建立覆盖全球特别是主要国际金融中心的早期预警系统，改善国际金融组织内部治理结构，建立及时高效的危机应对救助机制，提高国际金融组织切实履行职责能力。三是鼓励区域金融合作，增强流动性互助能力，加强区域金融基础设施建设，充分发挥地区资金救助机制作用。四是改善国际货币体系，稳步推进国际货币体系多元化，共同支撑国际货币体系稳定。

国务院总理温家宝也在第七届亚欧首脑会议上呼吁，应推动改革国际货币金融体系。他认为，新的国际金融体系要增加发展中国家在国际金融组织中的发言权和代表性；另外，要扩大国际金融体系监管的覆盖面，特别要增强对主要储备货币国的监督。

## 四、欧盟的雄心和努力

尽管欧盟提出了雄心勃勃的改革全球金融体系的计划，但事实上，欧盟，即使是亚欧合作，也难以全面改革目前美国主导的全球金融体系，更别说像萨科齐总统所称的那样建立“新的布雷顿森林体系”。

### （一）法国提出改革全球金融体系的四大方向和十大建议

2008年11月7日，欧盟轮值主席国法国提出具备四大方向和十大建议的全球金融体系改革草案。这份草案的四大方向是加强对全球金融系统的监管，加强全球风险管理，加强国际整合及面对21世纪的挑战。它不仅要求提出一个适合21世纪的金融体系，同时也要求各国面对包括环境保护和气候变化在内的环球问题。十大建议包括设立评级机构、改革金融机构的奖励措施、划一资本充足率标准、修订并划一会计原则等。

欧盟27国财长在8日已通过这份草案。欧盟27国首脑将在巴黎会面讨论这份草案，草案将在华盛顿峰会上提出。不过，据《金融时报》报道，英国对这项草案有所保留。英国认为草案对华盛顿峰会而言过于详细，并认为欧美以外的国家可能另有计划。在雷曼公司倒闭不久后举行的第63届联合国大会上，在解决这次金融危机中扮演领导角色的法国总统萨科齐率先要求各国联手重建一个受管制的资本主义市场。他也呼吁世界各国推出一个足以取代布雷顿森林金融体系的新体系。

### （二）许多欧洲国家考虑加入欧元区

金融危机席卷全球的背景下，更多欧洲国家考虑投靠风险抵抗力更强的欧元区，最新传出有意加入欧元区的是英国。欧盟委员会主席巴罗佐2008年12月1日称，此次金融危机使英国官员认识到欧元的价值，该国官员正在考虑加入欧元区。巴罗佐在接受法国电视台采访时说：“我们如今比以往任何时候关系都更紧密。我不想公开某些机密谈话，但有一些英国政界人士告诉我‘如果我们用欧元，我们日子会好过一点’。”“这场危机突出了欧元以及英国的重要性。”

巴罗佐说：“我不是说这事将在明天发生，我知道大多数英国人对此还持反对意见，但是眼下已经进入考虑这一问题的阶段，英国掌权的一些人正在考虑此事。”巴罗佐还说，同为欧盟国家的丹麦之前也没有加入欧元区，但现在开始准备针对这一问题再度举行全民公投。丹麦曾于2000年举行加入欧元区的全民公投，但未获通过。在此之前，冰岛总理哈尔德11月29日透露，为解决货币问题，冰岛正准备考虑多项选择，其中包括可能在不加入欧盟的情况下使用欧元。瑞典《每日新闻》11月24日公布的最新民意调查结果显示，受世界金融危机的影响，瑞典支持加入欧元区的人数呈大幅增长之势。

### （三）欧盟扩展危机基金救助非欧元区成员国

欧盟成员国领导人2008年11月7日同意，将欧盟为非欧元区成员国提供的“危机基金”规模扩大一倍多，以帮助因金融危机而陷入经济困境的中东欧国家。欧盟27国领导人当天在布鲁塞尔举行非正式峰会。根据会上达成的一致，欧盟中期财政援助基金总额将由目前的120亿欧元增加至250亿欧元。中期财政援助基金被称为欧盟的“危机基金”，只有在某一非欧元区成员国发生国际收支危机或面临严重困难时，欧盟才会动用这笔基金为该国提供紧急财政支持。在11月4日的欧盟财政部长会议上，欧盟已正式批准从“危机基金”中拿出65亿欧元用于帮助匈牙利应对眼下的金融危机。鉴于金融危机不断蔓延，其他中东欧欧盟成员国可能也会受到冲击而需要帮助，欧盟委员会上月底建议扩充“危机基金”。

为了应对已经波及到实体经济的金融危机，欧盟委员会2008年12月8日宣布出台新的金融救助计划审批规则，放宽对成员国救助金融机构的补贴限制。欧盟委员会在当天发表的声明中说，考虑到当前金融危机已波及实体经济，因此政府的金融救助不应局限于拯救陷入困境的金融机构，还可以用来帮助资金状况良好的金融机构向企业和个人发放贷款。这意味着欧盟27个成员国为应对金融危机，向金融机构提供注资等政府补贴的范围进一步扩大。

此前，欧盟成员国的金融救助计划基本着眼于有问题的金融行业。成员国在实施补贴时必须维护市场公平竞争，对金融机构提供救助时应根据其实际资金状况区别对待，风险越高，提供救助的条件应该越苛刻，金融机构为接受补贴所付的费用也应该越高。据报道，欧盟委员会之所以放宽补贴限制是因为面临来自部分成员国的巨大压力。此前，德国等国就曾指责欧盟委员会在审批金融救助计划时过于认真，没有顺应当前形势的迫切需要表现出应有的灵活性，束缚住了各国救市的“手脚”。

## 五、20国华盛顿峰会宣言及其实际效果

### （一）20国峰会有关宣言并未触及实际问题

20国集团领导人金融市场和世界经济峰会11月15日发表宣言，强调在世界经济和国际金融市场面临严重挑战之际，与会国家决心加强合作，努力恢复全球增长，实现世界金融体系的必要改革。该宣言有以下几方面的内容：第一，明确了未来的目标和实现目标的原则。即遵循市场原则、开放的贸易和投资体系、得到有效监管的金融市场是确保经济发展、就业和减少贫困的基本因素。第二，分析了当前危机的根源，指出宏观经济政策缺乏连贯性，市场参与者过度追逐高收益，缺乏风险评估和履行相应责任，经济结构改革不充分等阻碍了全球宏观经济的可持续发展，导致风险过度，最终引发严重的市场混乱。第三，支持各国和多边国际组织采取的重大行动。面对国际金融危机的严峻挑战，有关国家已经开始采取一系列重大行动，以刺激经济增长，改善金融机构资本状况，保护储蓄与存款，弥补监管缺失，解冻信贷市场。在这些措施和行动的基础上，会议希望和鼓励国际货币基金组织、世界银行和其他多边开发银行在应对危机方面发挥更加积极的作用，在基础设施和贸易融资领域引入新的贷款机制。第四，要求各国监管当局在履行自身职责的同时，必须加强国际合作，支持市场竞争与创新，加强金融市场透明度及监管机制，确保所有金融市场、产品和参与者都受到相应监管或监督，防范金融风险。第五，强调了反对贸易保护主义。第六，强调要继续致力于应对其他重要挑战，包括能源安全和气候变化、粮食安全、法治、反恐、贫困和疾病。最后，表达了应对危机的信心。

### （二）5小时的20国峰会宣言未能达到良好预期

2008年11月15日，20国集团领导人举行了5个小时的会谈。参加峰会的20国集团中，包括了发达国家美国、日本、德国等，也包括了不少新兴国家，如中国、印度、巴西和俄罗斯等。[①] 布什14日在宴会上说，即将召开的国际金融峰会有五大目标：了解当前危机的成因，反思世界各国应对危机所采取措施的效果，为改革当前的金融和监管制度定下原则，制订相应的行

① 这里的新兴市场国家包括新兴工业化国家、发展中国家和转型国家。

动计划，确保自由市场原则。虽说是两天集会，但各国领导人 14 日晚才见面，还是接受布什宴请的时候，15 日才正式开会，且会谈时间只有 5 小时。除了 20 国的领袖外，还有联合国、世界银行、国际货币基金等机构负责人也将与会，平均每人发言不到 15 分钟。会议目标很宏伟，但时间却极有限，讨论能有多深入，不无疑问。考虑到美国正处于新旧总统交接前夕，此次峰会可能取得的实质性成果是可预见的。

### （三）全球金融秩序不太可能轻易彻底改变

有媒体称，必须对现行世界金融体系进行改革已成为国际社会的广泛共识。因为，这场“百年一遇”的金融危机暴露出世界金融体系、特别是发达经济体金融体系的种种弊端，凸显了改革的必要性。如果不进行改革，就不能避免类似危机再次发生。

但是，5 个小时的匆匆会谈能解决什么问题呢？邱震海 2008 年 11 月 15 日在新加坡《联合早报》上发表了名为“金融峰会：各方的盘算”的文章，对 20 国峰会的复杂背景和可能结果进行了评价，作者认为是相当中肯的，其引用的材料的分析也具有启发意义，特摘要转载部分内容如下：

美国认同对监管体系实施“结构性改变”的必要性，但布什强调“我们有必要保留民主资本主义的基础，即致力于自由市场、自由企业和自由贸易”。而法国总统萨科齐呼吁推倒现行体系，“不能再用 20 世纪的国际经济管理工具管理 21 世纪的经济，不能再用过去的观念考虑今天世界的问题”。美国政府已表示将支持改革下述领域，包括国际投资基金流动规则、全球性金融机构的监管以及提高国际金融交易和市场透明度。欧美之间产生了严重的分歧。欧洲希望改革更为坚决、彻底。问题是这个“第二布雷顿森林体系”的具体内涵到底是什么？对此欧盟内部并没有一个共识。

……

德国联邦情报局属下的一份最新内部评估报告认为，在这一背景下，此次华盛顿金融峰会很可能重蹈 1933 年伦敦世界经济峰会的覆辙。当时，由胡佛领导的美国支持金本位的国际金融旧体系；但罗斯福上台后，迅速废除金本位，由此加深了国际金融危机。罗斯福上任演说中强调以振兴民族经济为要务，事实上否决了金融合作的可能性。是年 6 月召开的伦敦世界经济峰会由 66 个国家参加，目标原本是改革金本位，或产生一个新的金融机制，但罗斯福却指令国务卿不得作出任何让步，导致这次峰会破产。报告认为，此次华盛顿峰会面临的格局与 1933 年颇为类似；美国针对金融危机，试图嫁祸中国等新兴经济体，并未意识到其内部竞争力的下降，再加上主导这次峰会的依然是布什总统，因此峰会只能作出一个技术层面的改良，而不可能对现有国际金融体系作出根本改革。报告认为，在改良某些机制方面，国际货币基金组织的改革可能是一个值得考虑，而且能取得成效的领域；在这方面，不可忽视来自中国等新兴经济体的影响力。这份评估报告建议，一个具有高度象征价值的改革决定可能是，将国际货币基金组织的总部从华盛顿迁往亚洲的某个城市。报告认为，若能做到这一点，那将是一个对现有机制做根本改变，同时又能为欧美双方所接受的方案。

可以看出，欧洲在改革现有国际金融体系方面用心良苦，深谋远虑，而且试图将亚洲也一起拉入其中。必须承认，在改革现有国际金融体系方面，亚洲与欧洲一样也处于有心无力的状态；双方能否取得合力？如何合力？如何在改革的同时，又顾及到各自与美国的关系？

金融危机波及全球，欧盟力主彻底改革目前的金融体制，但 11 月 24 日在北京出席欧亚峰会的日本首相麻生太郎对此发出不同声音，暗示日本主张维持现有国际金融体制。麻生太郎在与中国领导人会晤后对日本媒体表示，尽管发生金融危机，但仍应维持目前以美元为主导的金融体制。此外，麻生太郎还希望日中两国在此问题上合作：“至少从目前来看，日中两国都不希望美元暴跌，不希望美元体制崩溃。我认为，两国（在此问题上）携手合作很重要。”尽管欧洲有自己的主观愿望，但麻生太郎的言论，虽有自身的利益打算，但对中国甚至全球而言并非没有一点道理。

不过，尽管全球金融体系不可能彻底改变，但是，适当改组国际货币基金组织和世界银行，增加新兴市场和发展中国家的份额，并逐步增强其对全球金融体系和经济的共治地位，改革储备货币，都将限制美国的霸权性，给美元本位制这一蝴蝶的翅膀装上开关，从而有助于全球金融秩序的进一步完善。

### 六、完善国际金融监管体系有可能取得切实成效

这场危机也让人们对现行金融监管体制的有效性提出了严肃的质疑。现行银行的监管体制建立在具有国际广泛共识的监督标准和最小干预理念基础之上，并形成了巴塞尔协议 I 与 II 的成文规范。然而最近十年来，绝大部分国家先后废除资本流动限制，伴随着经济全球化的进程，各类金融机构开始在全球配置资金与资源，跨国金融机构与全球资本市场飞速发展。随着美国和欧洲相继允许银行混业经营，有商业银行做后盾的投资银行感觉到规模经

济的巨大威力，利润水平显著提高。欧美央行对于大型金融机构的隐性保护态度更是促进了这些机构以投机为目的，在全球信用市场超规模借贷，相关风险积累到了前所未有的程度。快速发展的各国投资基金在全球信用市场日趋活跃，增加了全球金融系统崩溃的风险。国际货币基金组织主席卡恩关于“全球金融体系正处于系统性崩溃的边缘”的言论则直接唤醒了人们对监管的必要性的重视。

2008 年 9 月底以来，无论是欧盟还是美国都在不断地重申国际合作监管与联合行动的必要性，联合国贸促会（UNCTAD）也提出了更严格的国际金融监管具体建议。然而，这些国际监管方面的呼吁与主张多侧重于遏制短期的金融危机而缺乏预防危机长期的思考。

世界银行行长佐立克于 10 月 13 日表示，必须通过改革来加强金融监督管理机制。佐立克提出了建立新的金融与经济合作组织以完善全球金融监管体系的构想，指出这一组织应包括巴西、中国、印度、墨西哥、俄罗斯、沙特和南非等新兴市场经济体的 G20 国家以及现有 G7 成员在内。而国际监管的前提和基础应是金融体系的透明化。各国必须为全球化时代创建一个全球金融监管体系。同时，必须在透明、完整、负责和良好的内部及跨国合作的原则下建立国际金融监管体系。

完善国际金融监管体系是全球金融体系建设中最易获得突破的地方。但是，完善国际监管体系，必须从如下几个方面努力：

第一，要改变放任自流的态度。以格林斯潘为代表的美国金融家们相信“最少的监管就是最好的监管”的典型的自由市场经济思想，认为金融创新能带动金融的发展，同时能有效地规避风险。这种理念必须改变。必须树立适度监管和有约束创新的新理念。

第二，要加强对金融机构和中介组织的监管，增强金融市场和各类金融产品的透明度。

第三，扩大国际金融体系监管的覆盖面，特别要增强对主要储备货币国家的监督，建立及时高效的危机早期预警系统。在金融全球化和跨境金融十分发达的背景下，目前国际金融监管基本上仍然是各自为阵，有限的国际合作也受发达国家支配。美国金融监管体系也缺乏系统性，不少金融机构和中介组织处于监管之外。没有有效的监管就不可能提前发现风险，也就不可能在危机早期发出适当的预警。因此，有效的、覆盖面广的国际金融监管体系是建立及时高效的危机早期预警系统的前提。金融市场规模居于支配地位的主要储备货币国美国，在美元本位制的背景下，其不当的国内监管政策实际上已经对全球金融秩序造成了极大的危害。拥有大量美元资产的发展中国家和新兴市场国家也深受其害。相应的，改组或者新建国际金融监管组织，加上各国政府金融监管当局的有效配合，建立及时高效的危机早期预警系统极为必要。

第四，各国金融当局应加强信息交流与沟通，加大对全球资本流动的监测力度，防范金融风险跨境传递。和恐慌心理一样，全球资本流动是危机跨境传播的主要渠道，这对于新兴市场和发展中经济体来说影响十分巨大。对于资本账户开放的经济体而言，在内部经济到达周期性顶峰时，当美元走强或遭遇其他外部冲击时，资本大规模外流将导致该经济体资产泡沫的迅速破裂，货币大幅贬值，经济快速下滑，产生极大的危害。因此，加大对全球资本流动的监测力度是全球尤其是新兴市场和发展中经济体防范金融风险的核心。

第五，制订合理有效的金融监管标准，完善会计准则、资本充足要求等各类监督制度，是国际金融监管合作的工作方向。合理有效的金融监管标准和各类完善的监督制度是衡量国际金融监管合作效率和成就的标准，而且只有这样才能把国际金融监管合作落实到实处。

总之，尽管美元本位制的国际货币体系的完善或改变、美国经济发展模式的修正都十分重要，但全球金融风暴后加强国际金融监管合作是防范金融危机最现实的突破点，而温家宝总理提出的关于加强监管的四点内容，是中国的一贯态度，与胡锦涛总书记在华盛顿峰会上提及的相应内容一致。但是，危机面前，大家利益是一致的，全球协同作战容易得多；危机过后，各自的利益分歧再次摆在面前，协同就不那么容易了。我们应借力使力促成国际金融监管合作，中国当以其建设性的态度和独特的影响力发挥重要作用。

## 第三节　全球发展理念：中国共识

随着美国和欧洲主要国家政府接管问题银行和其他问题金融机构，海外许多研究者发出了“我们每个人都是凯恩斯主义者”、“我们都是政府干预主义者”的慨叹，一些经济学家也得出了“新自由主义已经死亡”的结论，而国内一些理论研究者也得出了“新自由主义导致了全球金融风暴，已经破产”的结论。也有的学者仍然坚持，欧美政府对银行和其他金融机构的接管，不过是承担起了其“守夜人”的角色，一切还将回到市场化的轨道上来。于是，便出现了理论上和认识上的困扰，可能干扰我们前进的方向。我们先看看三种完全不同的声音，然后遵循社会主义经济和资本主义经济发展的历史和理论的相互演化关系，说明未来社会的必由之路。

## 一、新自由主义面临挑战

有研究者在全球金融风暴之后提出了国际思潮转向的观点，他借用1929～1933年大萧条引发的国家资本主义取代自由主义成为主流思潮，最终导致第二次世界大战的历史认识出发，认为此次危机使美国新自由主义模式受到深重打击，美国、欧洲和新兴市场国家将回归国家资本主义，并谈及三点理由：首先，美国新自由主义模式受到沉重打击。美国一直鼓吹和推广新自由主义模式，但“华盛顿共识”20世纪90年代以来在拉美接连碰壁。此次危机发生后，美国政府被迫收购、吞并和接管众多金融机构，部分实现了金融领域的国家管理。随着危机的深入，美国政府还可能伸手接管更多金融机构甚至实体企业。新一届政府很可能在自由主义和国家干预之间作出抉择。其次，欧洲许多经济体一直奉行带有社会主义性质的福利制度，政府掌控着众多大型企业。近几年来由于经济缺乏竞争力，增速放缓，法德等国一度出现了向新自由主义模式靠拢的趋势。而此次危机使欧盟可能重新思考，回归欧洲式国家社会主义。最后，中国、俄罗斯等将更加坚定走自身特色的发展道路和管理模式。新自由主义模式对世界的吸引力将大大削弱，国家资本主义成为越来越多国家的选择，世界范围的思潮和发展模式风向将面临转变。

潘金娥2008年11月14日在人民网上发表了“华尔街金融风暴宣告新自由主义的破产”一文，其核心观点是华尔街金融风暴宣告新自由主义的破产，而且提出了中国现代政治经济学可能出现的美好前景。陈冰2008年10月25日在《联合早报》上发表的“辨清金融海啸中的‘社会主义’”一文，对西方社会中常用的“社会主义”和中国学者常用的意识形态的“社会主义”进行了分析，认为两者存在着质的不同，而中国改革开放取得的成就在于“看得见的手”和“看不见的手”的有机结合，但中国同样面临着再社会主义的问题。西方人所讲的“社会主义”概念，不是19世纪的传统社会主义，而是第二次世界大战后升级换代了的民主社会主义，其中包括凯恩斯的国家干预理论，第二次世界大战后的福利国家主张和民主社会主义思潮，以及20世纪90年代兴起的通过自由市场经济方式扩大公共服务的“第三条道路”。

新自由主义的确出现了重大问题，但要是认为新自由主义彻底破产，未来资本主义社会走向国家资本主义或福利社会主义或者传统的社会主义，再经历从自由主义到国家干预主义的轮回，或者从资本主义到传统社会主义的轮回，恐怕并不现实，而且还会对社会的发展带来误导。因此，不能简单地认为新自由主义已经破产，而是认为其面临严峻的挑战，并且必须进行修正。修正的方向并不会是完全否认以自由市场为基础的整个经济体系，而是平衡自由市场和政府恰当控制的关系。

## 二、社会发展与理论发展

### （一）古典自由主义

新自由主义是相对于古典自由主义而言的。自工业革命后，直到1929年爆发大萧条之前，以18世纪英国经济学家亚当·斯密“自由市场”理论为核心的古典政治经济学理论体系，一直是西方国家奉行的政策依据。古典自由主义最大的学术主张就是经济自由，强调市场机制是推动经济发展的“看不见的手”，反对封建制度和重商主义的国家干涉政策，但仍然强调国家（当时是君主）的“守夜人”角色。

斯密《国富论》研究的问题其实可以归纳为两个：其一，什么样的制度框架能够使人民给自己改善自己的境遇；其二，政府为此需要承担什么样的职能，并如何获取其财政收入。对于第一个问题，斯密的回答是分工和自由竞争。在这里，斯密继续了《道德情操论》中的讨论：人确实是自私的，但是，人类随时随地都需要同胞的协助，但仅靠他人的恩惠是不行的，他只能利用他人的利己心。因此，“我们每天所需的食物和饮料，不是出自屠户、酒家或面包师的恩惠，而是出于他们自利的打算。”自私并不可怕，作为一个自发的合作体系，市场这只“看不见的手”会引导自私的个体在不知不觉间服务于社会利益。

《道德情操论中》第四卷第一章，斯密在谈到富人为满足自己的贪欲而雇佣千百万人为自己劳动，“但是他们还是同穷人一起分享他们所作一切改良的结果，一只看不见的手引导他们对生活必需品作出几乎同土地在平均分配给全体居民的情况下所能作出的一样的分配，从而不知不觉地增进了社会利益，并为不断增多的人口提供生活资料。”《国富论》中，他说，资本家投资的时候只考虑自己的利益，“但像在其他许多场合一样，他受一只看不见的手的指导，去尽力达到一个并非他本意要达到的目的，也并不因为事非出于本意，就对社会有害。他追求自己的利益，往往使他能比真正出于本意的情况下更有效地促进社会的利益。”①

在古典自由主义理念指导下，许多国家没有中央银行，很少有财政刺激措施，政府征收一定的税收并提供国防和公共安全服务，基本上遵循了斯密的教导，也就是斯密在《国富论》中回答的第二个问题，政府需要承担什么职能：

“一切特惠或限制的制度，一经完全废除，最明白最单纯的自然自由制度就会树立起来。每一个人，在他不违反正义的法律时，都应听其完全自由，让他用自己的方法，追求自己的利益，以其劳动及资本和任何其他人或其他阶级相竞争。这样，君主们就被完全解除了监督私人产业、指导私人产业、使之最适合于社会利益的义务。要履行这种义务，君主们极易陷于错误，要行之得当，恐怕不是人间智慧或知识所能做到的。按照自然自由的制度，君主只有三个应尽的义务——这三个任务虽很重要，但都是一般人所能理解的。第一，保护社会，使不受其他独立社会的侵犯。第二，尽可能保护社会上各个人，使不受社会上任何其他人的侵害或压迫，这就是说，要设立严正的司法机关。第三，建设并维持某些公共事业及某些公共设施（其建设与维持绝不是为了任何个人或任何少数人的利益），这种事业与设施，在由大社会经营时，其利润常能补偿所费而有余，但若由个人或少数人经营，就绝不能补偿所费。”②

应该说，工业革命与自由市场理论的有机结合，引导了资本主义世界获得了最初的成功，但由于马克思所说的社会化大生产相对于有效需求的相对过剩，导致了资本主义世界陷入了一次又一次的危机。而对新市场开拓的需要，或主要资本主义国家对消费品市场和原材料市场的需求的争夺，爆发了多次战争。而金融体系设计不合理和对金融缺乏必要的监管，导致了一次次大大小小的金融危机。最终，在第一次世界大战后导致了 1929 ~ 1933 年的资本主义世界的大萧条。

### （二）国家资本主义

正是在古典自由主义的理念的支配下，两次世界大战期间，美国柯立芝

---

① ［英］亚当·斯密著，郭大力、王亚南译：《国民财富的性质和原因的研究》（下卷）（1880 年英文版译），商务印书馆 1974 年版，第 27 页。

② 同上书，第 252 ~ 253 页。

政府奉行不干预市场和经济的原则，经济取得了飞速的发展，当时称之为柯立芝繁荣，当然也埋下了过热的隐患。1929 年资本主义世界大萧条爆发的初期，刚上台的美国胡佛政府已经在干预经济了，但危机仍然在不断恶化，直到 1932 年罗斯福总统上台并推行“新政”，积极采取国家干预主义政策，银行停业中止了恐慌，银行业分业经营，使经济逐步恢复了活力，并最终回到市场化的轨道上来。1936 年凯恩斯《通论》发表，提倡政府对经济和市场的干预作用。

不容否认的是，正是由于大萧条后国家干预主义的兴起，对于那些市场化程度不高有集权传统而野心蓬勃发展的资本主义国家而言，如德国、法国和意大利法西斯化也就在情理之中了，而对更大势力范围和市场的追求，是第二次世界大战爆发的根本原因之一。

第二次世界大战基本上摧毁了除美国外的所有资本主义国家的生产力。在这种情况下，美国当然成为了资本主义世界的救世主，针对欧洲的“马歇尔计划”，针对日本的“杨格计划”推出了。美国当然也是国际秩序的制订者，除联合国是在战争中建立的有资本主义阵营和社会主义阵营妥协打击法西斯外，其余的国际机构都是战后在美国的主导下建立的。美国要向外提供援助，要建立国家霸权地位，必然有其国家的战略，政府必然要在资本和其他资源在国内和国外实现分配，必然会继续其国家资本主义的传统。

战后的战胜国要恢复经济，援助资金的使用，必然需要政府的分配；已经丧失了的市场和不景气的企业，必须要政府的支持和重建，政府不干预经济资本主义经济就没有办法发展。而北欧和西欧还在一定程度上在国家干预经济的背景下还转向了民主社会主义，左翼联盟长期执政。即使是战败国，国家财政税收及对外的赔款等事项，以及经济的恢复，都需要国家领导和干预经济。

因此，从第二次世界大战后到 20 世纪 70 年代前期，主张国家干预经济的凯恩斯主义政策在西方各国取得了较大的进展，西方各国都大规模使用财政刺激来保持充分就业。在此基础上演变而来的“国家资本主义”模式，成为制订经济政策的指南。西方开始了大规模国有化的进程，对经济活动也施加了严厉管制。政治上，带有“左倾”倾向的政党长期执政，信奉“大政府，小市场”。

例如，第二次世界大战之后英国信奉公有制的工党上台后，煤炭、煤气、石油、钢铁、造船、电气、铁路、民航等重要部门都实行了国有化。在

1979年撒切尔夫人上台之前，国有企业工人占劳动力的6%，产值占GDP的10%，投资占投资总额的15%。1960年的美国，凯恩斯主义的虔诚信徒、号称“不怕赤字”的肯尼迪总统上台执政，两年内，美国国民生产总值年增长率达5.6%。其继任者约翰逊政府采取大炮和黄油并举的政策，推行“大社会”措施，以更大规模的财政赤字和大量增加军费开支，刺激国内军工产业，并带动美国经济出现了新一轮的繁荣。

与之相伴随，金融市场也开始强化监管，限制自由投机。以美国《1933年银行法》、《1933年证券法》、《1934年证券交易法》及其修正案、《1939年信托契约法》、《1940年投资公司法》等系列法案为标志，证券市场进入到一个以立法来管理和监督的时代。严格区分商业银行和投资银行的业务边界，禁止混业经营，对从证券发行、交易到信息披露、监管机构的权责进行详细规定，随后在1956年又立法严格限制银行控股公司。在一系列严厉监管下，金融市场秩序逐渐恢复，证券市场也重新进入大发展时期。美国倡导的分业经营及这一系列制度框架，成为此后半个世纪全球金融业发展的主要框架。20世纪60年代的经济繁荣、充分就业和金融业稳定发展，成为凯恩斯主义最鲜明和最辉煌的标记。

### （三）新自由主义

新自由主义是依据新的历史条件改造古典自由主义而来的，更加强调市场化、自由化和私有化。新自由主义主张，要“使经济尽可能最大限度地自由化”、“尽可能最快地私有化”，要求在财政和金融方面采取强硬措施保证自由化和私有化的实施。新自由主义包括众多学派，但影响较大的是以英国的哈耶克为代表的伦敦学派、以美国的弗里德曼为代表的货币学派和卢卡斯为代表的理性预期学派。

20世纪70年代，西方国家巨额财政赤字所埋下的通胀隐患，终于在石油危机的诱导下全面爆发出来，西方进入了滞胀阶段，这对凯恩斯主义的经济政策形成了沉重打击。新自由主义者相信，资本主义经济本身有一种自行趋于稳定的机能，反对国家对于经济生活的干预。认为70年代资本主义滞胀是凯恩斯政策的缺陷所致，并强力反对政府干预经济，反对扩大政府职能，反对西欧社会民主党和英国工党对社会制度的变革。随着撒切尔出任英国首相、里根出任美国总统，新自由主义成为英美政府的主要施政理念。英国和美国一些国有企业开始出现了私有化浪潮，德国和法国也出现了这样的情况。国家资本主义中的小市场又重新成为资本主义世界的大市场，市场法则重新开始发挥作用。但是，不可否认的是，货币政策和财政政策对经济的有效调节作用已经没有人否定了。

事实上，新自由主义是古典自由主义的发展，是为了解决国家资本主义中存在的问题而提出来的，其核心背景还在于其政府已经拥有了相对成熟的货币政策和财政政策，政府认真地承担起了“守夜人”的角色，并在必要时干预金融市场。但是，当政府过分强调金融机构的创新自由和经营自由而放松监管时，它就未起到真正的“守夜人”角色，必然导致危机。

当新自由主义者将其理论应用到新兴市场国家中去时，对于没有成熟的货币政策和财政政策、政府对经济金融没有全面掌控能力的国家，新自由主义的弊端必然会充分显现出来，并会有所放大。于是，新自由主义的市场原教旨主义导致了其对自身理论边界的认识不足，从而为人所诟病。新自由主义知识分子奉行的市场原教旨主义却迎合了发达资本主义国家和贪婪的金融集团对外扩张的需要，于是他们共同炮制出了“华盛顿共识”。

（四）华盛顿共识

随着英国经济连续六年增长、通胀率下降（从 1979 年的 13.4% 下降到 1986 年的 2.4%）、国际收支再现盈余，美国经济也在 20 世纪 90 年代再现黄金时期，财政盈余、失业率下降，自由主义的好处被越来越多的人们和政府所接受。自由放任的市场政策终于被奉为人类经济发展和公共治理模式的“圣经”，其标志性事件是 1990 年由美国政府炮制的包括十项政策工具的“华盛顿共识”。

从此，“华盛顿共识”成为美英国际垄断资本推行全球一体化理论体系的重要组成部分，并被美英推广到全世界的各个领域。“政治民主化、经济市场化、贸易和资本流动自由化”被作为人类最理想的发展模式，也就是“美式资本主义”模式，向全世界推广。在自由主义思潮中，WTO、IMF、世界银行等国际机构的作用被发挥到极致。在美国主导下，世界经济一体化进程被大大加快。

正如美国著名学者诺姆·乔姆斯基在他的《新自由主义和全球秩序》一书中明确指出的：“新自由主义的华盛顿共识指的是以市场经济为导向的一系列理论，它们由美国政府及其控制的国际经济组织所制订，并由它们通过各种方式进行实施”。“其基本原则简单地说就是：贸易经济自由化、市场定价（‘使价格合理’）、消除通货膨胀（‘宏观经济稳定’）和私有化。”在该书的导言中，罗伯特·W. 迈克杰尼斯则对“华盛顿共识”的本质内涵给出了如下简明概括："华盛顿共识"具有"经济体制、政治体制和文化体制"三重特性。事实上，"华盛顿共识"放大了新自由主义的意识形态色彩，强调公有制会使经济变得更糟，社会主义必然导致集权，国家干预只能造成经济效率的损失；主张推行以超级大国为主导的全球经济、政治、文化一体化，即全球资本主义化。

实践新自由主义特别是"华盛顿共识"的发展中国家主要是巴西、阿根廷、墨西哥等拉美国家，这些国家为此而出现多次严重的经济社会危机。东欧国家和俄罗斯"休克疗法"式的经济转轨，也是在新自由主义指导下进行的，引发了长期的经济衰退和社会动荡。亚洲新兴市场经济体应该说也是全球一体化的获益者，同时也是新自由主义，尤其是"华盛顿共识"的受害者。亚洲新兴市场经济体在经济获得了奇迹般的增长后，1997～1998 年的亚洲金融风暴，事实上再次表明以新自由主义为核心的"华盛顿共识"存在问题。但是，亚洲新兴市场经济体在危机后的快速恢复和发展，使人们对"华盛顿共识"既恨又爱。

目前，实践新自由主义的国家都在反思新自由主义所造成的危害，并努力寻找新的替代理论。事实上，新兴市场国家奉行以新自由主义为核心的华盛顿共识失败的最重要原因，除了华盛顿共识本身存在的问题之外，就是放弃了自身的自主权，而成为了发达资本主义国家的经济殖民地，成为了发达国家跨国机构随意掠夺的鱼肉。

## 三、中国共识：自主的全球化和市场化

### (一)"北京共识"核心不是市场化

美国《时代》周刊高级编辑、美国著名投资银行高盛公司资深顾问乔舒亚·库珀·雷默于 2004 年 5 月撰写了一份题为《北京共识》的研究报告，指出中国通过艰苦努力、主动创新和大胆实践，摸索出一个适合本国国情的发展模式。他把这一模式称之为"北京共识"。雷默指出，"北京共识"具有艰苦努力、主动创新和大胆实验（如设立经济特区），坚决捍卫国家主权和利益（如处理台湾问题）以及循序渐进（如"摸着石头过河"）、积聚能量和具有不对称力量的工具（如积累 4000 亿美元外汇储备）等特点。它不仅关注经济发展，同样注重社会变化，也涉及政治、生活质量和全球力量平衡等诸多方面，体现了一种寻求公正与高质量增长的发展思路。在雷默看来，建立在"北京共识"基础上的中国经验具有普世价值，不少可供其他发

展中国家参考，可算是一些落后国家如何寻求经济增长和改善人民生活的模式。

新华网“‘北京共识’简介”一文解读了雷默的《北京共识》一文。[①]在第一部分中，雷默认为中国正在以惊人的榜样力量和令人望而生畏的大国影响作为显示实力的主要手段。中国的新思想在国外产生了重大影响，它正在指引世界其他一些国家在有一个强大重心的世界中如何保护自己的生活方式和政治选择。雷默把这种新的动力和发展物理学称为“北京共识”。“北京共识”涉及政治、生活质量和全球力量对比等各个方面，它意味着锐意创新和试验，积极地捍卫国家边界和利益，深思熟虑地积累不对称投放力量的手段。其达到现代化的最佳途径是“摸着石头过河”，而不是试图采取休克疗法和实现大跃进。求变、求新和创新是这种共识中体现实力的基本措辞。

在第二部分，雷默提出了中国发展的一些有用的原则。他认为中国是“测不准”的社会，日新月异的变化使任何人几乎不可能跟踪正在发生的事情，因此这种形势比任何其他情况都需要为中国建立一种新的概念。而“北京共识”就是这样一个包含有关定理和公理的新概念。使创新的价值重新定位是“北京共识”的第一个定理。中国的问题如此庞大，唯一的解决途径就是创新，更多的变化和更多的创新能够消除变化带来的问题。“北京共识”的第二个定理是，既然混乱不可能自上加以控制，就需要建立一种可持续性和平等性成为首要考虑的发展模式，努力创造有利于持续、均衡与稳定发展的环境。第三个定理是，“北京共识”包含一个自主理论，这个理论强调运用杠杆推动可能想要惹怒自己的霸权大国。最后，“北京共识”的公平与创新原则不能简单地视之为摒弃“旧的发展方法”，应当更深刻地视之为拒绝垄断控制。

在第三部分，雷默分析了“北京共识”能够吸引他国的主要原因。第一，作为对旧式的华盛顿发展理论的反应，“北京共识”具有某种反冲动能。“华盛顿共识”几乎没有取得什么成果，却使追随它的国家付出了巨大的社会和经济代价。“北京共识”最引人注目的一点不是它背离了“华盛顿共识”的价值观。第二，由于中国对地方化独一无二的需求，中国的这一新概念会引发某种连锁反应。中国文化影响力的含义在于中国坚持思想观念、产品和生活方式的地方特色。就目前而言，它最重要的作用在于确保中国人希

---

① 参见人民网2005年10月26日“‘北京共识’简介”一文，作者不详。

望控制和管理自己的全球未来，并使其具有地方特色。“北京共识”的部分吸引力就在于它适应了人们对全球化的普遍担心，认为要融合全球观念就必须先积极地衡量这些观念是否适应当地的需要。第三，中国的经济崛起既有可能帮助其他贸易依赖国赚钱，也有可能打破他们的财富。中国的经济像磁铁一样，把其他国家的经济利益与中国的利益紧密相连。正在崛起的中国以自身模式的榜样作用、自身经济地位的影响力和对自身国家主权体系的坚决捍卫为基础。“北京共识”是一项多国参与、而且得到充分辩护的安全革命，它至少给人们一种希望：每个国家都可以凭借自身的实力成为强国，也许不足以统治世界，但至少能做到自主自决。中国认识到它不能长期（大约50年）发展其军事资源与美国展开对称竞争，而发展不对称力量是应付越来越复杂的安全环境的一个最有效的办法。对北京来说，真正全球化的多边世界能提供更加强有力的安全保障。“北京共识”中的另一个不对称兵力部署方法是挑战美国对海上、宇宙和空中的控制权。中国希望通过参加上海合作组织以及东盟 +3 机制，并利用新的睦邻政策，建设一个和平的区域环境来保障其经济发展，使“中国威胁论”失去市场而代之以“中国机遇论”。

在第四部分，雷默认为不要把中国看作一个固态的社会，而是把它看作一个永远处于运动中的紧张状态的国家。有效的对华政策必须以创造一个有利于采取行动的环境为指导原则，而不是简单地处理某些具体问题。因此新的对华政策需要三个支柱：专注于中国的弱点、记住有时需要操纵而不是说服中国和构筑整体的环境。

雷默定义中国模式为努力、创新和实验；捍卫国家利益；循序渐进等。他认为中国为发展中国家提供了新路，而一度盛行的“华盛顿共识”在近10年破坏了十几国的经济。中国的新发展方针是由取得平等、和平的高质量增长的愿望推动的。严格地讲，它推翻了私有化和自由贸易这样的传统思想。它有足够的灵活性，它几乎不能成为一种理论。它不相信对每一个问题都采取统一的解决办法。它的定义是锐意创新和试验，积极地捍卫国家边界和利益，越来越深思熟虑地积累不对称投放力量的手段。它既讲求实际，又是意识形态，它反映了几乎不区别理论与实践的中国古代哲学观。

应该说雷默关于“北京共识”的论述有其深邃之处，尤其他“北京共识”的三个定理的创新、稳定和自主，是非常具有启发意义的。但是，雷默的认识也存在着较大的局限：一是他把自主局限在军事的不对称性发展和杠杆推动上；二是他实际上把中国发展的道路与全球化和市场化提供的机遇分离开来，但这一点是中国至关重要的发展战略，这在未来的发展中具有极大的误导性，需要非常警惕。

**（二）中国改革开放实际上奉行的是"自主与可控的全球化和市场化战略"**

中国的改革开放之路，核心是打破了观念和制度上的制约，确立了社会主义市场经济之路，充分利用了经济全球化的机遇，解放和发展了生产力。市场经济既可姓资，也可姓社，社会主义市场经济是中国特色社会主义的核心内容之一。中国的改革先是农村改革，解决了12亿人口的"吃饭"问题，其次是城市工业改革，尤其是对外开放，实际上是使中国走上了工业化之路。国有企业改革和民营经济、三资企业的同步发展，中国以国有经济和民营经济"两条腿走路"，从而避免了苏联"休克"疗法的弊端。丰富而廉价的劳动力资源和其他资源降低了制造业产品的生产成本，吸引了大量的外资企业进入，出口量由此大幅增加。

许多人不能理解中国经济快速发展的根本原因，而是拿西方发达国家现在的投资增长率、投资率和 GDP 增长率来说中国发展不正常。事实上，中国发展基本上是正常的，唯一不正常的是暂时未能很好地处理生产和消费、发展与环境的关系，但以科学发展观为指导，全面协调可持续地科学发展，全面建设小康社会，正是要妥善处理好这一关系。

从鸦片战争到新中国成立前，中国对外开放是被迫的，没有强大的国防保障，新中国成立后至改革开放前，中国逐步拥有了强大的国防基础，给后来的改革开放创造了坚实的基础。中国的改革开放就是通过改革促进开放在全球化趋势中获取了经济发展的重要动力。当然，这种全球化既有主动的选择，也有被动的适应。随着中国经济实力的增强，全球化的主动性在逐步上升。归结起来，中国的长远可持续发展的战略可归纳为"自主与可控的全球化和市场化"战略。

所谓"自主与可控的全球化和市场化"，就是指中国具有自我保护能力和自主选择能力并趋利避害的全球化，目的是中国可以充分利用全球的资源、能源和市场等来充分发展自己。自主的全球化战略有如下核心内涵：第一，中国13亿人口的消费、不断提高自主创新能力的"世界工厂"，都需要全球的资源、能源、粮食、资金、技术和其他各方面来满足；第二，"世界工厂"生产出来的产品除了内部消费外，还需要广阔的外部消费市场；第三，必须创造条件积极推动人民币可自由兑换并逐步国际化，成为与美元、欧元和日元并驾齐驱的国际货币，并逐步具有一定的世界货币属性，从而逐步获得国际金融秩序的主导权；第四，中国必须更多地关注全球性的问题：一是要积极参与保护全球的生态环境，如减少二氧化碳的排放对全球变暖的影响；二是要积极参与维护全球稳定和谐的政治环境；三是要在全球金融稳定中发挥积极作用；四是要恰当地处理全球失衡问题，如主动加快调整内部经济结构；第五，中国在充分利用全球的资源、能源、粮食、资金和技术等的同时，还必须具有相应的资源、能源、粮食和资金等的储备，资源、能源等储备既可调节市场的价格，也可备不时之需；第六，要不断提高自主创新水平，不断提高科技和国防实力，为中国的长远发展保驾护航；第七，确立中国参与国际货币体系的发展战略，逐步充当国际货币体系中的关键国家（除美国和欧盟外），可能对部分发展中国家拥有贸易赤字，有资源和市场上的互补性，双边可能有自由贸易协议，人民币是双方结算和资金往来计价货币，并推动相应国家资源的开发，财富和实力的增长，以及消费的增长。

中国的改革开放推动了中国经济的自主的全球化发展，中国在发展中也逐步获得了更多的自主性。中国改革开放以来的发展，其实是自主的全球化战略的自觉和不自觉的运用。1978 年始的改革开放确立了中国自主的全球化方向。加入 WTO 是“自主与可控的全球化和市场化”战略的重要一步。当前，中国除加强与美国、欧盟和日本等发达国家的交往外，大力加强与拉美、非洲和亚洲新兴市场经济体的全方位的交往，是自主的全球化和市场化战略的进一步发展。

中国的崛起势所必然，不管风云如何变幻，全球金融风暴是一次考验，风雨过后将更为精彩。战略是最具动力的发展要素，全球化和市场化意味着人类的未来，谁支配谁要看实力的脸色，有些现实有些无奈。危机是对已有的否定，否定之中孕育着未来，我们能不能站在被否定的对岸？

## 四、中国共识：自主与可控的全球化和市场化

因此，中国的改革开放奉行的是“自主与可控的全球化和市场化战略”，如果我们偏离了这个大的原则来空谈雷默给我们提供的“北京共识”，并就当前全球金融风暴爆发对“华盛顿共识”进行全盘否定，我们就可能误入歧途，因为我们的思维不是立体的，甚至不是平面的，而是极端的，非此即彼的。

“新自由主义”和“华盛顿共识”的失误主要在于两方面：一方面，过于强调市场的作用，强调了“个人的私利”在“无形的手”的引导下会对

社会资源进行最有效的分配，从而不需要政府的监管和干预，从而奉行的实际上是市场原教旨主义；另一方面，发达国家在对外开放、市场化、私有化的同时，实际上并没有放弃相对成熟的货币政策、财政政策、贸易政策和外汇政策对经济金融的有效调控。当“华盛顿共识”把这一切强加给新兴市场国家时，却无意或故意忽略了这样的前提条件，从而实际上剥夺了新兴市场国家在经济金融开放中的自主权，最终导致一切不可控。当发达国家自身忽略了这样的前提条件时，全球金融风暴也就发生了。

改革开放以来，中国一直在市场化，并且坚持了其宏观调控手段。危机中，美国和欧洲对金融机构进行了国有化，有人称之为“社会主义化”，于是人们发现了其中的“矛盾”。事实上，市场化和政府的宏观控制是斯密市场“无形的手”和凯恩斯政府“有形的手”的有机结合。在市场与政府之间，有人把企业管理称之为“有形的手”，但事实上，企业管理和企业利润最大化趋势是从属市场“无形的手”的，而不是真正意义上的较为超脱、以国家和人民的利益最大化的政府这只“有形的手”。大萧条让资本主义世界把两者有机地结合起来，中国改革开放无意中把两者有机地结合起来，并取得了卓越的成效。我们才发现，原来，我们都是以我们身体的一半在生活，而另一半存在于对立的意识形态之中，但我们不能脱离我们的另一半。因此，市场“无形的手”和“有形的手”的有机结合，两者并不矛盾，而是统一的，其统一的原则就是可控的市场化，在危机中体现为市场化的支撑，而不是市场化的替代。从此出发，我们不要简单地认为美国欧洲发达国家在全球金融危机中对金融机构的接管或“国有化”是意识形态的胜利，而要冷静地反省我们应该如何充分接纳我们的另一半，同时促进我们已有的一半的更加成熟。人类的未来发展或许不过如此。

因此，中国的真正经验，可称之为“中国共识”，它是对“华盛顿共识”的巨大修正，但不是完全否定。同时它吸取“北京共识”的部分内容。那么，“中国共识”的核心就是“自主与可控的全球化和市场化”，这一共识对新兴市场国家、发展中国家可能有效，对于发达国家也会有益，尤其是对于发达国家现在普遍的国家干预主义未来的发展方向而言是有帮助的。对于正在日益上升的中国，这一共识也是有帮助的。当然，我们并不因此否认创新和稳定这些中国经验对于全球而言，尤其是新兴市场和发展中国家的重要意义。不过，这些也都可包含在“自主与可控的全球化和市场化”中。

## 第四节　全球共治时代：希望在眼前

### 一、美国霸权尚未结束

新华网2008年10月21日转载了俄罗斯科学院欧洲研究所副所长谢尔盖·卡拉加诺夫《俄罗斯报》10月15日发表的文章，题目是“全球危机：创建的时机”，提出了世界进入了“第四发展阶段”的观点。文章说，最近发生的俄格冲突和金融危机，表明全球面临严重的管理体系危机和发展哲学危机，标志着世界历史正进入新时期。

卡拉加诺夫从政治上把世界历史上过去的100年大致分为三个时期。第一个时期始于第一次世界大战、俄国革命和凡尔赛和约，在斯大林主义、法西斯主义和第二次世界大战期间结束。第二个时期始于形成两大集团对抗体系、“冷战”、成立联合国、建立美国与西方居主导地位的世界经济与金融管理体系。共产主义失败和苏联解体开创了第三个历史时期。然而，国际体系适应新挑战和新机遇的改造并未发生。获胜的西方和陶醉于自己新地位的美国决定一切都维持现状。由于茫然失措和软弱，俄罗斯未能提出任何建议。“第三世界”国家则仍然处于世界经济和政治的边缘。以旧机构为基础的单极世界形成了。西方开始扩张。联合国继续失去影响和效率。过去50年形成的国际关系和安全管理体系受到暗中破坏。在世界经济中，起主导作用的是国际货币基金组织、世界银行和“华盛顿共识”——即全世界只能按照超自由的盎格鲁—撒克逊模式发展的思想。没有人去为这个迅速发展的经济发明调节系统。人们指望的是陈旧的有效手段和美元的强势地位。

但是，他认为，新的工业革命开始了，这场革命以中国、印度和东南亚国家的廉价劳动力为基础。中国成了世界经济中力量重新分配的象征。经济上的老牌强国开始出人意料地在竞争中败下阵来。资金流向了年轻国家。美国和西方迷恋于建立自己的政治制度在全球的统治地位，却忽略了另一个革命性变化——对资源（首先是石油）的控制在惊人的短时间内从西方公司转到了另外一些国家及其公司。能源蕴藏量丰富的俄罗斯，开始鄙视和傲慢地对待开始失势的和不久前曾羞辱过自己的“冷战获胜者”。格鲁吉亚在2008年8月份进行了挑衅。俄罗斯不仅进行了惩罚性打击，而且对北约继续扩大说“不”。随后拉开帷幕的是世界经济危机。尖锐的危机令整个全球经济管理体系进入改革时期。美国及其所鼓吹的自由资本主义占主导地位、限制国家作用的主张遭遇了最残酷的打击，美国主导打造的体制再遭沉重一击。

他认为2008年8～10月将作为百年来全球第四发展阶段的开端而被载入史册，这才是21世纪的真正起点。这场金融危机相当危险，它将给数十亿人带来不可避免的财产损失，加上前面提到的来势汹汹的地缘政治事件，旧国际法、安全体系的崩溃，爆发战争的危险正在升温。这不只是一场深刻的金融和经济危机。我们面临的是整个世界管理体系的危机、全球发展基础理论的危机、国际体制的危机。要摆脱这场体制性危机，我们需要建立新的国际体制，出台新的世界发展哲学；需要在老废墟上建立新的全球管理体系。在摆脱这场体制性危机的过程中，处于相对有利地位的不只是受害最浅的国家，还有那些能够抓住构筑国际新秩序、新机制主动权的国家。新秩序和新机制应当符合新的力量对比，并能切实应对新挑战。

卡拉加诺夫提出了构建未来体制的若干原则：抛弃极度的、不负责任的自由主义，将对自由贸易、自由经济秩序的支持与更强有力的国际调控结合起来；由最强大和更具责任感的国家共同制订和协调政策，而不是一国独大，或是一部分国家联合起来反对其他所有国家；集体填补安全真空，而非划出新的分界线、形成新的冲突源头；联合解决能源问题，而非将能源安全问题人为地政治化；有必要遏制住在承认科索沃、南奥塞梯和阿布哈兹独立后再度兴起的国家分裂浪潮；发展的目的是为追求进步而非民主，民主是进步的结果和一种手段。他认为，惯常的政治思维模式无助于扭转局面，更不能建立新世界，而创建新体制的时代已经悄然到来。

卡拉加诺夫认为俄格冲突和全球金融危机标志着第三阶段的结束和第四阶段的开始，而第四阶段要建立未来新的国际体制和国际秩序，应该说非常具有启发意义，其提出的构建未来体制的若干原则，也具有启发性。不过，作者与卡拉加诺夫不同的认识在于两方面：一是说第三阶段的结束可能尚为时过早，美国不会甘心其霸权的自动消失，而挑战美国霸权的力量难以融合，美国极易分化这些挑战力量：欧盟与美国的共同利益较大，欧盟不可能完全脱离美国的安全框架，任何一个新兴市场国家或发展中国家还没有强大到可以成为盟主的地步，而且相互的合作较为艰难；二是美国依靠自身的强大孕育了自己的对立面，那就是恐怖主义和金融恐怖均衡，美国在外部压力的情况可能会出让部分权力和全球治理空间，但要彻底地重新分配权力，建立全新的全球秩序，时机尚不成熟，但必须现在着手准备。2001年“9·11”恐怖袭击以来8年多的时间里，美国先是发动了阿富汗战争，接着发动了伊拉克战争，超强的军事实力树立了其对立面，使其在军费和反恐等方面存在着巨大的负担。这反过来成为美国发动新一轮战争的阻力。全球金融风暴后全球金融秩序可能还局限于对美元本位制和全球监管体制的修补。

因此，卡拉加诺夫前两个阶段的划分是能成立的，但他所说的第三阶段远未结束，第四阶段也远没有到来。2001年恐怖袭击为标志的新阶段其实是第三阶段的中期。从时间上看，第一次世界大战始第二次世界大战结束的第一阶段其实是英国和欧洲霸权转化为美国霸权的阶段，时间是30年左右；第二次世界大战后到苏联解体的“冷战”阶段是第二阶段，其实是美国霸权的逐步确立并最终确立的阶段，时间是45年；苏联解体至今，全球进入了美国霸权时代，也就是到2001年仅有10年，到全球金融风暴爆发至影响结束，也仅有20年。第三阶段还将持续多少年呢？最乐观的估计，第三阶段还将持续10年，最可靠的估计是20年。也就是，美国独霸世界的时间可能在40年左右。

## 二、美国霸权的最后20年

第三阶段的第二个十年受恐怖袭击和已发动战争的约束，加上目前的全球金融风暴，会对美元本位制为核心的美国经济金融霸权和全球军事霸权形成一定的制约。全球在经历了此次金融风暴后，还将会回到市场经济和全球化的轨道上去，不同的国家在不同的经济内部环境和外部战略的支配下获得不同的发展，对全球治理有所加强，但美元本位制和美元霸权可能不会结束，这是第一个十年。在这个十年里，美国和全球经济金融秩序如果没有得到合理的调整，危机很有可能再次爆发。而且，正是因为危机的再度爆发，美国和全球才可能进入下一个十年，全球秩序改变的十年，也是美国霸权秩序终结的十年。

在第一个十年里，欧盟将进一步扩展，欧元区进一步扩大，实力不断上升，其独立性会进一步增强。欧盟的东扩以及传统的俄罗斯地缘政治势力范围将会受到侵害，但欧洲对俄罗斯和中亚能源的依赖，使其在对俄罗斯的关系上仍然会留有余地。

在第一个十年里，大中华地区的经济金融融合会进一步增强，台海战争的威胁有可能消失。中日韩三国和东盟10国的合作会进一步加强，中国和西亚、南亚的合作亦有可能加强，尤其是上海合作组织可能进一步成为一个有效的经济体，经济和金融的一体化可能会有长足的进展。在内部治理有效的前提下，中国在国际经济金融秩序中的地位会进一步上升。

在第一个十年里，日本选择脱亚入欧，或者继续其脱欧入美，或者脱美入亚十分重要。目前应该是保持两者的均衡态势，但与中韩和东盟的关系问题，尤其是经济金融方面的协作会更加主动和自觉。

在第一个十年里，以俄罗斯为核心的独联体仍将保持其上升趋势，但作为能源和资源出口国对全球经济和金融的依赖仍将上升，明智的选择是俄罗斯、中亚和亚洲经济区域的合作，以确保在与欧美发生经济关系时取得战略均衡。

在第一个十年里，澳大利亚和新西兰、东盟和日本的情形比较类似，一方面可能与美国保持良好的关系，但另一方面将更多地融入亚洲，融入大的消费市场。印度可能会向中国和东盟靠拢，在经济和金融方面取得良好合作。

在第一个十年里，非洲暂时还是个被遗忘的大陆，但作为欧洲的传统势力范围和中美等国的参与开发，其经济潜力将得到发掘，但非洲真正的腾飞估计需要10年至20年的时间。

在第一个十年里，拉美是美洲的后院，但并不妨碍拉美与欧洲和亚洲国家的经济贸易往来。因此，未来三大经济中心北美、欧盟和以中国为核心的亚洲，将形成全球经济金融实力的三足鼎立局面。这种局面的形成，将在下一个10年和20年真正改变全球经济金融秩序，包括全球政治格局。

在第一个十年里，中东是全球政治的焦点，尤其是美国关注的焦点，但中东的能源必将成为美国、亚洲和欧洲的共享资源。以色列是美国在中东的棋子，中东目前真正与美国对抗的只有伊朗。美国不排除以各种方式达到控制伊朗的目的，从而实现其大中东战略。而只要这一天没有到来，巴以冲突就不会结束。因为美国需要这个地区保持紧张局势，并将以色列塑造为自救者，将巴勒斯坦和伊朗塑造为邪恶力量，当下一任共和党政府上台时（不排除是小布什的弟弟杰布·布什），如果伊朗问题仍然没有解决，对伊朗动武也可能就是美国必然的选择。

在第一个十年里，如果全球金融秩序没有妥善地重建，尤其是对美元本位制没有恰当的限制，还会间歇性地出现全球金融危机或经济危机。

在第二个十年里，非洲将获得发展，非洲、中东、拉美和俄罗斯等将有更紧密的关系。

在第二个十年里，欧盟、美国和中、日、韩、印、俄、澳和东盟领导的亚洲将成为势均力敌的态势，尤其是中国的融合将成为大趋势。

在第二个十年里，人民币的国际化和储备化会取得很大进展，中华元有可能形成，或者亚元可能会有初步的框架，中国在国际金融中的实力会达到接近欧盟和美国的水平，国际金融秩序可能会有较大的改变。

### 三、20 年后的全球共治时代

20 年后的全球共治时代是以美国实力的相对下降，欧盟和中国等实力的相对上升为基础的。这种全球共治时代不是以谁为霸主的时代，而是协商共管的时代。全球化的秩序、市场经济法则和政府的有效监管和危机干预，都将成为人类共同享有的资源，从而成为全球的公共品。美元或许还是世界货币，但世界货币已经不限于美元，欧元可能会步入世界货币的行列，人民币可能会步入国际货币的行列，亚元区域的形成可能会是未来的世界货币，但全球仍然是一个美元本位制，即一个修正后的美元本位制。

在这种新的复合美元本位制里，欧元与欧元区（可能等同于欧盟区域）拥有强大的经济金融实力，内部贸易远远超过了外部贸易，欧元的世界货币地位体现欧盟内部市场一体化增强、金融实力上升和欧元作为储备资产上，而美元的世界性体现在金融资产和全球商品定价上，体现在全球汇率的基准货币上，体现在与欧元更为重要的储备货币地位上。在这种新的复合美元本位制里，可自由兑换和储备化的人民币将作为外汇市场自由交易的货币，同时作为部分商品贸易的定价货币，作为部分国家外汇储备的储备货币。中国以人民币进行国际投资和提供贷款，而世界也乐于接受。以国际化的人民币和日元作为共同的基础，以自由交易的区域内货币为基础，不排除会出现一种亚元货币符号。

全球要进入 20 年后的共治时代，道路可能并不平坦。一是如果美国不能顺应潮流，一心想保持自己独霸天下的地位，可能会给这一进程增添不少麻烦，如针对一国或一区域包括战争、和平演变和金融冲击等的手段可能会经常出现，全球经济和金融会较为动荡；二是区域的合作因为历史的原因和现实的限制而难以取得较有成效的进展；三是大的新兴市场和发展中经济体出现动荡；四是全球能源继续受美元走势的控制，而能源的短缺或者是高价将增加世界经济和金融的不稳定性；五是美元本位制及美元政策和美国金融机构缺乏全球共同的约束，则可能会给世界带来更多的麻烦。

## 四、全球共治的哲学：科学发展观

未来20年将逐步实现全球共治的目标，这样的希望存在而且现实。但是，如何实现这个目标，全球共治的规则和实现这个目标的原则和方法是需要思考和探索的。

卡拉加诺夫提出了构建未来体制的理念具有一定的参考价值，但其实它是一种调和主义。作者认为，科学、民主、和谐、和平和以人为本的有效结合，是中国共产党提倡的科学发展观的核心，也是未来社会一切发展的核心；全球化、市场化和政府的高效调节和法治是一切社会和全球进步的发展方向和有效保证；公平、公正和有序的国际环境以及共同应对全球挑战的机制是全球共治的核心内容。因此，全球共治应以科学发展观为指导，核心在于扩大全球公共品和经济潜力空间，路径在于创造财富以消费有组织和有约束的商品与服务的供给。

就全球金融秩序而言，那种以美元霸权为标志的全球化，正在被加入主要货币的区域合作的区域化，全球化和区域化将是未来国际金融秩序的重要起点，也是全球格局新的起点。在这个进程中，美元的霸权体系会得到改变，并且受到一定的控制。如果中国和欧盟都成为关键货币国，与美国一起成为三只推动世界发展的蝴蝶，并且以推动发展中国家资源开发、财富增长和消费需求上升为目的，最终实现全球化生产与消费的可管理的均衡。这将有利于全球共治时代的来临。

路很遥远，困难很多，但希望在眼前。为实现全球共治，每个经济体自身应努力，尤其是要主动承担起全球共治的责任，有时这要求一种严格的自我约束。

## 五、美国还能乐多久

美国是一个危机管理非常出众的国家，往往能从危机中捕捉到重大战略机遇。不管是珍珠港袭击事件，还是“9·11”恐怖袭击事件，美国都极力彰显了其超常出众的应对能力，总体上为美国的长远战略奠定了更为踏实的基础。有些行为的影响，可能过了几十年才能看出来。如美国应对恐怖袭击入侵阿富汗事件，一举多得：既打击了恐怖主义及其赖以生存的塔利班政权土壤，也在西亚插入了一枚锋利的钉子；既威胁中国，也威胁到俄罗斯的势力范围。再比如伊拉克战争，如果把其放到美国大中东战略的范围来看，其实符合其长远利益，尽管有失鲁莽。

正如作者在前文中的观点，从次贷危机到全球金融风暴的爆发，是美国过度榨取美元本位制利益的结果，全球金融风暴的爆发是出乎意料的，但美国却仍然能在这出乎意料的全球金融风暴中最大化自己的利益，维护美元本位制，的确不能不佩服其老道。或许，看着世界如此混乱，看着各国政府如此忙碌，是否有只蝴蝶在那遥远的美洲偷着乐呢？不过，如果美国不改弦易辙，笑到最后的不见得仍然是美国人。

# 主要参考文献


1. Ronald I. McKinnon, *The Rules of the Game: International Money in Historical Perspective*, Journal of Economic Literature, Vol. 31, No. 1 (Mar., 1993), pp. 1 ~ 44.

2. Ronald I. McKinnon, *The Exchange Rate and Macroeconomic Policy: Changing Postwar Perceptions*, Journal of Economic Literature, Vol. 19, No. 2 (Jun., 1981), pp. 531 ~ 557.

3. Michael R. King, Who Triggered the Asian Financial Crisis? Review of International Political Economy, Vol. 8, No. 3 (Autumn, 2001), pp. 438 ~ 466, Published by: Taylor & Francis, Ltd.

4. Roberto Chang and Andres Velasco, *Liquidity Crises in Emerging Markets: Theory and Policy*, NBER Macroeconomics Annual, Vol. 14 (1999), pp. 11 ~ 58, Published by: The University of Chicago Press.

5. Ronald I. McKinnon, *America's Role in Stabilizing the World's Monetary System*, The Canadian Journal of Economics and Political Science/Revue canadienned' Economique et de Science politique, Vol. 29, No. 4 (Nov., 1963), pp. 475 ~ 485, Published by: Blackwell Publishing on behalf of Canadian Economics Association Stable.

6. *Ivo Krznar*, *Currency Crisis: Theory and practice with Application to Croatia*, August 2004, Croatian National Bank, W ~ 12.

7. Krugman, P. (1978), *Purchasing Power Parity and Exchange Rates*, Journal of International Economics 8: 397 ~ 407.

8. Krugman, P. (1979) "*A Model of Balance of Payment Crises*", Journal of Money, Credit and Banking 11: 311 ~ 325.

9. Krugman, P. (1999), "Balance sheets, the transfer problem, and finan-

cial crises", http: //web. mit. edu/krugman/www/crises. html.

10. Flood, R. and Garber, P. (1984) "*Collapsing Exchange Rate Regimes: Some Linear Example*", Journal of International Economics 17: 1 ~ 13.

11. Obstfeld, Maurice (1994), "*The Logic of Currency Crises?*" NBER Working Paper No. 4640 (Cambridge, Massachusetts: National Bureau of Economic Research).

12. Friedman, Milton, and Anna Schwartz, *A Monetary History of the United Stats, 1867 ~ 1960* (*Princeton NJ*: Princeton University Press, for NBER, *1963*).

13. Temin, Peter, *Lessons from the Great Depression* (*Cambridge MA: MIT Press, 1989*). *Cassel, 1922*, Money and Foreign Exchange after 1914, New York: Macmillan.

14. *C. H. Kwan, 2001, Yen Bloc: Toward Economic Integration in Asia.* Washington, D. C.: Brookings Institution.

15. *Taniguchi, Tomohiko, 1993, Japan's Banks and the "Bubble Economy" of the Late 1980s.* Monograph Series, No. 4. Princeton, NJ: Center of International Studies Program on U. S. – Japan Relations.

16. Salant and Henderson (1978) "*Market Anticipations of Government Policies and the Price of Gold*", Journal of Political Economy, 96, 627 ~ 648.

17. 朱波、范方志:"金融危机理论与模型综述",《世界经济研究》2005年第6期。